U0134071

山东大学儒学高等研究院教授自选集

山河之间：明清社会史论集

龙圣 著

山东大学出版社

SHANDONG UNIVERSITY PRESS

·济南·

图书在版编目（CIP）数据

山河之间：明清社会史论集/龙圣著. —济南：
山东大学出版社，2023.7
（山东大学儒学高等研究院教授自选集）
ISBN 978-7-5607-7716-0

Ⅰ.①山... Ⅱ.①龙... Ⅲ.①社会史-研究-中国-
明清时代 Ⅳ.①K248.07

中国国家版本馆 CIP 数据核字（2023）第 002278 号

责任编辑　肖淑辉
封面设计　王秋忆

山河之间：明清社会史论集
SHANHE ZHIJIAN：MINGQING SHEHUISHI LUNJI

出版发行	山东大学出版社
社　　址	山东省济南市山大南路 20 号
邮政编码	250100
发行热线	（0531）88363008
经　　销	新华书店
印　　刷	山东新华印务有限公司
规　　格	880 毫米×1230 毫米　1/32
	19.25 印张　433 千字
版　　次	2023 年 7 月第 1 版
印　　次	2023 年 7 月第 1 次印刷
定　　价	98.00 元

总　序

　　山东大学素以文史见长，人文学科为山东大学学术地位和学术声誉的铸就做出了极为重要的贡献。而在目前山东大学的人文学科集群中，2012年重组的儒学高等研究院当之无愧地位于第一方阵，是打造"山大学派"的一支生力军。山东大学儒学高等研究院已成为目前国内规模最大、实力突出的国学研究机构。而儒学高等研究院的前身和主体是2002年成立的文史哲研究院。如此说来，儒学高等研究院已然走过了20年的岁月，恰如一个刚刚走出懵懂、朝气蓬勃的青年。

　　在这20年的生命历程中，儒学高等研究院锻造形成了鲜明的学术特色，即以中国古典学术为重心，以古文、古史、古哲、古籍为主攻方向。本院学者在中国古典学术领域精耕细作，取得了一批具有时代高度的标志性成果，受到学术界广泛赞誉。这一学术特色使儒学高等研究院积极融入了当代学术主流。20世纪90年代以降，中国人文学术发展的大趋势是从西方化向本土化转型，而古典学术是实现本土化的一项重要资源。儒学高等研究院顺应时势，合理谋划，全力推进，因此成为近20年来中国古典学术研究复兴与前行的重要参与者和推动者。

儒学高等研究院的另一特色是横跨中文、历史、哲学、社会学（民俗学）四个一级学科，并致力于打破学科壁垒，在合理分工的基础上力求多学科协同融合。儒学高等研究院倡导和推行的儒学研究实质上是广义的国学，不以目前通行的单一学科为限。在这种开放多元的学术空间中，本院学者完全依据自身的兴趣和能力进行自主探索、自由创造，做到术业有专攻。目前，本院在史学理论、文献学、民俗学、先秦两汉文学、杜甫研究等若干领域创获最丰，居于海内外领先地位。今后的工作重点是在学科协同和学科整合上做进一步探索尝试，通过以问题为轴心的合作研究产生新的学术优势和学术生长点。

在20年的发展中，儒学高等研究院一方面继承前辈山大学者朴实厚重、精勤谨严的学风，一方面力图贯彻汉宋并重、考据与义理并重、沉潜与高明并重、传世文献与出土文献并重、国学与西学并重、历史与现实并重、基础研究与开发应用并重、个人兴趣与团队合作并重、埋头做大学问与形成大影响并重的科研方针，致力于塑造一种健康、合理、平衡的新学风。本院学者中，既有人沉潜于古籍文献的整理考释，也有人从事理论体系的创构发明，他们能够得到同等的尊重和支持。古典学术研究的学派或机构具有自身特色或专长无可厚非，但必须克服偏颇和极端倾向，摒弃自大排他心态。唯有兼顾各种风格、路向的平衡，才能更好地契合学术发展规律，更大限度地释放学术创造力。

当下,古典学术研究正面临五四以来百年未有的历史机缘。中央高度重视中华优秀传统文化的创造性转化、创新性发展,注重发挥传统文化在提升国家文化软实力、推动世界文明交流互鉴、为社会治理提供历史智慧等方面的独特功用。儒学高等研究院将顺势而为,与时俱进,将现有的学术优势与国家重大需求相对接,在古典文献整理研究、儒家思想理论阐释、传统文化精华推广普及等领域齐头并进,努力为古典学术研究的全面繁荣做出新的贡献。

2005 年的"山东大学文史哲研究院专刊"第一辑出版说明中曾提出:"'兴灭业,继绝学,铸新知',是本院基本的科研方针;重点扶持高精尖科研项目,优先资助相关成果的出版,是本院工作的重中之重。"这是当年我们这项学术事业"筚路蓝缕,以启山林"时的初心。而今机构名称虽已更易,但初心不变。"山东大学儒学高等研究院教授自选集"即是这一事业的赓续和拓延。这套书是本院 33 位专家学者历年学术成果的集中盘点和展示,有的甚至是毕生心血之结晶。这同时也是对文史哲研究院成立 20 周年暨儒学高等研究院重组 10 周年的一个纪念。期待学界同行的检阅和批评。

山东大学儒学高等研究院

教授自选集编辑委员会

2022 年 10 月

自　序

　　这本论文集收录了近年来笔者在各种报刊上发表的二十六篇学术论文。为突出本书特色以及方便读者阅览，笔者按照研究主旨将所收录的论文分作地域崇祀研究、民间叙事研究、礼俗互动研究、西南族群研究、运河社会研究、卫所军户研究六个专题，每一专题包含数篇论文。在此特别需要向读者说明以下三点：

　　第一，本论文集中的论文在发表时均有摘要、关键词，此次收录时删去了这部分内容。如需了解相关信息，可参看原文。

　　第二，本论文集收录的论文选自多种报刊，其原文在编排格式上不尽相同，有的采用的是页下注，有的采用的是夹注，有的采用的是尾注，而且注释的具体内容和格式也有较大的差异。为使全书在风格上保持一致，出版社在格式方面作了统一的规定，故笔者在收录论文时对其格式进行了一定的调整。例如，部分论文原文采用的是尾注格式，现统一改为页下注和夹注格式；页下注和夹注的具体内容、格式也都统一按照新的要求进行了全面修订。此外，与论文发表时相比，文中的某些地名等信息在当下已经有了变化，故本次收录时作了相应的调整、说明。鉴于以上诸多原因,本论文集收录的论文大体上与原文保持一致,部分文字有所改动。

第三,本论文集主标题之所以取名"山河之间",主要是出于研究范围的考虑。虽然本论文集分为六大专题,每个专题研究的主旨各不相同,但若就研究地域而言,各专题论文讨论的范围大致集中于我国四川西南部的大凉山地区和安宁河流域,以及京杭大运河沿线地区和湖南西部的武陵山区,因文涉"二山二河",故谓之"山河之间"。本论文集副标题名为"明清社会史论集",其原因有二。一方面,从研究时段来看,本书绝大部分论文讨论的时段集中于明清时期,仅有个别论文在时间上往前或往后有所延伸;另一方面,就研究旨趣而言,除少数论文外,本书绝大部分论文都是关于社会史方面的研究成果。此为本书副标题取名之缘由。

承蒙学院学术委员会的大力支持,本书得以列入"山东大学儒学高等研究院教授自选集"丛书当中出版,特表感谢!

是为序。

龙圣

2022 年 7 月于济南

目　录

地 域 崇 祀 研 究

民 间 叙 事 研 究

礼 俗 互 动 研 究

西 南 族 群 研 究

运 河 社 会 研 究

卫所军户研究

地域崇祀研究

变迁与认同:区域社会史视野下的 湘西白帝天王信仰[*]

　　白帝天王是清代以来湘西(本文中"湘西"概念实指今湖南省湘西土家族苗族自治州吉首、花垣、凤凰、泸溪四县市)及周边地区民间普遍流行的一种信仰,其神三尊(面部为红、白、黑三色),相传为南宋人,杨家将之后,因功遭妒被皇帝毒死而成神,屡显灵异,为湘西民间所崇奉。以往从民族史研究角度出发,讨论最多的是该信仰起源的族群归属问题。而方法上,主要以"客观文化特征"作为区分标准,形成"土家说"[①]和"苗家说"[②]两种对立观点。不可否认, 此方法在该信仰早期形态

　　* 本文原载于《宗教学研究》2013 年第 2 期。

　　① 持"土家说"的主要有潘光旦:《湘西北的"土家"与古代的巴人》,《潘光旦文集》第 7 集,北京大学出版社 2000 年版;董珞:《巴人族源辨:人类学与考古学的审视》,《中南民族学院学报》(哲学社会科学版) 1997 年第 2 期;王爱英:《文化传承与社会变迁——湘西白帝天王信仰的渊源流变》,《济南大学学报》(社会科学版)2004 年第 2 期。

　　② 持"苗家说"的主要有伍新福:《论苗族的宗教信仰和崇拜》,《中南民族学院学报》(哲学社会科学版)1988 年第 2 期;曹毅:《"向王天子""白帝天王"考——土家族族源探讨中的一个问题》,《湖北民族学院学报》(社会科学版)1993 年第 4 期;吕养正:《湘鄂西苗族崇拜"白帝天王"考辨》,《中央民族大学学报》2002 年第 1 期;吕养正:《清代苗官制对苗族神判权威性合成之影响》,《吉首大学学报》(社会科学版)2002 年第 2 期。

研究中具有重要意义,但一方面,其在理论上有缺陷[①];另一方面在其研究取向下,诸如白帝天王与杨家将的关系、相关故事的建构等问题得不到观照。为此,近年来更多学者开始关注信仰与区域社会变迁的关系,出现了一些新成果。然而,笔者认为这一转向存在两个问题:一是从长时段出发的学者依然在较宏观族群概念及其特征下讨论信仰的形成与变迁问题,而见不到具体的人和事,与以往研究差别不大[②];二是对各种故事版本以及信仰仪式的讨论,亦没能很好地解决上述被忽略的问题。[③]因此,笔者希望运用近年来田野调查中获得的民间材料,结合官方文献,将该信仰放在宋、元、明湘西社会变迁与族群认同的历史脉络中重新解读,以求对相关研究有所推进。

_____

(接上页)此外,还有学者认为白帝天王信仰受到土家族文化和苗族文化的共同影响。参见向春玲:《湘西凤凰城天王信仰的历史考察》,《西南民族大学学报》(人文社科版)2007 年第 3 期。

　　① 　参见王明珂:《华夏边缘:历史记忆与族群认同》,社会科学文献出版社 2006 年版,第 34—44 页。

　　② 　相关研究可参见王爱英:《文化传承与社会变迁——湘西白帝天王信仰的渊源流变》,《济南大学学报》(社会科学版)2004 年第 2 期;王爱英:《变迁之神:白帝天王信仰流变与湘西社会》,《中南民族大学学报》(人文社会科学版)2007 年第 5 期。

　　③ 　参见 Donald S. Sutton, "Myth Making on an Ethnic Frontier: The Cult of Heavenly Kings of West Hunan, 1715 - 1996", *Modern China*, 2000 (4), pp. 448-500;谢晓辉:《苗疆的开发与地方神祇的重塑——兼与苏堂棣讨论白帝天王传说变迁的历史情境》,《历史人类学学刊》2008 年第 1、2 期合刊。

一、家族权势与神之得名

关于白帝天王名称的由来，潘光旦认为该信仰源于具有白虎崇拜的廪君蛮（古代巴人一支），因"虎"易错写为"帝"，白虎就成了白帝。① 亦有学者认为白帝天王之名源于汉族白帝少昊。② 笔者认为后者证据不确，多牵强附会。就前者而言，白帝天王作为神名，并不能从白虎崇拜这一"土家"整体文化特征进行解释（姑且不论白虎崇拜是不是土家共有的文化特征），因为至少在清前期，具有红、白、黑三色脸谱而又称"白帝天王"的神，其信仰分布仅局限于今湘西州南部吉首、花垣、凤凰、泸溪少数县市，并非古代巴人所达之处皆有。清中叶以后，随着该信仰的正统化，湘、鄂、川、黔各地才纷纷建庙。因此，必须在一较具体的区域内进行考察才能弄清其中的流变。经分析，笔者认为其得名与宋元以来王朝对湘西一带的开发和地方权势的成长密切相关。

唐末五代，由于中央集权削弱，南方和西南少数民族地区的原羁縻统治陷入混乱，各地大姓和酋首称雄一方。宋初，今湖南西部地区大多内附，中央王朝在其地重设羁縻州，赐予酋首和外来大姓刺史等职，于是形成以溪州为中心的彭氏和以诚

---

① 参见潘光旦：《湘西北的"土家"与古代的巴人》，《潘光旦文集》第 7 集，北京大学出版社 2000 年版，第 513 页。

② 参见向柏松：《土家族白帝天王传说的多样性与多元文化的融合》，《民族文学研究》2007 年第 3 期；向春玲：《湘西凤凰城天王信仰的历史考察》，《西南民族大学学报》（人文社科版）2007 年第 3 期。

州为中心的杨氏两大势力集团。① 据地方志和民间谱牒记载：杨再思，出生在湖南叙州峒乡，天复四年（904）守沅州（今芷江）。唐亡，再思据守叙州，改称诚州（宋徽宗时改靖州），与马楚政权相抗衡。② 再思生十子：政隆、政滔、政修、政约、政款、政绾（管）、政岩、政嵩、政权、政俭（钦），分居十洞，为十洞长官。③《宋史》载"诚、徽州，唐溪峒州。宋初，杨氏居之，号十峒首领，以其族姓散掌州峒"④，反映出杨氏在唐末五代及宋初活跃于这一地区的事实。据清代黔东北铜仁续修《省溪杨氏土司世系源流》记载："二世祖 政隆 再思长子，授骠骑将军，平诸蛮显灵湖北等处，兄弟三人阵杀一万三千叛匪，救三村五寨，民间立祠祭奠，诏北地天王，又曰：三寨三座血食大王，又曰：诚土大王……政款 再思五子，敕封五将军，谥曰：五寨血血座三座二大王……政权 再思九子，赐太尉司，居泸（潭）

---

① 参见《宋史》卷四九三《蛮夷传一·西南溪峒诸蛮上》，中华书局1977年版，第14180页。

② 参见《杨再思氏族通志》，内部印刷，2002年，第31—33页。该书为杨氏诸多家谱、碑刻等资料的汇编。

③《杨再思氏族通志》，内部印刷，2002年，第31—33页。

④《宋史》卷四九四《蛮夷传二·诚徽州》，中华书局1977年版，第14197页。关于杨再思，学者多有争议，谭其骧、吴万源、李绍明等认为历史上有其人，而谢国先等持相反意见。参见谭其骧：《近代湖南人中之蛮族血统》，《长水集》，人民出版社1987年版；吴万源：《试论"飞山蛮"与侗族》，《贵州民族研究》1987年第2期；李绍明：《从川黔边杨氏来源看侗族与土家族的历史关系》，《贵州民族研究》1990年第4期；谢国先：《试论杨再思其人及其信仰的形成》，《民族研究》2009年第2期。尽管如此，学者在宋元以来杨氏活跃于靖州一带的问题上，则没有分歧。

溪,楚地立祠,诏赐三座血米大王。"①

　　笔者认为,北地天王就是白帝天王之雏形。在笔者所搜集到的湘西民间义献中,白帝大王多写作"北帝天王"②,"白"和"北"在湘西方言中发音相同,均发作"北",甚至邻界的湖北部分地区也是如此。③ 因此,北地天王就是白帝天王。而称其北地天王是因为诚州杨氏归附后,其地属荆湖北路④,杨氏三兄弟正因"平诸蛮,显灵湖北等处",称"北地天王"。由此可知,该信仰名称最初含义与杨氏三兄弟显灵的范围有关;而政隆、政款、政权三兄弟英勇杀敌、以少胜多的事迹便成了后来其故事的核心内容。

　　值得注意的是,杨氏所在诚州(后改称"靖州"),与后世该信仰集中分布的湘西地区较远,它是如何传播过去的? 宋朝在西南溪峒地区设羁縻州,将其中强壮能战役者编为"峒丁",由当地首领统帅,"计丁授田",捍卫边防。《宋史》载:"(乾道)七年(1171),前知辰州章才邵上言:'……卢溪诸蛮以靖康多故,县无守御,仡伶乘隙焚劫。后徙县治于沅陵县之江口,蛮酋田仕罗、龚志能等遂雄据其地。沅陵之浦口,地平衍膏腴,多水田,顷为徭蛮侵掠,民皆转徙而田野荒秽。会守倅无远虑,乃以其田给靖州仡伶杨姓者,俾佃作而课其租,所获甚微。杨氏专

---

①　四川黔江地区民族事务委员会编:《川东南少数民族史料辑》,四川民族出版社1996年版,第364—365页。

②　参见道光《令家杨族谱》,手抄本;咸丰《杨氏族谱》,手抄本;《令家田族谱》,清抄本。

③　参见潘光旦:《湘西北的"土家"与古代的巴人》,《潘光旦文集》第7集,北京大学出版社2000年版,第514页。

④　参见《宋史》卷八八《地理志四》,中华书局1977年版,第2192页。

其地将二十年,其地当沅、靖二州水陆之冲,一有蛮隙,则为害不细,臣谓宜预为之备。'"①可知,在两宋交替、边防空虚的情况下,靖州杨氏在南宋初被招到湘西辰州一带守边。其迁徙时间,以乾道七年(1171)向前推二十年,即南宋高宗绍兴二十一年(1151)。此外,《溪蛮丛笑》(约成书于1195年)也有靖州仡佬在南宋初被招到湘西一带防守,建立"十庄院"的记载。北地天王信仰正是通过南宋初年北迁辰州的靖州杨氏子孙传入湘西的。但不久,王朝便对守边的靖州仡伶杨等族群产生了戒心。② 至于其命运如何,正史弗载,其很可能从卢溪顺着武水向西进入邻界的镇溪、五寨一带更为偏远的山区(今吉首、凤凰)。这一推断并非空穴来风,清代和民国时期,这一地区的民间文献和传说故事对此便有所反映。据清代史料记载:白帝天王杨氏三兄弟,"宋南渡,孝宗朝,奉命征讨辰蛮,拓九溪一十八洞,时苗与瑶合兵,皆一战击走之,追至奇梁洞(位于今凤凰县),歼其渠魁何车,斩首九千余级。蛮畏其威,民怀其德,遂立庙以祀之"③;"楚之凤凰、永绥(今花垣县)、乾州(今属吉首市)三厅所立天王庙,稽诸志载神为杨姓兄弟三人,宋孝宗朝开九溪十八洞,歼厥渠魁,平其祸患,孝宗嘉其勋劳,锡以王爵,民苗畏其威,立庙以祀"④。此外,亦有记载称,在高宗朝,"蛮境既平,边帅上其功,帝欲亲观状貌(谱载高宗,别传云孝

---

① 《宋史》卷四九四《蛮夷传二·西南溪峒诸蛮下》,中华书局1977年版,第14192页。

② 参见《宋史》卷四九四《蛮夷传二·西南溪峒诸蛮下》,中华书局1977年版,第14192—14193页。

③ 光绪《凤凰厅续志》卷一《典礼》,清光绪十八年(1892)刻本。

④ 同治《永绥直隶厅志》卷二《坛庙》,清同治七年(1868)刻本。

宗），传急诏，三王遂诣临安"①。可见，后世多把对白帝天王的记忆追溯到南宋高宗朝或孝宗朝。而据上文分析，靖州仡伶杨于高宗绍兴二十一年迁徙到辰州卢溪一带，发展了二十年，至孝宗乾道七年，再向西迁，过了十八年，孝宗朝才结束。可见，白帝天王的民间记忆与历史上靖州杨氏在湘西一带活动和迁徙的时间相当吻合。

　　如果上述分析正确的话，仡伶杨欲由卢溪西进至镇溪、五寨等地，必经活跃在这一带的仡伶田的势力范围。而从民间文献看，仡伶杨与仡伶田在元明一直保持着联姻关系，并且祭祀白帝天王成为两个家族共有的习俗。② 由此判断，杨氏在西进过程中，通过与田氏联姻减少了阻力。此外，据五寨令家杨、田两姓丧葬仪式中使用的科仪书（盖有"天王菩萨神印"）可以肯定，杨氏即上述靖州迁到辰州卢溪县的仡伶杨。杨、田二姓老人去世，不请僧道，而是由家族内部按辈分相传的土法师（俗称"流落"）举行丧葬仪式。其科仪书第一卷《令歌》载"今年爷、娘岁能摆摆，辰州买板靖州埋"③，说明杨姓是从靖州迁到辰州来的，因此在送亡人、追溯祖先来历时，要把其灵魂从辰州送回靖州。

　　此后，杨姓经过发展而成为元代及明初五寨地区的土司，据道光《令家杨族谱》载："胜钟公有大志量，抚蛮有功，元始（世）祖至元二十九年八月二十八日授剌（敕），任五寨军民长官司职，驻治衙，年五十岁卒。胜钟公生二子，长汉龙，名秀

---

①　光绪《凤凰厅续志》卷一《典礼》，清光绪十八年（1892）刻本。
②　参见道光《令家杨族谱》，手抄本；《令家田族谱》，清抄本。
③　《令歌》卷一，手抄本。由凤凰县田时瑞收藏。

龙……元顺帝至正元年八月十五日授给五寨宣抚军民长官司职，年四十五岁卒。秀龙公生四子……次再欣，号君宏……四再明，号君德。再欣公抚蛮有功，元顺帝至正十五年八月二十日，授命镇远，袭父土司总管之职，年四十七岁卒。再欣公生四子……三正源公，住茶洞，元顺帝至正二十一年二月十二日，袭父五寨乌引宣抚军民长官司职……明洪武登基，正源公年四十岁卒。秀龙公四子再明［袭］之。"①可以看出，从元初至明初，五寨杨氏共有五代土司：胜钟（1292年）—秀龙（1341年）—再欣（1355年）—正源（1361年）—再明（1368年），历七十余年。杨氏在元初被授予土司之职，当与元朝对湘西一带的招抚有关。元世祖至元十二年（1275）四月，阿里海牙率元军进攻两湖，湘、鄂一带诸多非汉族群归顺。当地大姓和土官被纷纷赐土职，重入帝国羁縻统治。与此同时，湘西及周边族类还进行了较长时间的抵抗。② 五寨及周边亦有过抵抗，如"（至元）十六年春，官军平思州、杜望、杜暮、河上、茶林诸寨，围桐木、笼竹，既而犵狫伯同叛，陷合水、羑岩二寨"③，杜望、茶林两地就是后来五寨长官司辖地的一部分，杨氏极有可能因招抚周边族群而被授予土司官职。《明史》载"五寨长官司。司南。元置"④，亦可为证。

　　在仡伶杨北迁前，湘西就已经有苗、瑶及廩君蛮（巴人一

---

① 道光《令家杨族谱》，手抄本。
② 参见田敏：《土家族土司兴亡史》，民族出版社2000年版，第19—20页。
③ （元）苏天爵辑：《元文类》卷四一，清光绪刻本。
④ 《明史》卷四四《地理志五》，中华书局1974年版，第1100页。

支)等族群居住。① 从考古发掘看，湘西地区出土了大量具有典型巴文化特征的遗物②，表明廪君蛮在湘西一带曾分布广泛，而其具有崇拜白、红、黑三色神的信仰。③ 随着宋元杨氏权势地位的形成，其极可能将土著三色神与自己的祖先神(北地天王)融合在了一起。又因南宋初年杨、田二姓联姻西进，意义重大，这个关键时刻便被后世不断强调，附会在了北宋时期的北地天王身上。因此，后世白帝天王信仰便具有了白、红、黑三张脸谱的特性和南宋初年杨氏三兄弟征蛮的历史记忆。令人惊奇的是，笔者发现在湘、鄂、川、黔交界地区，民间崇拜的数量为三的神明相当多，且有的神明脸谱也是白、红、黑三色，但因地域不同而名称各异。可能的解释是其均源于廪君蛮的三色神，而经宋、元以来不同区域的地方权势改造而名称不同，如清代湘西永顺府各寨摆手堂每岁正月初三祭祀彭王、田大汉、向老官人三人。④ 与之相邻的鄂西来凤、咸丰、宣恩、利川等地区，有很多的三抚宫，祭祀覃、向、田三姓祖先神。⑤ 川东北酉阳一带的三抚庙，祭祀冉、杨、田三姓祖先。在湖北鹤峰、五峰

----

① 参见曹学群：《湖南西部古代仡佬考略》，《贵州民族研究》2003年第3期。

② 参见周明阜等编著：《凝固的文明》，青海人民出版社2006年版，第141—145页。

③ 参见潘光旦：《湘西北的"土家"与古代的巴人》，《潘光旦文集》第7集，北京大学出版社2000年版，第512页。

④ 参见乾隆《永顺府志》卷一○《风俗》，清乾隆二十八年(1763)刻本；光绪《古丈坪厅志》卷一○《民族下》，清光绪三十三年(1907)铅印本。

⑤ 参见同治《来凤县志》卷九《建置志·坛庙》，清同治五年(1866)刻本。

及湖南桑植、石门等地区,则普遍信仰大二三神①,其脸谱也是红、白、黑三色。② 上述现象应与唐宋以降,地方权势对当地原有三神信仰的改造有关。靖州仡伶杨北地天王三神不过是其中之显例而已。因此,白帝天王三色脸谱源于廪君蛮,但其名称却与巴人崇拜白虎无关,而与宋元以来由靖州北迁辰州卢溪等地的杨氏家族有着直接关系。

二、杨家将的传说：秩序重建、文化变迁
与族群身份建构

康熙五十二年(1713),辰沅靖道周文元经过凤凰厅(明代五寨等地区)靖疆营,得知白帝天王名金龙、金彪、金纂,为杨业八世孙。③ 可见,白帝天王为杨家将后代说法的形成不会迟于清初。而凤凰靖疆营一带,正是宋元以来仡伶杨和仡伶田的聚居地(其自称令家杨、令家田),杨家将之说即与其密切相关。

元明交替,仡伶杨姓土司因私藏仡伶田印信而下台,与杨氏亦有联姻的思州田氏则因在明初归附朱元璋、开辟滇黔通道有功和告发杨氏而成为五寨和筸子坪长官司。仡伶杨和仡伶

---

① 参见同治《续修鹤峰州志》卷一四《杂述志》,清同治六年(1867)刻本;同治《桑植县志》卷一《名迹》,清同治十一年(1872)刻本。

② 参见彭继宽主编:《土家族传统文化小百科》,岳麓书社 2007 年版,第 69 页;鄂西土家族苗族自治州民族事务委员会编:《鄂西少数民族史料辑录》,1986 年,第 407—411 页。

③ 参见光绪《凤凰厅续志》卷一《典礼》,清光绪十八年(1892)刻本。

田失势，成为土司管辖下的一般土民。① 权势的失落，使得五寨杨、田二姓失去了保护伞，其族居地都容、都吾、油菜（草）塘、锅儿坪、务头、晒金塘等靠近苗区，常受骚扰。明中叶以来，王朝虽建有边墙、营哨加以防御，如杨、田二姓族居地主要设靖疆营和清溪哨把守，但作用有限："各哨之病，无不然者，而莫甚靖疆、清溪、洞口，尤莫甚靖疆。盖北之乾州以强虎为外捍，篁子以火麻、炮水二小营为外捍，独清、靖、洞，苗一阑入，则直抵麻阳、卢溪村寨，恣其掳掠，入无重关之闭，出无再截之虞，故祸偏中三哨也。"②此外，兵丁并不总是尽心职守，"苗过高罗、油草，而靖疆之目兵不究"③。境遇变迁使杨、田二姓自明初以来，与周边族类关系非常紧张。于是，他们试图与其划清界限。五寨杨氏的一支至少在明中后期就开始了这一活动。这支杨氏居住在相邻的麻阳县石羊哨，与五寨连成一片。从谱序看，两支杨氏属同一房支（三房）。据民国川溪续修《杨氏族谱》记载：

> 继至北汉杨业公，太原人……即杨老令公也……后人有咏史诗云："矢尽兵亡战力摧，陈家谷口马难回。李陵碑下成君节，千载行人为感哀。"后令婆折氏继握兵符，屡立战功……旋因五溪苗蛮变乱，遂命太君将兵征讨……所生七子，长延品，次延定，三延辉，四延朗，五延德，六延昭，

① 参见道光《令家杨族谱》，手抄本。
② （清）顾炎武：《天下郡国利病书·湖广下》，上海科学技术文献出版社2002年版，第2098页。
③ （清）顾炎武：《天下郡国利病书·湖广下》，上海科学技术文献出版社2002年版，第2096页。

七延嗣。女二，八姐九妹，俱有勇力。长适凌，次适刘。后伯叔兄弟九人，自天婆府离家，一往陕西蓝田县竹沙坪，一往江西吉安府太和县沙州坪，一往四川酉阳坪查，一往贵州思南府石阡、平头、乌罗，一往楚地靖州、五寨……三房胜和公分得五寨池街地，蒙二太师爷均粮，将胜和均过麻阳县石羊头杨家寨住……胜和所生秀初，秀初所生五子，于泸溪南三都陈田地方，各持锁盖一片为记，遂各分手……时在天顺纪元立夏前五日，裔孙正茂谨撰并书。①

谱序重在证明杨氏与杨家将的关系，但杨业儿子多战死北方，未曾南下；佘（折）氏也未有过南征之举。② 谱序中的许多情节是出自杨正茂的编造，不过有意思的是，其人物和征引诗文与明中后期流行的杨家将小说《北宋志传》叙述非常相似。首先，杨业七子在《北宋志传》中为长渊平、次延定、三延辉、四延朗、五延德、六延昭、七延嗣③，而谱序除长子延品作渊平外，其余各子名称和排序与《北宋志传》完全一样；其次，《北宋志传》也有八姐、九妹的记载（第十回）；最后，谱序中纪念杨业的史诗，则出自小说第十八回。由此可知，杨正茂正是借助了明中后期流行的杨家将小说，将其作为建构祖先来历的文化资源。需要说明的是，纪念杨业的诗为明人周礼所作，其生于景泰八年（1457）前后④，因此杨正茂绝无可能在1457年征引该

① 民国《川溪杨氏族谱·序》，手抄本。
② 参见道光《杨氏族谱》卷二《纪略》，山西宗武祠清道光刻本。
③ 参见（明）研石山樵订正：《北宋志传》第十六回，体元堂清刻本。
④ 参见陈国军：《周静轩及其〈湖海奇闻〉考论》，《文学遗产》2005年第6期。

诗。据族谱载，杨正茂为"莘公长子，麻阳县廪生。生于万历六年戊寅（1578）九月十二日寅时，殁于崇祯十四年辛巳（1641）九月初四日丑时"①。而现存最早的两部杨家将小说《杨家府演义》和《北宋志传》成书不迟于万历二十一年（1593）。② 因此，谱序应是杨正茂在万历或其以后所作，而天顺纪元极有可能是天启纪元之误。此外，又据清代《令家田族谱》记载："皇上好生之德，思垂黔楚，即发旨遣余祖田绍司协同杨令公之兄亲同行——金龙、金篆、金彪是也……朝廷虽欣万里之阔，亦虑百年之后，与余祖公屯兹土良地纳贡，故地兆地名蜜蜂、靖疆营、务头、洞口哨、铁湖哨、晒金塘立衙舍，管辖大田、马勒、硐头、硐脚、羊管冲、官田山等处地名也。"③由此可以看出，有关杨家将子孙的说法不早于明中期，因为大量营哨，如靖疆营、洞口哨、铁湖哨等是在嘉靖朝镇压苗民反抗后建立起来的。《田氏族谱》记载的这个故事与上述杨氏谱序都在强调自身与杨家将的关系，因此称自己为令家杨、令家田。他们为何会选择以杨家将作为身份建构的资源？据研究，"仡伶"是今天侗族先民，侗族自称"金"或"干"。"仡伶""伶"是宋元以来这一族群自称的汉文记载。④ "伶家"照今天的概念讲，即"侗家"之意，而杨老令公之"令"，恰与此同音，这成为建构族群身份的契机。于是，"令家"不再指"侗家"，而指杨老令公之

---

① 民国《川溪杨氏族谱》，手抄本。

② 参见孙旭、张平仁：《〈杨家府演义〉与〈北宋志传〉考论》，《明清小说研究》2001 年第 1 期。

③ 《令家田族谱》，清抄本。

④ 参见张民：《浅谈侗族与仡伶和伶》，《贵州民族研究》1983 年第 1 期。

后了。杨、田二姓祖先故事的建构旨在强调自我与周边族群的差异，体现出杨、田二姓力求在身份上与"蛮夷"划清界限的一种努力。

杨、田二姓为何、何能在明中后期纷纷转变族群身份？笔者认为，这一转变与明中后期该地区社会秩序重建和文化变迁有着密切关系。明中后期，里甲制进一步破坏，周边民人为逃避赋役，流入湘西山区，"镇筸苗巢俱系麻阳、辰溪、卢溪、沅陵及附近隔省流民，或躲避粮差，或脱罪亡命，寄寓于此，实蕃有徒"①。以邻界的卢溪县为例，明初编户五十八里，至万历年间缩为十二里，大量民户逃往五寨地区。② 此外，或因土司招抚流民开垦沿边土地③，或因商人经商，大量外来人口进入湘西山区，甚至经常越过边墙活动，由此引发一系列社会矛盾和族群冲突，地方秩序遭到严重破坏。官方为重建社会秩序，一方面强调修缮边墙以阻断流民和商人进入生苗区；另一方面，则通过编保甲、设乡兵、鼓励垦荒等方式，将流民等安插在边墙附近，与土著比邻而居。④ 安插流民等社会秩序的重建对于区域文化的变迁产生了重大的影响，清续修《令家田族谱》对此记载："大明国湖南辰州府凤凰厅在于边疆，未得开考，我公祖田有海、田仕三，邀道爷黄全尧、安怀冬在于潘里学院……田有海

---

① 参见（清）顾炎武：《天下郡国利病书·湖广下》，上海科学技术文献出版社 2002 年版，第 2116 页。

② 参见乾隆《泸溪县志》卷九《户口》，清乾隆二十年（1755）刻本。

③ 参见（清）顾炎武：《天下郡国利病书·湖广下》，上海科学技术文献出版社 2002 年版，第 2090 页。

④ 参见（清）顾炎武：《天下郡国利病书·湖广下》，上海科学技术文献出版社 2002 年版，第 2077 页。

等披排树甲下五场，攀立学效（校），折子进京，嘉靖准旨我凤凰一厅，世袭应考，准取文章八名，武生八名。"①该文字应该是清代续修族谱时补上去的，是土民对其祖先在明中后期请设学校的一种记忆，尽管时间和指称等多有错漏，但请学之事并非空穴来风。《明熹宗实录》对此记载："湖广五寨蛮夷长官司伍里洞民田应升等奏，臣等司设楚徼，钱粮差役例同有司，户礼家诗不减乐土。惟国初以远方风气未开，未经设立儒学，节年里试，俱分寄于辰州府属各学，止给衣巾，不与帮补，即有智慧，发迹无由。因于天启三年具状告赴通政司，蒙准送礼部看详，行令抚按会议妥确。"②而乾隆时期地方志中亦有记载："五寨司向设土官，本无学校，前明天启时，有土民田惠升、安怀东同客籍一十四户，呈请附辰州府考试，每考文武童生各入学八名，廪增各六名，照小学出贡，隶辰州府，儒学兼摄。"③可见，《令家田族谱》记载非虚。从中，我们不难发现请开学校并非土著单纯的行为，其背后有客民的促成。这说明客民进入湘西山区带来的不单是负面影响，更重要的是对地方文化教育发展的推动。清康熙年间，五寨改土归流，时人评价："五寨司，名为蛮夷，自宋元明，山多田少，劝农纳粮，恤民开学，世代之如有司也。"④可见，延至清初，五寨在周边民人看来，在文化上有了较高的认同感。因此，我们也不难理解令家杨、令家田在这一时期建构

---

① 《令家田族谱》，清抄本。

② 《明熹宗实录》卷八七，天启七年八月己亥条，"中研院"历史语言研究所，1962 年，第 4206 页。

③ 乾隆《凤凰厅志》卷九《学校》，清乾隆二十三年（1758）刻本。

④ （清）金应声：《镇筸传边录》，愈益谟辑：《办苗纪略》卷一，清康熙四十四年（1705）刻本。

祖先来历、实现身份转变与当时区域文化整体变迁的关系。正因为具备了文化上的条件，其祖源建构和认同才有了可能。此外，笔者 2008 年在凤凰县调查时发现，"流落"田时瑞（77 岁）、其子田兴国（39 岁）分别为第 17、18 代"流落"。如果依据"流落"按辈分相传的特点和平均每代间隔 20—25 岁计算，第一代"流落"在 1550—1640 年，即嘉靖二十九年至崇祯十三年，这说明"流落"成为一种固定的使用文字传统的法师，其出现年代也应该在明中后期，亦可视作该区域文化变迁的旁证。

三、余论：区域社会变迁与族群认同

不可否认，白帝天王这一课题最早是从民族史研究开始的，首先把白帝天王当成土家族共同信仰而加以系统论述的是潘光旦先生，其对该信仰的系统性研究功不可没，尤其是对三色脸谱的分析堪称经典，但因其要论证"土家"这一民族的共同起源，所以自然赋予了其共同的意义。在潘氏以后相当长一段时期内，不论是"土家说"还是"苗家说"（也有主张两者兼而有之的），基本上都是在土家族或苗族的信仰这样一种预设下进行的，其论证也是以两个民族的整体文化特征（历史上的以及现在的）与该信仰特征之间的相似性作为依据。这一方法直接导致的后果是将该信仰在历史上存在和发展的区域范围大而化之。以"土家说"为例，如果从廪君蛮信仰白虎这一整体文化特征出发来说明该信仰是土家族的信仰，那么最尴尬的问题是在像永顺等土家族地区清中叶以前的材料中，几乎找不到有关白帝天王信仰的记载；在鄂、川、黔土家族地区也存在同样的问题。相反，随着清中叶乾嘉苗民起义后该信仰正统化的推进，湘、鄂、川、黔交界地区才大量出现具有上述特征的白帝天王信仰。显然，这一信仰在湘、鄂、川、黔地区普遍流行是一个相当晚近的过程，而名称为白帝天王、具有三色脸谱和杨家将故事特征的天王神在清初湘西局部地区就完成了演变过程，因而超越这一具体的区域去分析这些信仰特征是找错了路子。

近年来，区域社会史发展迅速，它强调视角的"自下而上"，强调从较长的时段出发对区域历史进行整体性的研究，强调多学科方法、知识的运用。[①] 笔者正是在这一理念下，试图在吸收民族史研究成果的基础上，将该信仰放到宋、元、明王朝开发背景下，在湘西这一具体的区域自身发展变化过程中加以综合考察，发现白帝天王名称的由来和杨家将故事建构与宋、元、明时期仡伶杨和仡伶田有密切关系，其族群认同亦随着时代和环境的变迁而变化。可以说，白帝天王信仰及其故事建构是宋、元、明时期湘西边缘社会所发生的文化和族群观念变迁的一个缩影。换言之，该信仰的流变是一定区域历史发展脉络下的独特表现，折射出宋、元、明以来国家力量向湘西地区投射下地方社会变动的若干侧面。因此，对该信仰的研究不可以超越一定的历史时空而加以泛论。

---

① 参见赵世瑜：《小历史与大历史：区域社会史的理念、方法与实践》，生活·读书·新知三联书店 2006 年版，第 25—28 页。

清代白帝天王信仰分布地域考释[*]

——兼论白帝天王信仰与土家族的关系

一、问题的提出

在土家族被识别为一个单一民族的过程中,潘光旦先生著名的《湘西北的"土家"与古代的巴人》一文起到关键性作用。在该文中,一个很重要的论据便是白帝天王信仰源自古代巴人信仰习俗,并成为后世湘、鄂、川、黔土家族地区普遍存在的文化现象。因此,从共同的文化特征上支持其为一个民族。[①] 事实上,后来的学者对这一点已经提出了疑问。曹毅认为,白帝天王并非土家族共有的信仰,湖北土家族聚居的清江流域就无此崇拜;即使在湘西地区也主要是苗族信奉,而土家族聚居的永顺、龙山等县在清代甚至连天王庙都没有。因此,他认为白帝天王信仰不是土家族信仰,而是苗族信仰。[②] 然

* 本文原载于《民俗研究》2013 年第 1 期,系山东大学自主创新基金资助项目"明清屯堡研究——以四川冕宁县为中心"(2012GN027)的阶段性成果。

① 参见潘光旦:《湘西北的"土家"与古代的巴人》,《潘光旦文集》第 7 集,北京大学出版社 2000 年版,第 508—528 页。

② 参见曹毅:《"向王天子""白帝天王"考:土家族族源探讨中的一个问题》,《湖北民族学院学报》(社会科学版)1993 年第 4 期。

而,潘光旦先生在讲这个问题的时候,确有引用地方志来说明永顺、龙山等土家族地区有白帝天王庙及其信仰①,且依据地方志列出了一个该信仰在清代湘、鄂、川、黔土家族地区的分布表。② 两者出现分歧,首先是因为他们对材料的解读存有差异。乾隆二十八年(1763)修毕的《永顺府志》记载:"白帝天王之神,不知何所从出,苗人尊奉之。乾、绥各处皆然。今永属四县,苗寨亦多,苗俗无异,然未闻有其庙者。盖此地原系土司之地,土势盛而苗势微也。"③潘光旦先生的解释是白帝天王乃土家族主神,而湘西一带苗族因后来被土家族土司管辖,也接受了这个信仰。又因在永顺府土家族人多,苗人势小,苗人经济上不如土家,无力在苗寨中建立庙宇,只好利用附近土家族原有的天王庙。所以,他认为该句意为永顺府四县到处都有天王庙,只是苗寨中没有而已。为符合这一解释,他还特意将"然未闻有其庙者"一句注释成"然(苗寨中)未闻有其庙者"。曹毅的理解则完全从字面意义出发,认为白帝天王为苗人信奉,土家族并不崇拜。因为永顺府土家族人多势众,即便是境内有苗人分布,其所信仰的白帝天王也难以在土家族地区立足。因此,这段文字恰恰说明永顺府土家族不信仰白帝天王。应该说,曹毅的解释是有道理的。若潘氏所言正确,为何乾隆五十八年修毕的《永顺县志》提到土民信仰的诸多神灵,包括彭王、向王等,但整本志书对白帝天王和天王庙却只字未提? 由此可

---

① 参见潘光旦:《湘西北的"土家"与古代的巴人》,《潘光旦文集》第 7 集,北京大学出版社 2000 年版,第 510—511 页。

② 参见潘光旦:《湘西北的"土家"与古代的巴人》,《潘光旦文集》第 7 集,北京大学出版社 2000 年版,第 524 页。

③ 乾隆《永顺府志》卷一二《杂记》,清乾隆二十八年(1763)刻本。

见,潘先生对前述材料有过度解读的嫌疑。然而,光绪《龙山县志》记载:"其事白帝天王尤虔,有病赴庙祈佑,许以牲醴,愈则酬之。张雨盖大门外,供天王神位,刲牲、陈醴馔,爇黄蜡香,以巫者祝而祭之。既招族姻,席地畅饮,乃散。乡邻忿争,或枉屈不得白,就誓神前,立解。"①这又确确实实地显示出湘西永顺府龙山县等土家族地区在晚清时期有此信仰,前述潘光旦先生统计的信仰地域分布表也因此把永顺、龙山等算在其内。可见,前人的分歧不光体现在材料解读上,也与材料记载的矛盾有关。那么,为何清中期以前和晚清时期的记载互有出入? 其间究竟发生了什么变化? 白帝天王信仰在清代土家族地区到底是不是一个普遍性的信仰? 如果是,何时何以形成这样的局面? 要解决这些问题,便需要对清代白帝天王信仰分布的地域及其演变情况进行深入的探究。

二、乾嘉苗民起义以前白帝天王信仰的地域分布情况

潘光旦先生虽将字面相近的白帝庙、白公庙等都算作白帝天王信仰,但事实上有明确记载的白帝天王及其庙宇的历史却并不久远。就笔者所见,最早记载白帝天王信仰的文献是明嘉靖年间的《湖广图经志书》:

①　光绪《龙山县志》卷一一《祈禳》,清同治九年(1870)修、光绪四年(1878)重刊本。

鸦溪，在县西北镇溪千户所西一十五里，水自崇山发源，其流合武溪。鸦溪中有石穴者七，渊深莫测，名为龙井。溪之傍有鸦溪神庙，其神为白帝天王，每岁六月巳日起至巳日止，忌穿红、张伞、吹响器，山林溪涧虽有禽兽行走并鱼跳跃，人不得名，亦不敢取。①

这条材料说明，明代白帝天王信仰流行的范围在镇溪千户所及其周边。镇溪千户所建于明洪武年间，东与辰州府卢溪县相连，北与保靖、永顺两宣慰司（清代改为永顺府）相邻；南接箄子坪、五寨两长官司地（清代改为凤凰厅），西为湖、贵苗族聚居区域，其范围相当于清代的乾州和永绥两厅，即今天湖南湘西州吉首、花垣两地。至万历年间修《辰州府志》时，该信仰又再次出现在志书中，但带有明显的贬斥和不屑之意：

鸦溪，在县西二百六十里，水自崇山发源，其流合武溪，经邑东注与沅水合。溪有石穴者七，渊深莫测，名为龙井。溪傍有庙，其神相传曰（白）帝天王，每岁不（六）月祀之，以巳日起至巳日止，忌穿红、张伞、吹响器，山林溪涧虽有獐兔鹿行走并鱼跳跃，人不敢取其物……岂地幽神灵，抑人心疑畏，遂因以戒之欤？此则理之不可解者。加地曰：按，三省大征后，伐树直过庙趾，又不见有日之利害，想神之灵显亦自有数，渐就消灭，不卜可知也。②

---

① 嘉靖《湖广图经志书》卷一七《辰州府·山川·卢溪县》，明嘉靖元年（1522）刻本。
② 万历《辰州府志》卷三《山川》，明万历二十五年（1597）刻本。

这一材料同样表明，白帝天王信仰在明代的分布范围相当有限。直到清顺治年间，与镇溪千户所相邻的泸溪县才有了第一座天王庙。康熙《泸溪县志》对此事进行了记载：

> 鸦溪，邑西二百六十里，其水自崇山发源，所流合武溪，经县东注与沅水合。溪傍有庙，其神相传为白帝天王，每岁六月祀之，以辰日起至巳日止，禁忌甚严。时有水陆诸物，皆不敢取，犯者灾不可言。岂地幽神灵，抑人心疑畏，遂因以戒之欤？此则理之不可解者。续因三省大兵经过后伐树过庙，不似昔日之严。复于本朝顺治十三年六月内，显灵于本邑城内，遂立庙于城北，或神之由此聚欤？散欤？未可知也。①

天王庙的建庙原因不详。但从时间上看，顺治十三年（1656）刚好是南明永历政权与清政权在湖南、云贵一带拉锯的时期。据《东华录》记载："（顺治十三年）十月，阿尔津奏：克复辰州，土司彭宏澍籍所属三州六司三百八十洞户口以降。"②而泸溪刚好是辰州府辖县。因此，建庙的原因很可能与当时的战乱有关。

康熙五十二年（1713），辰沅道周文元受命巡视乾、凤二厅，在由乾入凤途中的靖疆营发现有天王庙，据说是其拜亭，而大庙在鸦溪。③ 此庙建修时间不明，推测在明末就已经存在。

---

① 康熙《泸溪县志》卷三《山川》，清康熙六年（1667）刻本。

② （清）蒋良骐：《东华录》卷七，顺治十三年十月条，齐鲁书社 2005 年版，第 111 页。

③ 参见光绪《凤凰厅续志》卷一《典礼》，清光绪十八年（1892）刻本。

据道光《凤凰厅志》记载:"乌引殿,厅东北四十里,群乌拥香炉于此,厅人因之建祠祀土神(《田氏传边录》),即今靖疆营三侯庙是也。"①《田氏传边录》是土司家族记载当地社会情况的资料,今已不传,但清人修地方志,多从其中补录明代材料。由此推测,在明代就建有其庙。据以上分析,明中叶到康熙年间,白帝天王庙仅分布在明代镇溪千户所和卢溪县附近地区。

雍正年间,湘西地区改土归流,原明代镇溪千户所辖上六里苗民被招抚后,在其地设永绥厅管理。至乾隆年间,永绥厅共有三座天王庙:"竹王庙,一名显灵庙。一在小西门外里许。一在城西四十里隆团,雍正十年里民建。一在城西五十三里。俗称白帝天王。详前泸溪下。"②其中,小西门外一座为总兵周一德在雍正年间招抚苗民后所建,隆团一座为民间在雍正时期建立,余一不详。而泸溪县继顺治十三年(1656)建庙后,至乾隆二十年(1755)修县志时,已经出现了更多的天王庙:

> 天王庙,在县治北,杨刘溪、上野茅岭、下欧溪、榔木溪、布条坪、龙形冲俱有之。在野茅岭者,自国朝顺治中建正殿三间,中列神像三。前厅三间,名百神堂。左右厢房、厨房。神肇自鸦溪,俗称白帝天王,极其崇信,凡祈祷辄应,威灵显赫,立致祸福。③

截止到乾隆六十年(1795),有资料可考的白帝天王庙达

---

① 道光《凤凰厅志》卷三《山川》,清道光四年(1824)刻本。
② 乾隆《辰州府志》卷一八《坛庙考》,清乾隆三十年(1765)刻本。
③ 乾隆《泸溪县志》卷一四《坛庙》,清乾隆二十年(1755)刻本。

15座，其分布地点见表1。

表1 乾隆年间白帝天王庙统计

县属	分布地名	建庙时间	资料来源
乾州厅	鸦溪	明嘉靖以前	嘉靖《湖广图经志书》
凤凰厅	靖疆营	明（具体不详）	《田氏传边录》
泸溪县	城北野岭	顺治十三年	乾隆《泸溪县志》
永绥厅	潮水溪	雍正六年	乾隆《辰州府志》
永绥厅	隆团	雍正十年	乾隆《辰州府志》
永绥厅	城西五十里	雍正至乾隆间	乾隆《辰州府志》
泸溪县	杨刘溪	顺治至乾隆间	乾隆《泸溪县志》
泸溪县	上野坪	顺治至乾隆间	乾隆《泸溪县志》
泸溪县	下欧溪	顺治至乾隆间	乾隆《泸溪县志》
泸溪县	榔木溪	顺治至乾隆间	乾隆《泸溪县志》
泸溪县	布条坪	顺治至乾隆间	乾隆《泸溪县志》
泸溪县	龙形冲	顺治至乾隆间	乾隆《泸溪县志》
慈利县	马公渡	乾隆三年	民国《慈利县志》
麻阳县	城北二里	乾隆十六年	同治《麻阳县志》
松桃厅	城北五十里	乾隆年间	道光《松桃厅志》

除此以外，笔者查阅湘、鄂、川、黔土家族聚居地区嘉庆以前各方志等资料，并没有发现关于白帝天王信仰及其庙宇的记载。以上论述表明，该信仰及其庙宇在嘉庆以前分布的范围仅局限在湘西部分地区，以湖南西部乾州、凤凰、永绥、泸溪四厅

县为中心,周边个别地区有少量庙宇分布。其地域分布状况可参考图1。

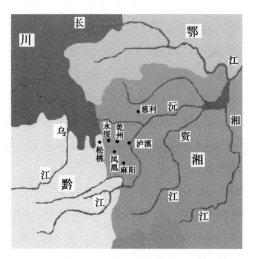

图 1　乾隆时期白帝天王信仰地域分布示意

由此,白帝天王在嘉庆以前并非湘、鄂、川、黔土家族地区普遍存在的信仰文化。然而,为何潘光旦先生会认为其是土家族共同的信仰和文化特征呢？问题出在何处？这便是本文下面要进一步深入分析和讨论的问题。

三、乾嘉起义过程中的灵验故事与乱后天王神的"标准化"

乾隆六十年(1795),湘黔边境爆发了历史上著名的乾嘉苗民起义。湖南乾州、凤凰、永绥三厅及贵州松桃厅等地苗民联合起来驱逐客民，围攻厅城。一时间，道路阻断，音讯不通。大兵不能立至，各地遭到严重冲击，寻求神明庇护成为民间应对动乱的一种重要方式，"六十年苗变，鸦溪附近居民三百余人避苗神庙中。苗糜至，环立庙外。悍苗欲入庙逞凶，至门中喷血立毙，群苗惊走，以后无敢谋戕庙中难民者"①。或许是动乱中极度渴望被保护的心态作怪，各地也就广泛流传着神明显灵护佑的故事。其中，有关白帝天王显灵的传说便不下数十处。乾州城破，多遭屠戮，流民塞野。直到次年底，清军才收复厅城。其间，民间遭到的冲击最为严重。因此，白帝天王显灵的故事也广为流传：

> 乾隆六十年苗变，乾州难民纷纷逃匿。西南北三面，群苗聚处，神现天灯，阻塞去路，惟空其东面，逃者得脱……苗变，泸民逃散，城为之空。乾难民被追急，相与议守泸城，以暂避之。是夜，群梦神示曰："尔辈暂处泸城，但虎头桥要隘，即宜守之，我能默佑尔辈也。"次早述梦同，即议丁壮四十人守隘。苗众果蜂拥来，寡不敌众，正危急间，天暴风雨驰骤，苗摧折落岸溺毙者多，始退窜。②

除乾州厅，永绥厅城深入苗地，更是成为被苗民重点围攻的对象。由于官兵和士民苦苦坚守，终保城不破，而民间却将保城功绩归于天王神力：

---

① 光绪《乾州厅志》卷四《典礼》，清同治十一年（1872）修、光绪三年（1877）续修本。

② 光绪《乾州厅志》卷四《典礼》，清同治十一年（1872）修、光绪三年（1877）续修本。

又永绥当贼苗围攻之始,忽有杨姓民妇升屋矗立,大言天王神降,指命守御机宜,一时枪炮所发,击毙无算。小西门外,向建神庙,侦闻苗匪滋事之先日,永绥官民敬请五色神纛,分列各门。苗率众潜来,因见各门大纛飘扬,灯火如星列周城,若有百万雄兵之势,遂不敢攻击而退。以故绥城攻围八十余日,援兵始至,贼苗攻城二十余次,皆以日,不敢以夜。又苗匪肆逆后,并将各处所建庙宇概行焚毁,有贼目窃着神袍,乘马挥众攻城,马忽向城直奔,十余贼收勒不住,因而俱毙枪炮之下。神之威灵,其显且速者复如此。①

除乾、永两厅外,保靖县和相邻的贵州地区也纷纷流传着白帝天王显灵救民的故事:

牛角山,在县东十里,两峰高耸,尖秀若牛角,故名。乾隆六十年苗变,土人避此山,天王显圣保全。后因建庙其上。②

四都,天王庙二。一在水荫场……一在那洞。乾隆六十年苗变,土人避住山中,天王显圣保全。苗退后,民人周永林、方天德募建。③

---

①　道光《凤凰厅志》卷五《典礼》,清道光四年(1824)刻本。
②　同治《保靖县志》卷二《舆地志·山川》,清同治十年(1871)刻本。
③　同治《保靖县志》卷六《祀典志·寺观》,清同治十年(1871)刻本。

乾隆六十年春，黔楚苗匪滋事。贵州嗅脑汛，仓猝之间，既属兵少，土筑围墙，复属低薄，屡经贼匪攻击，势已危迫。一日，苗匪大至，兵民警惧，颇系存亡。贼众忽见赤面大将，带领多兵，乘阵御敌，知为神之灵显救护，遂惊退，不敢复攻。①

凤凰厅因厅城被围不破，有关白帝天王显圣的故事就更加具有吸引力和权威性。据周凯记录亲历者徐大伦的描述："二十五日戊申昧□，苗集如蚁，四山齐下，以竹梯攻西门，掷石击退，转攻南门，焚东门民业，油苗以油泼城，焚陷五丈余。君率民抵御，伤右耳，加薪陷处，火益烈，苗不能上，坚拒至四更。"②可见，当日厅城东门被焚陷，徐大伦担心苗民从该处破城，故让人在其处加薪，使火势变大，以阻止苗民入城。结果很奏效，城内因此坚持到了四更。而此时城中百姓想必已是人心惶惶，看见东门一带火起，不明情由，反而希望火灭："凤凰厅城于大兵未到之先屡被贼围，东门城楼着火，正危急间，见有神鸦无数，沿郭飞鸣，火遂熄，士民咸以为神力呵护。"③百姓不明情由，反倒希望起保护作用的火熄灭，并把灭火保城的功绩归于天王显灵。这一看似矛盾可笑的举动，恰恰反映了百姓在社会动荡之中亟须保护的脆弱心态。事后，民间呼声高涨，一致要求对白帝天王加以封祀："嗣（云贵、四川）制军（福、和）暨湖广制军毕

---

① 道光《凤凰厅志》卷五《典礼》，清道光四年（1824）刻本。
② （清）周凯：《内自讼斋文集》卷二《书徐君镇篁御苗事》，清道光二十年（1840）刻本。
③ 道光《凤凰厅志》卷五《典礼》，清道光四年（1824）刻本。

奏请封祀,旋蒙俞允,敕封侯爵,载入祀典。"①

嘉庆二年(1797)五月初十日,毕沅等人为抚顺民情,奏请加封白帝天王神号:

> 臣毕沅、姜晟、鄂辉跪奏,为恭恳圣恩敕封神号以妥灵畀而靖边围仰祈睿鉴事。窃照湘南苗疆地方向有神庙,土人称为白帝天王。奉祀颇虔,由来已久。乾隆六十年,黔楚苗民不靖,福康安督兵攻克喫脑汛城,曾荷神灵畀昭显应,当已奏明,咨会在案。嗣凤凰厅城于大兵来到之先,屡被贼围。东门城楼着火,即有神鸦沿郭飞鸣,火遂灭熄。士民人等咸以神力呵护,莫不啧啧称奇……臣等采访舆论欣庆之余,弥增教畏,理合仰恳圣恩,俯顺舆情,敕封神号,俾灵畀显应,边围永靖,为此恭折具奏,伏祈皇上睿鉴。谨奏。②

是月二十二日,奏折到达礼部,朱批礼部与军机大臣会议。二十七日,经礼部与军机大臣会议奏准通过。③ 由此,白帝天王在社会动荡的过程中,由民间到官方,完成了正统性的改造,从而取得了合法身份。次年,官方对白帝天王祭祀有了明确的规定:

> 祭期　嘉庆三年颁定,岁以春秋二仲月上巳日致祭。

---

① 道光《凤凰厅志》卷五《典礼》,清道光四年(1824)刻本。

② 《嘉庆二年五月初十日毕沅等奏》,《苗民起义档》,中国第一历史档案馆藏。

③ 《嘉庆二年五月二十七日阿桂等奏》,《苗民起义档》,中国第一历史档案馆藏。

陈设　帛一(白色)、爵三、簠二、簋二、笾十、豆十、羊一、豕一、灯二、炉二、尊一、香盘一。

仪注　祭日,主祭各官着公服将事,行二跪六叩首礼,余与祭龙神祠同。

祝文　惟神情切,同胞义重,偕作竭力,以捍边陲,威慑蠢类,执戈以卫社稷,功在生民,荣膺褒封,光垂祀典,伏愿英灵显赫,格兹有苗,毋肆蛇豕之顽,永锡岩疆之福,尚飨。①

此后,白帝天王又在历次动乱中因不断上演着灵验故事而被加封:

道光十二年,官军平定江华逆瑶赵金陇。十六年,迅获本城凶犯钟潮栋等,以及接岁祈求晴雨,无不应时。十七年,绅民禀请前凤凰厅姚华佐详,经前督部堂林、抚部院讷奏。奉敕加灵应。钦此。

二十七年,平定乾州匪苗石观保等,两厅绅民禀请前升道吕恩湛详,经前督部堂裕、抚部院陆、费奏。奉敕加保安。钦此。

咸丰四年,粤逆攻陷常德府城,上游官兵防堵辰龙关,神旗显灵,贼锋迥窜。继复平定永顺县土匪彭盖南等。六年,上游厅县转据各绅民禀请前升道翟诰详,经前督部堂官、抚部院骆奏。奉上谕晋封为宣威助顺灵应保安靖远

---

① 　光绪《乾州厅志》卷四《典礼》,清同治十一年(1872)修、光绪三年(1877)续修本。

王、镇远王、绥远王。钦此。

五年，贵州铜仁匪徒窜扑镇城，迭荷神威，官兵大捷，肃清边境，越复邻城。七年，绅民禀请前升道翟诰详，经前督部堂官、抚部院骆奏。奉敕加显佑。钦此。

同治元年，粤逆窜楚，攻陷会同、泸溪两县，扰及黔、麻两邑，乾、永两厅，接涉凤边，尤为切近，均沐神灵显赫，迅扫狂氛，五属绅民分请署凤凰同知俞晟、乾州同知恩绶、永绥同知陈秉钧、黔阳知县黄杰、麻阳知县荣怀珍转禀前升道兆琛，适兆又以上年亲身带勇，援剿贵州黎平，屡沐威灵详，经督部堂官、抚部院毛奏。奉敕加护国。钦此。①

从道光十二年（1832）到同治元年（1862）短短30年间，因一系列社会动荡的影响，民间纷传白帝天王显灵故事，并要求地方官上奏朝廷。由此，白帝天王从一个民间小神到封侯封王，先后加封五次，影响力大大增强。经此过程，这一信仰分布空间与此前相比，有着怎样的变化呢？

四、敕封后白帝天王信仰地域分布的扩张

随着白帝天王信仰"标准化"的进行，其信仰空间也开始不断扩张。如前所述，嘉庆以前有资料可考的天王庙为15座，主要集中在乾、凤、永三厅和泸溪县。乾嘉苗民起义后，其数量逐渐增多、分布范围不断扩展。

---

① 光绪《凤凰厅续志》卷一《典礼》，清光绪十八年（1892）刻本。

　　三厅以北的永顺府是土家族聚居区。然而,乾隆二十八年(1763)修毕的《永顺府志》记载:"白帝天王之神,不知何所从出,苗人尊奉之。乾、绥各处皆然。今永属四县,苗寨亦多,苗俗无异,然未闻有其庙者。盖此地原系土司之地,土势盛而苗势微也。"①这说明至乾隆中期,天王庙及白帝天王信仰在永顺府境仍未流行。乾隆五十八年(1793)修《永顺县志》依然没有提到土民信仰白帝天王,甚至连天王庙也只字未提。这种状况终乾隆之世如此。然而,经过清中叶以来的社会动荡,情况发生了变化,永顺府龙山县出现了这样的记载:

　　　　白帝天王之神,不知何所从出,苗人尊奉之。乾、绥各处皆然。今永属四县,苗寨亦多,苗俗无异,然未闻有其庙者。盖此地原系土司之地,土势盛而苗势微也(此《府志》云云。今乡村中间有立庙者。详《风俗纪》)。②

　　虽然上述文字完全是抄录乾隆二十八年《永顺府志》原文,但修志者还是实事求是地指出了近来出现的变化,即现在乡村中偶尔有建天王庙的情况。这一方面说明乾嘉起义对乡村社会冲击很大,造成民间需求神灵庇护的心理;另一方面,则说明这些土家族地区以前并不信仰白帝天王,其庙宇也是在后来新建的。湘西另一土家族聚居区永顺府保靖县的情况也与此相似,笔者在雍正《保靖县志》中找不到任何与白帝天王信仰及庙宇相关的线索。乾隆年间是否有天王庙出现,我们不清

①　乾隆《永顺府志》卷一二《杂记》,清乾隆二十八年(1763)刻本。
②　嘉庆《龙山县志》卷一六《杂识》,清嘉庆二十三年(1818)刻本。

楚,但从同治《保靖县志》的记载来看,其天王庙都是在乾嘉苗民起义及此后的社会动荡中建立起来的:

> 天王庙,在县北校场后,大河岸边。嘉庆五年,署知县胡如沅建,钦颁宣威助顺匾额。
>
> 四都,天王庙二。一在水荫场。嘉庆初年,董、林二人募建,左建观音寺。一在那洞。乾隆六十年苗变,土人避住山中,天王显圣保全。苗退后,民人周永林、方天德募建。同治九年,保举蓝翎千总方正邦又建前厅。……六都……天王庙在印山台。①

> 牛角山,在县东十里,两峰高耸,尖秀若牛角,故名。乾隆六十年苗变,土人避此山,天王显圣保全,后因建庙其上。
>
> 南无山,在四都,奇峰高耸。咸丰乙卯年,居民避寇其上。越癸亥秋,天王显圣,贡生向朝忠等因为立庙。②

显然,永顺府保靖县天王庙不论官建还是民建,均在乾嘉苗民起义之后。

就永顺县来说,民国《永顺县志》记载:"天王庙,在演武厅,向在禹王宫后山。咸丰四年,土匪夜攻城,神兵惊退之,移建于此。同治六年,副将廖长明重修(唐志)。"③这亦说明其建

---

① 同治《保靖县志》卷六《祀典志·寺观》,清同治十年(1871)刻本。
② 同治《保靖县志》卷二《舆地志·山川》,清同治十年(1871)刻本。
③ 民国《永顺县志》卷九《建置三·寺观》,民国十九年(1930)铅印本。

庙与咸同时期的社会动乱有关。

除了三厅以北的永顺府外，今湖北省南部土家族聚居区在嘉庆之前也没有该信仰的记载。之后，则因天王神的"标准化"和白莲教起义而建庙。如湖北来凤："天王庙，一在旧司场，一在县南三十里玛瑙河。教匪、发匪作乱，俱显灵异。案，白帝天王之祀始于湖南。嘉庆间，湖督某请入祀典，部议从之。"①来凤位于湖北省的南部，与湖南省永顺府龙山县接界，屡受白莲教起义及太平天国运动的影响，白帝天王捍御灾患得力而进入祀典，也因此被来凤等地建庙祭祀，以求保境安民。与此相似，鄂西南土家族聚居的咸丰、宣恩两县，最早亦是在同治年间的地方志中，才有了天王庙的记载。如同治《咸丰县志》云："天王庙，在县南五里。"②同治《宣恩县志》亦云："天王庙，县西二里。"③

三厅以西的四川酉阳直隶州下辖秀山、黔江、彭水三县，是土家族、苗族聚居地区。据同治《增修酉阳直隶州总志》记载："白帝天王庙。案，白帝天王之祀始于湖南。嘉庆间，湖督某奏请入祀典，部议从之……酉阳州，庙在州东八十里蒲海场之三石坪，又东三十里篁子溪之红豆山，又北六十里之小井溪，均有庙，均甚灵应。三县亦间有小祠。"④这也说明因白帝天王进入祀典，这一信仰才逐渐在酉阳地区兴起，不光是酉阳州有了天王庙，秀山、黔江、彭水三县民间也开始建祠

---

① 同治《来凤县志》卷九《建置志·坛庙》，清同治五年（1866）刻本。

② 同治《咸丰县志》卷七《典礼》，清同治四年（1865）刻本。

③ 同治《宣恩县志》卷八《典礼》，清同治二年（1863）刻本。

④ 同治《增修酉阳直隶州总志》卷九《祠庙三·通祀》，清同治三年（1864）刻本。

祭祀。

在三厅以南地区,沅州府芷江县亦是在乾嘉起义后建庙。据载:

> 三侯庙(俗称天王庙),在潕水东岸。乾隆六十年镇筸苗叛,三侯显灵,阴助讨平之,辰、沅获庇以安。嘉庆二十四年,杨光藜、杨启泽、刘世超、周仁达、吕廷封、周宜章、尹世昌、丁文光、江万方等捐募鼎建(道光十一年,刘世超捐香田,土名泥家垅并岩桥窑边地,共粮三亩零)。道光十八年,陈宏业、赵安柏、胡国崇、彭维松、涂月亭等复募修砌堤岸,酬赛者多蒙福云(道光十八年,赵安柏等十二人复置买香田,土名铠架坡,田十五丘,粮三亩九分,租谷十二石)。①

此外,由于白帝天王被官方认可,各地借助这一合法身份来装扮本地信仰的情况也日益凸显。尤其是湖南西南部沅州和靖州等地,其在争论白帝天王是不是本地人的问题上最为激烈。湘西乾、凤、永、泸四厅县至少在清初以来就传说白帝天王为杨姓三兄弟,宋朝人,御苗有功,死后成神。而相似的传说也不止出现在上述地区,康熙《靖州志》记载会同县:"杨公庙,托口人,兄弟三人御苗有功,没后敕封为神,今辰沅各县境立祠祀焉。"②这一记载并未说明兄弟三人为何时人。据雍正《黔阳县志》记载,"杨公者何?黔邑之土神也。号青木祠,盛于辰、常。

---

① 同治《芷江县志》卷一三《坛庙》,清同治九年(1870)刻本。

② 康熙《靖州志》卷三《坛庙》,清康熙刻本。

士人奉之,祠曰公安。相传南宋时苗乱,神兄弟三人有捍卫功"①,明确说明三人是南宋人。这表明,辰、沅、靖各地广泛流传着宋代杨姓三弟兄的故事。由此,沅州、靖州等地坚持认为白帝天王就是本地祭祀的杨公。所以,在白帝天王被官方认可后,沅、靖地区也借机在本地大力建庙加以祭祀。如果把这样的情况也算在内的话,白帝天王信仰分布空间在湖南西南部侗族、苗族地区也扩展开来。兹根据这些资料绘成图。(见图2)

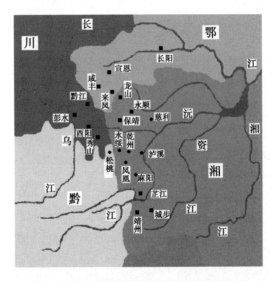

图 2　晚清时期白帝天王信仰地域分布示意

(注:●代表乾隆年间已有白帝天王信仰分布之区域;■代表嘉庆至晚清时期白帝天王信仰新扩展之地域)

---

① 雍正《黔阳县志》卷六《坛庙》,清雍正十一年(1733)增刻本。

　　由以上分析可知,乾嘉苗民起义后,白帝天王信仰分布地域呈现扩张的趋势,其影响力已经大大跨越湘西一隅,遍及湘、鄂、川、黔土家族广泛分布的区域了。

五、结语

　　从上文的分析,我们可以看出一个比较清晰的关于清代白帝天王信仰,以及其庙宇由湘西局部地区逐步扩展到湘、鄂、川、黔土家族分布地区的历史演变过程。由此,我们可以得出一个结论,即白帝天王信仰在乾嘉苗民起义以前,仅仅局限于湘西部分地区,以乾州、凤凰、永绥、泸溪为中心,并非湘、鄂、川、黔土家族地区自古遗留、普遍存在的一种文化现象。此后,由于神明"标准化"和灵验故事的影响,官方、民间为应对诸如白莲教起义、太平天国运动等一系列社会动荡,而纷纷建立庙宇,使这一信仰分布的空间范围逐渐扩展开来,遍及湘、鄂、川、黔相邻的土家族地区。而潘光旦先生并没有注意到这样一个神明"标准化"及其信仰地域分布空间扩张的过程,其使用的材料恰恰是乾嘉苗民起义后湘、鄂、川、黔地区府县志书的记载,从而误以为该信仰是上述土家族地区普遍的文化现象。因此,潘光旦先生从文化层面将该信仰视作上述土家族地区自古遗留、普遍存在的信仰来证明土家族是一个单一民族是不妥当的。

　　那么,土家族地区是否存在共同的文化特征来证明其是一个单一民族呢?笔者认为是有的,这一共同文化特征表现为三神崇拜。事实上,白帝天王信仰体现出白、红、黑三尊神像崇拜的特点。据潘先生研究，这一文化特征源自古代巴人信仰习俗。很有意思的是，笔者发现，三神崇拜恰恰是湘、鄂、川、黔土家族地区普遍存在的文化现象。例如，清代湖南永顺府每年正月在摆手堂跳摆手舞，以祭祀土神。乾隆十年《永顺县志》、乾隆二十八年《永顺府志》、乾隆五十八年《永顺县志》对此均有记载①，而祭祀的对象恰恰是彭、田、向三神："土俗，各寨有摆手堂，每岁正月初三至初五、六夜，鸣锣击鼓，男女聚集，摇摆发喊，名曰摆手，以祓不祥。此旧俗，今亦不尽有此堂……神为旧宣慰社把，如彭王、田大汉、尚老官人云，皆彭王之臣云。"②在鄂西地区的来凤、咸丰、宣恩、利川等今天土家族聚居的地区，则有很多的"三抚宫"，祭祀覃、向、田三姓祖先神。《来凤县志》载："三抚宫，一在大河坝，一在旧司场。案，三抚神，相传为三姓土司，生有惠政，民不能忘，故没而祭于乡社，颇著灵异，水旱祷之辄应。"③川东北酉阳一带的三抚庙，则祭祀冉、杨、田三姓祖先。

　　在湖北鹤峰、五峰及湖南桑植、石门、慈利等地区，则普遍信仰大二三神。《续修鹤峰州志》记载："大二三神，田氏之家神也。刻木为三，其形怪恶，灵验异常。求医问寿者，往来相属于道。神所在，人康物阜，合族按户计期迎奉焉。期将终，具酒

---

① 乾隆《永顺县志》卷四《风土志》，清乾隆十年（1745）刻本；乾隆《永顺府志》卷一〇《风俗》，清乾隆二十八年（1763）刻本；乾隆《永顺县志》卷四《风土志》，清乾隆五十八年（1793）刻本。

② 光绪《古丈坪厅志》卷一〇《民族下》，清光绪三十三年（1907）铅印本。

③ 同治《来凤县志》卷九《建置志·坛庙》，清同治五年（1866）刻本。

醴、刲羊豕以祭之,名曰喜神。不然,必罹奇祸。祭时鼓钲嘈杂,苗歌蛮舞,如演剧然。神降必凭人而语,其人奋身踊跃,啮碗盏如嚼甘餔;履赤铁,入油鼎,坦然无难色,至今犹然。"①至今,上述地区民间还保存着这一信仰传统。乾隆二十九年《桑植县治》载:"狮子洞,城东四十里。洞临半山,可容百人,相传昔有赤、白、黑三羊出食禾麦,逐之入洞中,乃三土神,遂移祀狮子岩上。"②说明这一地区信仰白、红、黑三色神。而在桑植居住的白族自称是从元代迁来此地,也祭祀大二三神,"谷姓祠堂里还有一笔经费,清明这天,凡参加者要吃一餐饭,敬大二三佬,红、黑、白三张脸谱的神,烧纸化钱后就去挂青"③,表明该地区祭祀三色神具有普遍性。关于三色脸谱,当地民间传说三神为帮助女娲补天,老大右手托天,左手叉腰,涨得满脸通红,称红脸大人。老二双手顶天,不能走动,只好让烟熏烤,后来成了黑脸大人。老三脚踩白石,脸沾白石灰,成了白脸大人。④故事显然为后人编造,但大二三神白、红、黑三张脸谱的特征仍保持完好。

可见,在湘、鄂、川、黔交界的土家族地区,数量为三,脸谱为白、红、黑之神出现的比率如此之高,绝非偶然现象,可能的解释是他们和白帝天王一样,与古代巴人信仰习俗有渊源,然

---

① 同治《续修鹤峰州志》卷一四《杂述》,清同治六年(1867)刻本。

② 乾隆《桑植县志》卷一《陂堰》,清乾隆二十九年(1764)刻本。

③ 参见鄂西土家族苗族自治州民族事务委员会编:《鄂西少数民族史料辑录》,1986年,第407、411页。

④ 参见彭继宽主编:《土家族传统文化小百科》,岳麓书社2007年版,第69页。

而因地区的不同，被后人赋予的名称各不相同。因此，白帝天王信仰只是土家族共有的三神崇拜的表现之一，以其作为土家族共同文化特征论证土家族为一个单一民族并不合适，反倒是以三神信仰作为论据更为合理。

晚清民国湘西屯政与
白帝天王信仰演变[*]

　　屯政与白帝天王信仰是湘西历史文化研究中的两个重要课题,相关研究已颇为丰富,但两者往往被割裂开来,其联系鲜有论述。本文将两者联系起来讨论,目的在于探讨屯政制度对湘西民间社会的影响。诚然,以往研究已经对屯政负担过重而引发的晚清民国时期湘西社会动乱有了比较深入的论述,然而动乱是非常态的一种表现。在常态下,屯政对湘西民间社会产生了什么样的影响,鲜有论者。因此,本文即以湘西民间崇拜的白帝天王信仰为视角,讨论屯政制度的推行对湘西民众日常生活的深刻影响。

一、屯政实行前后湘西民间负担的变化

　　乾嘉苗民起义后,清廷为恢复社会秩序,开始在湘西实行屯政。其中,以均屯养勇为核心。从嘉庆四年起至十年(1799—1805),湘西乾、凤、永三厅及泸、麻、古、保四县共均民

　　* 本文原载于《吉首大学学报》(社会科学版)2010年第4期。

田 61000 余亩,建立"民屯"。嘉庆十一年至十四年(1806—1809),又大规模查丈"叛产""占田",扩大屯田范围,建立"苗屯"。屯田分别佃给民、苗耕种收租以养屯勇和苗兵守边。①嘉庆十三年(1808),民屯均田、土共 76000 余亩,苗屯田、土 42000 余亩,共计 130000 余亩。自嘉庆十六年(1811)起续丈田、土 21000 余亩,共计屯田、土 150000 余亩。② 所均田、土属公有,佃者不得买卖。就其结果来说,据学者估算,苗民所耕熟田熟土基本上都被充了公。以永绥厅为例,乾隆十六年(1751)清查,全厅成熟田共 2670 余亩(旱土除外),以水田与旱土之比为 1∶2 计算,田土总数为 8000 亩左右。而永绥民屯和苗民叛占田土达 80000 余亩。也就是说,如果在五十多年中,田土面积增加了十倍,也被全部归公了。③ 道光年间,辰沅道台赵文在在奏折中说:"自设屯防将田土清丈……苗疆田土存留于民间者已属无几。"④可见,苗民田土有相当大的部分变为国家公有土地,是一次对苗民土地占有制度的大调整。此前,国家没有清丈苗民田土,不掌握其田土数字;苗民不按田亩承担赋役,只按人头每丁一名缴纳杂粮二升。理论上来说,负担是很轻的。均田后,苗人田土大部分充公,只得佃种公田,按亩纳税。而公田屯租很高,初为每亩一石八斗,后来有所降低,

---

① 参见伍新福:《清代湘西苗族地区"屯政"纪略》,《中南民族学院学报》(哲学社会科学版)1983 年第 2 期。

② 参见刘善述:《湘西苗民革屯史志》,中国文联出版社 1999 年版,第 34 页。

③ 参见伍新福:《试论清代"屯政"对湘西苗族社会发展的影响》,《民族研究》1983 年第 3 期。

④ (清)但湘良:《湖南苗防屯政考》卷八《均屯四·详定苗疆应禁应增事宜四条清折》,清光绪九年(1883)蒲圻但氏湖北刻本。

但也在每亩一石以上。伍新福据 1949 年前湘西平均亩产 214
斤推算,屯租占到亩产收获物的 60% 左右。相反,湘西民间租
佃率只在 15%—30%,官方也承认应缴屯租超过同一时期其他
地区田赋钱粮的 200 余倍。① 可见,均田后,湘西民间负担骤
然增加了很多。这一变化对人们的日常生活有着怎样的影响?
这些影响是怎样表现出来的?下文将以白帝天王信仰仪式和
故事变迁来说明两者之间的内在关系。

二、屯政实行前的白帝天王神格及其形象

从文献来看,清前期人们更多的是强调天王神在解决民间
纠纷上所具有的审判权威。雍正六年(1728),镇筸总兵周一
德和辰永沅靖道王柔兵分两路招抚、弹压上六里苗民。周氏从
乾州一路进兵,途经鸦溪,听说白帝天王向来为苗民崇拜,于是
设计招降苗民。据载:"苗人奉之谨,过庙不敢仰视。门常锁
闭,或数十年不一开,椎牛岁祭皆设之门外。"②这主要强调的
是天王的权威性。乾隆年间,湘西及其周边也还是在强调天王
在解决纠纷时的审判权威:"苗民遇有冤忿,必告庙誓神,刺猫
血滴酒中,饮以盟心,谓之吃血。吃血后三日,必宰牲酬愿,谓
之悔罪做鬼,其入庙则膝行股栗,莫敢仰视。抱歉者,则逡巡不
敢饮。其誓必曰:'你若冤我,我大发大旺;我若冤你,我九死

---

① 参见伍新福:《试论清代"屯政"对湘西苗族社会发展的影响》,
《民族研究》1983 年第 3 期。

② 乾隆《凤凰厅志》卷二〇《艺文·总戎事略》,清乾隆二十三年
(1758)刻本。

九绝。'犹云祸及子孙也。事无大小,吃血方无反悔,否则虽官断亦不能治。盖苗人畏鬼甚于畏法也。"①相似的记载在乾隆《乾州志》《楚南苗志》《辰州府志》等志书中都有出现②,表明人们在当时强调的是天王在解决民间纠纷上的神力。由于民间深信神判的灵验,贵州松桃一带还在乾隆年间将天王请去裁决土地纠纷,"距城北五十里地名曰抵,乾隆年间乡民争山土界,连年构讼,闻湖南镇算地有天王神素灵显,遂异此神至界所,鸣锣焚香,求示灵应。三日后,地忽分裂数十丈,界限朗然,各畏服"③。这些都说明乾嘉起义以前白帝天王的神格主要体现在审判权威上,民间少有将其与祈雨等施雨形象相联系。

三、由"审判"到"祈雨":屯政负担与天王神格及故事演变

如前所述,屯政实行前,我们几乎没有发现天王神具有祈雨功能和游神赛会的记载。然而此后,白帝天王信仰仪式和故事开始发生较大的演变,其神格由强调"审判"转向强调"祈雨",是湘西制度变迁与社会转型的重要体现。制度推行可以是突然的,甚至不考虑后果而有违规律,但生产力的发展却不

---

① 乾隆《凤凰厅志》卷一四《风俗》,清乾隆二十三年(1758)刻本。

② 参见乾隆《乾州志》卷二《风俗》,清乾隆四年(1739)刻本;乾隆《楚南苗志》卷四《开庙吃血》,清乾隆刻本;乾隆《辰州府志》卷一四《风俗》,清乾隆三十年(1765)刻本。

③ 道光《松桃厅志》卷三二《杂识》,清道光十六年(1836)松高书院刻本。

可一蹴而就。湘西地区生产技术水平相对落后,加上气候异常,农作物产量低且不稳定。这种状况不论对以发展农业生产为重要考核指标的地方官,还是对需要完粮纳税的民间来说,无疑都是一种挑战和压力。面对沉重的农业负担,在靠天吃饭的时代,官方和民间对风调雨顺的祈求自然成为日常生活中重要的一部分。因此,在时人编纂的湘西屯政资料中,各种有关强调应对自然灾害的记载相当多。我们从中看到地方官为应对水旱灾害、保证正常收租,经常会率领民众去城隍庙、龙神祠等祈求晴雨。① 而地方志中,也透露出这种信息。嘉庆年间,乾州厅开始明确出现官方和民间联合进行游神祈雨的仪式:"厅城偶遇旱年,厅官虔诚斋戒,诣龙神祠、城隍庙祈求雨泽。如迟久不雨,鸦溪设诚,求祷于天王庙,甚至迎神像入城至龙神祠,请官行香辄雨。"②凤凰厅在道光年间,也出现利用白帝天王祈求晴雨的记载:"(道光)十六年,迅获本城凶犯钟潮栋等,以及接岁祈求晴雨,无不应时。"③

此前,我们并没有看到白帝天王具有祈雨神力的记载。苗民在雍正年间都不敢入庙,更遑论入庙迎神祈雨。而后来这种神力的获得,可能有两方面比较重要的原因。一方面是鸦溪一带至少在乾隆时期便流传天王是其母"感龙而孕"的说法。江德量在乾隆后期撰《白帝天王》一文就有记载:"白帝天王,湖南乾州鸦溪人,姓杨氏。母感龙而孕,一产三子,各有勇,武艺

---

① 参见(清)但湘良:《湖南苗防屯政考》卷二四,清光绪九年(1883)蒲圻但氏湖北刻本。

② 光绪《乾州厅志》卷四《典礼》,清同治十一年(1872)修、光绪三年(1877)续修本。

③ 光绪《凤凰厅续志》卷一《典礼》,清光绪十八年(1892)刻本。

绝伦。"①机缘巧合的是,这篇文章后来被收入《广虞初新志》中。这部风靡清代的短篇小说集因其内容神怪离奇而流传广泛,从而也使得"感龙而孕"的说法广为传播。同治《增修酉阳直隶州总志》《来凤县志》中有关天王的来历都参考了江氏之文,并对此深信不疑。② 可见"感龙而孕"的说法对官方和民间建构白帝天王祈雨神力有着重要影响。

另一方面,嘉庆二年的敕封使白帝天王的地位进一步提高,天王神同龙神等国家认可的神明一样开始受到官方祭祀,并在祭期、陈设、仪注上固定下来。如在仪注上规定:"祭日,主祭各官着公服将事,行二跪六叩首礼,余与祭龙神祠同。"③国家对这些由民间崛起的神明的认可,总是抱有两条理由:一是其能御大灾;二是能捍大患。只要符合其中一条,经由申请便有可能成为国家认可的神明。同时,这也意味着经国家认可的神明都要在这两方面负起责任。白帝天王正是因为能"捍大患"、保障厅城等有功而位列祀典,其一旦被认可,便自然具有了御大灾的职责。这体现了官方对民间信仰改造的一种努力。随着"感龙而孕"说法的传播和神明的正统化,官方和民间自然将白帝天王与龙神等形象和功能联系在一起,因而想象其具有祈雨的神力。因此,这些祈雨、游神等活动,最初是在官方的推广下按照国家规定的礼仪进行的,并影响到民间对这些

---

① （清）黄承增辑:《广虞初新志》卷三八《白帝天王》,清嘉庆八年（1803）刻本。

② 参见同治《增修酉阳直隶州总志》卷九《祠庙三·通祀》,清同治三年（1864）刻本;同治《来凤县志》卷九《建置志·坛庙》,清同治五年（1866）刻本。

③ 道光《凤凰厅志》卷五《典礼》,清道光四年（1824）刻本。

新传统的继承。直至民国年间，石启贵先生（1896—1959）在对这一信仰做调查时，湘西各地每年都还举行天王祈雨、游神等活动，而以乾州仙镇营尤盛："每当三、四月间，或五、六月间，天旱无雨时，一般农民，不能耕作，望雨若渴，恐误农事，社会村民，往往发起迎神之举。至尊者，莫如天王神……香火甚盛，人民求雨喜迎之……启行时，燃烛烧香，大放鞭炮。迎神之人，捧香前行，鸣锣开伞，执事喧阗……鱼贯而行，秩序井然。到地即扎雨坛一座……用觋师一人，请神下轿，安排上座，打答问神何日得雨……得雨后，相邀购办肥猪一只，酬谢神恩……食毕，请神上轿，一致送神，仪式一切，与欢迎同……送入庙中，安神上座，事毕矣。此种作法，各地皆有，惟乾州乡之仙镇营独盛，几乎成为惯例，年年举行。"①

可见，自晚清官方对白帝天王祈雨、游神活动加以创造并推广以来，这一传统就深深扎根民间，成为人们日常生活的一部分，具有深厚的群众基础。而这些日常生活中的仪式化活动，又反过来影响人们对天王来历的想象和建构。晚清民国湘西天王故事中强调龙神应人祈祷、普降甘霖，然后与女性交合，最终产下白帝天王的情节，恰好反映了民间的这种联想。显然，这样丰富的故事情节是很晚近才编造出来的，是民间对于白帝天王祈雨功能的想象和合理化解释。如此，我们回顾民国时期湘西民间流行的天王降生故事，就不难理解其中所包含的意蕴了。"太后娘娘之父亲……名曰杨老栋官者……有田百亩在鸦溪龙井坝上……因当时天干地裂，旱魃过久，禾苗枯槁，

①　石启贵：《湘西苗族实地调查报告》，湖南人民出版社2002年版，第481—482页。

几将殆尽……杨老携女于田边……虔诚求雨泽云：'天老爷呀！旱灾流行，禾苗干枯，可怜农人，有种无收，请赐天恩，早降雨泽，救济禾苗。倘蒙降霖，不但仅是建醮答天，并愿将女穆英配之。决不食言。'……该处龙井之龙神，听见栋官祷告此语……便发动风雨雷神，涌水降霖，救全禾苗……一刹那间，田水满溢，禾苗复苏……一天，该女往龙井浣洗衣服……涌水来潮，扬波四起，该女竟被波涛卷起，推入井孔中而去。龙王得其到手，强迫成婚，遂结龙胎，始生三王。"[1]整个天王降生故事，都在强调天王与龙神的关系，实际上是民间对天王祈雨神力的一种联想和合理化解释，反映了自嘉庆以来该地域深刻的社会转型和制度变迁对民间思想的影响。与此同时，民间故事中对"感龙而孕"和游神祈雨等神力的解释，亦体现出该地区自晚清以来官方行为的民间化和民间对官方行为的一种认同。

四、结语：制度变迁与地方因应

嘉庆以后，屯政成为湘西社会最大的负担，而且屯政并没有因为清朝的覆亡而结束，一直延续到抗战爆发，在湘西民众抗日革屯运动下才被废除。因此，屯政是贯穿清末民初整个湘西历史的一条不可忽视的发展脉络，其制度具有深刻的社会影响和地域延续性，反映在民众的日常生活上，就是官方和民间

---

① 石启贵：《湘西苗族实地调查报告》，湖南人民出版社 2002 年版，第 222—223 页。

为应对这一现实境遇和压力,对风调雨顺的虔诚祈求。故而,屯政实行以后,不论是白帝天王仪式还是故事,都在努力强调天王神与龙神之间的关系及其所具有的祈雨神力,体现了民间在屯政压力下,对农业丰收的渴望。

屯堡家神祭祀的起源与变迁[*]

——四川冕宁的案例

　　屯堡主要是由明初军事移民驻扎各地而形成的聚落,带有其原籍地的浓厚文化特征。作为移民研究的重要内容之一,屯堡文化早已成为历史学、宗教学、人类学、语言学等多学科共同关注的对象,形成了大批的研究成果。① 然而长期以来,学界在探讨屯堡文化时多持一种停滞的论调,如将其视为明初移民文化的"活化石",并从"心理优势""环境封闭""地理优势""文化优势"等角度来阐释其何以能保持六百余年而不变。②

---

　　* 本文原载于《宁夏社会科学》2018 年第 4 期,系教育部人文社会科学研究青年基金项目"明清屯堡社会变迁研究——以四川冕宁为中心"(13YJC770035)、山东大学基本科研业务费资助项目(人文社会科学青年团队项目)"民间宗教中的女性角色研究"(IFYT15015)的系列成果之一。

已有学者指出,这种"停滞论"观点的得出,更多的是我们缺乏对屯堡文化形成过程的深入考察所致,"不少研究在引证史料叙述征南战争之后,迅速将历史与现实缝合,直接进入对当下屯堡村落事实的描述,漫长的历史流程被压缩成开端与结尾的叠合"①。为此,本文试图通过梳理四川冕宁屯堡家神祭祀的起源与变迁脉络,对屯堡文化的形成及特性问题进行探讨和反思。不周之处,尚祈方家指正。

一、冕宁屯堡中的家神祭祀

冕宁县位于四川省凉山彝族自治州北部,面积 4420 平方公里,总人口约 33 万,包括汉、彝、藏等民族。② 其中,藏、彝先民早在元代及其以前就已在当地定居③,汉族则主要是在明初开辟西南过程中,从外地征调而来。据载,洪武二十一年(1388),明朝从南京征调羽林右卫官兵在冕宁北部建苏州卫。④ 二十五年,又调京卫及陕西兵一万五千人驻扎苏州、建

---

① 朱伟华等:《建构与生成——屯堡文化及地戏形态研究》,广西师范大学出版社 2008 年版,第 6 页。

② 参见冕宁县地方志编纂委员会编:《冕宁县志》,西南交通大学出版社 2009 年版,第 1 页。

③ 参见(元)刘应李原编,(元)詹友谅改编,郭声波整理:《大元混一方舆胜览》,四川大学出版社 2003 年版,第 461 页。

④ 参见《明太祖实录》卷一九四,洪武二十一年十月庚午条,"中研院"历史语言研究所,1962 年,第 2914 页。

昌等卫。① 两年后，苏州卫改称"宁番卫"。由此，作为卫所官
兵及其家属生产生活和防御空间的屯堡聚落在当地大量形成。
据明人曹学佺的《蜀中广记》记载，宁番曾建有九十二屯，主
要分布在环境条件较好的河谷地区。②

　　在冕宁屯堡社会中，流传着祭祀家神的习俗。所谓"家
神"，即明代汉族移民后裔供奉在家中的保佑一家平安顺利的
神明，可分为两类：一类是儒释道三教神佛及地方性神祇，如释
迦牟尼、观音、太上老君、关帝、川主、土主等，每家每户都能祭
祀；另一类则是自家有军功或名望的祖先。③ 第二类家神并非
每家每户都有，只有那些祖上出了大官的人家才有，如冕宁县
菩萨渡村邓家的北阴将军、王家的王总兵，文家屯邓家的洪毛
国公（又称"七蛇大将""国公爷"）等。祖先没当过大官的人
家就只能供奉第一类家神，比如冕宁菩萨渡村有个说法叫"邓
家邓将军，王家王总兵，周家周观音"④，据说周家祖先官最小，
不能被奉为家神，所以周家人只能在家中供奉观音这一家家都
能供奉的神祇为家神。相反，那些有祖先作为家神的人家，则
两类家神都可以同时供奉。

　　冕宁屯堡供奉家神的地方叫作"菩萨楼"，一般设置在堂

---

　　① 参见《明太祖实录》卷二一八，洪武二十五年六月癸丑条，"中研
院"历史语言研究所，1962 年，第 3203 页。

　　② 参见(明)曹学佺：《蜀中广记》，《景印文渊阁四库全书》第 591
册，台湾商务印书馆 1986 年版，第 444 页。

　　③ 访谈资料：2012 年 8 月 6 日，冕宁县后山乡大兴村端公周常寿
（1930—）讲述。后文周常寿口述资料皆出于此次调查所得，不再赘注。

　　④ 访谈资料：2012 年 8 月 4 日，冕宁县城厢镇菩萨渡村教师邓天亮
（1946—）讲述。后文邓天亮口述资料皆出于此次调查所得，不再赘注。

屋的二层,需通过楼梯进入,是一较为隐秘的祭祀空间。"菩萨楼"正面墙壁居中处供奉着第一类家神,其右侧则供奉第二类家神(如果有的话),其左侧则供奉历代祖先。有些人家没有第二类家神,其位置就空出闲置。据笔者调查,在旧社会,"菩萨楼"供奉家神的位置都挂有各自的神图。中华人民共和国成立后,因取消封建迷信的缘故,神图陆续被毁,现在只有极少数人家保留下来,如菩萨渡村的王家、周家等,而那些失去神图的人家则用一张红纸贴在原来的位置上。例如,文家屯邓宗增家就在"菩萨楼"正面墙壁中间贴有一张红纸,供奉第一类家神。红纸中间写有"天地君亲师位"六字,红纸左半部分为儒释道三教神祇,红纸右半部分则为其他神祇,包括川主、土主、药王等。在红纸的右边,另贴有一红纸,供奉第二类家神,上书"敕封有感洪毛国公将军老爷七蛇大将位"。据邓宗增说,"洪毛国公"原来也有画像,被毁后才以红纸替代。① 在第一类家神的左侧,供奉的是邓家历代祖先,过去这一位置摆设有家族世系图和历代祖先牌位,而现在已无宗图,仅有祖先牌位以供祭祀。值得注意的是,尽管祖先之位在家神的左侧,但它没有资格同第一、二类家神并排而坐,只能侧身居之。

　　通过以上论述可知,祭祀家神是冕宁屯堡社会广泛存在的习俗。那么,作为一种移民社会中的民俗文化现象,冕宁屯堡家神祭祀源自何处? 是否与其移民原籍地有关? 下文将对这一问题展开详细的分析和讨论。

---

　　① 访谈资料:2012 年 8 月 5 日,冕宁县宏模乡文家屯村支书邓宗增(1941—)讲述。后文邓宗增口述资料皆出于此次调查所得,不再赘注。

二、冕宁屯堡家神祭祀的起源

冕宁屯堡居民主要是明代军事移民的后裔，其家神祭祀习俗正是从他们的祖籍地传入。以下将从屯堡移民来源、祭祀习俗和神堂格局三方面对此进行考证。

（一）冕宁屯堡移民来源

如前所述，《明实录》记载了洪武二十一年、二十五年明朝两次从南京及陕西大规模地征调官兵来此镇守。可知，冕宁屯堡移民主要来自明朝南京。在明代，南京又称南直隶，包括应天、苏州、凤阳等 14 府及其他直隶州，范围大致相当于今江苏、安徽、上海。冕宁现存档案及出土墓志铭，对来自这些地区的移民有更为详细和清楚的记载。例如，洪武二十一年开辟苏州卫的指挥佥事陈起，即来自江苏临淮。① 又如，撰于天顺四年（1460）的宁番卫指挥使《李斌墓志铭》记载：

> 昭勇将军李公讳斌，字良甫，维扬人也。②

由此可知，宁番卫指挥使李斌来自江苏扬州。此外，撰于正统二年（1437）的《刘氏墓志》记载：

---

① 参见中国第一历史档案馆、辽宁省档案馆编：《中国明朝档案总汇》第 58 册，广西师范大学出版社 2001 年版，第 10 页。
② 《李斌墓志铭》，2012 年出土，现存于冕宁县城南李福友家中。笔者于 2012 年 8 月调查时对该墓志铭进行了抄录。

宜人姓刘氏,字妙湛,泰州东西乡茅庄人,名家之女,
年既笄,嫔于我祖唐原,事舅姑甚得妇道,敬志中馈,和睦
内外,洪武二十六年同祖父来住宁番卫镇抚。①

据明代档案《武职选簿》记载,唐原为明代宁番卫镇抚,江
苏高邮人。② 从墓志可知,刘氏是江苏泰州人,与其夫唐原的
出生地高邮相邻,婚后随之前来镇守。以上三例,皆能与《明实
录》记载冕宁屯堡移民多来自南京地区的说法相印证。除此以
外,《武职选簿》对明代宁番卫武官履历(姓名、年岁、祖籍、职务、
世系、功绩等)有非常细致的记录,从中可更全面地看出冕宁屯
堡移民的来源。该簿记载,明代宁番卫武官共 120 名,其中有原
籍记录者 74 名,兹将所记原籍情况统计如表 1 所示:

表 1　明代宁番卫武官原籍统计

	省	府州县	人数	比例
1	南京	凤阳府、扬州府、庐州府、淮安府、徐州、应天府、滁州、安庆府、镇江府	44	59.46%
2	湖广	德安府、安陆州、黄州府、兴国州、沔阳、常德府、永州府、樊城	9	12.16%
3	北京	山后、顺天府	6	8.11%

① 凉山彝族自治州博物馆、凉山彝族自治州文物管理所编著:《凉
山历史碑刻注评》,文物出版社 2011 年版,第 41 页。引文部分文字根据拓
片校正。
② 参见中国第一历史档案馆、辽宁省档案馆编:《中国明朝档案总
汇》第 58 册,广西师范大学出版社 2001 年版,第 13—14 页。

续表

	省	府州县	人数	比例
4	河南	开封府、汝宁府、南阳府	5	6.76%
5	浙江	绍兴府、台州府、杭州府	3	4.05%
6	山西	大同府、太原府、氏县	3	4.05%
7	山东	兖州府、青州府	3	4.05%
8	四川	西充	1	1.35%

从表 1 可以看出，宁番卫武官在来源上有两个显著的特点：第一，来自明代南京地区（对应今江苏、安徽、上海）的武官人数最多，占到半数以上。第二，长江中下游地区是宁番卫武官的主要来源区域。如果将上表中南京、浙江、两湖（湖南、湖北）三地人数相加，来自长江中下游地区的武官人数占到 70% 多。由于明初卫所大都由武官率领同籍士兵开创①，所以宁番卫武官的来源大致能反映出冕宁屯堡移民来源的总体情况。由此可知，来自长江中下游地区的军事移民构成了冕宁屯堡移民的主体。

（二）长江中下游地区的家神祭祀

冕宁屯堡移民主要来自长江中下游地区，而其恰恰是历史

---

① 关于冕宁境内明初武官率领同籍士兵开创卫所的情况，《明太祖实录》记载："置四川苏州卫指挥使司。初，以土官帕兀它为知州，抚其夷民。至是，命羽林右卫指挥佥事陈起领军至苏州，筑城置卫以镇之。"由此可知，武官率同籍士兵征调是明初开设卫所的一个显著特点。参见《明太祖实录》卷一九四，洪武二十一年十月庚午条，"中研院"历史语言研究所，1962 年，第 2914 页。

上家神祭祀记载最早、最为兴盛的区域。据明代朱廷立的《盐政志》记载：

> 王嗣宗，汾人，举进士甲科，真宗时为江淮发运使。扬楚间，民疾不服药，惟祷求家神庙以徼福。嗣宗毁之，刻名方于石，使民知医，而俗稍变。①

可见，至迟在宋真宗时期，位于长江中下游的"扬楚"一带民间就已经有祭祀家神的习俗，其功能主要与祈求病愈有关。值得注意的是，此时家神祭祀是在家神庙中进行。至明清时期，有关长江中下游地区祭祀家神的记载则更加普遍，与此相应对，家神祭祀的地点已经转移到百姓家中，兹将部分情况整理如表 2 所示：

表 2　长江中下游地区家神祭祀地域分布

省区	府州县	相关记载	文献出处
上海	上海县	祝家神，参祠堂	弘治《上海志》卷一
	青浦县	祝家神、参祠堂	万历《青浦县志》卷一
	松江府	祝家神、参祠堂	崇祯《松江府志》卷七
	南汇县	祀家神、参祠堂	乾隆《南汇县新志》卷一五
	华亭县	祝家神	光绪《重修华亭县志》卷二三

---

① （明）朱廷立：《盐政志》卷九《盐官》，《北京图书馆古籍珍本丛刊》第 58 册，书目文献出版社 1998 年版，第 334 页。

续表

省区	府州县	相关记载	文献出处
江苏	兴化县	祀家神并先祖	万历《兴化县新志》卷四
	江浦县	祝家神、参祖先	雍正《江浦县志》卷一
	江都县	拜家神、祖先	乾隆《江都县志》卷一〇
	宜兴县	夜祷家神前	嘉庆《重修宜兴县志》卷三
	泰兴县	礼家神	嘉庆《重修泰兴县志》卷六
浙江	海盐县	祀家神	天启《海盐县图经》卷四
	黄岩县	先揖家神、祖先	光绪《黄岩县志》卷三一
	杭州府	参拜于堂，次家神、家庙	民国《杭州府志》卷七五
安徽	繁昌县	祀家神、祖宗	康熙《繁昌县志》卷三
	含山县	盛服祀家神毕	康熙《含山县志》卷六
	巢县	次祭家堂所供家神	雍正《巢县志》卷七
	庐江县	拜家神、香火	光绪《庐江县志》卷二
湖北	京山县	祀家神、祖考于中堂	康熙《京山县志》卷一
	咸宁县	祀家神	康熙《咸宁县志》卷三
	荆门州	拜家神	乾隆《荆门州志》卷一一
	钟祥县	焚香楮，拜家神	乾隆《钟祥县志》卷五
	天门县	祀祖先、家神后，家人聚食	乾隆《天门县志》卷一
湖南	长沙府	奉天地、家神、宗祖	康熙《长沙府志》卷八
	善化县	奉天地、家神、宗祖	乾隆《善化县志》卷四
	湘阴县	奉天地、家神、祖宗	乾隆《湘阴县志》卷一四
	益阳县	拜天地、家神、宗祖	乾隆《益阳县志》卷一八
	湘潭县	拜家神、先祖	嘉庆《湘潭县志》卷三九

通过阅读表2,我们不难发现家神祭祀是明清时期长江中下游地区广泛流行的一种民间祭祀活动,而冕宁屯堡移民就主要来自长江中下游地区,可见,冕宁屯堡社会中的家神祭祀习俗是从其移民原籍地所传入。这一点还可以通过两地神堂格局的对比得到进一步的印证。

（三）相同的神堂格局

在冕宁屯堡祭祀格局中,家神地位尊贵,居中右而立,祖先只能侧居其旁,由此形成神灵居中、祖先居旁的神堂格局。然而值得注意的是,冕宁屯堡所体现的神堂格局正是长江中下游地区普遍存在的一种社会文化现象,文献对此有大量的记载。例如,安徽康熙《全椒县志》就写道:

> 又愚民易惑,有易神像供于中,而祖先列于旁者,当为厘正。①

由此可知,安徽全椒多有百姓将神灵置于中,祖先列于旁,与冕宁屯堡神堂格局相同。此外,江苏部分地区的情况也是一样。据乾隆年间所修《淮安府志》记载:

> 今淮人不立家庙,不藏祭器,祀祖考于神佛旁。小民无知,至士大夫亦然,殊可怪笑。②

---

① 康熙《全椒县志》卷三《风俗》,故宫博物院编:《故宫珍本丛刊》第104册,海南出版社2001年版,第104页。

② 乾隆《淮安府志》卷一五《风俗》,《续修四库全书》第700册,上海古籍出版社2002年版,第74—75页。

这说明江苏淮安一带民间祭祀也是以神灵为中心,而将祖先列于旁。这一特点亦延续到民国时期江苏某些地区,如民国太仓县,"家堂,供家堂香火之位,或供天地君亲师,或画三界佛之像,祀不用荤腥,惟用蔬果"①。可见,民国时期"神佛"还经常居于当地神堂中心的地位。又如民国江苏吴县元旦日,"长幼正衣冠,拜诸神祇及祖先毕(堂中悬神轴,室内列祖先像),以次拜贺"②,这同样反映出当地神灵居中、祖先列于旁的特点。

在浙江,我们也能发现相同的现象,如乾隆《湖州府志》记载:"近世流俗妄行祭祷,祠堂内或立'天地君亲师'牌位,或塑画释道家所奉神像,僭黩甚矣。"③可见,神灵往往同"天地君亲师"一样,位居当地神堂的中心。光绪《归安县志》对此记载得更为明确:

> 又设家堂,立一主曰"家堂香火之神",或曰"天地君亲师",而以神主置其两旁,无昭穆、祧祔之别。④

由此可知,浙江地区直到清末仍然延续了神灵居中、祖先列于旁的神堂格局。在两湖地区,我们也能找到诸如上述神堂格局

---

① 民国《太仓州志》卷三《风土》,《中国方志丛书·华中地方》第176号,(台北)成文出版社有限公司1975年版,第92页。

② 民国《吴县志》卷五二上《舆地考·风俗一》,《中国地方志集成·江苏府县志辑》第11册,江苏古籍出版社1991年版,第852页。

③ 乾隆《湖州府志》卷三九《风俗》,清乾隆刻本。

④ 光绪《归安县志》卷一二《风俗》,《中国方志丛书·华北地方》第83号,(台北)成文出版社有限公司1970年版,第117页。

的记载。例如,在湖南清泉县:

> 庶民家堂必设福神,以儒释道称三教,以先祖之榜列
> 于左,其右列营魁之神。①

可知当地以三教香火神居中,而将祖先列于左,与冕宁屯堡神堂格局一样;又湖北宜城县,"惟乡俗有外神与祖先并列者,率奉天地、司命、观音、财神、关帝诸神居寝堂之中,祖先次列两旁,于礼未安"②,亦反映出与冕宁屯堡相同的神堂格局。

通过以上田野调查和文献梳理可知,冕宁屯堡居民的祖先主要来自明代长江中下游地区,地域上包括今江苏、安徽、上海、浙江、湖南、湖北等省市。他们在征调的过程中,不但将上述地区所盛行的家神祭祀习俗传入冕宁,而且还保留了原来祭祀家神时的神堂格局。这一特点至今仍清晰可见。

三、冕宁屯堡家神祭祀的演变

前文已述,冕宁屯堡社会中的家神祭祀习俗源自长江中下游地区,由明代军事移民传入,至今仍然带有原籍地的文化特征。这一点正如前人研究所指出的那样,屯堡文化可谓明代汉族文化的"活化石"。然而值得我们思考的是,这是否就意味

---

① 乾隆《清泉县志》卷二《地理志·风俗》,《中国地方志集成·湖南府县志辑》第 37 册,江苏古籍出版社 2002 年版,第 35 页。

② 同治《宜城县志》卷一《舆地志·风俗》,《中国方志丛书·华中地方》第 330 号,(台北)成文出版社有限公司 1975 年版,第 212 页。

着屯堡文化在长期的历史发展过程中没有变化？屯堡文化作为移民文化，是否会受到"本土"文化的影响，而有一个"在地化"的发展呢？冕宁屯堡家神祭祀这一个案或许能给我们提供一些启发。为便于讨论的展开，下文首先对四川本地的坛神祭祀情况加以介绍，再进一步分析家神祭祀的演变。

（一）四川的坛神祭祀

坛神，是在巴蜀地区流行的一种民间信仰。有研究者认为，坛神与湘鄂川黔的土家族先民有密切的渊源关系，说明坛神在巴蜀地区具有悠久的历史。① 而从文献来看，明代四川地区就有祭祀坛神的明确记载。据明嘉靖《洪雅县志》记载：

> 腊八日，收水酿酒，腌六畜肉，乡村多延巫觋祀罗公神，谓之"攒坛"。②

可见，坛神在四川民间又叫"罗公神"，每年腊月，乡村社会多延请巫觋加以祭祀。四川万历《嘉定州志》对此有更为详细的记载：

> 俗祀坛神，巫觋伐鼓歌舞，自暮达旦。此神庙貌欠雅，专主六畜，亦时有小威福，盖鄙俚而血食者也。城市乡村

---

① 关于坛神与土家族关系的探讨，可参见谭光武：《坛神考》，《四川文物》1998 年第 1 期；Melissa J. Brown, "Local Government Agency：Manipulating Tujia Identity", *Modern China*, 2002（3），pp. 362—395.

② 嘉靖《洪雅县志》卷一《疆域志·风俗》，《天一阁藏明代方志选刊》，上海古籍书店 1963 年版。

皆有之。①

从以上材料可以看出有关明代四川坛神的三个重要信息：首先，祭祀坛神一般在晚上举行。其次，坛神的功能主要是保佑牲畜兴旺，但有时也能决定人生祸福。最后，坛神祭祀不仅流行于乡村，也流行于城市，在四川民间具有普遍性。除以上记载外，明末清初人李实所撰《蜀语》一书当中也有对坛神的细致描述：

> 坛神，名主坛罗公，黑面，手持斧吹角，设像于室西北隅，去地尺许，岁莫（暮）则割牲延巫歌舞赛之。②

由此可知，明代四川民间所祭祀的坛神罗公，是一黑脸、持斧吹角的形象。乡村百姓在屋子西北方位设置其神像，并在每年的年末请巫师宰牲祭祀。明代以后，四川许多地方仍然祭祀坛神，这一习俗常见于地方志之记载（见表3）。

表3 清代民国时期四川坛神祭祀地域分布

地名	相关记载	文献出处
涪州	俗多供坛神，名元坛罗公之神	康熙《涪州志》卷一
雅州府	坛神者……故川人世祀之，谓之"庆坛"	乾隆《雅州府志》卷五

---

① 万历《嘉定州志》卷五《风俗》，民国抄本。

② （明）李实：《蜀语》，《丛书集成初编》，中华书局1985年版，第34页。

地名	相关记载	文献出处
安岳县	街邻有助钱物彻夜鼓吹,谓之"攒坛"	乾隆《安岳县志》卷一
中江县	街邻有助钱物彻夜鼓吹,谓之"攒坛"	乾隆《中江县志》卷一
彭山县	间有庆坛之家	嘉庆《彭山县志》卷三
綦江县	庆坛延生	道光《綦江县志》卷九
江油县	及冬庆坛,浑如戏剧	光绪《江油县志》卷一〇
盐亭县	坛神……岁暮割牲赛之,名曰"庆坛"	光绪《盐亭县志》卷一
垫江县	蜀祀坛神	光绪《垫江县志》卷八
简阳县	俗多供坛神	民国《简阳县志》卷二二
合江县	坛神,疑于不典	民国《合江县志》卷四
合川县	有信坛神	民国《合川县志》卷三〇
新繁县	民间偶有祀坛神者	民国《新繁县志》卷四
云阳县	蜀民祀坛神,县人尤严奉之	民国《云阳县志》卷一二
荥经县	乡民多祭坛神者……谓之"庆坛"	民国《荥经县志》卷一二
乐山县	川俗多赛神拜忏……亦有所谓祀坛神者	民国《乐山县志》卷三
西昌县	或请巫师、优伶至家庆五显、赵侯、娘娘、笓笓等坛	民国《西昌县志》卷五
筠连县	庆坛,民间有供奉坛神者	民国《筠连县志》卷七
三台县	暮冬延巫赛之,通宵歌舞,谓之"攒坛"	民国《三台县志》卷二五

续表

地名	相关记载	文献出处
万源县	更有以径尺之石供于中堂右角地下,名曰"罗公坛"	民国《万源县志》卷五
长寿县	至于祈祷之类,如庆坛跳戏,延巫至家	民国《长寿县志》卷四
郫县	巫有保福、庆坛、观花等事,妇女尤信之	民国《郫县志》卷六

由表3可知,清代民国时期,坛神祭祀在四川各地仍盛行不衰。这一时期的四川坛神祭祀得到了进一步的发展,出现了各种名目的坛神。归纳起来,主要有四种说法:

第一,祭祀在川治水有功的李冰和赵昱。"坛神者,秦为太守李冰,宋嘉州刺史赵昱也。昔皆治水有功,故川人世祀之,谓之'庆坛'。"[1]

第二,祭祀赵旭和罗公远。"坛神者,灌县令李冰,嘉定牧赵旭也。治水有功,故农人世祭之。按,巫人皆书赵候(侯)、罗公,赵或是旭,罗则公远也。李冰自为川主,恐非坛神。"[2]

第三,祭祀罗公、正一玄坛赵侯元帅、郭氏领兵三郎等。"设位于堂之西北隅,去地尺许,中书罗公仙师,或书正一玄坛赵侯元帅、郭氏领兵三郎,两旁列称号敷(数)十名,又以径尺

---

[1]　乾隆《雅州府志》卷五《节序》,《中国地方志集成·四川府县志辑》第63册,巴蜀书社1992年版,第458页。

[2]　(清)彭遵泗:《蜀故》卷八《风俗》,《四库未收书辑刊》第1辑第27册,北京出版社2000年版,第602页。

之石,高七八寸,倚壁而置之,曰'坛等'。"①这种石头坛位于堂屋西北靠墙处,形状上圆下方,叫作"屋基坛",或"下坛",或"蹬蹬坛"。坛侧插有一杆用竹子做成的坛枪,"用五色纸条缚于竹竿上,约二三尺长,插于墩侧,名曰'坛枪'"②。

第四,祭祀三霄娘娘。其坛"曰箆箆坛,则以径尺之筐,高尺许,挂于中堂神龛之侧"③。箆箆坛又称"上坛",是用竹篾编成的约一尺高的小筐,上面糊彩纸,中间放有一鸡蛋,祭祀云霄、琼霄、碧霄,俗称三霄娘娘。④

在仪式方面,祭祀坛神时,主家必须请端公做仪式。端公是民间从事祭祀赛神活动的仪式专家,即文献上通常所说的"巫觋"。一般来说,四川坛神祭祀"间岁"举行,即每三年举行两次。具体祭祀时间是在一年的年末,有的地方(如四川彭山县)在十月份,"每逢冬十月间,有庆坛之家"⑤。也有的地方(如四川合川县)在十一月中下旬举行,"(十一月)中旬、下旬,民家有坛神者,择吉延巫于家"⑥。每一次庆坛的时间有长也有短,短的一夜或一昼夜即可,"大约以一夜为率,甚

---

① 民国《新繁县志》卷四《礼俗》,《中国地方志集成·四川府县志辑》第 12 册,巴蜀书社 1992 年版,第 99 页。

② 康熙《涪州志》卷一《风俗》,《日本藏中国罕见地方志丛刊》第 32 册,书目文献出版社 1992 年版,第 406 页。

③ 民国《万源县志》卷五《教育门·礼俗》,《中国地方志集成·四川府县志辑》第 60 册,巴蜀书社 1992 年版,第 459 页。

④ 参见朱和双:《巴蜀地区的"小神子"信仰及其文化谱系》,《西华大学学报》(哲学社会科学版)2013 年第 2 期。

⑤ 嘉庆《彭山县志》卷三《风俗·赛会》,清嘉庆十九年(1814)刻本。

⑥ 民国《合川县志》卷三〇《风俗》,《中国地方志集成·四川府县志辑》第 44 册,巴蜀书社 1992 年版,第 56 页。

则一日夜"①；长的可达三天三夜，"有一日一夜，有三日三夜，谓之'庆坛'"②。

庆坛时，主家在家中摆上案桌，杀猪献生熟二祭，并由端公举行撤坛、安坛、放兵、收兵等法式，最后再由主家请人唱戏酬神。届时，街坊邻居、亲朋好友都会前来向主人家祝贺。如果是一日一夜的小庆，献祭、法事等活动就安排在白天举行，晚上唱戏酬神，直到午夜时，庆坛活动才结束。③ 倘若是三天三夜的大庆，则需要十几个端公聚在一起彻夜不停地举行祭祀活动，最后由领头的端公用刀在自己额头上划一道口子，让血滴在十二张白纸上，再将纸粘在坛的旁边。

就功能而言，清代民国时期四川地区民间祭祀坛神，主要是为了保佑家宅平安、六畜兴旺。相反，如不定期祭坛神，供奉之家就会出现各种不测。例如，四川民间认为虔诚祭祀坛神可使主家发财致富，稍有怠慢则会导致家道衰落，"谓世奉此，则家可富；稍不谨，则家道不昌"④。又如，祭祀坛神可保家中六畜兴旺，不祭坛神则家中养牲不顺，"谓不如是，则养牲不遂顺也"⑤。此外，如果向坛神祈愿灵验，就必须庆坛还愿，"有求而

---

① 嘉庆《彭山县志》卷三《风俗·赛会》，清嘉庆十九年（1814）刻本。

② 民国《合川县志》卷三〇《风俗》，《中国地方志集成·四川府县志辑》第 44 册，巴蜀书社 1992 年版，第 56 页。

③ 参见民国《云阳县志》卷一三《礼俗中》，《中国地方志集成·四川府县志辑》第 53 册，巴蜀书社 1992 年版，第 121 页。

④ 民国《简阳县志》卷二二《礼俗篇·习尚》，《中国地方志集成·四川府县志辑》第 27 册，巴蜀书社 1992 年版，第 634 页。

⑤ 民国《达县志》卷九《礼俗门·风俗》，《中国地方志集成·四川府县志辑》第 60 册，巴蜀书社 1992 年版，第 126 页。

应则酬之,曰'还坛'"①。

由上可知,祭祀坛神是巴蜀地区民间流行的习俗,明代文献对此已经有明确的记载。作为四川"本土"的民间信仰,坛神祭祀在清代民国时期得到了进一步的继承和发展。

（二）冕宁屯堡社会中家神与坛神的融合

坛神祭祀盛行于四川各地,就连冕宁屯堡社会也深受其影响。这种影响首先表现在屯堡中也普遍供奉坛神。例如,冕宁宏模镇文家屯邓宗增家以前就供有坛神,据他描述:

> 坛是用石头做的,顶上有个洞,里面放有一个装满清油的小盘子。

可见,邓宗增家曾经供的是石头坛神。另据石龙镇端公周常寿说,石头坛里除安放清油外,还安有十二个纸扎的"疙瘩",一半埋在里面,一半露在外面,安好石坛后再将外面的部分点燃、烧掉。这十二个"纸疙瘩"就代表了十二属相。除石坛外,邓宗增还记得坛的旁边有一杆用竹子做成的坛枪,上面裹着五颜六色的纸,枪身大约半米高,最粗的部分有碗口一般粗。从二者描述可知,这种有坛枪的石坛正是文献记载的"磴磴坛"(即前文第三种),主要祭祀罗公,或者玄坛赵元帅、郭氏领兵三郎等。

此外,笔者在调查中发现,文家屯周常芬家至今仍供有坛

---

① 民国《云阳县志》卷一三《礼俗中》,《中国地方志集成·四川府县志辑》第 53 册,巴蜀书社 1992 年版,第 121 页。

神,是一直径约 25 厘米、高约 28 厘米的白色石坛,位于"菩萨楼"神龛右下墙角处。石坛的上四分之一为圆形,下四分之三为四边形,与文献所记磴磴坛"刻石为之,上圆下方,供于室西南隅"①相符。石坛右侧插有一杆坛枪,通高约 70 厘米,枪身由一根拇指粗的竹子做成,外表用红纸和黄纸包裹。枪身中部有一银纸剪成的小圆镜,枪身两端各有一直径约 12 厘米的纸扎五色彩球。②

除供磴磴坛外,冕宁屯堡中也供篼篼坛(即前文第四种)。据端公周常寿回忆:

> 篼篼坛是个竹篼篼,先用竹篾子编个框,外面糊上泥巴,再贴上纸花,最后安在神龛旁边。这就是篼篼坛神。原来北山乡有两家(端公)做,邻里乡有一家(端公)做,宏模乡有一家(端公)做。在宏模那边,做这个的人是张希番、张大斋,文家屯就归他们做,供兜兜坛神的人家也多。

由此可见,冕宁屯堡也供篼篼坛神,尤其是宏模乡文家屯及其附近乡村供篼篼坛的较多,但由于现在主持祭祀篼篼坛神的端公少了,供的人家也相应减少了。就端公周常寿所知,目前与冕宁县相邻的喜德县北山乡的李家、陈家等少数几家仍供有篼篼坛。此外,听周常寿说,篼篼坛祭祀的正是赵公明的三个妹妹——三霄娘娘。

---

① 民国《合川县志》卷三〇《风俗》,《中国地方志集成·四川府县志辑》第 44 册,巴蜀书社 1992 年版,第 53 页。

② 此处石坛、坛枪,为笔者 2012 年 8 月 5 日在冕宁县宏模乡(今为宏模镇)文家屯村周常芬家进行访谈时所见。

　　综上，冕宁屯堡与四川其他乡村一样，也祭祀坛神。可见，屯堡社会并非像前人所描绘的那样孤立、隔绝和封闭，它也会受到区域文化的整体影响。就冕宁屯堡而言，这种影响除表现在接受四川本土的坛神祭祀外，还表现在家神祭祀本身也随之发生了变化。这一点在冕宁屯堡家神神像和仪式两方面都有所体现。

　　首先，从神像来说，家神与坛神被糅合在一起。根据记载，四川一般的乡村百姓在堂屋西北方位离地尺许的墙上挂有坛神像，而在神像之下靠墙的地方放置石坛。① 此外，也有的人因家里不宽裕，画不起坛神像，那么就在墙上相同的位置贴一张写有坛神名号的纸——"坛牌"来代替。"俗多供坛神，名元坛罗公之神，用纸书其位贴于堂之西北隅，离地尺许，前设石墩一座，其名曰'坛'。"②冕宁屯堡供奉坛神也是如此，以文家屯周常芬家为例，她家的石坛位于"菩萨楼"神龛右边的墙角处，如果按照坐北朝南的风水观念，正好是文献记载的西北方位，但是石坛所靠近的墙壁上却没有坛神像，也没有"坛牌"，而是挂着家神洪毛国公的画像。另据同村邓宗增回忆，他家以前供坛神时也是如此。由此可见，四川其他乡村人家中的坛神像与石坛的组合，在冕宁屯堡中被置换为家神像与石坛的组合。也就是说，家神和坛神在外在形式上被整合在了一起。

　　其次，家神与坛神的融合不光体现在形式上，在仪式上也发生了高度整合。在冕宁文家屯调查过程中，笔者曾问邓宗增

---

①　参见民国《新繁县志》卷四《礼俗》，《中国地方志集成·四川府县志辑》第 12 册，巴蜀书社 1992 年版，第 99 页。

②　康熙《涪州志》卷一《风俗》，《日本藏中国罕见地方志丛刊》第 32 册，书目文献出版社 1992 年版，第 406 页。

是否见过家神洪毛国公的神像以及当地怎样祭祀家神。邓宗增回答如下：

　　有见过，以前我们这姓邓的人家都有。这家神，三年要两头庆，啥叫两头庆呢，就是隔一年了，就要杀猪，请端公来，要放兵，要收兵，庆这个洪毛国公。

　　从其回答可知，文家屯邓氏在祭祀家神洪毛国公时，请的是端公主持，三年两庆，仪式中还要放兵、收兵。由此可见，邓氏家神举行的正是上文所描述的坛神祭祀仪式。为了确认这一点，笔者又进一步向他追问祭祀家神的细节。邓宗增回答说：

　　是这样的，庆那个叫作坛神。坛神有十二游司兵马，十二花莲姊妹，有十二个"纸疙瘩"代表兵将。洪毛国公死的时候有七条蛇把他缠住，又叫七蛇大将，也有兵将，所以和坛神供在一起，三年两头庆。这个道士做不得，要端公做。庆坛时，端公把坛顶掰开，把兵马放出去，叫作放兵，要放三天，最后一天要收兵马回来，叫收兵。最后，头上要划一刀，取血庆坛，这个不是端公就做不到。

　　可见，邓宗增本身能够将家神、坛神区别开，他清楚家神与坛神不是一回事，但何以将两者一起供奉？他的理解是，坛神有兵马，而家神也有兵马，所以就一起供奉。由此可见，祭祀家神与祭祀坛神用的是同一套仪式，包括放兵、收兵、血祭等。关于这一点，端公周常寿说得更加直接："关爷、观音，这个普遍供得过，是家神位。你说的这个国公，我们统称坛神。"可见，冕宁屯堡供奉的第二类家神（老祖公）也被当地仪式专家端公当作坛神看待。受此影响，不论是邓宗增还是端公周常寿给笔者描述的家神祭祀仪式，听起来都与文献记载的坛神祭祀仪式基本一致。例如，仪式要端公才能举行；祭祀周期为三年两庆；祭祀时间在十冬腊三个月；每次祭祀时间为一天或者三天；祭祀时有放兵、收兵、血祭、安坛等步骤，同时端公还要边跳边念；主人家在祭祀期间要杀猪，请亲朋好友前来聚会、看戏。由此可见，冕宁屯堡祭祀家神实际上用的就是四川祭祀坛神的一套仪式，家神与坛神在仪式上也被紧密整合在了一起。

尽管冕宁屯堡家神祭祀运用的是坛神祭祀仪式，但中间也有不同于祭祀坛神的地方，主要体现在两个方面。

一方面，祭祀家神的时候，虽然是按照祭坛神的程序进行，但请的主要是各家的家神而不是坛神。对此，周常寿说："庆的时候就请他家里的那个家神菩萨。他有多少兵马，是在哪里得道成菩萨的，要说他的历史。说了以后，中间就是做他的法式，他有多少兵丁，哪些是长官，哪些是士兵……"

另一方面，家神与坛神整合后，与原来的坛神相比，祭祀功能也发生了变化。据调查，四川民间祭祀磴磴坛和箧箧坛的功能不同。磴磴坛的职能主要是保佑家宅兴旺，如粮食丰收、牲畜兴旺等，祭祀磴磴坛主要是为了这方面的酬愿；而祭祀箧箧坛主要是为了收邪，如家里有人疯疯癫癫，就必须祭祀箧箧坛。① 而在冕宁屯堡中，收邪既可以祭祀与家神整合后的磴磴

---

① 参见朱和双：《巴蜀地区的"小神子"信仰及其文化谱系》，《西华大学学报》（哲学社会科学版）2013 年第 2 期。

坛,也可以祭祀筅箓坛。例如,文家屯某某妇女以前得了疯癫病,久治不愈。后来据说是她家的家神作祟,便请端公周常寿去"安抚"。周端公给她家画了家神洪毛国公的像,又安了礃礃坛,做了全套的仪式,后来该妇女的病就好了。同时,周端公表示:"收邪也可用筅箓坛,生病(如疯癫)久治不愈,就祭祀它。"可见,家神与礃礃坛整合后,原有的祭祀功能也发生了一定的变化。

四、结语

家神,最早是流行于长江中下游"扬楚"地区的一种民间信仰,与保佑家宅平安有关。文献显示,早在宋代,"扬楚"百姓为祛除疾病、护佑健康,便经常举行祭祀家神的活动。至明朝初年,在平定西南这一大背景下,明王朝从长江中下游地区的南京、浙江、湖广征调了大量的军事移民驻扎在今冕宁境内,由此形成当地大大小小的屯堡聚落。在这一过程中,长江中下游地区民间所盛行的家神祭祀习俗也随之传入冕宁,并延续了家神祭祀原有的神堂格局。然而,随着历史的发展,冕宁屯堡中的家神祭祀也发生了较大的变化,与原来长江中下游地区的情况有所不同,主要体现在四川本土的坛神信仰被屯堡家神信仰吸收,二者不光在外在形式上发生了整合,而且还内在地共享了一套仪式。由此,冕宁屯堡家神祭祀完成了其在四川的"在地化"过程,形成了一套有别于原籍地家神祭祀的新习俗。

长期以来,由于材料限制和猎奇心理的作祟,"停滞"的论

调占据着屯堡研究的主流①，尤其是在近年来屯堡文化成为
"非遗"保护项目后，这种倾向变得更为明显。在这一背景下，
研究冕宁屯堡家神祭祀的个案，对我们反思和认识屯堡文化的
特性便具有了重要的意义。通过上文分析我们不难看出，诸如
家神祭祀等屯堡民俗虽在源头上属于外来移民文化，带有原籍
地的特点，但并不是前人所描述的孤立、隔绝与停滞的"文化
孤岛"②。相反，屯堡文化必然受到其所在区域本土文化的影
响，进行"在地化"的发展。③ 同时，屯堡文化也并非被动地接
受这种影响，而是对其有创造性地吸收和改造。冕宁屯堡家神
信仰在吸收坛神信仰后，仪式功能的部分改变正说明了这
一点。

---

　　①　参见［日］塚田诚之：《贵州省西部民族关系的动态——关于"屯
军后裔"的调查研究》，黄才贵译，《贵州民族研究》1999 年第 3 期。

　　②　参见吴申玲：《特殊的文化孤岛——贵州屯堡文化的生成、特点
及原因》，《贵州文史丛刊》1999 年第 1 期。

　　③　屯堡文化的"在地化"发展在很多方面都有体现。笔者从屯堡叙
事、家族建构、聚落变迁等角度对此有过讨论。参见龙圣：《地方历史脉络
中的屯堡叙事及其演变——以四川冕宁菩萨渡为例》，《民俗研究》2014
年第 5 期；龙圣：《明清四川军户的发展与宗族建构——以冕宁胡家堡胡
氏为个案》，《历史人类学学刊》2015 年第 2 期；龙圣：《明清"水田彝"的国
家化进程及其族群性的生成——以四川冕宁白鹿营彝族为例》，《社会》
2017 年第 1 期。

清代冕宁的村庙组织、村治实践与村落内生秩序[*]

提起"天府之国",人们脑海中立马会想到以成都平原为核心的四川。然而,在明清易代过程中,四川却饱受战火的困扰。到了清初,四川人口锐减、经济萧条,已然没有了昔日的富饶景象。为恢复元气,清初开始从各地移民,重建四川社会。这些来自五湖四海、操着不同口音、有着不同文化和风俗习惯的人们聚集在一起,使得清初以来的四川逐渐成为一个庞大而复杂的移民社会。如此斑驳复杂的社会是如何有效管理的?围绕这一问题,中外学人从不同的社会组织及其管理职能出发作了大量的讨论,形成了一批重要的成果。

何炳棣、蓝勇、王东杰、梁勇都先后注意到清代四川的会馆组织,并对其整合基层社会的功能作了探讨,认为会馆在四川移民社会中对联络同乡、同业移民,处理移民商业纠纷以及维系移民的地域认同等方面发挥了重要的

———————————

  * 本文原载于《民俗研究》2020 年第 5 期,系国家社会科学基金一般项目"清代川西南浅山地区移民研究"(19BZS154)的阶段性成果。

作用。① 山田贤、刘正刚对移民及其家族组织的发展、运作、影响等问题作了深入的讨论。② 此外,不少学者还注意到清代四川乡约、保甲、客长、团练等基层管理组织或管理者,探讨了他们在地方社会治理中的职能。通过档案材料的分析,常建华认为乡约、保甲在清中叶四川基层治理当中普遍存在,产生了实际作用③;梁勇、周琳讨论了移民自组织首领——客长在清代四川基层社会管理中扮演的角色④;陈亚平综合考察了乡约、保甲、客长对清代四川巴县地方社会秩序的影响⑤;梁勇、孙明

---

① 参见何炳棣:《中国会馆史论》,台湾学生书局 1966 年版;蓝勇:《清代西南移民会馆名实与职能研究》,《中国史研究》1996 年第 4 期;王东杰:《"乡神"的建构与重构:方志所见清代四川地区移民会馆崇祀中的地域认同》,《历史研究》2008 年第 2 期;梁勇:《清代移民社会商业纠纷及其调处机制:以重庆为例》,《重庆社会科学》2010 年第 2 期;梁勇:《清代重庆八省会馆》,《历史档案》2011 年第 2 期。

② 参见[日]山田贤:《移民的秩序——清代四川地域社会史研究》,曲建文译,中央编译出版社 2011 年版;刘正刚:《闽粤客家人在四川》,广西教育出版社 1997 年版。

③ 参见常建华:《清乾嘉时期四川地方行政职役考述——以刑科题本、巴县档案为基本资料》,《清史论丛》2016 年第 1 期。

④ 参见梁勇:《清代四川客长制研究》,《史学月刊》2007 年第 3 期;周琳:《城市商人团体与商业秩序——以清代重庆八省客长调处商业纠纷活动为中心》,《南京大学学报》(哲学·人文科学·社会科学版)2011 年第 2 期。

⑤ 参见陈亚平:《清代巴县的乡保客长与地方秩序——以巴县档案史料为中心的考察》,《太原师范学院学报》(社会科学版)2007 年第 5 期;陈亚平:《清代巴县的乡保、客长与"第三领域"——基于巴县档案史料的考察》,中南财经政法大学法律文化研究院编:《中西法律传统》第 7 卷,北京大学出版社 2009 年版,第 167—203 页。

对清代四川巴县的团练组织及其乡村治理实践作了分析①；严新宇、曹树基则将乡约、保甲、客长、团练概称为"乡保制"，认为它是一种半官方的地方管理机制，在很大程度上维系着清代四川巴县的地方治理。② 除上述讨论外，梁勇还利用档案资料对这些基层组织或管理者在清代四川巴县城乡社会中的治理实践及其权力更迭作了历时性的探讨。③

　　毫无疑问，深入研究会馆、家族、乡约、保甲、客长、团练等社会组织或管理者，对于我们理解清代四川基层社会管理和地方秩序的形成具有重要意义。然而值得注意的是，在上述社会组织之外，清代四川民间还有不少的庙宇和庙宇组织，而这些庙宇组织在基层社会管理中的作用往往被相关研究者忽略。有鉴于此，本文尝试结合清代四川冕宁档案、碑刻和对当地的实际调查，探讨清代冕宁村庙组织的村治实践及其对村落"内生秩序"④形成的影响。

---

　　① 参见梁勇：《团正与乡村社会的权力结构——以清代中期的巴县为例》，《中国农史》2011 年第 2 期；梁勇：《清代中期的团练与乡村社会——以巴县为例》，《中国农史》2010 年第 1 期；孙明：《乡场与晚清四川团练运行机制》，《近代史研究》2020 年第 3 期。

　　② 参见严新宇、曹树基：《乡保制与地方治理：以乾嘉道时期巴县为中心》，《史林》2017 年第 4 期。

　　③ 参见梁勇：《移民、国家与地方权势——以清代巴县为例》，中华书局 2014 年版。

　　④ 贺雪峰、仝志辉提出，村庄秩序的形成具有二元性：一为村庄内生，一为行政嵌入。参见贺雪峰、仝志辉：《论村庄社会关联——兼论村庄秩序的社会基础》，《中国社会科学》2002 年第 3 期。由此引申，文本所谓的村落"内生秩序"，即由村落内部力量推动、形成和维系的社会秩序，而非由外部行政力量强加或者推动所致。

一、清代冕宁的乡村

　　冕宁，是我国四川省凉山彝族自治州的属县之一，位于四川西南部，北靠大渡河，南与凉山州首府西昌市毗邻。该县面积为4420平方公里，总人口约33万，主要有汉、藏、彝等民族。[①] 其中，藏、彝先民早在元代及其以前就已定居当地[②]，汉族则主要是明初以来陆续迁入。冕宁前身为明代的宁番卫，设于洪武二十七年（1394）。[③] 清朝雍正六年（1728），宁番卫改县，始称冕宁县，隶属于宁远府（府治西昌）[④]，此后县名未变，相沿至今。

　　明初在今冕宁开设卫所，从南京等地征调官兵驻守，因环卫而居者有西番、罗罗（今为藏族、彝族）等族，而西番人口占绝大多数，故称"宁番卫"。[⑤] 其中，部分卫所官兵驻扎于卫城之内（即今冕宁县城），其余大部分都分散在境内各地创建军屯，开垦屯田，以屯养军。此外，宁番卫又在交通及战略要地设置军堡，拨军守御。至明朝中后期，军屯军堡连同与其相邻的西番、

---

　　① 参见冕宁县地方志编纂委员会编：《冕宁县志》，西南交通大学出版社2009年版，第1页。

　　② 参见（元）刘应李原编，（元）詹友谅改编，郭声波整理：《大元混一方舆胜览》，四川大学出版社2003年版，第461页。

　　③ 参见龙圣：《屯堡家神祭祀的起源与变迁——四川冕宁的案例》，《宁夏社会科学》2018年第4期。

　　④ 参见咸丰《冕宁县志》卷二《舆地志·沿革》，清咸丰七年（1857）刻本。

　　⑤ 参见（明）谭希思：《四川土夷考》，《四库全书存目丛书·史部》第255册，齐鲁书社1996年版，第470页。

罗罗聚落一起,形成了九十二屯①、二十堡的乡村社会格局。

　　受明清之际战乱的影响,清初宁番卫城乡人口有所减少,有客民陆续迁入,或充实了既有的明代屯堡,或形成了新的移民村落。雍正六年前后,为便于管理,冕宁在乡村编设保甲。其原则如其他州县一样,按照一百户为一甲编设。由于清前期冕宁各屯堡人户较少,单个村落户数不满百户,因此通常是几个村子合起来编为一甲。② 甲之上为乡,一乡由数个甲组成。乡之上为县,一县由数个乡构成。雍正、乾隆时期,冕宁共有四乡二十四甲。具体情况如下:福宁乡编有六甲,阜宁乡编有五甲,长宁乡编有五甲,清宁乡编有八甲。每甲设地保一名加以管理,共有地保二十四名。每村设一头人,辅助本甲地保管理本村事务。嘉庆至宣统年间,福宁、阜宁、长宁、清宁四乡,将“宁”字去掉,简称福乡、阜乡、长乡、清乡。随着人口户数的增长和村落的发展,为便于管理,某些人户较多的甲又分出一些村落来,编成了新的甲。比如,道光年间福乡三甲分作二甲,称福乡三甲、又三甲。③ 咸丰年间,长乡三甲分为二甲,形成长乡三甲、又三甲。④ 清乡四甲亦分为二甲,形成清乡四甲、又四甲。⑤ 据咸丰《冕宁

---

①　参见曹学佺:《蜀中广记》卷三四《边防记第四》,《景印文渊阁四库全书》第 591 册,台湾商务印书馆 1986 年版,第 444 页。

②　参见龙圣:《明清“水田彝”的国家化进程及其族群性的生成——以四川冕宁白鹿营彝族为例》,《社会》2017 年第 1 期。

③　参见清代冕宁县衙门档案,档案号:89-126、230-34,冕宁县档案馆藏。

④　参见清代冕宁县衙门档案,档案号:256-38、271-45,冕宁县档案馆藏。

⑤　参见清代冕宁县衙门档案,档案号:281-62、281-63、281-64,冕宁县档案馆藏。

县志》记载,全县计有四乡、二十五甲、一百零九村。具体情况
参见表 1。

表 1 咸丰年间冕宁县乡甲统计①

乡名	甲名	村名	村数
福乡	六甲	穆家堡、罗家堡、小前所、小堡、小村、高家碾、小滥坝、李家堡、乱石窖、坝显、凹家落、青山嘴、木拉落、铺下、陈家庄、马家堡、刻妈木、林子口、凹谷脚、沙湾、羊房子、石古路、杨官凹、阿普落、庄上、戴冠屯、石长屯、三分屯、四家堡、河东、马房屯、简槽沟、菩萨渡、平坝、老塘、瓦糯、大丫口、迫夫、刘家庄、沙坝	40
清乡	八甲	峡口、古城、新营上、万县营、水城、响石头、磨高堡、李家山、杨冒田、吴海、周家堡、马房沟、魏官营、中屯、文家屯、蜡蜡白、吴海营、詹家冲、天王庙、杨秀、长山嘴、单家堡、詹家坎、卧巴堡、千户堡、巴姑、汉蛟龙、冰布村、新堡子、中坝、河边堡、白鹿营、杨贞堡、杨家堡、戚家堡、落石、胡家堡、赵家湾、新土城、南山营	40
长乡	六甲	梳妆台、新堡子、沙沟营、石庄、后所、前所、右所（又称"石龙桥"）、王二堡、麻至庄、后山、石头坝、高山堡、高田、热麻地、白土、邻里、呷斯	17
阜乡	五甲	泸沽、铁厂堡、冕山、松林、虚朗沟、营盘、马家堡、麻叶林、乾田、幸家堡、徐家沟、两河口	12

以上仅是不完全统计,咸丰年间冕宁实际的乡甲、村落数
量应大于统计数字。比如前文提到,福宁乡在雍乾年间便编有

① 本表依据咸丰《冕宁县志》绘制而成。参见咸丰《冕宁县志》卷二
《舆地志·城池（乡甲、市场附）》,清咸丰七年(1857)刻本。

六甲,道光年间福乡三甲分作两甲,因此咸丰年间福乡实际上有七个甲。又如,清宁乡在雍乾年间有八个甲,咸丰年间清乡四甲分出又四甲,实际上有九个甲。另据清代档案显示,在县志记录的保甲村落之下还有些小的聚落并未单列出来,故咸丰年间该县各甲之下的村落实际数量也不止县志所统计的一百零九村。如果以表1为依据计算,福、清、长、阜四乡每个甲下平均包含的村落数分别为6.6、5、2.8、2.4。由此可知,在冕宁保甲制度之下,每甲平均由2—6个村落组成。

二、乡村庙宇与村庙组织

清代冕宁县境内庙宇众多,香火旺盛。不论是在狭小的县城之内,还是在广袤的乡村,都能见到大量庙宇。

(一)庙宇的空间分布和发展过程

据资料记载,咸丰年间仅县城内就有二十余座庙宇。城内东南有先师庙、文昌帝君庙、元坛庙、武侯祠,城内西南有东岳庙、玉皇庙,城内西北有关帝庙、火神庙、昭忠祠、三皇寺、诸天寺、粤东庙,城内东北有三圣宫、圆通寺,城东街有西岳庙、福德祠、万寿宫、贵州庙,城南街有上圣观、风雨祠、璘珉宫,城西街有城隍庙、禹王宫、准捉宫、鲁班庙,城北街有真武庙,另有吕真君祠在城内,具体位置不详。[1]

---

①　参见咸丰《冕宁县志》卷四《典礼志·庙坛》、卷五《建置制·寺庙》,清咸丰七年(1857)刻本。

除县城外,还有大量的庙宇分布在乡村。城东五里有东山寺,城南五里有南山寺,城西五里有西山寺,城北五里有北云寺。此外,隶属四乡各甲之下的不少村落亦有自己的村庙。兹据清代冕宁档案、地方碑刻记载,列举部分,可见一斑(见表2)。

表2 清代冕宁部分乡村庙宇统计

乡名	甲、村、庙宇名称	资料来源
福乡	一甲穆家堡西山寺	清代冕宁县衙门档案,档案号:91-8
	三甲马蹄禹王宫	清代冕宁县衙门档案,档案号:181-7
	又三甲摆占三官庙	清代冕宁县衙门档案,档案号:230-34
	小村撑彩神庙	清代冕宁县衙门档案,档案号:256-34
	陈家庄某庙	清代冕宁县衙门档案,档案号:184-48
	安家堡、和尚堡堡庙	清代冕宁县衙门档案,档案号:91-33
清乡	三甲马房沟三官庙(又称"三郎庙")	清代冕宁县衙门档案,档案号:56-2
	四甲文家屯觉华寺	文家屯觉华寺碑刻,现存庙内
	又四甲道德山万姓香火庙	清代冕宁县衙门档案,档案号:281-62
	又四甲吴海屯关帝庙	《分割柴山碑》,存觉华寺内
	五甲詹家冲西山东岳庙	清代冕宁县衙门档案,档案号:60-51
	六甲明觉寺	清代冕宁县衙门档案,档案号:250-67
	六甲詹家坎文昌宫	清代冕宁县衙门档案,档案号:166-85
	七甲观音寺	清代冕宁县衙门档案,档案号:222-31
	八甲赵家湾三郎庙	清代冕宁县衙门档案,档案号:63-66
	中屯某庙	清代冕宁县衙门档案,档案号:60-40
	怀远营关帝庙	《百户达永章等禀》,《四川彝族历史调查资料、档案资料选编》,四川省社会科学院出版社1987年版,第363页
	响石屯报恩寺	响石村报恩寺碑刻,现存庙内

续表

乡名	甲、村、庙宇名称	资料来源
长乡	一甲高山堡东岳庙	清代冕宁县衙门档案,档案号:166-79
	又三甲文昌庙	清代冕宁县衙门档案,档案号:396-58
阜乡	五甲沙坝(原属福乡)南华宫	清代冕宁县衙门档案,档案号:396-58
	五甲虚朗土地庙	清代冕宁县衙门档案,档案号:168-31
	冕山禹王宫、文昌宫、城隍庙	清代冕宁县衙门档案,档案号:301-43、395-88、248-59
	新桥三皇庙	清代冕宁县衙门档案,档案号:397-81

　　清代冕宁城乡的这些庙宇,有极少数在明代就已存在,其余绝大部分都是清代修建。据嘉靖《四川总志》记载,明代宁番卫城内有旗纛庙、崇真观、玄天观三座庙宇,具体修建时间不详。① 另据冕宁《圆通寺碑》记载,该寺建于明洪武二十三年(1390)。② 虽然此庙不见于明代方志,但明初宁番卫城周围编有四里(四百余户)番民,番民崇佛,出于因俗而治的目的,明初在城内建圆通寺是极有可能的。如此算来,明代宁番卫城内仅有数座庙宇,类型可分为三种:一是各个卫所通建的旗纛庙,二是道教宫观(崇真观、玄天观),三是佛教寺庙(圆通寺)。此外,从文献记载和目前的调查来看,尚未发现有关明代宁番卫乡村庙宇的迹象,这说明明代当地乡村很少有庙宇分布,大量乡村庙宇的修建应在明代以后。

---

① 参见嘉靖《四川总志》卷一五《四川行都司·祠庙》,明嘉靖刻本。
② 参见马文中:《冕宁藏传佛教寺院觅踪》,《凉山藏学研究》2004年第5期。

总体来看,冕宁城乡绝大部分庙宇皆是清初以来逐步修建的。例如卫城,明代仅有四座庙宇,清初又修建了几座,至康熙年间城内已有关帝庙、城隍庙、旗纛庙、圆通寺、元真观、崇真观六座庙宇。乾隆六十年(1795),城内仅官方祭祀的便有关帝庙、城隍庙、上清观、圆通寺、东岳庙、玉皇阁、诸天寺、迎春寺八座庙宇,其余尚未包括在内。咸丰年间,城内各种庙宇已达到二十余座。而冕宁乡村庙宇,据笔者目前调查来看,最早的建于清雍正年间。比如,冕宁清乡四甲文家屯(今宏模镇文家屯村)的觉华寺建于雍正四年(1726)。① 阜乡五甲沙坝大佛庙(位于今冕宁沙坝镇迎丰村)内有乾隆四十四年碑刻一通②,因风化严重,字迹模糊不清,但开头有"于雍正年间"几字尚能辨识,应该指的就是这座庙宇修建的年代。

(二)村庙组织的形成及其运营

清代冕宁乡村庙宇多以村落为单位,由本村村民修建,故称"村庙"。比如,清乡四甲文家屯的觉华寺便是由本村村民所建,"觉华寺创自雍正四年,合屯善士区盈方圆,纠工庀材,数年之艰辛,其庙已成"③。村庙建成后设会首(也称"首事""总理")管理,其余参加修庙的村民则为会众。一般来说,只要村里修庙,除特殊情况外,绝大部分村民家庭都参与其中,故

①《觉华寺庙田碑》,咸丰元年(1851)二月立,该碑现存于冕宁县文家屯觉华寺内。

②《大佛庙修庙捐资碑》,乾隆四十四年(1779)十一月初十日立,该碑现存于冕宁县沙坝镇迎丰村大佛庙内。

③《觉华寺庙田碑》,咸丰元年(1851)二月立,该碑现存于冕宁县文家屯村觉华寺内。

会众几乎就等同于全体村民。会首与会众,便成了村庙组织最基本的结构。会首作为村庙组织的领导者,从会众中推选产生。比如,福乡小村撵彩神庙的会首便是如此,村民陆青山曾提道:"在小村住坐,先年小的堡内,众姓公议各出捐资,兴撵彩会一个,每年公议会首。"①此外,清乡又四甲道德山万姓香火庙的会首也是选举产生,"昔年会首每年轮换,主持忠心,广积神本,庙宇辉煌"②。

从数量上看,各村庙每届都会选出数名会首,作为其组织的领导层,共同管理庙宇。如道光元年(1821),福乡又三甲摆占三官庙就有邓建兴、方有恩担任会首,另外还有一名王姓会首,具体名字不详。道光二十八年(1848),清乡六甲詹家坎文昌宫有刘沛然、谌昌文、陈绍典三人为会首。咸丰五年(1855),清乡又四甲道德山万姓香火庙有廖邦俊、施得明等人充当会首。咸丰八年(1858),清乡六甲明觉寺有李永盛、陆廷茂、胡世庆、方廷龙等六人担任会首。同治五年(1866),阜乡冕山禹王宫有范成章、康楚兴、袁世杰、贺奇蛟等人任会首。③从身份上说,会首多为村里的精英人物,包括乡绅、文武生员、读书人等。例如,乾隆十二年(1747),清乡五甲詹家冲西山东岳庙会首宋廷秀为童生。嘉庆十三年(1808),清乡六甲詹家坎文昌宫会首姚晖文为生员,咸丰元年(1851)詹家坎文昌宫

①　清代冕宁县衙门档案,档案号:256-34,冕宁县档案馆藏。

②　清代冕宁县衙门档案,档案号:281-61,冕宁县档案馆藏。

③　本段所举各例分别参见清代冕宁县衙门档案,档案号:89-126,冕宁县档案馆藏;《刘沛然等卖约》,《四川彝族历史调查资料、档案资料选编》,四川省社会科学院出版社1987年版,第345页。清代冕宁县衙门档案,档案号:281-61、250-67、301-39,冕宁县档案馆藏。

会首陈绍典也是生员。咸丰八年（1858），清乡六甲詹家坎文昌宫会首李永盛为贡生，会首陆廷茂、方廷龙二人为生员。①

与会首一样，各庙的会众人数也并非固定不变。除最早捐资或出力修庙的村民外，各庙宇也吸收新的会众。那些没有参与早期捐资修庙的村民若想加入村庙组织，可通过捐资、捐物、增修庙宇等方式成为新会众，但入会者一般只限于本村村民。

除会首、会众外，各村庙宇普遍请有僧道住守，负责看护财物、打扫卫生以及经营庙内香火。例如，乾隆十二年，清乡五甲詹家冲西山东岳庙有僧人性亮住庙看守；乾隆二十五年（1760），福乡一甲穆家堡西山寺有僧人性寿看护庙宇；咸丰元年（1851），净慈寺有僧人昌海在庙主持；咸丰年间，清乡又四甲道德山万姓香火庙有尼姑常僧主持香火。②

冕宁乡村各庙宇都有一定的经济收入，其来源主要有两部分：一是土地运作，二是香火经营。二者皆由会首们代表村庙组织加以运营。

1. 土地运作

在土地运作方面，各村庙宇都有或多或少的土地。它们主要来自信众捐献或村庙组织购置。比如，嘉庆十九年（1814），有孀妇宴氏将夫遗水田一石五斗、瓦房九间以及地基一并舍入

---

① 本段所举各例分别参见清代冕宁县衙门档案，档案号：61-37、166-82，冕宁县档案馆藏；《咸丰元年二月十五日冕宁县详册》，《四川彝族历史调查资料、档案资料选编》，四川省社会科学院出版社1987年版，第340页。清代冕宁县衙门档案，档案号：250-67，冕宁县档案馆藏。

② 本段所举各例分别参见清代冕宁县衙门档案，档案号：61-37、91-8，冕宁县档案馆藏；《咸丰元年二月十五日冕宁县详册》，《四川彝族历史调查资料、档案资料选编》，四川省社会科学院出版社1987年版，第340页。清代冕宁县衙门档案，档案号：281-61，冕宁县档案馆藏。

福乡三甲马蹄禹王宫内。① 又如咸丰元年冕宁文家屯觉华寺
碑刻记载:"觉华寺创自雍正四年,合屯善士区盈方圆,纠工庀
材,数年之艰辛,其庙已成。或舍田舍地,或半买半舍,以为神
圣永远香灯之资。"②可以看出,捐献或购置是各村庙宇土地的
主要来源。值得注意的是,不论捐献还是购置的土地,皆以村
庙组织的公产形式纳入庙宇名下。会首作为村庙组织的代表
接受捐献或购置土地,与捐献者或出卖者订立契约,存于庙内
(或者由某会首代管),以证明某土地为某庙宇的庙产。例如,
前文提到的宴氏在将田产舍入禹王宫时,便与该庙会首立有舍
田文约。③ 又如,文家屯觉华寺的土地不论是捐献还是购置获
得,都由会首出面订立文约收存庙内,后因年久无人看管,便交
予会首王执丙代管,不料王家失火将契约烧毁,会首李光荣、陈
德仁、谢国权、王敬中立即率领合屯士庶,将该庙所属田土刻碑
为证。"近因道光二十六年十月廿八日,合屯士庶等齐集庙中
查照文约单目,无人代管,交于王执丙代管,不意于咸丰元年春
二月内家被回禄,将文约化为灰烬,众会首等恐世远年湮,无凭
考究,故将庙田地勒石铭碑,永垂于不朽云。"④

除流入外,村庙土地也有流出的情况。村庙组织可根据需
要将庙田庙地卖出,所得收入充作庙产。土地买卖在冕宁村庙
组织的日常经济活动中经常可见。例如,道光二十八年,清乡

---

① 参见清代冕宁县衙门档案,档案号:181-7,冕宁县档案馆藏。

② 《觉华寺庙田碑》,咸丰元年(1851)二月立,该碑现存于冕宁县文
家屯村觉华寺内。

③ 参见清代冕宁县衙门档案,档案号:181-7,冕宁县档案馆藏。

④ 《觉华寺庙田碑》,咸丰元年(1851)二月立,该碑现存于冕宁县文
家屯村觉华寺内。

六甲詹家坎文昌宫圣人会会首刘沛然、谌昌文、陈绍典,便因为袁姓舍入庙内的土地被河水淹没淤积,难以开垦,同会众商议出卖给游洪兴,得银三十六两充作庙产,并立有出卖庙田文约。①

　　为从土地中获得实际收入,村庙土地的具体运作方式主要有两种:一是由会首们耕种,所产米谷部分归会首所有;另一部分则上交庙内,作为庙产积储。如咸丰年间,清乡又四甲道德山万姓香火庙的庙田即由会首廖邦俊、施得明等人耕种。② 二是由会首招佃收租。会首代表村庙组织将土地租给佃户耕种,双方定好佃种期限、每年缴纳的租谷等,写成文约,各自收存。佃户每年按照文约规定向会首缴纳租谷,会首再将每年收到的租谷积储起来,作为庙产。佃约到期,会首共同商议是否续佃,或者重新招佃收租。

　　此外,会首还代表村庙组织参与临时性的庙田经营活动,为村庙获得经济收益。如前所述,有信众将自己的田土永久捐给庙宇,成为其固定产业。但也有些信众捐献的田土并非自己所有,而是他人当给自己的田土。信众将此类田土捐给某庙宇,与其会首订立舍约,实际上是将当价捐给该庙。当期满后,田主向会首赎取土地,赎银充作庙产,归庙宇所有。比如,嘉庆十三年,清乡六甲陶显章企图强行将当给余祥的水田租给他人耕种,余祥有恐银田两失,于是将田捐入六甲詹家坎文昌宫内,并与会首姚晖文立下文约:

------

① 参见《刘沛然等卖约》,《四川彝族历史调查资料、档案资料选编》,四川省社会科学院出版社 1987 年版,第 345 页。

② 参见清代冕宁县衙门档案,档案号:281-62,冕宁县档案馆藏。

情余祥昔年当明陶显章水田三斗,比去价银二十一两,及后伊屡借业搜索。于本月十六日,余姓无奈,将此田价舍施生民众堡文昌宫内,以作香灯之资,现有舍当二约可凭。①

韩朝建在研究明清五台山的赋税问题时指出,五台山寺庙拥有大量土地,是重要的控产机构。② 通过上文分析可以看出,清代冕宁乡村庙宇也具有类似特点,各庙皆有数量不等的土地,就此而言,它们也是控产机构。不过,其土地并非由僧侣控制,而是由会首代表村庙组织来运作,包括土地的获得、出卖、招佃等。

2. 香火经营

香火,乃信众入庙拜神过程中施舍给庙宇的财物,是村庙的另一项重要收入。村庙香火亦由村庙组织经营,有着一套复杂的程序,包括聘请僧道主持香火、积储香火钱、监督香火钱的使用等。

如前所述,清代冕宁乡村庙宇中有僧道住庙看护。这些僧道并非庙宇所在村落的村民,而是由村庙组织从其他大的寺庙、道观请来,为本村庙宇主持香火的。具体的聘请工作由会首出面进行,为预防僧道盗卖庙内物品、侵吞香火钱等不法行为,聘请时僧道须在会上缴纳一笔保证金,会首与其约定好相关责任和义务,并写立字据,双方各执一份。解聘时,倘若会首

①　清代冕宁县衙门档案,档案号:166-86,冕宁县档案馆藏。
②　参见韩朝建:《寺院与官府——明清五台山的行政系统与地方社会》,人民出版社2016年版。

及众人清点财物及核对账目后未发现问题，便将保证金退还僧道。

僧道平日住在庙内，除看守庙宇、启闭门户、打扫卫生、早晚给神明添灯上香外，他们最主要的工作便是为前来烧香许愿的信众提供服务。届时，信众向庙内捐献一定的银钱和物品，即"香火钱"。香火钱由僧道收纳，并登记在香火簿上。庙宇日常开销从香火钱中支付，由僧道登记在开支簿上，剩余的香火钱则交给会首管理。会首定期前往庙上查看庙宇是否完好，庙内物品是否遗失，等等，其中最重要的工作便是查对香火簿、开支簿，并从僧道手中收取香火钱，并登记成册。庙宇平日如需动用公项银钱，如修理庙宇、添置设施等，会首便召集会众在庙宇内商议，事后将动支数目和剩余数目登书于册内。香火账目由值年会首掌管，改选后将公项银钱和账本一并交给下届会首管理。

僧道平日在庙主持香火，如无过错，会首便根据聘约规定按期付给僧道一定的米谷，作为其主持该庙香火的报酬。聘请到期，如僧道主持得当，庙宇香火旺盛、开支较少、盈余较多，会首一般都继续聘用该僧道主持香火。反之，会首则将僧道辞退，另聘其他僧道。此外，还有聘用到期时因经营问题出现纠纷的情况。例如，清乡又四甲道德山万姓香火庙会首廖邦俊等于咸丰五年（1855）聘有尼姑常僧主持该庙香火，后因亏本较多，咸丰十年（1860），会首廖邦俊等拒绝付给其租米报酬，引起双方互控。经判决，常僧在核算好账目后被辞退。①

---

① 　参见清代冕宁县衙门档案，档案号：281-61，冕宁县档案馆藏。

三、村庙组织的村治实践

作为一种民间自发结成的组织,村庙组织在村落内部承担着一定的社会管理职能。其管理活动大致可分为"神圣"与"世俗"两个层面。

(一)组织祭祀

清代,冕宁各个村庙组织每年都会定期举办庙会活动,酬神唱戏,组织会众(村民)祭祀共同的神明。例如,福乡小村撞彩神庙即由会首在每年七月十五组织会众举办庙会,曾任会首的邓德隆提道:"在小村住坐。小的们堡内向有河沟一道,先年兴有撞彩神会一个,众人公议小的充当总理首事,每年至期办会了愿。今年七月十五日,小的邀请众人拢场,办会还愿。"①与小村撞彩神庙一样,清代冕宁乡村各庙宇每年都由会首定期组织庙会活动,因此当地形成了很多的乡村庙会。如每年正月十五日某屯(名称不详)庙会②,正月(日子不详)清乡五甲詹家冲西山东岳庙庙会③,二月初八沙坝神会④,三月二十八日清乡五甲詹家冲西山东岳庙东岳会⑤,六月福乡陈家庄某

---

① 参见清代冕宁县衙门档案,档案号:256-34,冕宁县档案馆藏。
② 参见清代冕宁县衙门档案,档案号:180-112,冕宁县档案馆藏。
③ 参见清代冕宁县衙门档案,档案号:187-27,冕宁县档案馆藏。
④ 参见《同治元年十二月二十三日宁远府札》,《四川彝族历史调查资料、档案资料选编》,四川省社会科学院出版社1987年版,第345页。
⑤ 参见清代冕宁县衙门档案,档案号:192-14,冕宁县档案馆藏。

庙（名称、日子不详）青苗会①，七月七日城乡土地庙皆作土地会②，七月十五日福乡小村撑彩庙庙会，七月某堡（名称、日子不详）西山庙庙会③，八月中屯某庙庙会（名称、日子不详）④，等等。

庙会期间，会首们使用庙宇积储的香火钱请来戏班唱戏酬神。倘若香火钱不足，会首们便向会众摊派戏钱，并用戏钱延请戏班来庙上唱戏酬神。咸丰七年（1857）七月，冕宁某堡西山庙会首王仕达等人便因为庙上香火钱不足，向会众摊派戏钱，请戏班在庙会期间唱戏。出戏钱请人在庙会上唱戏是会众的义务，会众若没有经济困难，一般都愿意承担此项义务。但也有会众因交不出戏钱与会首产生纠纷的情况，如西山庙会众杨启仁便因为欠下部分戏钱未清，与会首王仕达发生冲突。八月初一日，其弟杨启义控称："情民堡有西山庙□□□□王仕达承当会首，今岁田谷未收，众姓度用维艰，熟料王仕达摊派本堡居民出钱演戏，不由众愿，任意作为，荷派民兄杨启仁出钱二百四十文。七月二十日，民兄已给钱二百文，下欠四十文，一时无措，缓期认给，不意王仕达于二十三日串弊高山堡汛兵张官甫二人一同前来，言杨启仁抗派戏钱，督令拴锁。"⑤在每年定期举办的庙会之外，各乡村庙宇还有一些临时性的庙会活动。比如，遇到年成不好，村内会众在庙内向神明许愿，届时需举办

---

① 参见清代冕宁县衙门档案，档案号：184-148，冕宁县档案馆藏。

② 参见咸丰《冕宁县志》卷九《风俗志·会场》，清咸丰七年（1857）刻本。

③ 参见清代冕宁县衙门档案，档案号：263-168，冕宁县档案馆藏。

④ 参见清代冕宁县衙门档案，档案号：60-40，冕宁县档案馆藏。

⑤ 清代冕宁县衙门档案，档案号：263-168，冕宁县档案馆藏。

庙会还愿。乾隆十年前后，冕宁连年遭受自然灾害，清乡五甲詹家坎西山东岳庙会众在庙内祈祷平安，并许愿修盖戏楼，唱戏还愿。① 乾隆十二年七月三十日开始，会首及会众齐集庙内举办庙会，唱戏谢神，"切因近岁时气侵害，小民五六家、七八家不等，许愿西山东岳神祠，神威数显，始于七月三十日起戏还愿"②。

除唱戏酬神外，庙会期间最重要的就是祭祀神明，祭祀活动亦由各庙会首们组织进行。不过，敬献神明的祭品一般是由会众们每年轮流提供。比如，清乡五甲詹家坎西山东岳庙庙会即由会众每年轮流提供祭品做会，"情因生合屯一十八户现修理圣庙一所，每年正、三月轮流做圣会"③。嘉庆三年（1798）八月十五日，该庙会首陈培德召集众人在庙内安排次年庙会，轮到陈燦新提供祭品做会，"陈燦新于乾隆六十年入会，至今数载，例应做会，本月十五日，会首陈培德央集在会人等敬神饮酒，众人公论来年三月二十八日应该陈燦新做"④。轮流提供祭品，是会众区别于一般信众的重要体现，也是维系祭祀活动和村落共同体的基本规则。如果打破规则，祭祀活动将难持续下去，村落内部的秩序亦将受到挑战。因此，村庙组织在轮流提供祭品这一规定上执行得比较严格，一般不允许会众以各种理由逃避此项义务。倘若有人试图破坏规矩，将遭到会众的谴责。嘉庆五年，在冕宁某堡庙会筹办过程中，便有人因为拿不出祭品而遭到会众辱骂。该堡有庙一座，每年正月十五举办庙

---

① 参见清代冕宁县衙门档案，档案号：61-37，冕宁县档案馆藏。

② 清代冕宁县衙门档案，档案号：60-51，冕宁县档案馆藏。

③ 清代冕宁县衙门档案，档案号：187-27，冕宁县档案馆藏。

④ 清代冕宁县衙门档案，档案号：192-14，冕宁县档案馆藏。

会,由会众轮流提供祭品。是年,轮到堡内王玉白准备祭品,按照规定,他需要献出一只肥猪用来祭神。但他家贫无力提供,因此遭到堡内会众的欺辱,"情因于本年正月十五日堡内设神会一堂,每年正月十五日轮流挨次,堡内斋集庙内,散佛敬神,不料有王玉白应该伊名下坐会肥猪一只,敬献神圣,殊知玉白家贫,无有猪只,被遭堡内众人凌辱,无端难受"①。最后,王玉白不得不向堡内富户谢恒德赊来一只肥猪,献给会上。

各村庙宇举办庙会期间,周边村落的信众、村民以及小商贩也纷纷前来赶庙会。在这个过程中,信众除了烧香敬神、许愿还愿这些宗教活动外,最主要的娱乐活动就是看戏、听戏。此外,也有一些牌友聚集在庙内外打牌消遣,甚至是聚众赌博。为避免赌博败坏风俗、引起纠纷,官府禁止庙会期间百姓聚赌,届时有各甲地保在庙外张贴告示,并联合该庙会首稽查。尽管如此,偷偷赌钱的情况仍时有发生。②庙会期间敬神看戏、休闲娱乐的人较多,因此也吸引了一些小商小贩前来做生意,他们贩卖酒肉、糖果、包子、香烟等各种吃食,为赶庙会的人提供饮食服务。乾隆二十二年八月,冕宁中屯举办庙会期间,即有客民苏又旦前往贩卖吃食,被吴海屯宋保长赊吃。"自到宁番五载,并无多端,蚁听中屯有会,蚁借去本银,小买卖赶会,毒遭恶棍,浪似如虎,地方吴海宋保长兄弟二人甜言蜜语,将蚁酒肉、包子、糖食、烟赊去吃了,一共该银一两四钱。"③此外,庙会上还有剃头匠,为赶庙会的人提供剃头洁面服务。乾隆十二年

① 清代冕宁县衙门档案,档案号:180-112,冕宁县档案馆藏。
② 参见清代冕宁县衙门档案,档案号:60-51,冕宁县档案馆藏。
③ 清代冕宁县衙门档案,档案号:60-40,冕宁县档案馆藏。

七月清乡五甲詹家坎西山东岳庙庙会期间,便有湖广客民苏大的父亲在庙会上给人剃头。①

举办庙会,唱戏酬神,祭祀神明,一般而言是宗教性、精神性的活动,似乎与社会管理毫不相干。但在一定的时空结构当中,组织特定的人群进行神明祭祀亦可以是一种社会控制和社会管理的手段。清代冕宁村庙组织每年在村内定期举办庙会,组织会众(村民)轮流提供祭品祭祀神明,形成村落内部的社会规则,通过这种方式强化了村民间的联系和村落认同感,由此形成较为稳定的社会秩序。这正如岳永逸在反思青苗会研究时所说,节庆看似具有宗教祭祀、狂欢杂乱的特点,然其本质却是一种社会的规训与整合机制。② 从这个角度来看,举办庙会,组织祭祀,就不仅仅只是一种宗教活动,也是一种社会管理活动,是村庙组织展开村治实践的重要表现。

（二）调解纠纷

冕宁的乡村庙宇为各村村民所建,是村落中重要的公共空间,也是处理地方事务的重要场域。由于庙宇是村庙组织所控制的,因此该组织也承担有一定的处理村落事务的功能,其中比较显著的功能便是调解纠纷。在清代冕宁档案当中有不少村庙组织调解纠纷的案例,在此试举几例说明。

1. 虚朗土地庙会首谭天锡等调解月鸡偷盗案

冕宁阜乡五甲虚朗,有客长张世兴、客民张法宗(世兴侄)

---

① 参见清代冕宁县衙门档案,档案号:60-42,冕宁县档案馆藏。

② 参见岳永逸:《作为一种规训与整合机制的节日——以平郊的青苗会为例》,李松、张士闪主编:《节日研究》第 12 辑,学苑出版社 2018 年版,第 46—51 页。

与大和尚、小和尚同堡居住。嘉庆十年(1805)九月二十八日,大和尚的儿媳妇月鸡上山割野麻,路过张世兴、张法宗地边,偷偷割取地里种的麻子,被张法宗看见。于是张法宗将月鸡连同赃物捆缚回家,并吩咐同堡的两个村民去张世兴家中报信,张世兴随即前往张法宗家中查验。第二天,小和尚带人到张世兴家里要人,并要求张家打二斤酒给他们喝。张世兴叔侄不允,将月鸡和赃物一同投入该堡土地庙内,由会首谭天锡等处理。会首谭天锡、邻人杨云贵等于中劝说、调解,提出罚月鸡出钱二百文充入庙中,作为香灯之资,张世兴叔侄将月鸡释放,不再追究。张世兴叔侄同意会首谭天锡的调解方案,但小和尚等人不允,双方未能达成和解。①

2. 摆占屯三官庙会首方有恩等调解贾洪应偷盗案

距冕宁县城三十里的地方有摆占屯,属福乡又三甲。该屯有三官庙一座,道光元年方有恩、邓建兴等人充当该庙会首。是年七月,村民彭启贵、彭启发在山上砍了两码柴,堆砌在山中晾干,结果被贼偷去一码,当时未能查获贼赃。同月十六日,彭启贵、彭启发在同村村民贾洪应家中发现了一把柴火,并认为之前偷盗柴火的就是贾洪应。对此,贾氏拒不承认,辩称柴火是在自家苞谷地内捡拾而来,并非偷盗。双方因此发生口角,在争执过程中,彭启贵、彭启发将贾洪应打伤。② 两造不服,赴屯中三官庙内,报明会首方有恩、邓建兴等人,请会首们处理。为查明情况,会首方有恩、邓建兴等人前往山上贾洪应地里查

①　嘉庆十年虚朗土地庙会首谭天锡调处月鸡偷盗张世兴、张法宗蔴子一案,参见清代冕宁县衙门档案,档案号:166-1、168-30、168-31、192-135,冕宁县档案馆藏。

②　参见清代冕宁县衙门档案,档案号:89-126,冕宁县档案馆藏。

看,并没有柴薪可捡。为避免双方滋生事端,会首方有恩等从中劝说,试图息事宁人。"据方有恩供:小的是三官庙首事。本年七月十六日,彭启贵等投说贾洪应偷他山上柴薪,被他查知拿住,投小的们处理。小的去看,贾洪应山上并没有柴薪,小的们叫他们取和,柴是小事,不要滋事。"①事后,贾洪应因被彭启贵、彭启发殴伤,心有不服,前往二人家中辱骂,两造遂赴县衙互控。②

3. 吴海屯关帝庙会首廖海平等调解蒋冬狗偷窃案

冕宁清乡又四甲吴海屯,有村民刘兴基将房屋租给牛马贩子蒋冬狗居住。咸丰十年(1860)九月初七,宋长生喂养的水牛在草场吃草,此时蒋冬狗赶着牛群经过,将宋长生的水牛顺手拉到清乡三甲马房沟场上出卖,被宋长生跟追查实。然而,蒋冬狗拒不承认偷盗,称宋长生的牛是跟随牛群走散到场上的。③ 争执无果,两造便前往吴海屯关帝庙内找会首、头人理论。会首廖海平、头人刘某罚蒋冬狗出钱二十一千文,充入关帝庙作香火,双方私了。"宋长生投廖海平与刘头人向小的理说,廖海平们叫小的出钱二十一千文,充入庙内。"④蒋冬狗以无钱为由推脱,会首廖海平等要赴案具控蒋冬狗及招主(即房东)刘兴基。为免见官,刘兴基帮蒋冬狗跟杨万发借钱二十一

---

① 清代冕宁县衙门档案,档案号:89-126,冕宁县档案馆藏。

② 道光元年摆占屯三官庙会首方有恩等调解贾洪应偷盗一案,参见清代冕宁县衙门档案,档案号:89-126、230-34,冕宁县档案馆藏。

③ 参见《咸丰十年十二月二十八日刘基兴等人供状》,《四川彝族历史调查资料、档案资料选编》,四川省社会科学院出版社1987年版,第331页。

④ 《咸丰十年十二月二十八日刘基兴等人供状》,《四川彝族历史调查资料、档案资料选编》,四川省社会科学院出版社1987年版,第331页。

千文,交给会首廖海平等人。"今年九月初七日,廖海平来说蒋冬狗偷宋长生水牛一条,在马房沟场发卖,被宋长生查识,投知他们理说。小的是招主。要罚蒋冬狗钱二十一千文。蒋冬狗无处措办,他们叫小的帮抬,小的没钱,才向杨万发抬借钱二十一千文,以作关帝庙香灯的话,不然廖海平们要来案具禀。小的无奈,把钱抬出,当凭廖海平、谢国太、谢之容如数甘结与廖海平、刘头人。"①

由于档案多是民间调解不成功后打官司留下来的,所以以上三例都是调解失败的例子。这并不能说明村庙组织不具备成功调解纠纷的能力,只是那些调解成功的例子很少被档案记载而已。相反,从这些反例可以看出,在日常生活中民间自发结成的村庙组织分享了部分保甲组织的职能,在村落治理方面产生了实质性的作用。

（三）管理山林

除调解纠纷外,清代冕宁的部分村庙组织在日常生活中还参与山林的管理。这与冕宁当地特殊的自然环境和社会环境有关。

冕宁境内东有大凉山余脉,西有牦牛、锦屏、坝显诸山,中部低洼平坦。发源于县北的安宁河,自北向南流经整个县域,形成南北走向的安宁河谷地,俗称"坝子"。安宁河坝子以河为中心,两岸皆是肥沃的土地。这些土地分别向东、向西延伸,直至诸山脚下。冕宁大部分的村落都分布在河坝上,有些位于

---

① 《咸丰十年十二月二十八日刘基兴等人供状》,《四川彝族历史调查资料、档案资料选编》,四川省社会科学院出版社 1987 年版,第 330 页。

河的两岸,距河近而离山远;有些则分布在河坝与山地的结合处,坐落山脚、面朝平坝、背靠大山。对于那些近山的村落来说,山林护养尤为重要。因为村子和大部分田土都位于山脚,倘若山林遭到破坏,引起水土流失,会对山下的村子和土地造成极大的威胁。轻则粮田被水沙冲刷,田土淤坏;重则村落被泥石淹没,家毁人亡。因此,近山的村落大都重视对村后山林的管理。

其中,近山而没有庙宇的村落,往往组织有"看山会"一类的组织,推选首事,由其带领村民轮流看护山林,平时禁止村民以及外来人在村后公山随意砍伐林木、柴薪(私人山林不受此限制)。为防止山林破坏,村民往往立有禁山碑,禁止随意砍伐。比如,距城约十五里的阳官凹(又作"杨官凹")背后有方、陈两姓的公共山场,为保持水土,二姓禁山护养,"方陈二姓历来公同山场一所,坐落阳官凹,其山上有坟冢,下有粮田,山内树桩近时生桠发枝,恐难护蓄,吏民等邀同两姓互相酌议,禁山惜水,永益粮田"①,并立有禁山碑。"小的们众议护蓄柴山,蓄水灌田,写有禁山碑。"②禁山并不等于说山上的林木永不开砍,而是要等到林木茂盛,再由首事组织村民统一进山砍伐,称"公禁公砍"。倘若有人私自砍伐、焚林开垦,破坏林木,将受到众人的制止。例如,位于安宁河东面的福乡河东、五宿两村村后有山,山上林木历来是公禁公砍。嘉庆五年九月有刘麻子、谢门头带领五人私自偷砍,遭到村民李元仙等人劝阻,"情因蚁等后有山一座,河东、五宿二堡,原系禁山……竟有刘麻

---

① 清代冕宁县衙门档案,档案号:232-138,冕宁县档案馆藏。
② 清代冕宁县衙门档案,档案号:232-146,冕宁县档案馆藏。

子,谢门头在于本月二十四日统领五人私偷砍伐,蚁等甜言相劝,让伊回家,后不为例"①。

再如,冕宁清乡一甲新营背后有公山一座,为护养山林,该村举有首事带领众人看护,公禁公砍。咸丰十年,吏员穆如椿任首事,并于二月初一召集众人商议开砍日期,结果有杨安安、杨学聪等提前私自开砍,遭到负责守山的穆应发等人的阻拦,引起冲突。"典吏在新营与杨学聪们同堡住坐,平日和好,典吏堡背有公山一座,原是公禁公砍,不许偷伐,众议典吏的儿子穆应发在山看守,怕有外人偷砍,今年二月初一日堡内众人为议开砍日期,杨安安们赴砍伐柴薪,儿子向前阻,两下口角抓扭。"②首事穆如椿等赴县控告杨安安等私砍禁山,经审讯,令众人照旧护养山林,"今蒙审讯……所有公山仍照旧公禁公砍,不准私砍"③。禁山护林的传统,对于冕宁靠山的村落来说特别重要,因此直到民国年间,这类村落仍旧推选首事,带领众人轮流看护山林。比如,冕宁县长乡五甲上白土村在民国年间便延续着这类组织,制定有破坏林木的惩罚措施,并向冕宁知事呼吁在县内加以推广。

　　前任白玉县知事周恩昭暨冕宁县长乡五甲上白土保护森林首事公民周锡友、王宗先、谢兴发等为呈请示禁事。窃公民等住居小麓,一切饮水及田土灌溉,系源流于森林……每年派人轮流保护,使稍有疏忽,不特沙土流浸,居

---

① 清代冕宁县衙门档案,档案号:178-32,冕宁县档案馆藏。
② 清代冕宁县衙门档案,档案号:252-79,冕宁县档案馆藏。
③ 清代冕宁县衙门档案,档案号:252-79,冕宁县档案馆藏。

民得无妄之灾,并且水源枯竭,将因众人于涸辙……但近村一般人民只图便益,不计障害,保护失力,因公议约章,以示限制众人之利害。肆意砍伐掘根者,罚制钱四千八百文。伐成材大木者,罚制钱二千四百文。伐枝节及未成材者,罚制钱一千二百文。借土埋葬者,不得认为私有、自由斩伐。既收罚款,即作看山小工口食工资之用。公民等执行虽久,又恐年湮代远,乡棍土恶不知痛改,仍复砍伐。再四思维,惟有据情呈请立案……俾已犯者不追既往,未犯者见禁知警。公民等森林均请公便,为此呈乞。①

以上是对于近山而没有庙宇的村落而言的,而对于那些近山而有庙宇的村落来说,管理山林的活动实际上是由村庙组织来承担的,其会首带领众人轮流看山护林、公禁公砍。砍伐之前,会首与村民在本村庙宇中商议开山伐木的日期,至日再一同前往砍伐。有些村落之间相邻不远,且山林相连,亦附于某村庙组织之下管理山林。例如,冕宁清乡六甲新白三屯背后的公山便是由贞祥寺统一管理,开山伐木之前要在庙中商议日期:

　　新白汉夷三屯人等知悉于正月初十日齐集贞祥寺公同商议开山进山,倘有一二人不到者,具罚钱一千二百文,不得见怪,勿谓言之不先也。②

---

① 清代冕宁县衙门档案,档案号:180-51,冕宁县档案馆藏。
② 《道光二十三年禁山及开山告示》,冕宁县河边镇鲁洪友藏。

　　随着清代冕宁村庙组织的发展壮大,也有个别村庙组织的会首试图将公山附近的私人山林强行纳入公山内加以管理,由此引发了一些争山之案。① 例如,清乡六甲、七甲的村落相邻,他们背后的山林连成一片,既有公共山林,也有私人山林。道光三十年(1850),七甲观音寺的会首们试图劝说六甲白鹿营的鲁姓人将其山林并入公山当中,公禁公砍。"邓士辉、赵绪广等串武生邓元麟、陶得明欺夷良弱,本月初三日,恶着陈忠英叫夷去观音寺向说,伊等劝留夷山入公砍伐,夷未应允。恶等肆凶,要将夷捆送白鹿汛,畏[惧]跑逃。"②

　　此外,如果村落之间发生山林纠纷,有庙宇的近山村落也多由其村庙组织出面进行理论,甚至是控诉。比如,文家屯、魏官营、吴海屯、蜡拉白四村因位置邻近且先前各村人口稀少,合编为清乡四甲。四村之间有大山一座,文家屯、魏官营在山北面,吴海屯、蜡拉白在山南面。四村环山分布,共用该山为柴山,以获取柴薪。随着四村人户的不断发展,后来该甲一分为二,山北面的文家屯、魏官营为清乡正四甲,山南面的吴海、蜡拉白为清乡又四甲。分甲之后,正四甲二村与又四甲二村在山林的所有权上产生矛盾,正四甲二村的村民以该山原为四甲所有为借口,阻止又四甲二村村民砍伐,引起纠纷,双方累年互控。至光绪十八年(1892),冕宁知县林某亲自前往查勘划界,从山顶沿山梁而下,北面的公山为正四甲文家屯、魏官营所有,南面的公山为吴海、蜡拉白所有,并令二甲于分界处刊立界碑,

---

　　① 　详见龙圣:《明清"水田彝"的国家化进程及其族群性的生成——以四川冕宁白鹿营彝族为例》,《社会》2017 年第 1 期。

　　② 　《道光三十年白鹿营鲁姓诉状》,冕宁县河边镇鲁洪友藏。

此后不得越界砍伐。这次勘界后，两甲村民未遵勘定，旋因争夺柴山复控，结果知县吴某维持前任知县的勘定结果，责令双方在分界处立界碑，并于文家屯大庙和吴海关帝庙各立一告示碑，督促两甲村民遵守界限，不得越界砍伐。光绪二十二年（1896），文家屯在其大庙内立碑示众：

　　……冕宁县事补用县正堂加五级记录十次记大功十二次吴为……守事案。据该乡正四甲文家屯、魏官营职员邓洪贵、邓启奎、文生赵万先……粮民曹兴云、谢永中、陈源彪、王及先等与又四甲吴海、蜡拉白监生宋成玉等控争柴山一案，讼经数载，旋结旋翻。迨至光绪十八年，经林前县亲诣勘明，以该两处从前本系一甲，后因烟户过多，分为二甲。地既区分，山宜剖得，如果一甲独占，则彼甲人户岂不断绝炊薪耶，势必相争，讼何能已。当即详察树木多寡，作为十成，断令二八成分占。由大山顶齐子梁分界，北首二成为正四甲居民柴山，南首八成归又四甲居民砍伐，以后各伐各界柴薪，均不准侵越。详奉前府宪唐提卷核明，旋奉札饬，以所断尚属平允，令即判明定案，各予分界处所窑立界碑，并将断案勒石在于两堡之大庙、关帝庙两处，以垂久远。取结详覆，从今定案以后，不论何甲复控，俱立案不行等因行县遵办在案。兹传禁两造仍照原断讯取切结备案。乃又四甲宋成玉等延不具结，实属有意抗违。查原断甚为平允，无可更移，如再复控，应立案不行。除饬两造于分界处所窑立界碑以资遵守外，合行录案勒石示谕。为此示，仰正四甲文家屯、又四甲吴海各堡居民人等知悉。自此次定案之后，务宜遵守界限，各伐各界柴薪。无论何

甲树株多寡,概不得觊觎越砍及捏词侵占,致干重究,其各
凛遵毋违,特示。右谕通知。合甲众姓人等遵□。

　　光绪二十二年六月二十四日

　　实立文家屯大庙晓谕　　告示①

　　该碑现存于冕宁文家屯觉华寺内,碑中所指的大庙即觉华
寺。根据碑文记载,光绪十八年勘定柴山后,复有邓洪贵、邓启
奎、文生赵万先、粮民曹兴云、谢永中、陈源彪、王及先等代表正
四甲文家屯、魏官营二村与又四甲争夺山林。有意思的是,这
些替本村出面争控柴山的人主要就是文家屯觉华寺的会首及
会众。这点在文家屯觉华寺内的一通修庙碑刻中有所反映。
据该碑记载,光绪九年至十一年,会首邓洪贵、赵万先、邓启奎、
谢永中曾与本屯会众商议并督领会众赵开科、邓德彦、谢开一
等人修理本屯觉华寺,其所用的修庙经费一部分来自村庙组织
管理的公山柴薪,另一部分为村庙组织积累的田土租谷。"光
绪九年,合屯商议,将公山柴钱、庙上租硕以作修理之资。去岁
兴土上工,今告竣。"②

　　综上可知,清代冕宁部分近山村落的村庙组织在日常生活
中还参与公山林木的管理,并承担着维护本村山林权益的
职责。

---

　　① 《分割柴山碑》,政协冕宁县委员会编:《冕宁碑刻选》,内部资料,
2010年,第184—185页。该书收录有碑文,但未句读。以上碑文为作者
断句、标点,特此说明。

　　② 《光绪十一年合屯修庙碑记》,该碑现存于冕宁县宏模镇文家屯
觉华寺内。

四、余论：村庙组织与村落内生秩序

如前所述，研究清代四川基层社会的学者大都注意到当地有着多元的基层组织结构，包括会馆、家族、乡约、保甲、客长、团练等。清代冕宁也大致如此，除乡约不甚明显外（亦非完全没有），会馆、家族、保甲、客长、团练等组织结构在地方档案中都有大量的记载。其中，会馆主要分布于城市，家族散布于村落，客长城乡皆有之，以村落为最小单位的保甲是乡村最重要的组织形式，而团练则以保甲为基础形成。总而言之，保甲组织是乡村最基本的管理形式：以村落为单位，数村编为一甲，数甲编为一乡（保），数乡合起来构成冕宁县的乡村。每个甲设一名地保，在官府登记备案，管理甲下的数个村落。每个村落设头人一名，辅助本甲地保管理本村事务。一甲之内的数个村落行政事务，包括催派钱粮、维护治安、调解纠纷等，都是由地保负责处理，各村头人协助。很明显，这种以地保为核心的带有半官方性质的保甲组织的管理方式是跨村落的。地保，作为官府在乡村的代理人，其面对的是好几个村落，而不是某一个村落。在村落内部，头人亦具有和地保相似的职能。

尽管如此，在多数的村落内部还有另一套组织机制，即村庙组织。这种组织围绕村落庙宇的修建和运作而形成，是以村落为单位的民间自组织形式。村庙组织由若干会首和会众组成，会众包含了村内绝大部分的村民，会首则从会众当中选出，一般是村内的精英人物，如乡绅、文武生员、衙门典史等。各村的庙宇，都有村庙组织聘请僧道住庙看护并主持香火。村庙组

织的收入主要分为两部分:一是信众舍给庙宇的田土,通过会
首耕种或招佃耕种而获得租谷;二是僧道主持村庙香火过程
中,信众前来进香的香火钱。这两项收入成了村庙组织最重要
的运作经费。村庙组织本质上是围绕修庙祭祀而产生民间宗
教组织,然其职能却并非局限于宗教祭祀,还包括对世俗事务
的处理,二者对于村落内生秩序的形成产生了重要的作用。一
方面,村庙组织在会首操持下,每年举办庙会,请戏班唱戏酬
神,领导会众共同祭祀本村的神明,祭品则由会众每年轮流提
供。在庙会庆典这一"非常"时刻,通过共同祭祀和轮流献祭
的方式,村庙组织对人群作了"内""外"之别,必须轮流提供祭
品的则是"自己人",没有机会参与祭祀的则是"外村人"。祭
祀过程中这种"有份"与"无份"的制度设计,事实上强化了村
落内部的联系,促使村落形成稳定的内生秩序。试图破坏祭祀
规则的行为对村落秩序形成挑战,因而不被允许,村落共同体
由此得以维系。另一方面,在日常生活中,村庙组织承担着一
定的社会管理职能,包括调解村民之间的纠纷,管理属于村落
的公共山林,等等。村民之间纠纷的调解、禁山开山等山林管
理规约的订立,推动了村落秩序的形成。同时,对破坏秩序行
为的惩处,比如,罚银入庙充当香火对村民遵从村约产生促进
作用,它既从反面强化了村民需要遵守村约的意识,同时也从
经济上增强了村庙组织的运作和管理能力,从而进一步推动了
内生秩序的形成和村落共同体的维系。

四川省冕宁县汉族"七月半"调查[*]

四川是我国著名的移民大省,在清初"湖广填四川"的浪潮下,来自其他省份的移民群体陆续入川,并与部分早期移民杂居相处,使得四川各地文化呈现复杂多元的形态。这一文化的复杂性和多样性也体现在四川各地的"七月半"节日上。本文以四川冕宁县汉族为例,对当地不同时期移民群体的"七月半"习俗进行了调查总结,在一定程度上反映出四川移民社会的特点。

"七月半",又称"月半儿",是冕宁汉族每年一次的重要传统节日。^① 冕宁县汉族绝大部分为明清以来外省汉族移民后裔,根据移民时间先后、分布地域以及风俗传统的不同,至今形成以安宁河两岸^②为地理中心的、以明代军户后裔为主体的"上界人""七月半",以沙坝地区^③为中心的、以清代移民为主

＊ 本文系与陈云庚合写。陈云庚,四川省凉山州政协秘书。本文原载于李松、张士闪主编:《节日研究》第 6 辑,泰山出版社 2012 年版,第269—288 页,收入本书时略有补充和修订。

① 参见冕宁县地方志编纂委员会编:《冕宁县志》,西南交通大学出版社 2009 年版,第 92 页。

② 主要包括今宏模镇、复兴镇、石龙镇、河边镇、泸沽镇。

③ 含"两镇一乡",即原先的漫水湾镇、沙坝镇、泽远乡,简称"沙坝地区"或"沙坝"。其中,沙坝镇今属漫水湾镇管辖,泽远乡今称"泽远镇"。

体的"下界人""七月半"两种不同的习俗，反映出冕宁"七月半"习俗多样性的特点。①"七月半"作为春秋二祭中的一祭，在冕宁当地有着多种重要意义。首先，它寄托了当地汉族对自己祖先的缅怀之意、思念之情；其次，它是沟通阴阳两界，维持现实生活秩序与安全的文化活动；最后，它也是唤起历史记忆以区分族群、实现认同的一种文化标志和象征。所以，"七月半"节俗在冕宁汉族当中长盛不衰，保持着一套较为完整的家庭祭祀程序，体现出传统节俗在当下传承的顽强生命力。为了解这一节日习俗，笔者于 2012 年 8 月 2 日至 8 日期间，先对冕宁县宏模乡（今为宏模镇）文家屯村、城厢镇（今属高阳街道）三分屯村和菩萨渡村、沙坝镇（今属漫水湾镇）等地进行了田野调查，借助访谈、拍摄、参与观察等方法收集了大量的田野资料。在此基础上，陈云庚于 2012 年 10 月、2013 年 8 月先后两次进行了补充调查，进一步丰富和完善了调查内容。为反映冕宁汉族"七月半"的特点，我们在选点时对明、清两代汉族移民聚居区都有涉及，而以宏模乡（今宏模镇）文家屯村为代表，结合周边乡镇村落情况叙述"上界人"的"七月半"习俗，以沙坝为中心叙述"下界人"的"七月半"习俗，最后再对两者的异同进行适当的总结和分析。本文依据我们的调查资料合作撰写，初稿写成于 2012 年 10 月。2013 年 10 月，我们又根据补充调查情况对本文做了增补和修订。

---

　　①　"上界人"是沙坝以北冕宁人的自称，他们称沙坝地区的冕宁人为"下界人"。而"下界人"这一概念也不是固定的，沙坝的冕宁人有时候自称为"中界人"，而将处于沙坝以南（安宁河往下）的西昌人称为"下界人"。由于本文主要涉及冕宁县，故采用"上界人""下界人"的概念。

一、冕宁汉族移民历史与"七月半"节日的渊源

　　冕宁县位于四川省凉山彝族自治州北部,面积 4420 平方千米,总人口约 38 万,包括汉、藏、彝、回等民族。[①] 该县东临大凉山,西为横断山脉,中部为南北走向的安宁河谷。县境托乌山、北牦牛山等背靠大渡河,地势高耸、雪峰环绕,成为境内最大河流安宁河的发源地。安宁河自北而来,缓缓向南流经该县中部狭长的谷地,最终注入金沙江。(见图 1)县境中部河谷自然条件优越,自古便是适合人群定居和农业生产的区域。据

图 1　冕宁县地理位置示意

---

　　① 参见冕宁县地方志编纂委员会编:《冕宁县志》,西南交通大学出版社 2009 年版,第 1 页。

县城南郊三分屯出土的石器、陶片可知,早在漫长的石器时代就已有人类在此生息繁衍。河谷城厢镇(今属高阳街道)、宏模乡(今为宏模镇)大石墓出土的铜器等,说明县境河谷地区在战国晚期已有较大的部落群,并已部分进入农耕社会。西汉元鼎五年(前112),亲历其地的司马迁记载:"耕田,有邑聚","或土著,或随畜迁徙"。这说明在汉代时这一地区农牧业比较发达。①

由于人口和生产的发展,这一区域也成为历代政权设置行政单位的对象。西汉元鼎六年(前111),汉武帝设越嶲郡以经营"西南夷",下辖15县,其中笮秦、台登两县便分别包括县境北部和南部地区。三国蜀汉时期,诸葛亮南征后,将笮秦并入台登。此后至隋代近四百年时间内,台登县治与辖地基本未变。唐代,吐蕃、南诏势力兴起,包括该县在内的大渡河地区成为三者反复争夺、统治的区域。唐懿宗六年(865)后,包括县境在内的大渡河以南地区最终为南诏所据。② 吐蕃、南诏对当地的争夺和经营,使县境少数民族成为其主要人口,尤其是南诏向这一地区移民,"徙乌、白二部实之",更加速了当地少数民族人口的发展。宋代,大理国接替南诏继续占有大渡河以南地区。元朝,县境北部设苏州,南部为泸沽县。"苏州,吐蕃、罗罗杂居。"③可见在宋元时期,县境主要为藏、彝等少数民族,

---

① 参见冕宁县地方志编纂委员会编:《冕宁县志》,西南交通大学出版社2009年版,第12页。

② 参见冕宁县地方志编纂委员会编:《冕宁县志》,西南交通大学出版社2009年版,第13页。

③ (元)刘应李原编,(元)詹友谅改编,郭声波整理:《大元混一方舆胜览》,四川大学出版社2003年版,第461页。

汉人很少。

从明初开始,当地汉民稀少的情况有了较大变化。洪武十五年(1382),明朝征服云南后,在县境设土官管埋藏、彝等少数民族。洪武十六年(1383),明朝调集大量汉族军队,设置卫所,使当地族群结构发生巨变。洪武二十五年(1392),为镇压土官月鲁帖木儿叛乱,大量汉族军队又入驻县境。至洪武二十九年(1396),安宁河流域共设六卫八所,计官兵五万八千名,除部分是少数民族外,绝大部分是汉族官兵。其中,宁番一卫便建有八所九十二屯,分布在安宁河两岸,大致以今复兴镇、宏模乡为中心,南至漫水湾镇,北至大桥镇。明朝为保持这些汉族军事移民的文化认同,设置卫学以推行教化;地方官亦积极践行"昭人文,化夷俗"的政治理想。因此,大量汉民入居当地后,仍然得以保持汉人的身份认同,并延续传统的文化习俗。可以说,冕宁部分汉族"七月半"节俗最先就是通过明初外省汉族军事移民带入的,然后经过官府教育的强化和一代一代人的传承而延续至今。尽管如此,冕宁县汉族"七月半"节俗也并非完全是由明代军事移民所带入的传统,清代汉族移民及其后裔也是这一节俗的带入者和传承者。

受明清更替过程中战乱的影响,清初四川人口锐减、土地荒芜,冕宁也因此成为清初移民后裔入川的落脚地之一。嘉庆年间,冕宁等地移民达到高潮,人口急剧增长:"宁远府属夷地,多募汉人充佃。自教匪之乱,川民避入者增至数十万人,争端渐起。"①由于安宁河谷两岸屯堡至清中叶发展已渐趋饱和,因此新移民在此落脚比较困难,故纷纷转向安宁河支流延伸的

---

① 《清史稿》卷三五八《常明传》,中华书局 1977 年版,第 11347 页。

少数民族聚居地区发展。就冕宁来说，在安宁河支流虚郎河（今沙坝河）流域（清代大部分属于虚郎土司管辖）形成以沙坝为中心的新移民聚居区，包括广东、福建（其中大多为客家人）、湖广、贵州、江西和云南移民等。至今，当地还存在许多以移民原籍命名的地名，如江西沟、湖广沟、老云南沟、新云南沟等。①

经过明清两朝的移民开发，冕宁的汉人数量逐渐增多，过"七月半"的传统也随之形成。咸丰七年（1857）编纂的《冕宁县志》记载："七月十五日，盂兰会。"②至民国时期，冕宁汉族仍然延续了过"七月半"的习俗："七月十五日，盂兰会。民间称'中元节'、'中元胜会'，俗称'七月半'。沿佛教每年夏历七月十五日追荐祖先而举行，除施斋供僧外，寺院举行诵经法会，做水陆道场，礼佛拜忏，追荐亡灵，时间长，规模大。供品以饮食为主，超度水陆一切鬼魂，普济六道四生。故民间的七月半接老人、烧楮子、偿孤（孤魂野鬼）之俗相沿于今。"③中华人民共和国成立后至今，冕宁汉族仍然每年都过"七月半"，而且还举行隆重的仪式。"七月半"成为除春节外，当地最重要的节日。

①　参见冕宁县沙坝文化遗产编委会编：《沙坝》第一集，2010年，第48—50页。
②　咸丰《冕宁县志》卷九《风俗志》，清咸丰七年（1857）刻本。
③　古荣华：《解放前冕宁民间信仰风情片断实录》，中国人民政治协商会议冕宁县委员会文史资料研究委员会编：《冕宁文史资料选辑》第3辑，1989年，第44页。

二、"上界人"的"七月半"

以明代汉族军户为主体的"上界人"主要分布在今天冕宁县漫水湾镇以北,大桥镇以南,以宏模镇、复兴镇为中心的安宁河干流两岸。(见图2)我们主要以宏模镇文家屯村为重点调查对象,结合城厢镇(今属高阳街道)三分屯村、菩萨渡村等来叙述他们的"七月半"习俗。

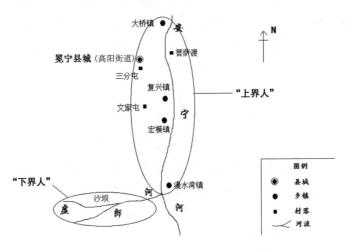

图 2　"上界人""下界人"地理分布示意

(一)"上界人"对"七月半"的历史记忆

据冕宁城厢镇(今属高阳街道)李家堡子李平国回忆,1949 年前的万圣宫,到每年的阴历七月十四就开始设立道场,念起经来,为死去的人超度亡魂。十五那一天,城里面的信善们(即善男信女)纷纷前来帮忙。万盛宫会煮很多的稀饭,做完道场后,大家帮忙挑的挑、背的背,到河沟里面倒掉,以祭奠和超度那些死去的人。同时,还要封很多的包,背到城墙脚下集中焚烧。由于超度的是那些没有子女的孤魂野鬼,所以包上面不写姓名。县城里面的禹王宫、黄金堂也是如此,请道士们前来超度。他还记得以前禹王宫里悬挂有一支笔,下面是写字的沙斗,此外还有一把做法的宝剑。1949 年后,这些庙宇大部分被破坏掉,先是改建成了学校,禹王宫的"罗地"(所在地的意思)成了冕宁二中,后来变为粮站仓库用地,最后又成为机关的建筑用地,庙宇早已不存。① 祠堂命运也是如此,冕宁县三分屯有两支陈姓,其族谱记载他们均为明朝军户后裔。据陈荣槐说,他们在 1949 年前皆有祠堂,其中一支陈姓的祠堂在1949 年后被集体征用,改建成炸药厂库房,结果 20 世纪 70 年代发生爆炸,祠堂仅剩下半截。另一支陈姓的祠堂位于县城南街,堂号为"五显祠",在"文化大革命"期间被全部抄掉(即"拆掉"的意思)。附近其他寺庙也是如此,能完整保留下来的极少,现存的一些庙宇大部分都是近几年才开始修复的。② 因此,冕宁民间于"七月半"在寺庙设水陆道场、超度鬼魂的活动已经很难见到。

尽管"七月半"期间,冕宁各庙宇设立道场以超度孤魂野鬼的习俗没能延续下来,但各家各户祭祀祖先的习俗却保持得

---

① 访谈对象:李平国;访谈人:龙圣;访谈时间:2012 年 8 月 3 日;访谈地点:冕宁县城厢镇李家堡子李平国家中。

② 访谈对象:陈荣槐;访谈人:龙圣;访谈时间:2012 年 8 月 3 日;访谈地点:冕宁县城厢镇三分屯村陈荣槐家中。

相对完整。冕宁人把已逝先祖的灵魂尊称为"老人",各家各户每年"七月半"接老人、献祭、烧包、送老人等习俗一直延续至今,不论乡村还是县城,都能见到这一习俗。普通老百姓因"盂"字与"孟"字相像,常常将七月十五开"盂兰大会"说成"孟兰大会"。关于"盂兰大会",当地广泛流传着这样一种说法:人死了以后会变成没有形的灵魂,四处游荡,也有的说人死了会被关起来,但不论怎样,这些鬼魂都要想办法去投胎转世。要达到这一目的就得去参加七月十五的"盂兰大会",因为阎王爷要在"盂兰大会"上发"界纸"(即转世投胎和顺利通过阴阳两界的通关凭证),有了这张"界纸",老人们就可以顺利地通过阴间的关隘进入阳间,得以转世为人。因此,老人们为了得到性命攸关的"界纸",就要从阴间各地赶赴会场,在七月初十至十三这几天途经生前居住的地方并将之作为打尖歇脚的驿站,享用自己儿孙的香火及福物,并接受他们为自己筹集的盘缠(即"包"或上文所谓的"楮子"),这就是"七月半"的来历。绝大多数冕宁"上界人"认为,烧包只能在七月十三举行,否则老人们哪怕领不到儿孙们为之筹集的"包"(即盘缠)都要匆匆赶赴"盂兰大会"去抢"界纸"。烧包迟了,会误了老人们赴会的行程,耽搁老人们抢"界纸"的宝贵契机。如果抢不到"界纸",老人们永远都不能投胎转世,只能继续留在阴间,成为飘荡的游魂,儿孙们也会因此背上"不孝"的骂名。[1]

另外,菩萨渡村的邓天亮说,七月十五阎王爷召开盂兰大会,死去的人都要去参加,不管有罪的还是没罪的都要做个了

---

[1]　访谈对象:邓显芳;访谈人:龙圣;访谈时间:2012 年 8 月 5 日;访谈地点:冕宁县宏模乡文家屯村邓显芳家中。

断，以此来决定转世投胎到底做什么。有的下辈子继续做人，有的则做牛做马，等等。① 文家屯邓显芳则说，"孟兰大会"是从目连救母故事那里来的，具体什么原因自己也不清楚。② 可见，"上界人"对于"七月半"的记忆和理解是多元化的，有些甚至是很模糊的。尽管如此，他们大都将这一举动与纪念老人这一核心的观念联系在一起，认为这是孝敬老人的一种重要表现。正因为赶"孟兰大会"路途遥远，死去的祖先在中途经过自己家乡时会停下来歇歇脚，同时希望从子孙后代那里获得一些赶路的"盘缠"，所以，冕宁"上界人"每年在阴历七月十五之前的几天时间，要虔诚地将经过家门的祖先迎到家中，献上美酒佳肴，最后以烧包的形式给祖先补充继续赶路的钱。"上界人"认为这是一个很重要的活动，觉得人死后成为没有形影、无所依靠、随风飘荡的阴气是件可悲可怕的事情，谁都不希望自己的祖先变成这样。所以，他们认为每年举行这样的活动以帮助祖先转世为人是自己应尽的义务，同时也是对祖先的一种纪念和缅怀。尽管祖先有可能早已投胎转世，但他们依然每年都举行相同的仪式。当地经常有这样的说法，谁要是在"七月半"烧包后的晚上梦到捡钱，那就表示此人虽已经投胎转世为人，但他上辈子的子孙依然在"七月半"给他烧去赶"孟兰大会"的钱，因为已经转世为人而不能受用阴间之物，所以这一举动只能在他的梦境中得以显现。在其他人看来，做梦的这个人一定是后继有人、子孙兴旺发达，而且很孝顺，所以才来"顶

---

① 访谈对象：邓天亮；访谈人：龙圣；访谈时间：2012 年 8 月 3 日；访谈地点：冕宁县进修学校邓天亮家中。

② 访谈对象：邓显芳；访谈人：龙圣；访谈时间：2012 年 8 月 5 日；访谈地点：冕宁县宏模乡文家屯村邓显芳家中。

敬"(祭祀的意思)他。① 可见,"上界人"知道祖先有可能已经转世而不再需要自己的帮助,但他们依然把这一仪式当成生活中的一种习惯,代代相传,并通过传说来宣扬这一举动所体现的孝道观念。冕宁"上界人"最重春、秋二祭(春祭指春节祭祀和清明上坟;秋祭就是指"七月半"祭祀祖先),就图个子孙满堂,有人继承香火且香火鼎盛,总希望春、秋二祭有后人"顶敬"。所以,"七月半"对他们来说是很重要的节日,为一代一代人所传承。"上界人"中流传着一个谚语:"一年有个七月半,前辈人做给后辈人看。"②这反映出他们希望这种孝道精神能薪火相传的一种美好愿望。反之,那些不举行这些活动的家庭则会普遍遭到人们的指责,说他们家人都已死光了,连继承香火的都没有了,所以"七月半"才无人"顶敬"。正是这样一种习惯和孝道思想的约束,使得上界人的"七月半"习俗能够保持至今。

（二）上界人"七月半"的仪式程序

1. 接老人

阴历七月初十那天,"上界人"认为过世的祖先会在前往"孟兰大会"的路上回到家中歇脚,因此他们也在这一天接老人回家。初十傍晚,天色将黑,各家各户便开始迎接老人。

（1）准备工作

接老人之前,首先要在菩萨楼里点香,作为迎接老人回家

---

① 访谈对象:陈云庚;访谈人:龙圣;访谈时间:2012 年 8 月 2 日;访谈地点:西昌市金洋宾馆。

② 访谈对象:陈兆明;访谈人:龙圣;访谈时间:2012 年 8 月 3 日;访谈地点:冕宁县李家堡子陈兆明家中。

后休息的地方。菩萨楼位于"上界人"堂屋正上方的二层阁楼上，供有天地神位、家神菩萨和历代祖先的牌位。以文家屯邓宗增家为例，菩萨楼靠门的那扇屋顶开有一个小斜天窗，阳光可以通过天窗照到楼板上面，在天窗的下方设有香炉，是祭天的地方。天窗对着的那一面墙的正中间设有神龛。其神龛由一张红纸书写而成，正中间写有"天地君亲师位"六字，右边从上到下依次为上三教神（孔圣先师文皇上帝、释迦教主摩尼文佛、太上老君道德天尊）、中三教神（真武祖师玄天上帝、南海岸上观音大士、七曲文昌宏仁大帝）、下三教神（三元三品三官大帝、关圣帝君伏魔大帝、牛马王二位尊神）。左边神明包括总圣会上、川主、土主、药王、三圣、杨泗将军、福禄财神、和合二仙、利市仙官、捧愿仙官、许愿仙官、了愿仙官、日月二宫、皇皇上帝、通天二都府、五显华光、明王大帝部下统领各兵马等。神龛上边为"神恩永佑"四个字，两边对联为：瓶插长安千岁柏，炉添永寿万年椿。神龛前有一张常设的供桌，下面靠墙的地方则是供奉土地和灶王的地方，分别用两张红纸写成。土地神位中间为本宅供奉长生土地、瑞庆夫人。上边为"进宝堂"三个字，两边对联为：土中生白玉，地内出白金。灶王神位中间为：本音东厨司灶王府君、火煌夫人。上边为"奏善堂"三个字，两边对联是：上天呈善事，下地降吉祥。神龛的左面是供奉家神的地方，邓氏供奉的是洪毛国公，又叫作七蛇大将。传说七蛇大将生前是一位长相俊美、武功超群且忠君爱国的青年将军。他所在国家由于国势相对较弱而被迫将太子送交敌国为质，以避免国家覆亡。若干年后，国势稍振，不料老国君却因病而死，无人继承王位的国家处在危亡之中。为从敌国救出太子以继承国君之位，七蛇大将扮成女人混入敌国并设法救出了太子。

在回国途中,为引开敌国的追兵,他又扮成太子的样子,一直把敌人引到一个深不见底的悬崖边上,最后力战身亡。敌人在发现他不是太子后气急败坏,便将其尸体抛向深渊。由于他拖住了追兵,太子最终得以顺利回国,当上了国君。通过多年励精图治,国家变得强盛起来,国君又想起了那位舍身救己的将军,便派人一路去寻找。最后,人们在悬崖中间发现了将军的尸体,原来其尸体并没有坠落至谷底,而是在远离谷底的崖壁半空被七条大蛇结成的网给兜住了,而且其依然面色如生。国君为感谢这位英勇的将军,便封其为洪毛国公。邓家人为了宣扬这种忠君爱国的精神,就把他供奉为自己的家神。① 神龛的右边供奉的是邓氏历代祖先牌位。牌位不能与神龛、家神并列,只能侧身于神龛的左侧。以上便是菩萨楼的基本布局,由此形成一个隐蔽的祭祀空间。

菩萨楼是冕宁"上界人"特有的一种祭祀空间,以前作为菩萨楼的老宅子具有上下两层结构,上层中间就是菩萨楼。因为迁拆、倒塌等问题,现在有菩萨楼的老宅子越来越少了。我们所调查的菩萨渡、文家屯中还可以看到周氏、王氏、邓氏有少量老宅子保存下来,比较珍贵。老宅子的菩萨楼是同宗共祖的几家人所共有的,接老人时一般先接在该处,此后再将属于自家的老人用香引领回各家新修的房子以及房中所设的菩萨楼上。此外,家神等在以前也并非用红纸写成,要么塑的有雕像,要么挂的有绘像,但今天已很少能看到,大部分"上界人"菩萨楼供奉的神位都改成了用红纸书写,甚至是城里的一些"上界

① 访谈对象:陈云庚;访谈人:龙圣;访谈时间:2012 年 8 月 2 日;访谈地点:西昌市金洋宾馆。

人"家里已经不再设神龛了，但乡村设菩萨楼的情况依然较为普遍。如果家里设有菩萨楼的话，在接老人之前，必须在神龛、祖先牌位、家神前面点上一支香。有些比较讲究的人家，还要在神龛的供桌上摆放好糕点、果品、茶水、香烟等献祭之物。供祖先享用的水果也有讲究，一般可以摆上桃子、苹果、香蕉、葡萄等，而不摆上梨，因为"梨"与"离"同音，含有生死相隔之义，在这种祭祀先人的场合下容易引起伤感的情绪，所以比较忌讳。

其次，要提前在厨房里摆供，以便接老人回家后享用。供桌上摆上蜡烛、水果、点心等。例如 2013 年，文家屯邓显芳家在接老人前就在厨房摆了一张供桌，桌上有一对红蜡烛，三个酒杯，一盘花生米、一盘桃子、一盘苹果、一个大拼盘（包括饼干、蛋糕、枣子、糖）。此外，还有一个装满玉米的小杯子，用来插香。此时，因为还没接回老人，供桌上只点蜡烛，并没有燃香。供桌四边放有四张条凳（长凳子），每张上面都铺有黄纸钱。据说以前摆供在菩萨楼进行，而现在大多数家庭嫌在楼上摆供不方便，就改在厨房里进行。

在菩萨楼点香以及在厨房摆供完成后，主人家从菩萨楼上点燃一把香，带上两支红蜡烛，便开始出门迎接老人回家。

（2）接老人的步骤

首先，主人家在菩萨楼上将香纸点燃，拿到大门外稍远的地方，接着开始插香，做法是隔几步插一根香，一直插到院子大门的外面。香与香之间的距离根据手上所持香的数量调整，或疏或密，情形不等，但不论怎样，都只插一路香，直到大门外面止。到了大门的跟前，再插上一对点燃的红蜡烛，同时烧点纸钱。此时大门敞开，烟雾从门外面飘进院内，同时主人家在口中念道:"列祖列宗些,七月半,请你们回家哈。"这样就表示老人被请进家中了。为什么要插香、点烛,烧纸钱,喊老人回家呢?老百姓的解释是,香火是沟通阳间与阴间之物,可以引导老人找到回家的路。而烧纸钱是因为老人需要坐车或者坐轿子回家,到家门口之后,子孙要主动去付车马费,以表示对老人的尊敬。此外,因为每家每户大门都贴有门神,所以鬼魂会被门神挡在大门外。只有通过家里人烧香引导、点烛照明并用声音呼唤,家中老人才能顺利通过门神这一关,而其他没人顶敬的孤魂野鬼则继续被挡在门外。所以,各家各户都需要做这样一套仪式,才能顺顺利利地将老人迎接回家。"上界人"在接老人的时候,忌讳小孩子在巷子里耍玩。据说,小孩因没有成年、"天眼"还没关闭,可以看到鬼魂,所以家长害怕小孩在这天遇到老人回家,禁不住他们的"问候",导致小孩头疼、肚子疼等毛病。一旦出现这种情况,家长便要多烧些纸钱给老人,同时口中念念有词:"是哪个老人问候了我家小孩,您老人家是好意,就是您的儿孙承受不起,怕折了他,请您老人家饶了他吧。"另外,"上界人"认为小孩子在巷子里玩耍和吵闹会惊扰老人,是对他们的不敬,所以接老人的时候,家长们一般都看好孩子,不让其在巷子里玩耍。

其次,主人家用剩余的香把老人引进院子,然后再引到堂屋上面的菩萨楼中。上楼后,主人先在菩萨楼的天窗前叩拜,并将一支香插在天窗下的香炉里,然后转身到神龛前叩拜,插上一支香。接下来再到土地、家神、祖先牌位前叩拜,各插一支香,直到菩萨楼上所有摆放有香炉的地方都插上香。如此,老人便被接回家中了,祖先牌位就是其休息的地方。

最后,主人家还要将回家的老人从菩萨楼请到厨房里享用晚宴。具体方法是:主人在菩萨楼的祖先牌位前点燃一炷香,念道:"祖先些,路途遥远,大家辛苦了,请你们去厨房享用晚宴。"然后主人家持香前往厨房,并将香插在供桌上,表示祖先被子孙从菩萨楼请到了厨房。接着,主人开始往供桌上的酒杯中倒酒,口中念道:"祖先些,给大家升酒了,请享用。"经过三次升酒后,祖先再次被请回菩萨楼牌位中休息。是夜,整个菩萨楼香火不断,还要点上一盏清油灯,使得屋内彻夜灯火通明。如此,"上界人""七月半"第一天迎接老人的程序便结束了。

2. 献祭

接回老人后的十一到十三日,"上界人"各家各户每天都得举行献祭仪式。以前由于农村条件不好,农民每天只吃上午、下午两顿饭,所以每天也就献祭两次,上午大约在十点献祭一次,下午在五点左右献祭一次。现在生活条件有了较大改善,农村饮食习惯变成了一天三餐,因此献祭也变成了每天三次。据老年人说,"上界人"以前在菩萨楼献祭,而现在为了图方便,大部分人将献祭的地点改在了厨房。献祭时要摆上八仙桌,配四根条凳,并把长条状的黄纸钱铺在凳子上。以前在八仙桌底下要点上一盏灯(多为菜油灯),现在用灯盏的少了,便以一对红蜡烛代替,而且蜡烛往往就摆放在桌面上。点灯的目的据说是给老人在享用祭品时照明。"上界人"认为"阴比阳同",即阴间的人也像阳间的人那样生活,天黑的时候需要照明。但阴阳相反,阳间的白天就是阴间的晚上,阴间的白天就是阳间的晚上,所以阳间的人在白天敬献老人的时候恰恰是阴间的晚上,子孙担心老人因看不见而吃不到饭菜,于是就要点上一盏灯。根据阴阳相反的原则,这盏灯以前还得点在桌子下面。可见,"上界人"献祭点灯主要是为了给老人照明,因此每次献祭都必须点灯。除点灯外，八仙桌上面还要放一个升子，里面装满米，或者麦子，或者沙子等，人们把点燃的三支香插在升子里面。家中要是没有升子的话，用其他的物品替代亦可，如将萝卜、洋芋等切成四方形以替代升子，起到插香的作用。插好香以后，子孙要把饭菜、烟酒、果品等在桌上摆好。饭菜荤素皆可，一般会选择一些新鲜的蔬菜，如黄瓜、豆子、茄子、海椒等；荤菜则多用猪肉、鸡肉、鱼肉等，而一般不用牛羊肉献祭。冕宁"上界人"有一句谚语："说得好就牛肉都作得刀头，说得不好就猪肉都进不了庙门。"意思是，如果大家好说好商量，哪怕是事情出格一点都没啥要紧的；如果大家不讲道理，硬要横来，那就闹得鱼死网破都无所谓。这句话既反映出以军户为主体的"上界人"性格的刚烈，也反映出他们献祭时一般用猪肉而不用牛肉的习惯。上好酒菜后，桌上要摆放碗筷、杯子，以前各家多使用八仙桌，那么就按照八仙桌的八个方位，摆好八个杯子、八双筷子、八个碗。现在，各家多使用小方桌，按照东南西北四方向摆四个杯子、四双筷子、四个碗即可。

　　摆好各种物品后，接着便请祖先享用。先要说些请老人回来吃饭之类的话，比如，"祖宗些，我们已经备好酒饭，请各位老人家享用"。家里要是有族谱的，还要按照族谱的记载念出"老人"的名字来，把每一代的祖先都请上一遍。请完老人后，子孙在每个杯子里面"升"满酒，"升酒"的意思就是表示老人开始享用了。大约过两分钟，再"升"一次酒，反复"升"三次酒。三次过后，把酒奠掉（集中到一个碗当中），然后给老人用餐。用餐的程序和"升酒"相似，先在碗里盛点饭菜，盛点汤，在桌上摆十分钟，然后再添饭、添汤，如此反复三次，叫作"酒三巡、饭三巡"。"上界人"有种说法叫"酒过三巡，菜过五味"，意思是让老人吃好喝好。酒饭三巡过后，子孙便开始撤祭，先是将凳子上四台钱纸收起，接着将所有碗中的饭菜全部集中到一个碗里面，然后再夹点菜放入碗中，叫作"汤饭"。最后，子孙将汤饭拿到大门外倒掉，然后再点三炷香（每炷三支），烧些散钱。农村一般如此，而县城由于场地的限制也有所改变。例如，邓天亮说，他们单位院子里的住户在每次献祭完后并不马上去倒汤饭，因为城里不如农村宽敞，每次都在院子里倒汤饭就容易引起卫生问题。所以，各家先将汤饭集中起来，等最后一次献祭完毕后再统一拿到远处去倒掉。对于举行倒汤饭这一仪式的原因，"上界人"的解释是有些孤魂野鬼没有后人"顶敬"，他们在前往"孟兰大会"的路上得不到补给，便容易抢那些得到子孙补给的老人们的盘缠。所以，"上界人"也顺便给孤魂野鬼一些食物和香火享用，一方面是希望他们不要抢自家老人的东西，另一方面是觉得他们可怜，给他们些补给去参加"孟兰大会"。由于孤魂野鬼被门神挡在大门外，所以倒汤饭的仪式也只能在大门外进行。

　　"上界人"献祭之前，家里人都不能吃饭。献祭的东西必须要先敬老人，哪怕是家里最小、最疼爱的孩子也是如此。由于献祭需"酒三巡、饭三巡"，所以献祭时间至少要半个小时，长的甚至到一个小时左右。所以献祭的这几天，家里常常都是"寒食"，吃冷饭、冷菜。尽管如此，各家也没有什么怨言，反而以"寒食"表明自己祭奠的虔诚和对先人的思念。献祭时间在城乡之间也有些差异，因为献祭时间太长会影响到上班时间，而且也会让饥饿的小孩哭闹不止，影响到献祭，所以城里的"上界人"也作出了一些改变。比如，邓天亮家里准备了两张桌子，八仙桌放在厨房里面以献祭祖先，另外一张桌子则放在客厅供家人吃饭。献祭前做好两桌饭菜,一桌用于献祭,一桌家人食用,两者可以同时进行,以节约时间。

献祭时比较忌讳大声喧哗,害怕惊扰了祖先的灵魂,所以不准家里人大声说话。要是家中有"小人"(小孩子)哭闹,大人就要赶紧给老人们道歉:"哎呀,祖宗些,你们不要见怪,小孩子他不懂事,没有打扰你们吃饭吧。"在献祭时,除"升酒"、添饭外,任何人都不得站在供桌旁边,那样被认为是对祖先的一种不敬,会惊扰到他们吃饭,让他们感到不安,所以是很忌讳的。在献祭的几天里,最忌讳的事情就是说话带"鬼"字,比如说"害怕鬼""鬼找到你了""遇到鬼了""烂酒鬼"等都是不允许的。因为祖先就是"鬼",说话带"鬼"字是对祖先的一种冒犯和不敬,他们会伤心难过。因此,这几天无论如何都不能说"鬼"字,如果有"小人"无意说了,大人得赶紧郑重地赔罪。① 以前,献祭期间忌洗衣服、擦洗锅灶,因怕老人们喝到洗衣服和擦洗锅灶的脏水,现在这种禁忌大为松动,很多家庭已不再顾忌,照常洗衣、擦灶。②

白天献祭完毕,晚上就不再像白天"酒饭三巡"那样献祭,但在菩萨楼的供桌上要摆好糖食果品、烟酒茶水供祖先享用。意思是白天请老人们到厨房享用正餐,晚上老人们要归位,即住在菩萨楼上的灵牌里面,所以要在楼上摆设些零食供其享用。同时,菩萨楼上香、蜡不断,彻夜灯火通明。在献祭的十一、十二、十三的三天里,白天、晚上都按照上述方法反复献祭,

---

① 访谈对象:陈云庚;访谈人:龙圣;访谈时间:2012 年 8 月 2 日;访谈地点:西昌市金洋宾馆。

② 访谈对象:邓显芳;访谈人:龙圣;访谈时间:2012 年 8 月 5 日;访谈地点:冕宁县宏模乡文家屯村邓显芳家中。

不能间断。

3. 送老人

按照"上界人"的习俗,阴历七月十一、十二、十三献祭,十三的傍晚要送老人去赶"孟兰大会"。由于路途遥远,同时也因为对老人的眷恋,各家都要给老人送上赶路的干粮和路费。在十三下午最后一顿献祭完毕后,就要开始给老人准备路上"打尖"(即充饥的意思)的食物,叫作"攒伴儿",也就是路上带的便饭。"攒伴儿"一般选择新鲜蔬菜制作,如将辣椒挨个煎熟,再配上米饭,作为路上充饥的食物。除辣椒外,阴历七月刚好是冕宁玉米等作物成熟的季节,老百姓也常用煮熟的玉米、茄子、豇豆、豆角充当"攒伴儿"。有意思的是,作为"攒伴儿"的辣椒、玉米、茄子都必须是"带把儿"的(即带柄的),因为"带把儿"的食物便于老人赶路时随身携带。以前生活困难时,"攒伴儿"里可献供梨,现在好多家都不用"梨"了,"梨"谐音"离",怕老人们见了惨目伤心。在县城,"攒伴儿"也不一定非要用玉米棒子或者茄子,用其他贡品替代亦可,只要能让老人们在路上有食物充饥即可。准备好"攒伴儿"后,子孙口中念道:"祖宗些,你们这些天来到家里,想留住你们耍,但你们要去赶'孟兰大会',害怕耽搁你们的时间,那么你们今天吃了这一餐可能就要走了,我特意给你们准备了一些'攒伴儿',希望你们走的时候不要忘了把这些东西带上。"

十三的傍晚,待老人吃饱喝好并带上充饥的"攒伴儿"后,子孙还要给老人们烧包,即将包有纸钱的冥包等堆好后烧掉,其目的主要是给老人补充盘缠,以便他们继续去赶"孟兰大会"。烧包之前,首先要封包。子孙为表达对老人的眷念和体现孝道,封包数量往往较多,所以这一工作不会等到十三那天才去做。一般到了阴历七月初,县城、乡镇各个集市就已经在卖"七月半"祭祀的各种物品了,各家买来香蜡、纸钱、封纸等,便开始封包。传统社会中,冕宁民间不是用封纸来包纸钱,而是用布口袋,包好后再拿毛笔在布包上写上字。① 中华人民共和国成立后,冕宁人改用白纸封包,先从集市上买回大白纸,再裁剪成一张张正方形的小纸。纸张大小根据自己的需要决定,没有统一的标准。接下来便要用毛笔写包,通常的格式是:"今逢中元盛会化帛之期,孝××××具备冥钱(或者写冥袱)××××封,奉故××××老××××人正魂受用。关津渡口,即便放行。天运×××年××××月××××日火化。"②现在,商品种类丰富,市场上有规格统一、印好字样的封纸,无需再回去裁剪,只要按格式填写即可。这种封纸颜色纯白,长 425 毫米、宽300 毫米,相当于 A3 纸大小,格式被统一为:"今逢中元化帛之期,孝××××虔备冥钱第××××封奉上,故××××老××××人,正魂收用。关津渡口、把隘去处,勿得阻滞,即便放行。天运×××年×××月××××日火化。"另有一种封纸的固定字样与前者大部分相同,但少了"中元"二字。而封纸填写的具体内容则根据烧包的对象有所不同,可以分为主包、客包、地盘业主包、引路包四种。

(1)主包

主包主要是指烧给族亲的冥包,需要按照写包人与收包人的关系来填写封纸上面空白称谓的部分。例如,写给自己父亲

① 访谈对象:陈荣槐;访谈人:龙圣;访谈时间:2012 年 8 月 3 日;访谈地点:冕宁县城厢镇三分屯村陈荣槐家中。

② 陈云庚回忆他自小时候跟祖父邓宗华(1911—1989)学习写包起,就一直是按照这一格式书写。

的,就写孝(男某某某)虔备冥钱第(××××)封奉上,故(严考某某某)老(大)人,正魂收用。如果收用人是自己的母亲,就写孝(男某某某)虔备冥钱第(××××)封奉上,故(慈妣某某某)老(孺)人,正魂收用。从接收者性别上来说,男性写"老大人",女性写"老孺人"。具体称谓部分,按照对方与自己的关系来书写,向上一般写四代:高祖考、曾祖考、祖考、显考(严考),自己的称谓则有玄孙、曾孙、孙、子,写满上下九代则止。有的人家知识丰富一些,或者家里传统多一点,还依次往上写天祖考、烈祖考、太祖考、远祖考、鼻祖考;相应的称呼有来孙、晜孙、仍孙、云孙、耳孙,写满上下十八代。称谓之后紧接着写收用者的具体名字,男性写姓名,女性只写姓。这点跟旧时的传统观念有关,传统社会男尊女卑,同时也忌讳直呼女性姓名,因此称女性某某氏,如张黄氏、邓李氏等。各姓族谱收入女性祖先,也只有姓,没有名。所以,民间在给女性写包时也遵循了这一原则。最后,封纸日期部分则按照干支纪年法填写,如2012年是农历庚辰年,那么就填写:天运庚辰年七月十三日火化。封纸的数字部分,如果正面写的是"第一封",那么包的背面也写上"第一封",以此类推。冥包上面固定的四句套话"关津渡口、把隘去处,勿得阻滞,即便放行",意思是冥包运到阴间各个中转站,请不要克扣,赶紧将此包转交给收包人受用。关于写包,"上界人"认为这是很重要的一件事情。首先,如果冥包不写名字,烧过去后,那些没人祭奠的孤魂野鬼就会来争着捡钱,老人便难以得到子孙的敬献。而一旦子孙在冥包上写了老人的名字,那就只有他本人才能收到。但这也不保险,因为同名同姓的人很多,如果再在冥包上写上子孙的姓名,那就更加准确无误了。所以,包上一定要写清楚老人和子孙的姓名,这样老人才能快速、准确地收到赶路的"盘缠"。其次,写包也是为了让子孙记住祖先的一种好办法。老人过世以后,子孙与祖先就疏远了,时间一长(尤其是隔了几代人后),祖先的名字可能都被忘得一干二净了。而写包则必须要知道老人的名字,如果要献祭的老人太多,子孙就得去查阅族谱或者《瓜瓞图》。一般人家中也都会有一张"亡名单"或者"火单",简单记有已故长辈的姓名。如果家中什么资料都没有,则需要完全靠子孙记忆老人姓名并代代相传,通过每年一度的反反复复的生活实践来强化子孙对祖先的记忆,不至于让老人因年代久远而被后人遗忘。[1]

　　写好封纸后就开始封包,封包用的纸钱在不同时代亦有所不同。据陈荣槐回忆,中华人民共和国成立以前,老百姓使用黄色的纸钱,由于色黄且质地粗糙,俗称"黄草纸",呈正方形,长、宽约15厘米,纸上打有"(◆)"形状的孔。每张纸上打三列,每列有6到8个孔。孔向下凹陷的一面为正面,突出的一面为反面。富裕和讲究一点的人家除使用"黄草纸"外,还使用"金银纸",即用金箔纸、锡箔纸折成金元宝、银锭子的形状,然后封入布袋子中,焚烧给老人,意即给老人金银财宝享用。[2]中华人民共和国成立以后,"黄草纸"一直使用到现在,但形状发生了较大变化,由正方形变成了长方形,长约60厘米、宽约15厘米,相当于将原来四张"黄草纸"拼接成现在的一张纸钱。对于这一变化,三分屯陈兆齐认为,现在的纸钱就像一个长长

---

　　① 访谈对象:邓天亮;访谈人:龙圣;访谈时间:2012 年 8 月 3 日;访谈地点:冕宁县进修学校邓天亮家中。

　　② 访谈对象:陈荣槐;访谈人:龙圣;访谈时间:2012 年 8 月 3 日;访谈地点:冕宁县城厢镇三分屯村陈荣槐家中。

的盘子，"（◆）"状的孔就代表过去使用的铜钱。由于纸钱的长度变长了，每列铜钱的数量也就相应多了起来，变成了长长的一串。所以，现在的纸钱就像一个装满三串铜钱的盘子一样，老人们收到后会更加欢喜。① 由于现在的纸钱较长，所以封包的时候必须将纸钱对折四次，即折成以前"黄纸钱"大小的正方形，然后用封纸封起来，形成一个个白色正方形的冥包。具体每一张封纸封几张纸钱，并没有固定的说法，封多封少完全由子孙自己来决定。除了黄纸钱外，也有的在包里封上几张印刷精美的冥币。封好后的包，形状为正方形，往往垒成一摞。如此，冥包便做好了。

　　除族亲外，有些人家把烧给关系非常亲密的家仆的包也算作主包。明清时期，冕宁等安宁河一带的汉族在历史上收养家仆的情况较为普遍，清代档案对此有较多的记载。家仆与主人之间具有人身依附关系，但家仆不像奴隶那样可以随意杀害。有些家仆忠心耿耿，不仅与主人关系很亲密，而且家仆跟主人姓，因此主人家后代也在"七月半"给家仆烧包，并将其算作主包。例如，冕宁文家屯邓显芳家便每年给家仆邓应才烧包。据邓显芳回忆，在她的曾祖父邓文元时，有一对父女到邓家做长工，父亲死后，女儿死心不嫁，称："我父为奴，我也为奴。我若结婚，子孙世代为奴。实在没意思。"于是，她改名为"邓应才"，终身未嫁，一辈子伺候邓显芳的曾祖父邓文元和祖父邓学洮、学沛、学深、学渊以及父亲邓宗华三代人，约于20世纪初离世，享年80来岁。邓应才身材高大，体力过人，忠实诚恳，任

---

① 访谈对象：陈兆齐；访谈人：龙圣；访谈时间：2012年8月3日；访谈地点：冕宁县城厢镇三分屯村陈荣槐家中。

劳任怨,有一绰号叫作"二木头",邓显芳的父辈称其为"二哥"。在世时,邓应才以女子之身上山砍柴,下田使牛耕地,勤劳胜于男子。邓应才去世时,邓家为其准备衣衾棺椁,葬于邓氏祖坟山。因为邓应才一直没有嫁人、没有子孙顶敬香火,邓家子孙出于感恩便在每年"七月半"的时候都给她烧包。这一习俗从邓宗华时便已形成,作为小主子的他年纪比邓应才小,但是在写包的时候还是很注重主仆身份,因此烧包人写"主人邓宗华",收包人写"故仆人邓应才收用"。中华人民共和国成立后确立了人人平等的思想,因此到邓显芳这一辈的时候,这种主仆关系已经不再刻意强调,而是把邓应才当作家中老人看待了,邓云芬以"侄女"身份为其烧包,称呼为"故姑妣邓应才老孺人正魂收用",并且把给邓应才的冥包算作主包,与烧给族亲的其他主包一起烧掉。①

（2）客包

给族亲以外具有亲戚或拟亲戚关系的老人所烧的包,叫作客包。客包主要有三种情况:第一种是烧给姻亲的包,如岳父、岳母、舅公、舅舅等。在写包的时候,根据收包人和写包人的关系,选择相应的称谓填入空格当中即可。② 第二种是居住在附近但同姓不同宗的,包上不写名字,只在烧的时候唤其姓名领受。③ 第三种是上门入赘之人及其后代给入赘之前的列祖列

---

① 访谈对象:邓显芳;访谈人:龙圣;访谈时间:2012 年 8 月 5 日;访谈地点:冕宁县宏模乡文家屯村邓显芳家中。

② 访谈对象:邓宗增;访谈人:龙圣;访谈时间:2012 年 8 月 5 日;访谈地点:冕宁县宏模乡文家屯村邓宗增家中。

③ 访谈对象:邓宗增;访谈人:龙圣;访谈时间:2012 年 8 月 5 日;访谈地点:冕宁县宏模乡文家屯村邓宗增家中。

宗烧包。① 这种情况根据自己与祖先的关系来选择称谓，但写包人必须写入赘前的姓名，如果已经是入赘的好几代人，子孙没有原姓名，则用原姓加上现在的名即可。客包在冕宁"上界人"当中是比较流行的，尤其是后面两种情况，这与其历史传统有着密切的关系。

　　客包的第二种情形是烧给同姓不同宗的亲属，这与冕宁"上界人"联宗合祠的习俗密切相关。历史上，冕宁同姓联宗的情况比较普遍。比如，城南三分屯陈氏与铺下陈氏均为明代军户后裔，据三分屯《陈氏族谱》记载："祖籍世居南京应天府胎州县老鸭塘猪市巷人氏，因元祚寝衰，群雄肆起，明太祖火光烛天，红绫浮水，应运而兴，力扫群雄，布衣而成天子之统，国号洪武，尔时安土重迁，谁堪离乡去国，无如人生而有地，食养有方。洪武以南京人满土满，设法充军补镇斯土，人之英敏有爵者发此而抚治之，人之善良为民者发此以补役之，是以余之始祖陈公讳禄，妣廖、卢、马氏，其祖一人于洪武年间奉命来至川南，住创松林。"②从始祖陈禄开始，世袭指挥。铺下陈氏原籍南京凤阳府定远县，于明永乐年间来到宁番卫。此外，还有其他陈姓也自称为明代军户后裔。有材料表明，冕宁陈姓在民国年间就有过一次通谱合祠的举动。原因是民国年间，隔壁的越嶲县中一位陈姓族人当了冕宁县的县官，便提议冕宁各陈姓联宗合祠。此举最终成行，各支陈姓在县城里面建起了总祠，将各陈姓族人户口统一造册入祠管理，并规定合祠后各陈姓之间

---

① 访谈对象：陈云庚；访谈人：龙圣；访谈时间：2012 年 8 月 2 日；访谈地点：西昌市金洋宾馆。

② 民国《陈氏族谱》，手抄本。

不得互通婚姻等。① 正因为有联宗的举动,所以在"七月半"烧包的时候,也烧给原本同姓不宗的亲属,但这种拟血缘的关系在称谓上不好体现,所以干脆就不写,只是唤其姓名领受而已。

入赘之人及其后代给本家列祖列宗烧包是客包的第三种情形,这与冕宁历史上招赘婚俗盛行是分不开的。清代档案对这一婚俗的记载相当多。例如,冕宁胡仕礼生有一女,无人承接香火,便招赵邦英为上门女婿。赵邦英五岁入门,至康熙五十二年,胡仕礼将家业交付赵邦英,由其顶立门户,生养死葬,双方立有字据。赵邦英得到家产后不久,即欲归宗,被胡仕礼告到衙门。② 又如冕宁人朱秀有兄弟七人,由于家中男丁过多,父母无力为七人娶亲,便有兄弟朱彦入赘黄姓,承顶宗嗣。③ 又比如,康熙三十二年,冕宁县天王庙陈之祥过世,有遗孀武氏、孤儿陈友伯无人抚养。恰好云南人李忠才此时来到冕宁做生意,便被武氏招赘上门。④ 李忠才抚养陈友伯成年,并给他娶了媳妇黄氏,生有二子。雍正十一年,陈友伯因诬告他人被官府打了三十板子,结果两腿俱坏,变成了残废。⑤ 次年,有江西人陈九和来到冕宁县做生意,陈友伯因残废难以养活妻、子,于是招陈九和上门,并将黄氏嫁与他为妻。因陈友伯家族生员多、势力大,陈九和一开始很害怕,故推而不受。经陈友伯多次出面讨得家族同意,陈九和于当年十二月入赘到陈友伯

---

① 民国《冕宁县陈氏合祠启》,《陈氏族谱》,手抄本。
② 清代冕宁县衙门档案,档案号:1-14,冕宁县档案馆藏。
③ 清代冕宁县衙门档案,档案号:11-13,冕宁县档案馆藏。
④ 清代冕宁县衙门档案,档案号:29-19,冕宁县档案馆藏。
⑤ 清代冕宁县衙门档案,档案号:29-4,冕宁县档案馆藏。

家。① 可知,冕宁天王庙陈之祥、陈友伯父子两代人,都因不同的原因招赘他人上门。从上面的几个例子可知,招赘婚俗在冕宁是比较盛行的,而由此引发的纠纷案件也是层出不穷。乾隆元年十二月初七,知县陈方恺以招赘养夫伤风败俗、有干法纪为由加以严禁。

> 　　该卑职审看得冕宁乃新改县治,汉夷杂处,风俗未淳,而其旧习之最可鄙恶者,则有一种穷苦老病之属,难以营生,辄将生妻另招一人入室同居,名为招夫养夫。卑职莅任之初,当经大书告示,遍帖指陈伦理纲常,痛切严禁,以期以革,毋污圣治,然其先无以禁于未然,而已成之事,听人怂恿。有复借为油火,讹诈之端,无耻尤甚,此风愈不可长。②

　　由此可见,招赘婚俗在冕宁历史上是较为普遍的一种现象,尽管官府觉得这一习俗鄙陋可恨,欲加以禁止,但实际上却是屡禁不止。在知县陈方恺离任以后,当地招赘之风依旧盛行。正因冕宁历史上盛行招赘婚俗,所以入赘之人及其后代在"七月半"给本家列祖列宗烧客包的习俗也较为普遍,体现出入赘子孙及其后代对本家祖先的一种纪念。

　　(3)地盘业主包

　　在明清汉族大量移民冕宁以前,当地早有其他族群居住,而在"七月半"给这些人烧的包,便叫作"地盘业主包"。如前所述,在明代汉族军事移民大量到来以前,冕宁县境主要是藏、

---

① 清代冕宁县衙门档案,档案号:29-19,冕宁县档案馆藏。
② 清代冕宁县衙门档案,档案号:29-19,冕宁县档案馆藏。

彝少数民族居住,尤以藏族最多。汉族来到当地后,通过武力征服了居住在河谷地区的少数民族,才占据了资源丰富的地区。史料对此记载:"(洪武二十年)又令四川建昌卫附近田土,先尽军人,次与小旗、总旗、百户、千户、指挥屯种自给。其新立苏州、柏兴、会川、涪州等卫一体摽拨。"①可知,为保证军粮供给,明朝在西南设卫之初便鼓励卫军对周边土地进行强行占领,而苏州河谷地带正是西番人(今被识别为藏族)的聚居区:"宁番卫……自洪武初年,土酋怕兀他从月鲁帖木儿作乱,总兵徐凯奉檄征剿后,罢州治,废土官,改为指挥使司。遂将环居西番编为四图,责令办纳苏州驿铺陈、站马、廪给、差役,使之知向王化,而以四千户所钤束之。"②因此,西昌、冕宁汉族通常都把西番人视为这一地区最早的土著民族。民国《西昌县志》便这样记载:"西番亦夙经,倮夷称为山主。"③"山主"一词透露出"西番"在先、"倮夷"(今识别为彝族)在后的时间观念。直到现在,当地一些彝族居住的地方都还一直沿用藏名,同样

---

①　(明)王圻:《续文献通考》卷一四《田赋考》,明万历三十年(1602)松江府刻本。关于这一政策执行的时间,《大明会典》卷二二〇《工部·二十二》记为洪武四年(1371);王圻《续文献通考》卷五《田赋考》记为洪武六年(1373),而同书卷一四《田赋考》又记为洪武二十年(1387)。可见,各种记载相当混乱。由前可知,洪武四年建昌等地尚未归附,并无卫所;建昌卫之设在十五年(1382),而苏州卫之设在二十一年(1388),因此洪武四年、六年的记载应当有误。相比之下,洪武二十年的记载较为可信。王毓铨《明代的军屯》一文引用的便是洪武二十年的说法,但他没有注意到这条史料在各书中记载的不同。参见《王毓铨史论集》下册,中华书局2005年版,第994—995页。

②　(明)谭希思:《四川土夷考》,《四库全书存目丛书·史部》第255册,齐鲁书社1996年版,第470页。

③　民国《西昌县志》卷一二《夷族志》,民国三十一年(1942)铅印本。

反映出西番、倮倮先后占据当地的顺序，汉族定居当地更在其后。直到现在，冕宁"上界人"都认同藏族等比他们先到当地的事实，他们也知道自己祖先是通过征调才来到当地，而现在住的地方以前都是藏族等少数民族的地盘，其中还包括蒙古族。文家屯邓氏家族便有这样一个传说，他们的老祖公来到当地后，婆了个蒙古族俞氏老太婆，因此他们每年都还祭祀俞氏婆婆。附近汉族因此背地里称邓家人为"大耳朵蛮"，意思就是"戴大耳环的蒙古族"。以前邓家人最忌讳别人这么称呼，现在逐渐放开了。家族里面要是有族人吵了架，众人因为家族不和，便会指责双方说："你俩在干啥子，硬是蛮娘汉老子的嗦，硬是我们老祖公是蛮娘汉老子啊？"意思就是说，难道真的是因为有"蛮"的血统，非得用吵架这一野蛮的方式解决不可吗？据说，"文家屯"以前是文姓藏族的地盘，后来才被汉族占据，"文家屯"之名也因此而来。① 此外，冕宁城南三分屯附近以前是一大片坟场，其中有很多蒙古人的墓葬，当地叫作"鞑子坟"。中华人民共和国成立后，"鞑子坟"都被挖掉了。直到现在，那些曾经见过"鞑子坟"的中年人还告诉我们：这个地区以前就有蒙古人居住，后来被汉族占领了，成了现在汉族的堡子。② 可见直到今天，"上界人"的头脑中仍然清晰地记得当地有其他民族先来到这个地方，是此地的"地盘业主"，而自己的祖先则是从外边征调而来，打败他们后才占据了这片土地。由于当时战争激烈而残酷，死了不少人，另有很多人被迫迁走，

① 访谈对象：陈云庚；访谈人：龙圣；访谈时间：2012 年 8 月 2 日；访谈地点：西昌市金洋宾馆。

② 访谈对象：陈兆远；访谈人：龙圣；访谈时间：2012 年 8 月 3 日；访谈地点：冕宁县城厢镇三分屯村陈荣槐家中。

"上界人"的祖先也因此感到不安,所以在"七月半"烧包的时候也给地盘业主烧包,希望那些死于非命的亡魂能得到安抚,不要变成厉鬼来危害人间。

"上界人"给地盘业主烧包的另一个重要原因则与先来后到的秩序观念有关。中国人讲究先来后到之理,这一观念也渗透到人对阴间的想象当中。地盘业主是最先到达这个地方的人,因此他们对这片土地有所有权,而后来者只有使用权,且各种大小事务都必须先经地盘业主的处理。因此,不论在烧主包或客包的时候,都必须同时附上地盘业主包一起烧掉,原因是害怕地盘业主侵占主包或客包。以客包为例,比如,入赘之人及其后代给本家祖先烧包,因为客包不是在本家祖先居住的地盘之内,就只能让祖先到子孙现在所在地盘上来领取,所以就得贿赂当地的地盘业主。不然的话,地盘业主就会侵占子孙烧的客包,不论烧多少,地盘业主都通通收了去,本家祖先就丝毫也得不到。因此,如果甲地祖先到乙地来领取盘缠的话,就必须先买通当地的地盘业主,祖先才能如数领到"盘缠"。"上界人"解释说,中国是个人情社会,这一点在阴间与阳间都一样,都讲究人情世故。就像四川的袍哥、舵爷划分有势力范围一样,每个地方都如此,超过这个势力范围就得打点打点,否则啥事也通不过。阴间也是如此,祖先也有自己的势力范围,超越了他的势力范围,他也无能为力。因此,子孙需要出面为其打点,他才能收到盘缠。这在当地就叫作"阴比阳同",意思是阴间与阳间的情况类似,具有相同的社会心理。

烧给地盘业主的包也需要写包,但填写的部分与主包、客包不同。据陈荣槐回忆,旧社会地盘业主包是这样写的:因为地盘业主到达当地的时间不清楚,也无从知道他与后人的关系,因此写包人便自称"孝远孙"。而地盘业主姓名也无从得知,因此收包人就写"奉地盘业主,古老前人收用"。与主包、客包相比,地盘业主包去掉了"正魂"两个字。现在地盘业主包也有了统一印刷的格式:"今逢中元化帛之期,信善×××虔备冥钱第××封奉上地盘业主古老贤人位前收用。关津渡口、把隘去处,勿得阻滞,即便放行。天运××年××月××日火化。"另有一种格式与前者相似,仅个别字有不同:"今逢化帛之期,信善×××虔备冥钱××封奉上地盘业主、古老先贤位前收用。关津渡口、把隘去处,勿得阻滞,即便放行。天运××年××月××日火化。"

(4)引路包

给阴间带路鬼神烧的包叫作"引路包"。据说,老人去赶"盂兰大会"需要鬼神带路,路上遇到各种关口也需要鬼神帮助通关,所以"上界人"在"七月半"烧引路包,以答谢那些为老人引路的鬼神。引路包的格式为:"今逢化帛之期,信善×××虔备冥钱××封奉上伴魂郎君、引魂童子位前收用。关津渡口、把隘去处,勿得阻滞,即便放行。天运××年××月××日火化。"或为:"今逢中元化帛之期,信善×××虔备冥钱第××封奉上引魂童子伴魄郎君位前收用。关津渡口、把隘去处,勿得阻滞,即便放行。天运××年××月××日火化。"

"上界人"在阴历七月十三烧包,之前数天或者当天,有些出嫁的女儿还将自己在婆家做好的包带回娘家来烧,以表示对娘家祖先的怀念。在访谈中,文家屯邓显芳说:女儿邓云芬、邓云霞虽然都已经出嫁,但每年阴历七月十三烧包之前,都会背一大堆包送到家里烧给老人。2013年农历七月十二(阳历8月18日),笔者还在路上巧遇一妇女送包回娘家。这位妇女名叫王继萍,是冕宁中学的一名女老师,由于第二天就要烧包了,所以她背着背篓、带上孩子,前往娘家所在的泸沽镇送包,其中不光是有王继萍给娘家祖先的冥包,也有她丈夫给岳母的冥包。可见,已婚妇女回娘家送包这种行为,看似是嫁女对娘家祖先的纪念,实际上也是婆家人与媳妇娘家人巩固姻亲关系的一种重要体现。与接老人不同,烧包送老人有离别、送别之意,并不忌讳小孩在场,而且很多场合下都有小孩的参与。

烧包之前,各家都要打开大门。在农村,"上界人"在自家大门口摆上一张小桌子,放上各种供品。在县城,一般是用凳子来摆放供品,种类和数量多寡不一。例如,2013 年调查时,冕宁县城某人家便是用一张小方凳当桌子使用,上面摆有一盘"攒伴儿"、一盘石榴、一盘木瓜、一盘梨、一盘大饼和苞谷粑、一盘桃子、三个月饼、四盒牛奶、一瓶白酒、两支香烟。也有一户人家用两条长凳子拼起来当桌子使用,上面摆有一盘"攒伴儿"、一盘桃子、一盘石榴、一盘葡萄、一盘香蕉、一盘豆腐、一盘鸡肉、一盘排骨、一盘香肠。还有一户人家长凳加方凳一起使用,摆了一盘花生、一盘核桃、一盘肉丸子、一盘"攒伴儿"、一盘苹果、一盘桃子、一碗青豆。有些人家住单位集体宿舍,门外就是楼梯,不方便烧包,便背上各种物品到单位外面的巷子里去烧,那么祭品可能就是一碗水饭,不像街边住户那样准备得很丰盛。

准备好祭品后,要将冥包堆起来,便于燃烧。各家将主包、客包、地盘业主包、引路包按堆堆好,每一堆至少要有一个地盘业主包和引路包。在农村或城郊,由于场地开阔,老百姓对堆包没有过多的讲究,堆成一堆即可。而县城由于烧包的场地狭小,烟雾扩散条件较差,为使火堆燃烧充分并防止火灾等,老百姓对堆包比较讲究。以我们在县城观察所见，堆包就有很多类型。有的将冥包堆成立体空心的方格状，再用散纸钱引燃。为增加火力，有的人家在立起来的纸堆下垫上一些锯木渣或松枝，也有的很巧妙地用盛鸡蛋的模子来堆包，这样既容易使冥包立起来，又便于通风助燃。有的人家则将冥包堆成中间空心的宝塔状，便于往中间加纸，这样既可以防止火堆扩散，还可以增加火力，使纸堆快速燃烧。有的还在宝塔堆下垫起石头或茅草，以便通风速燃。

包堆好后再燃纸、插香，最后点上一对红蜡烛。所用香蜡之数，一般来说，遵循烧一堆纸包，插三炷香（每炷三支），燃一对红蜡烛的原则。但也有例外，如有些烧一堆纸包，插三炷香（每炷九支）、燃三对红烛；有些烧一堆纸包，插三炷香（每炷三支）、燃三支蜡烛；还有的烧一堆纸包，点三炷香（每炷两支）。

在烧包的同时，主人一边念祖先的名字，唤其收取盘缠；一边将献祭过的汤饭倒在外面，供那些孤魂野鬼享用。在烧包的火堆中，还需要烧一些散钱，也是给那些无人"顶敬"的孤魂野鬼收用。或者单独在火堆旁边烧一小堆散钱，再点上三炷香（每炷两支），给其享用，意思是让他们也有收获，不要抢子孙烧给祖先的东西。烧包之时，轻烟缭绕，火光四射。尤其是在县城，不论是东街、西街、南街、北街四条大街，还是小巷子里，都烟雾弥漫，火光熊熊，让人感觉仿佛像是回到了乡村一般。而沿街的商铺在"七月半"烧包不仅仅有缅怀祖先之情，还有祈求保佑生意兴隆之意，因此办得很隆重，场面较为壮观。这时，节日的气氛达到了高潮。

烧完包后，紧接着是送老人上路。送和请的过程差不多，也需要点蜡烛和插香，但方向是反过来的。送的时候先在大门外点上蜡烛,或者不点蜡烛,然后从大门外最近的地方开始插香,一根接一根地朝外面的方向插去,使之离大门越来越远,寓意"老人"带着上路的食物和盘缠在香烟的引导下逐渐离去,继续去赶"盂兰大会"了。送完"老人","上界人"的"七月半"就结束了。

三、"下界人"的"七月半"

以清代中后期汉族移民为主体的"下界人"分布在今天冕宁县以沙坝地区为中心的区域。如前所述,"下界人"祖先大多来自广东、福建、湖广、江西、贵州、云南等地,比"上界人"要晚来到冕宁,而且他们在"七月半"节俗上也有所不同。

（一）接老人

"下界人"过"七月半"接老人,有的在农历七月初十,也有的在十一、十二。其仪式与"上界人"类似,稍有差别。"下界人"接老人的时候,要准备两个小酒杯、一个碗,杯中"升满"酒,碗中盛好饭,放在大门外面献祭。然后在门外点燃香纸,再插上香火将老人迎入大门。最后,将香插到堂屋正中间神龛前的香炉里,神龛就是老人回家后居住的地方。这是因为大多数"下界人"的神龛与祖先灵位是合一的。以沙坝李洪庆家神龛为例,其神龛设在堂屋正中间的墙壁上,用长约一米、宽约半米的木板雕刻而成,中间刻有"天地国亲师位"六个字;左侧刻有"文武夫子,福禄财神"八个字;右侧刻有"李氏堂上,历代宗亲"八字,即代表了祖先灵位。神龛下供奉土地。又如沙坝王必兰家神龛,与李洪庆家的样式差不多,但书写更为复杂。其神龛是用红纸写成,中间写有"天地君亲师位";左侧写有很多神灵,包括南海岸上观音大士、七曲文昌梓橦帝君、牛王菩萨、马王尊神,川主、土主、药王;右侧写有"王、蒋氏堂上历代高曾远祖考妣昭穆老少一脉宗亲"。神龛下供奉有土地。平时,"下界人"初一、十五会在神龛前的香炉里敬香,一般不放供品,但是接老人这天晚上不仅要点香烛,还要在神龛放上各种祭品,一般以糖果、烟酒为主,如沙坝李洪庆家就在神龛前摆放了两盘橘子、两个苹果、两个金元宝。

（二）献祭

接回老人后的第二天,"下界人"也向老人们献祭。献祭的地点在堂屋中间,放有一张大圆桌,有的也使用方桌。桌上准备好酒菜,酒菜根据每家情况准备,丰盛程度并不统一,但大都很重视。据沙坝钟启海讲,在旧社会,"下界人"再穷、再没有办法,哪怕上山去砍一背柴来卖,都要上街去买一刀纸（即一捆纸钱）,担一墩豆腐来过七月半。因为七月半不仅是春、秋二祭之一,而且是仅次于春节的最重要节日。① 因此,"下界人"对祭品比较重视。如 2013 年沙坝王必兰家"七月半"献祭时,准备的祭品便有一条鲤鱼、一盘肚丝、一盘猪耳朵、一盘油炸排骨、一盘茄子泥、一盘花生、一盘苹果、一盘核桃和枣、一盘葡萄、一瓶白酒,显得十分隆重。又如李洪庆家献祭时,祭品也很讲究,包括一盘香肠、一盘腊肉、一盘猪耳朵、一盘炒肉丝、一

① 访谈对象:钟启海;访谈人:陈云庚;访谈时间:2013 年 8 月 17 日;访谈地点:冕宁县沙坝镇环街村三组居民钟启海家中。

盘豆腐圈、一盘回锅肉、一盘炸面团、一碟毛豆。献祭时,除供桌摆放酒菜外,神龛前也要摆上祭品,主要是饭菜和糖果、烟酒。如王必兰家神龛前便摆放有一只整鸡、一条鲤鱼、两坨刀头肉、一盘葡萄、一盘苹果、一袋红枣。

准备好酒菜等祭品后,"下界人"便开始向老人们献祭了。首先,主人家要在神龛前点燃并插上一对红蜡烛,然后再点燃五炷香(每炷三支)。其中三炷插在神龛前,一炷插在供桌上。最后一炷插在大门外,称为"野香",给那些无家可归的孤魂野鬼享用。为防止火灾和便于打扫,"下界人"一般在大门外挂一个小铁罐子,里面装点香灰,野香就插在铁罐子里面。等主人家从大门插好野香回来,便首先跪在供桌前面,双手合十,给老人们磕头,口中念道:"老祖宗们,七月半了,家里准备了烟酒、饭菜,请大家享用。祖宗保佑。"接着,家中成年人依次给祖先添酒添饭。例如,沙坝王必兰在向老人们磕头后,她丈夫便开始往供桌上的酒杯里倒酒。等老人享用一会儿后,王必兰的女儿又往各酒杯中添饭。如此反复三次,献祭仪式就完成了。

在禁忌方面,"下界人"在献祭期间并不忌讳说鬼。绝大多数"下界人"在"七月半"不会以牛羊肉敬献祖宗(他们认为只有少数民族才会以牛羊肉奉祖灵),但也有少数人在祠堂祭祖时宰羊杀牛。"下界人"的供桌上哪些东西可以作为祭品,哪些东西不可以作为祭品,与谐音民俗有极大的关系。凡是寓意吉祥的,都可作为祭品;凡是与"晦气"或"破败"沾边,有可能引起歧义误读的祭品都不上供桌。据沙坝镇潘荣美讲,他们家献祭时很忌讳茄子,因为茄子的谐音便是"瘸子",怕后辈儿孙应谶而出"瘸子"。还有,也不能献祭苦瓜,因为怕后辈儿孙吃苦。同时豆类，只敬长豇豆（豇豆）而不敬短豇豆（四季豆），因为长豇豆豆荚"长"，短豇豆豆荚"短"，家家都希望长长久久，不希望短短暂暂，所以不敬短豇豆。瓜之类的东西也是不能上供桌的，因为怕后辈儿孙出"瓜宝器"（傻瓜）。鱼肉亦不上供桌，因为"鱼"与"愚"谐音，害怕"子孙愚笨"，不能继承家业香火。供桌上也不摆放葡萄，怕家中未生育的女性将来怀上"葡萄胎"，导致难产。① 此外，王必兰说，胡豆是不能做祭品的，因为害怕后辈儿孙有"狐臭"，让人笑话；大蒜也不能作为祭品，因为害怕后辈儿孙说话"不算数"，将来不能成事；生姜不做祭品，因为害怕后辈儿孙身上留下"僵疤"（方言，意即永久性伤疤）；花椒不用做祭品，因为害怕子孙活得"麻麻渣渣"（方言，意即稀里糊涂）；芫荽不做祭品，因为芫荽长得像熊爪，害怕子孙做事不麻利、拖拖沓沓。而苹果可以做祭品，寓意平安；葱也可以做祭品，寓意子孙"聪明"，将来能读书，有本事；核桃可做祭品，希望子孙里里外外、实实在在；红枣可做祭品，象征日子红红火火；芹菜可做祭品，希望子子孙孙"勤勤快快"。②

（三）送老人

"下界人"送老人、烧包的时间并不统一，阴历七月十一、十二、十三、十四、十五烧包的情况都有，其中以十二、十四送老人居多。例如，在沙坝镇胜利村三组，全组共有村民400余人，70%

---

① 访谈对象：潘荣美；访谈人：陈云庚；访谈时间：2012年10月27日；访谈地点：冕宁县沙坝镇横街村潘荣美家中。

② 访谈对象：王必兰；访谈人：陈云庚；访谈时间：2013年8月18日；访谈地点：冕宁县沙坝镇胜利村三组王必兰家中。

的村民在七月十二烧包,只有 30%的村民在七月十三烧包,为的是不耽搁老人去赴"东洋大会"("中元大会"的讹称)。①

"下界人"在送老人之前也要准备冥包。不过,"下界人"一般只给族亲和姻亲烧包,如祖父母、父母、伯父母、外公婆、舅舅等,同时,也没有主包、客包之分,只要是亲戚都一样。由于现在印刷的封纸的格式大都一样,所以其正面固定的格式同"上界人"相同。但是"下界人"的冥包背面多填写"封号"二字。此外,"下界人"也没有入赘之人给本家祖先烧包的习俗,也不烧地盘业主包、引路包。尽管如此,"下界人"同样会烧些散钱给没有后代的"孤寡老人",这一点与"上界人"的习俗一样。"下界人"之所以不给地盘业主烧包,原因可能是因为他们大多通过经济交往这一缓和的形式(如买田、买地等)定居当地②,而不通过军事征战的激烈方式落脚。所以对"下界人"而言,他们对这片土地上的地盘业主并没有一种愧疚感和不安,反而觉得来到当地是自己付出了辛勤劳动的结果,因此也没有必要去孝敬什么地盘业主。可以说,"下界人"烧地盘业主包与其移民定居的历史和心态有直接的关系。

"下界人"烧包的具体时间在傍晚将黑之时。届时,各家在门前准备好祭品。一般来说,主要是饭菜、水果、烟酒。讲究的人家还会在大门外放一张小桌子,摆上美味佳肴,一般要双数,寓意着好事成双。也有的人家从简,祭品就摆放在地上,简单地备上两盘菜、两包水果即可。

---

① 访谈对象:王必兰;访谈人:陈云庚;访谈时间:2013 年 8 月 18 日;访谈地点:沙坝镇胜利村三组王必兰家中。

② 沙坝现存的大量民间契约,都能比较清晰地反映出清代中后期移民通过土地购买等方式定居当地的过程。

摆好祭品过后便开始堆包。如果是在沙坝镇沿街的地方，出于充分燃烧、防止火灾的考虑，"下界人"也会将包堆成方格状。例如，沙坝镇胜利村二组位于街道边上，村民便将冥包堆成了方格状；如果是在离街道较远的村子里，则没有过多的讲究，随意堆成一堆即可。堆好包后再点上红蜡烛，然后点香，最后点烧纸堆，将冥包烧掉。"下界人"烧包所用的香烛也有讲究，一般是烧一堆包，点上两支红蜡烛，插上一炷香（三支）。也有的讲究双数，或者点上一大、三小四对蜡烛，以及四炷香（每炷三支）、一对野香（两支）。或者点上两炷香、两对蜡烛。"下界人"在给自家老人烧包的同时，也要在旁边烧一小堆散钱，并点上一对野香给没有后人顶敬的孤魂野鬼享用，让他们拿了钱也去参加"东洋大会"，不要在周边游荡为害。烧完冥包，"下界人"的"七月半"也就过完了。

此外，个别"下界人"家族的献祭和烧包方式也存在特殊之处，比如，有些是先分房献祭再合起来祭祀。据沙坝地区幸家堡子（今泽远镇幸福村三组）吴忠祥讲述，其祖先原籍广东，吴家人烧包就是从七月十一烧到十四。吴氏家族认为，如果老人的子孙众多，就今天这家烧明天那家烧，轮流着来，各表衷诚。如某老人有四家子孙，则七月十一由长子长孙家烧包，七月十二由次子次孙家烧，以此类推，七月十四则由幺子幺孙家烧。在中华人民共和国成立以前，吴氏家族于七月十五这天在祠堂里"烧总包"，类似于庙宇里办"盂兰会"。烧总包的前一天，族长、祠长及家族里的头面人物会同清点祠产（祠堂祭祀田当年的租息所得以及富裕族人临时捐赠的银钱等），并视当年丰歉和捐钱的多寡决定烧总包仪式的气派与否。烧总包那一天，一般会宰猪杀羊，再不济也要杀猪。如果风调雨顺，祠田租息丰厚,热心族人捐钱较多,还会杀牛,最隆重的莫过于备下三牲"太牢"大礼来祭祀列祖列宗了。当日上午,族人还要延请道士到祠堂里念经超度历代先祖灵魂以消灾祈福。中午,吴氏族人大聚餐,傍晚则在祠堂烧总包。烧总包时会为历代先祖各备一份"冥袱",那些无人顶敬的绝嗣族人也有一份,因为这些绝嗣族人死后的家产田产全部没入"祠产"范围内,由族人为其顶承香火。

"下界人"献祭差异性的出现还与家族掌故有关。比如,江河坝(今沙坝镇曙光村三组)江氏族人原籍广东,他们就不过"七月半",也不在"七月半"期间烧包。江氏族人只在七月初七这一天早上"接老人",中午晚上奉酒肉羹汤献祭,晚上烧包。因此,江氏族人并没有过"七月半",但"七月半"的仪轨全体现在他们的"七月七"里。据说,江氏族人原来也过"七月半",但有一次过节出了一桩惨祸,所以就改成过"七月七"了。某年"七月半",江氏一位妇女背着褓褓中的婴儿为敬老人推磨做豆腐。豆浆烧沸后,妇人准备将豆渣滤去,弯腰时背上的婴孩不幸倾落在滚烫的豆浆锅里,登时毙命。同日傍晚烧包时,不巧大门也被烧毁。江家人认为江氏老人没有福佑后嗣,从此不过"七月半"。但深受传统礼教浸染的江家人还是不能不顶敬老人,因此改成在"七月七"这天举行"七月半"的仪程仪轨,只不过因那桩惨事而变得简单化了,别人过三天,他们只过一天。①

由于沙坝这一地区在清中后期以来商业十分发达,会馆、祠庙林立,所以"七月半"为亡魂超度、打醮的仪式以前在当地

_____

① 访谈对象:江家坤;访谈人:陈云庚;访谈时间:2012 年 10 月 27 日;访谈地点:冕宁县沙坝镇江河坝江家坤家中。

比较盛行。据当地百姓回忆，沙坝汉民还会在玉皇阁和南华宫里办"盂兰会"。组织"盂兰会"的人有这些：地位最高的是值年总理（由有大德望的耆老终身担任），其次为总理，再次为巡风，地位最低的是"会首"（亦称"照班"）。七月十五的"盂兰会"是全民参与，规模宏大。"盂兰会"的一个宗旨是"施孤"。所谓"施孤"，就是超度没有香火顶敬的孤魂野鬼（即无祀之泰厉），并为其烧包，使其早日投胎转世，不致成为扰害地方的怨鬼凶魂。① 中华人民共和国成立后，受破除迷信等运动的影响，庙宇被大量拆毁，庙碑被拿去修桥、铺路，"七月半"打醮的活动因此也长期中断。近年来，偶尔也有一些热心公益的善众（主要是老年妇女们）开始组织起来，请道士设立道场，为亡魂打醮超度，但也处于时断时续、难以为继的状态。

四、"上、下界人""七月半"差异总结

虽然同是冕宁汉族，但"上界人"与"下界人"在"七月半"的习俗不尽相同，主要体现在以下几个方面：

首先，由于移民的方式不同，"上界人"烧地盘业主包，而"下界人"大多不烧地盘业主包。如前，"上界人"大多是军事移民，通过征调而定居当地，因为战事激烈、死伤较多，他们为了安抚亡魂不让其作祟，所以给地盘业主烧包。而"下界人"主要以拓荒的农民为主，用比较缓和的方式定居当地，所以他

① 访谈对象：吴忠祥；访谈人：陈云庚；访谈时间：2012 年 10 月 27日；访谈地点：冕宁县沙坝镇幸家堡子吴忠祥家中。

们没有给地盘业主烧包的传统。

其次,"上界人"与"下界人"中元祭祀最明显的差异便是时间不一致。"上界人"初十接老人,十一、十二、十三献祭,十三晚上送老人。而"下界人"接送老人的时间比较复杂,有的家庭接老人在初十,有的在十一,也有的在十二,送老人有在十一、十二、十三、十四、十五的,各不相同,而以十四送老人居多,这一复杂现象与汉族移民的地域和时间有密切的关系。沙坝地区在清代中后期湖广、两广、江西等移民较多,他们接送老人的习俗与原籍习俗大致保持一致。例如,湖北咸宁,"'中元':俗谓鬼给假之时,家备酒食以祭先人。自十二日始至十四日晚,纸包楮钱焚之,曰'烧袱'"①。接送老人的时间为十二至十四日。又如湖北崇阳县,"十五,'中元节'。先三日,家各列筵几迎祖先,朝夕供饮馔,如事先礼。先一夕,焚楮钱送之"②。可以得知,十五前三天,即十二接老人;十五的前一天晚上,即十四晚上送老人。又如湖北巴东,"十五日为'中元节'。前三日接祖先,供包袱,至节前一日焚之。后里最重此节,谓之'月半'"③。这说明巴东也是十二接老人,十四烧包送老人。湖北宣恩县也是如此:"'中元'前三日,各家具酒馔祭祖先,男妇序拜,如事生礼。十四日,焚楮钱送之。"④可见,"下界人"七月十

---

① 丁世良、赵放主编:《中国地方志民俗资料汇编·中南卷》(上),书目文献出版社 1991 年版,第 372 页。

② 丁世良、赵放主编:《中国地方志民俗资料汇编·中南卷》(上),书目文献出版社 1991 年版,第 383 页。

③ 丁世良、赵放主编:《中国地方志民俗资料汇编·中南卷》(上),书目文献出版社 1991 年版,第 439 页。

④ 丁世良、赵放主编:《中国地方志民俗资料汇编·中南卷》(上),书目文献出版社 1991 年版,第 444 页。

二接老人、十四送老人的习俗与湖北地区移民关系密切。此外，"下界人"初十接老人、十四或十五送老人的习俗则与湖南地区移民关系密切。比如，湖南善化，"初十至十五，陈肴果，接公祖、剪纸衣、包楮焚送之"①。攸县，"七月十五为'中元节'。自十日至十五日，各家设祖先位，早晚供羹饭如生前，剪楮为衣，裹束纸钱焚送之"②。安仁县，"'中元'，自初十、十一起，至十四、十五，城乡俱迎祀先祖。悬真图于堂，设羹饭、酒食，盛列几筵，如是五日，具楮钱、冥衣焚之"③。永兴县，"'中元'先五日，焚香、点茶供饭，以迎先祖。是日具酒肴，化衣楮"④。武陵县，"初十至十五日，名'中元节'。家家设酒食荐祖"⑤。湖南这些地区都是在初十接老人、十五烧包送老人。在湖南的其他部分地区，如桂东县，"七月十五日，自初十日晨起扫家堂，设香案，悬先世图像于上，具肴馔、醴蔬以迎祖考，连日致敬；至十四日，治纸衣冠、钱楮，宰牲奠酒，焚化拜送"⑥。桂阳县，"'中元'，自初十日起至十五日，设酒食祀先祖，男妇

---

① 丁世良、赵放主编：《中国地方志民俗资料汇编·中南卷》（上），书目文献出版社 1991 年版，第 477 页。

② 丁世良、赵放主编：《中国地方志民俗资料汇编·中南卷》（上），书目文献出版社 1991 年版，第 506 页。

③ 丁世良、赵放主编：《中国地方志民俗资料汇编·中南卷》（上），书目文献出版社 1991 年版，第 515 页。

④ 丁世良、赵放主编：《中国地方志民俗资料汇编·中南卷》（上），书目文献出版社 1991 年版，第 517 页。

⑤ 丁世良、赵放主编：《中国地方志民俗资料汇编·中南卷》（上），书目文献出版社 1991 年版，第 655 页。

⑥ 丁世良、赵放主编：《中国地方志民俗资料汇编·中南卷》（上），书目文献出版社 1991 年版，第 528 页。

洁诚迎送如事生,具纸衣冠等物,于十四晚焚之,送至祠堂"①,则是初十接老人、十四送老人。可见,冕宁"下界人"初十接老人、十四或者十五送老人的习俗与湖南原籍的习惯相一致。此外,广东很多地区也是在七月十四送老人。比如,广东花县,"(七月)十四日,具酒馔、楮衣,祀其祖先,谓之'烧衣节'"②。石城县,"十四日,剪纸衣,设酒馔以祀其先,间有以花纸、冥镪祭厉鬼于门外者"③。阳春县,"'中元节',城乡多延僧道为'盂兰盆会'。前一日,备楮衣、酒食以祀其先"④。四会县,"十四日具牲醴、楮锭、纸衣以祀先祖,曰'烧衣',夜向门前致祭,曰'烧街衣'"⑤。东安县,"'中元'前一日,无论贫富,皆剪楮衣,陈牲醴祭先祖"⑥。开建县,"'中元',俗谓之'鬼节'。各家以粉糍、角黍相饷。先数日前,具馔祀先祖,早晚不辍。迨十四日,剪彩楮为衣烧化,谓之'烧衣'"⑦。这些都能解释,为什么"下界人"多在十四送老人。

---

① 丁世良、赵放主编:《中国地方志民俗资料汇编·中南卷》(上),书目文献出版社1991年版,第530页。

② 丁世良、赵放主编:《中国地方志民俗资料汇编·中南卷》(上),书目文献出版社1991年版,第690页。

③ 丁世良、赵放主编:《中国地方志民俗资料汇编·中南卷》(上),书目文献出版社1991年版,第832页。

④ 丁世良、赵放主编:《中国地方志民俗资料汇编·中南卷》(上),书目文献出版社1991年版,第836页。

⑤ 丁世良、赵放主编:《中国地方志民俗资料汇编·中南卷》(上),书目文献出版社1991年版,第867页。

⑥ 丁世良、赵放主编:《中国地方志民俗资料汇编·中南卷》(上),书目文献出版社1991年版,第871页。

⑦ 丁世良、赵放主编:《中国地方志民俗资料汇编·中南卷》(上),书目文献出版社1991年版,第884页。

　　与"下界人"不同，上界人初十接老人，但在十三送老人。十三送老人是比较特殊的，与很多地方情形都不相符。可以说，初十接老人、十三送老人这一习俗主要体现在明代部分军户移民后裔身上。关于这一点，我们可以拿黔西北的情况做比较。黔西北地区战略位置重要，明初朱元璋的军队平定云南，便主要借道黔西北。明王朝为控制和经略西南，在其地修建驿道，以便于军队和物资的运输，并且在驿道的两旁设置了相当密集的卫所，来保障西南交通命脉的顺畅。因此，这一带也是明代汉族军事移民最为集中的地区之一。有意思的是，黔西北很多地区的"七月半"正是在初十接老人、十三送老人。如清代贵州大定府，"十日，具酒馔、果品迎祖先。十三日，焚褚（楮）衣、楮钱，以送其祖先"①。玉屏县，"'中元节'，前五日堂设几筵，曰'迎祖'。每日上食，供食物如事生礼。十三日，纸封楮钱，陈牲醴祭毕焚之，曰'包袱'"②。毕节县，"'中元'，祀祖先，供五谷芽及花果，凡蔬菜各物皆以祀。自初十日起，早晚上食，至十三日，燃香于中庭四围，焚金银锭、纸钱等物"③。黔西州，"十三日，祀先礼"④。可见，黔西北地区汉族与冕宁"上界人"的"七月半"祭祀时间一致，而这一习俗恰恰也是部分明

---

　　①　丁世良、赵放主编：《中国地方志民俗资料汇编·西南卷》（上），书目文献出版社1991年版，第426页。
　　②　丁世良、赵放主编：《中国地方志民俗资料汇编·西南卷》（上），书目文献出版社1991年版，第455页。
　　③　丁世良、赵放主编：《中国地方志民俗资料汇编·西南卷》（上），书目文献出版社1991年版，第489页。
　　④　丁世良、赵放主编：《中国地方志民俗资料汇编·西南卷》（上），书目文献出版社1991年版，第492页。

代军户的习俗,"城中则军户焚包于十三日,寓户则十四日"①。由此可见,初十接老人、十三送老人的习俗与明代军户的关系是比较密切的。

最后,就"七月半"节日的稳定性和统一性而言,"上界人"表现得要更严谨一些,而"下界人"表现得宽松一些。比如,"上界人"经过长期发展,宗族观念更强,他们有句话是"乱亲不乱族",因此他们的冥包有主包、客包之分,而"下界人"则没有。"上界人"不论有几个弟兄,每家都必须天天烧包,而"下界人"有的则按照弟兄人数轮流烧包。"上界人"与"下界人"过"七月半"的禁忌也不同。例如,"上界人"绝不会以牛肉祭祖,而"下界人"在某些场合也会以牛羊肉祭祖。上界人喜欢用带把的茄子作为老人赶路充饥的食物,而"下界人"因"茄子"与"瘸子"谐音而忌讳。"上界人"用四季豆做祭品,而"下界人"则不用。此外,"上界人""七月半"的禁忌比较统一,而"下界人"多根据谐音来确定禁忌,各家的情况并不一致。例如,沙坝镇潘荣美家不用葡萄、鱼作为祭品,而沙坝王必兰家在献祭时却有葡萄、鲤鱼两样。显然,"下界人"的内部禁忌也是较为松散的。

"上、下界人"过"七月半"的其他一些细微的差异在前文已有叙述,在此不再赘举。可见,虽然"下界人"在冕宁经过了两百多年的发展,但与"上界人"在"七月半"习俗上仍然保持有一定的差异性。这种差异性难以完全弥合与清代以来"上、下界人"的发展不平衡性具有密切的关系。"下界人"移民入

---

① 丁世良、赵放主编:《中国地方志民俗资料汇编·西南卷》(上),书目文献出版社1991年版,第480页。

川后,除种植水稻、小麦等传统作物外,还大力从事蜡虫、蚕桑、茶叶的经营开发,使沙坝成为冕宁重要的经济中心。晚清盐源金矿被发现后,沙坝成为淘金者的必经之地,因此经济更加繁荣。与此相对应,"下界人"在生活上比较富裕,与种地为主的"上界人"在经济发展上形成鲜明对比。"或梯山以作田,或滨河而谋产,垦地焚林,其利十倍。葫烟种蔗,其利百倍。居民日以困,流民日以饶,昔日之膏腴,至今而为沙砾矣。昔日之刍牧,至今而为禁地矣……不待鼓击旗开,有识者已隐忧之。"①可见,"下界人"在发家致富的同时也造成当地生态环境的恶化,引起"上界人"的不满。因此,以"上界人"为主导修撰的《冕宁县志》将"下界人"视为不安分的对象:"土著之民,性多朴淳,不事争讼;外来之户,秦、粤、黔、楚、豫章之人,种田、开矿、事商贾、善居积;邛、雅、眉、嘉之人,狡悍喜讼斗,虽垦辟日广,而案牍繁兴矣。"②不同时期汉族移民之间存在的张力,也体现在冕宁一带流传的谚语上。例如,河边乡与沙坝镇背山而居,山中有一形如耗子的巨大石块,当地自称明代移民后裔的汉族常常用一句话来形容此山:"吃河边,屙沙坝。"意思是说,这只耗子没有给他们带来好运气,把河边的资源"吃掉"后,统统都转给了沙坝,"吃了河边,肥了沙坝",结果沙坝那些晚到的新移民反而比自己更加富裕。因此,尽管同是汉族,在风俗传统上具有相似性,但以明代军户后裔为主的老移民与清代中后期新移民之间仍然存在族群认同上的微妙差异,体现在冕宁明代老移民后裔将沙坝清代移民称为"下界人",而自称"上界

① 同治《会理州志》卷七《边防》,清同治十三年(1874)刻本。
② 咸丰《冕宁县志》卷九《风俗志》,清咸丰七年(1857)刻本。

人"。"上界"与"下界"不仅仅流露出地理分布上"北"与"南"的差异,同时也暗含着一种强调"先"与"后"地位有别的微妙复杂的感情,反映出"上界人"企图以"上、下""先、后"之别来挽回颜面的复杂心理。而"七月半"节日习俗上的差异性,亦经常被"上界人"用来强调两者之间"先来后到"的关系。他们经常用以区分"上、下界人"的一种说法就是:我们"上界人"在十三送老人,而"下界人"多在十四甚至十五送老人。可见,尽管今日"上界人"和"下界人"皆为汉族,但由于历史上各自政治、经济发展的不平衡,他们之间也存在一定的认同障碍,而"七月半"习俗则成为"上界人"表达族群差异和维持族群边界的重要文化标志。

民间叙事研究

病患：变婆故事的社会隐喻*

　　我国西南民间普遍流传着两类变婆故事，一类讲变婆的由来，另一类则讲人们如何智斗变婆。① 本文所探讨的即前者，而此类故事又分活变和死变两种。活变故事以"活人变虎"为主题，主要情节是某人突然（或因年老）变成老虎，离开家园，在山中与野兽为伴，不久又引导野兽吃人，最后神秘消失。死变故事则以"死而复生"为主题，大意是讲某人死后不久，破棺而出，重返家园，却因遭到家人辱骂或引诱而离去，最终变虎（或其他野兽）吃人。以上两则故事在我国西南黔、桂、川、滇四省区皆有流传，尤其是在黔东南和桂北的苗族、侗族、壮族等少数民族地区传播甚广。因此，自民国以来就有葛维汉（D. C. Graham）②、陈国钧、胡庆钧等一批学者对其做过整理和研究。

　　* 本文系与李向振合写。李向振，武汉大学副教授。本文原载于《民族文学研究》2019 年第 3 期，系山东大学基本科研业务费资助项目（人文社会科学青年团队项目）"民间宗教中的女性角色研究"（IFYT15015）的阶段性成果。

　　① 除民间口头流传外，第一类变婆故事在西南地区的方志及民族调查报告中多有记载，第二类变婆故事则多见于西南各地所搜集和整理的民间故事当中。

　　② D. C. Graham, "The Customs of the Ch'uan Miao", *Journal of the West China Border Research Society*, 1937（9）, pp. 13–70.

尽管如此，在前人看来，它们不过是些想象的、荒诞的鬼怪故事而已。如陈国钧认为，变婆故事是初民的一种想象。① 胡庆钧认为，它们皆荒诞不经。② 李平凡、颜勇亦认为其"确属荒诞无稽之谈，是无科学根据的"③。徐华龙则认为，变婆是想象中的产物，其原型应该是鬼。④ 可见，前人大都在强调变婆故事的荒诞和神秘，而鲜有注意故事背后的社会问题和隐喻意义。依笔者浅见，民间所谓的变婆，其原型对应的是现实生活中被驱赶和被活埋的两类病患。变婆故事，则是民间对病患及其命运的隐喻。这种隐喻正如社会学家布莱恩·特纳（Bryan S. Turner）所言，它以身体为基础，为我们观察个体与社会关系提供了重要的视角。⑤ 接下来，本文将分别以活变和死变故事为例，对其中的隐喻意义进行分析和讨论。

一、活变故事的相关记载

西南民间的活变故事有着悠久的历史，其雏形早在西晋时

---

① 参见陈国钧：《生苗的丧俗》，吴泽霖等：《贵州苗夷社会研究》，民族出版社 2004 年版，第 264 页。

② 参见胡庆钧：《苗族人口品质的商榷》，《汉村与苗乡——从 20 世纪前期滇东汉村与川南苗乡看传统中国》，天津古籍出版社 2006 年版，第 261 页。

③ 李平凡、颜勇主编：《贵州"六山六水"民族调查资料选编·苗族卷》，贵州民族出版社 2008 年版，第 336 页。

④ 参见徐华龙：《中国鬼文化》，上海文艺出版社 1991 年版，第 339 页。

⑤ 参见［英］布莱恩·特纳：《身体与社会》，马海良、赵国新译，春风文艺出版社 2000 年版，第 10 页。

期就已经形成。西晋《博物志》记载："越皇国之老者，时化为虎。宁州南见有此物。"①越皇国今已不可考，而西晋宁州最鼎盛时的范围包括今整个云南及川黔部分地区，故"宁州南"当指云南。② 可见，活变故事在云南一带早有流传。至元朝，其故事情节变得更加详细："云南之人近百岁往往有化为虎者。其化也，先自尾而身及肩，虽子孙不敢近之。化成乃山去。"③

明清以降，活变故事流传的地域更为广泛，滇、黔、桂等地都有相关的记载。比如，明代陈继儒的《虎荟》一书便提到云南和贵州的活变故事。前者云："罗罗，云南蛮人呼虎为罗罗，老则化为虎。"④后者则记载道："贵州平越山寨苗民，有妇年可六十余，生数子矣！丙戌秋日入山，迷不能归，掇食水中螃蟹充饥，不觉遍体生毛，变形如野人，与虎交合，夜则引虎至民舍，为虎启门，攫食人畜，或时化为美妇，不知者近之，辄为所抱持，以爪破胸饮血，人呼为'变婆'。"⑤此外，与陈继儒同时代的徐应秋亦提到这个故事，但较为简短："贵州平越山寨苗妇人入山，迷不能归，掇食水中虫蟹，不觉化为虎。"⑥从贵州的两则变婆故事可以看出，活人变虎、离开家园、引导老虎吃人等主要情节

①　（西晋）张华：《博物志》，中华书局1985年版，第37页。

②　参见尤中：《中国西南民族地区沿革史·先秦至汉晋时期》，民族出版社2004年版，第317—356页。

③　（元）王礼：《麟原文集·后集》卷一〇《行状·罗泸州子父志节状》，《景印文渊阁四库全书》第1220册，台湾商务印书馆1986年版，第539页。

④　（明）陈继儒：《虎荟》卷三，中华书局1985年版，第32页。

⑤　（明）陈继儒：《虎荟》卷六，中华书局1985年版，第73页。

⑥　（明）徐应秋：《玉芝堂谈荟》卷一〇《牛哀化虎》，《景印文渊阁四库全书》第1220册，台湾商务印书馆1986年版，第247页。

在明代就已形成。

　　与明代相比，清代文献收录的活变故事更多。譬如，康熙年间王士禛的《池北偶谈》一书就提到贵州定番州（今惠水县）土官之母、安顺府（今安顺市）陶氏和八角井农妇活变为虎的故事。① 此外，乾隆《柳州府志》则详细记载了一则发生在广西北部的活变故事："活变者，康熙三十三年四月内，猺龙有一男人买姓，年五十余岁，其婿系城厢人，久住婿家。婿见其有尾及身毛渐长，略不省人事。婿送其回家，至半途山中，对婿曰：'吾不回家矣！'遂滚落溪谷中而去，后出板江村，拿人二鸭，口吮其血而弃其鸭身。闻初变时，止食血，不食肉。云见其毛渐长，上体有衣，下体无衣，人喝之，不能言语，缓则依然人行，急则两手下地为四足走，常与虎相伴，不食烟火。虎得物与之分食。"②

　　纵观上述活变故事，或简略，或详细，但总体上都是围绕着"活人变虎"这一主题展开，也因此而显得神秘。那么，活人何以变成老虎？接下来，笔者将通过历史上的一些案例揭开"活人变虎"的真相。

二、活变故事中的病患隐喻

　　变婆故事中的"活人变虎"主题其实并不神秘，我国历史

---

　　① 参见（清）王士禛撰，勒斯仁点校：《池北偶谈》，中华书局 1982 年版，第 621 页。

　　② 乾隆《柳州府志》卷四〇《杂志》，故宫博物院编：《故宫珍本丛刊》第 197 册，海南出版社 2001 年版，第 415 页。

上很早就有相关的记载。其中不少记载与疾病引起病患的
变异以及人们对病患的恐惧有着密切关系。一方面，疾病导
致病患在身体、心理和行为上出现类似虎的特征；另一方面，
人们因恐惧这些病患而将之比喻为老虎，"活人变虎"由此形
成。例如，《淮南子》记载："昔公牛哀，转病也，七日化为虎。
其兄掩户而入觇之，则虎搏而杀之。"①不难发现，"牛哀化
虎"并杀死兄长，是因"转病"所致。"转病"又称"易病"，高
诱解释说："转病，易病也。江淮之间，公牛氏有易病化为虎，
若中国有狂疾者，发作有时也。其为虎者，便还食人。食人
者因作真虎，不食人者，更复化为人。"②据此可知，易病是一
种类似于精神失常的疾病。病重者往往有扑咬活人的异常
行为，如虎一般凶猛。人们因为恐惧病患的这些变异现象，
而把他视为老虎。相反，病轻者不攻击人，不会对其家人、邻
里带来伤害和恐惧，人们则仍然把病患当作人来看待。由此
观之，"活人变虎"并不是说人真的能变成老虎，而是民间的
一种隐喻，即人们把那些身心变化且具攻击性的病患比作
老虎。

　　除"牛哀化虎"外，我国历史上还有不少"活人变虎"的例
子。两宋时期的文献对此记载尤多，具体情况可参见表1。

---

　　① （汉）刘安等编著，（汉）高诱注：《淮南子》卷二《俶真训》，上海古
籍出版社 1989 年版，第 17—18 页。
　　② （汉）刘安等编著，（汉）高诱注：《淮南子》卷二《俶真训》，上海古
籍出版社 1989 年版，第 17 页。

表 1　宋代部分文献所记"活人变虎"故事情况统计

故事年代、地点	主角	变虎原因描述	材料出处
晋太元元年江夏郡	师道宣	后忽发狂,变为虎,食人不可纪	北宋《太平广记》卷四二六
唐长安年间郴州	郴州佐史	因病而为虎,将啖其嫂	北宋《太平广记》卷四二六
唐代襄阳	李微	忽暴病……炽热陡作,发为狂疾……见形乃虎矣,遇人畜则皆搏而啖之	北宋《增修埤雅广要》卷三八
五代十国灵池县	郝二祖父	常患心绪烦乱,见之则稍间焉	北宋《茅亭客话》卷八
宋代江阴	赵不易之妻	其妻得奇疾,烟火食不向口,惟啖生肉	南宋《夷坚支志》乙卷五
南宋乾道五年八月衡湘间	赵生妻李氏	苦头风,痛不可忍……婢妾侍疾,忽闻咆哮声甚厉,惊视之,首已化为虎	南宋《夷坚志》丁志卷一三

　　表 1 所列各条,都是以"活人变虎"为主题的故事。故事中的主角皆因患有某种疾病而出现身体、心理及行为上的异常,而人们因为恐惧病患的这些变化而将之说成是老虎。譬如,赵生妻李氏的故事记载:"乾道五年八月,衡湘间寓居。赵生妻李氏,苦头风,痛不可忍,呻呼十余日。婢妾侍疾,忽闻咆哮声甚厉,惊视之,首已化为虎。急报赵,至问其由,已不能言。儿女围绕拊之,但含泪扪幼子,若怜惜状。与饮食,略不经目,

与生肉，则攫取而食。六七日后，稍搦在旁儿女，如欲啖食，自是人莫敢近。"①可见，李氏"变虎"是因头风病而起。据载，此病发作时，患者头晕目眩、疼痛难止；病重者，还会出现面部变形、不断吼叫等情况。南宋名臣崔与之就曾出现过这些症状："顷年头风之疾，秋冬为甚，今发作无虚日，自早晨为其所苦，食后方少定。若遇风寒，则终日奄奄，无复生意，甚至攻注面目，牵引口齿，呻吟不已，继以叫号。"②此外，头风还能导致幻觉，使人丧失心智。③ 上文提到李氏头疼难止，呻吟十几日，继而面部变形，咆哮吼叫并想"吃人"，正是头风病加重后的表现。人们联想到其面部形变、吼声巨大、想"吃人"等异常现象，便认为她变成了老虎。

可见，我国历史上记载的"活人变虎"现象多是民间对病患的一种隐喻，流行于我国西南的活变故事也是如此。清代、民国时期的活变故事对此多有透露。据清代广西北部的一则活变故事记载：

> 闻西粤苗人，每有变虎之异，其变未久，而被猎获者，往往于前两足皮肉，犹带银钏。盖苗俗妇女，以腕钏之多寡为贫富。余初以为诞，后居怀远阳溪山中三阅月，与苗人习

---

① （宋）洪迈撰，何卓点校：《夷坚志》丁志卷一三《李氏首虎》，中华书局1981年版，第649页。

② （宋）崔与之：《崔清献公集》卷三《奏札三·再辞免知隆兴府江西安抚使》，中华书局1985年版，第17页。

③ 参见（宋）窦汉卿：《重校宋窦太师疮疡经验全书》卷一二《头风耳雀鸣》，《四库全书存目丛书·子部》第40册，齐鲁书社1995年版，第785页。

处，询诸头人，云其家自祖父以来，三世而两见矣。盖其祖母与叔，皆变虎者也。将变时，肢体发热，头目昏眩，呻吟床笫，如寒疾。数日后，口噤不能言，则知其将变虎矣。①

以上故事，是清代人俞蛟在广西居住期间从当地苗人头目处听闻并记录下来的。其中提到"肢体发热，头目昏眩，呻吟床笫，如寒疾。数日后，口噤不能言"，与上文赵生妻李氏的症状几乎一模一样。由此可知，广西苗人"变虎"者其实患有类似头风的疾病，引起家人、邻里的恐惧，因而被他们想象和传说成老虎。此外，民国年间贵州八寨县传说的变婆也如出一辙。据民国《八寨县志稿》记载：

　　金发贵，第五区苗首也。有一子名阿三，于光绪末入山樵采，至晚空回，自云身体不安，于是渐次肿溢，日益加重，未经年，手足俱脱，形象变异，遍体生毛，茸茸然，与虎相似，特无爪无尾。人近之，不相害，于是邻近各苗皆云此人成老虎鬼。后果变虎入山而去，所遗田产，宗族均不敢受，亦未有人敢种者。②

由上可知，苗人金阿三因进山砍柴染上怪病，起初身体肿胀，继而病情加重，身体逐渐变形、长毛，外表看起来有些像老虎。但无爪无尾，也不伤人，实际上根本不是老虎。然而，其家

---

① （清）俞蛟：《梦厂杂著》卷四《乡曲枝辞下·苗变虎》，上海古籍出版社 1988 年版，第 158 页。

② 民国《八寨县志稿》卷三〇《变异》，《中国地方志集成·贵州府县志辑》第 19 册，巴蜀书社 2006 年版，第 272 页。

人、邻里出于对怪病的恐惧，纷纷传说他已变为老虎鬼。因此，金阿三也就成了所谓的"变婆"。由此可见，活变故事中的"变婆"其实就是病患。故事中"活人变虎"的说法也是一种隐喻，即家人、邻里把身心、行为发生变化后的病患说成是老虎。

除"活人变虎"主题外，活变故事的主要情节有：变虎后，变婆离开家园，不久又返回村落并引导老虎等野兽吃人，最后神秘消失。这些情节看似荒诞不经，却是真实存在的。它们表达了民间对疾病的恐惧，同时也折射出病患与家人、邻里在其去留问题上存在的矛盾和张力。

首先，变婆离开家园的情节，其实就是家人、邻里因恐惧病患而将其驱逐出家园的过程。在历史上，人们因恐惧疾病和死亡而驱逐病患的现象屡见不鲜。[①] 直到今日，歧视和排斥病患的现象也都依然存在，甚至有部分演化成苏珊·桑塔格（Susan Sontag）所说的政治压迫。[②] 被隐喻为变婆的病患也经历着这种被歧视和驱赶的命运，这一点在清代、民国时期的故事中多有体现。比如，前述清代广西北部的变婆故事记载中，病患"变虎"后，"其亲属皆环泣，病者泪亦涔涔下。乘夜，号哭异诸野外，闭门不使入，次早不知所之矣"[③]。可见，家人、邻里因害

<hr>

① 关于东西方社会历史上驱逐病患的现象，参见［法］米歇尔·福柯：《疯癫与文明》，刘北成、杨远婴译，生活·读书·新知三联书店 1999年版；邓铁涛主编：《中国防疫史》，广西科学技术出版社 2006 年版；梁其姿：《面对疾病——传统中国社会的医疗观念与组织》，中国人民大学出版社 2011 年版。

② 参见［美］苏珊·桑塔格：《疾病的隐喻》，程巍译，上海译文出版社 2003 年版。

③ （清）俞蛟：《梦厂杂著》卷四《乡曲枝辞下·苗变虎》，上海古籍出版社 1988 年版，第 158 页。

怕疾病对病患进行了驱赶,导致其不得不离开家园。又如清代道咸年间,广西古州某村一妇女突然"变成老虎",家人先将她软禁,后又请道士来念经超度,最后将她残忍地驱逐:"告之曰:'此后不许回家,汝既为兽,宜归山林。'告罢,用戈矛火器逐妇虎归山。妇虎垂泪奔去。亦一奇也。"①再如民国云南《马关县志》记载:"相传苗人化虎,言之确凿,似真有其事者,谓其将变化时必以病渐,则好夜出,渐则窃家中鸡犬,生爪毛,家人避之而不敢近。彼犹恋恋不肯去,经家人祷祈,始吼啸而去。"②这说明,云南马关传说的变婆亦为病患,同样因遭到家人的驱赶而离开家园。此外,云南流传最早、最广的活变故事是人年老后会变成老虎,离家而去。早期的故事并没有提到变婆离去的原因,但清代故事对此有所补充:

> 滇中猓猡有黑白二种,皆多寿一百八九十岁乃死,至二百岁者,子孙不敢同居,舁之深谷大箐中,留四五年粮,此猓渐不省人事,但知炊卧而已,遍体生绿毛如苔,尻突成尾,久之长于身,朱发金晴,钩牙铦爪,其攀陟岩壁,往来如飞,攫虎豹麇鹿为食,象亦畏之。③

可以看出,在云南普遍流传的活变故事中,变婆离开家园

---

① (清)齐学裘:《见闻续笔》卷八《妇变虎》,《续修四库全书》第1181册,上海古籍出版社2002年版,第454页。

② 民国《马关县志》卷二《风俗志·苗人之化虎》,《中国地方志集成·云南府县志辑》第45册,凤凰出版社2009年版,第242页。

③ (清)钮琇:《觚剩》卷八《粤觚下·绿瓢》,《四库全书存目丛书·子部》第250册,齐鲁书社1996年版,第93页。

仍是被驱赶的结果。值得注意的是,云南的"活人变虎"是因年老而引起,看似与疾病无关,实际上却是相关的。第一,不论是疾病还是年老,都与死亡接近,易对家庭造成"死亡污染"(death pollution),从而引起家人、邻里的恐惧。① 在这一点上,老人与病患并无不同。第二,老人体弱多病,人们驱逐老人往往也正是因为他们患有疾病,如《神仙传》记载有上党人赵瞿,因久病不愈被子孙驱逐到山洞中。"赵瞿者,上党人也,病癞历年。众治之不愈,垂死,或云不及活流弃之。后子孙转相注易其家,乃赍粮将之送置山穴中。"②云南活变故事和赵瞿的故事十分相似,都说子孙为老人准备好粮食后将其驱赶到山中。但前者充满了神话色彩,后者却道出了真正的原委,即家人恐惧老人所患的疾病,才将其驱逐。可见,云南传说中的变婆——能变虎的老人,本质上也是病患的一种,其离开家园同样是被驱赶而造成的。

其次,变婆离开后又返回并引导老虎等野兽危害村落的情节,实际上是病患回家探亲并引起人们误解和紧张情绪的过程。在现实生活中,病患离开家园常常是被强行驱赶的结果,是一种被逼无奈的选择,因此他们往往因思念亲属又会主动返回探视。清代广西北部的变婆故事有此情节:"数月后,时衔

---

① Li Jianmin, "Contagion and its Consequences: The Problem of Death Pollution in Ancient China", in Yasuo Otsuka, Shizu Sakai and Shigehisa Kuriyama (eds.), *Medicine and the History of the Body*, Tokyo: Ishiyaku EuroAmerica, 1999, pp. 201-222.

② (晋)葛洪撰,胡守为校释:《神仙传校释》卷七《赵瞿》,中华书局2010年版,第253页。

犬豕置门，犹不忘家室云。"①又如清朝康熙年间，传说贵州安顺府有陶姓年轻女子"变虎而去"，之后"亦数日一至家，抚视其子即去"②。再如康熙年间，田雯记载："关索岭下蛮村中一妇人化为虎，虎文炳如，夺门而出，不知所之。或一月或数日必来顾其子，少顷，垂头鞅鞅而去。"③可以看出，变婆出走后不久又返回的故事情节，其实就是病患因思念亲属而回家探视的过程。在此过程中，平日与病患在山中为伴的野兽也常常跟随而来，人们见状，便误以为是变婆有意引导它们前来村落危害人畜。民国贵州八寨县的一则变婆故事对此记载得尤为详细。据载，该县长清堡有叫作陆开忠的人，因患"疥癞"而遭到村民驱赶，"人恶之，遂（逐）野处"④。久之，其身体长满黑毛，指甲弯曲，形如老虎，成了"变婆"。被驱逐后，陆开忠因思念女儿，常常乘夜潜入其所在的村落探视。每当此时，与他在山林中为伴的老虎常常跟随而至，获得猪狗等猎物便同他分享，由此对该村造成危害。但事发后，村民并不知道他的返回是为了探视女儿，而误以为他故意引导老虎来寻找食物。可见，变婆离开后又返回并引导老虎危害村落的情节，其实就是病患因思念家人而返回探亲并引起人们误解和紧张情绪的过程。在上述故事中，后来又因同行的老虎吃了人，所以村民便更加嫉恨陆开

①　（清）俞蛟：《梦厂杂著》卷四《乡曲枝辞下·苗变虎》，上海古籍出版社 1988 年版，第 158 页。

②　（清）王士禛撰，勒斯仁点校：《池北偶谈》，中华书局 1982 年版，第 621 页。

③　（清）田雯：《黔书》卷四《虎》，中华书局 1985 年版，第 91 页。

④　民国《八寨县志稿》卷三〇《变异》，《中国地方志集成·贵州府县志辑》第 19 册，巴蜀书社 2006 年版，第 270 页。

忠,决心要除掉他。因此,他最后只能永远离去,不再返回。这也正是活变故事为何多以变婆消失而结尾的最好说明。

以上"活变故事"情节具有明显的反复特征。先是家人、邻里因恐惧作为病患的"变婆"而将之驱逐,不久后被迫离开的"变婆"因为留恋家园又主动返回,人们对"变婆"的回归及"带来的危害"深感恐惧而再度将之驱逐,最后变婆被迫永久离开深恋的家园。可以说,病患留恋家园与家人及邻里将病患驱赶出家园形成一对矛盾,二者之间的张力正是通过这些故事情节的反复而得以彰显。

三、死变故事的相关记载

在西南民间流传的变婆故事中,除活变外,还有死变一说。清代、民国时期的广西、贵州等地对死变故事多有记载。在广西地区,清代乾隆年间编纂的《柳州府志》在谈及变婆时便提到死变的情形:

> 查其变有二,有活变,有死变。死变者,其人已死,上气已绝,其气全酝在下,及备棺埋葬后,或一日二日,自开棺而出,依然回家,但不能人言,儿女骂,不与之食,遂去,不知所终。①

---

① 乾隆《柳州府志》卷四〇《杂志》,故宫博物院编:《故宫珍本丛刊》第 19 册,海南出版社 2001 年版,第 415 页。

　　这是目前所见最早的死变故事记载,尽管其叙述比较简略,但主要的故事情节都已具备,如变婆死亡、葬后复活、破棺返家、遭到驱逐、不知所终。后来的变婆故事大多以此为核心,只不过在叙事上变得更加丰满而已。除该故事外,位于广西北部的罗城县在民国时期亦流传有一则死变故事。后者与前者一样,都以"死而复生"为主题,但内容更为丰富。例如,在驱赶变婆的方法上,罗城县死变故事除提到以辱骂方式迫使变婆羞愧离去外,还补充了用活鸡引诱的办法:"急觅雄鸡一只,纵之深山中,嗾变婆跟踪追捉,而变婆一若被魔术驱遣,听受家人指挥,满山捉鸡,愈逐愈远,遂忘却来时道路矣!"①此外,故事结尾还提到变婆被驱赶后,最终会变成老虎等野兽。

　　在贵州地区,民间同样流传着死变故事。清末人华学澜在其《辛丑日记》中就提到位于贵州东南部的黎平府的一则死变故事:

　　　　衢翁言,黎平府属有变苗者,亦苗之一种,凡妇之少艾,若尻际生尾,不出三日必死。死后葬山中,越三日必复苏,破棺而出,走归其家,操作如常,亦识家人,唯力大于昔,不言不食而已。若过七日则害人,故家人于其归也,辄讽之使去。不从,取鸡一头以示之。彼见鸡,思攫人,故持鸡而走,彼必随而逐之,诱入深山,然后放鸡使飞,彼逐鸡而往,遂不复知返。久之,变为彪,出食人矣。②

---

　　① 民国《罗城县志·杂记》,《中国方志丛书·华南地方》第 211 号,(台北)成文出版社有限公司 1975 年版,第 340—341 页。
　　② (清)华学澜:《辛丑日记》,商务印书馆 1936 年版,第 164 页。

从内容上看,贵州黎平的这则故事与广西北部流传的故事一样,都是讲人死后复活返家,然后遭到驱逐,最后变虎吃人。二者只是在细节上稍有差别,如贵州死变故事中提到长尾而死以及死后力气变大等说法,但在广西北部的故事中却没有记载。除此以外,二者并无大的差异。死变故事对贵州民间的影响颇为深刻,直到民国年间陈国钧在贵州下江县进行调查时,都依然能听到类似的故事。

生苗所谓"老变婆",就是人死后三日以至七日,亡魂破坟而出,即变为人形的老变婆,仍然回家来,虽已变成人形,与未死者无异,但其形状畸形,其头部梗直,不能活动,面可上仰,蓬头散发,身躯矮小,双足向后弯曲,入门家人均见,外人则不见,据说运气不佳的人,也会看见,在家并不危害生人,见亲属痴笑,但不说话,不饮食,可相帮家人服役事务,晚间不睡卧,立在门角过夜,呆如木鸡,家人见他的形状,乃生怕惧之心,过数日后,家人便以羞恶之言骂他,使他不再留恋家庭,随用红绿花纸缝成衣服,替他穿上,提一只雄鸡,偕同他到远处山头上,就将鸡交给他吃,嘱咐他以后不要再来家,家人即返,那变婆接了鸡欢喜若狂,不能捉拿,鸡也飞去,他便在后穷追,纸衣全被荆棘扯破,他也力尽踢倒在地而爬不起来,经过若干时日后,因受雨露的滋养而复活,这时人形完全消失,遍体长毛,野食树果、或鱼、蟹、虾虫、鸟等,常藏匿深山谷间,与兽类同栖,若见到人,乘人不备,从后紧抱双臂不放,用膝抵人腰部,仰天大笑,同与那人昏死过去,不一刻他渐苏醒,就咬人的项颈，吮人吸血，弃尸而去。①

四、死变故事中的病患隐喻

死变故事中"死而复生"之说违背自然规律，让人难以理解。那么，为何民间却又如此认为呢？这个问题的答案实际上与活变故事的成因一样，都涉及疾病和人们对待病患的态度。在此，不妨以光绪《黎平府志》收录的一则死变故事为例加以分析。

> 故其生也，与人同。将殁，脊下红肿如廯疽，皮裂生尾寸许，气由谷道出，遂殁。尸不僵，温软犹生前。好事者以沙幕其面，以锥刺其肤，蠕蠕然动。死之家供酒食于前，犹起而食卧如故噫，异矣！酋之葬亲也，以薄为道，无棺敛，两人舁至穴，析木片四，夹而掩之，牵藤蔓封冢即去，不一顾。冢忽崩裂，变婆穿冢出行，似急驶循途返，先家人至。②

该故事的主题和主要情节与其他死变故事一样，但更为具体、详细，为我们解开死变现象的神秘性提供了绝好的材料。因故事篇幅太长，故笔者只截取了以上较为重要的部分。其中提到"将殁，脊下红肿如廯疽，皮裂生尾寸许，气由谷道出，遂

---

① 陈国钧：《生苗的丧俗》，吴泽霖等：《贵州苗夷社会研究》，民族出版社 2004 年版，第 263 页。

② 光绪《黎平府志》卷二下《苗蛮·苗类》，《中国地方志集成·贵州府县志辑》第 17 册，巴蜀书社 2006 年版，第 178—179 页。

殁",这些症状说明传说中的死变与活变一样,都是因人们得了某种疾病而引起的。但与活变不同的是,死变是患者死后复活而成为变婆,这给人感觉更加神秘。死人如何复活?这个问题的确不好回答,但从上文的描述来看,"尸不僵,温软犹生前。好事者以沙幕其面,以锥刺其肤,蠕蠕然动。死之家供酒食于前,犹起而食卧如故噎,异矣",可知患者仍有生命体征,其实并未死亡。文中所谓的"死亡",只不过是人们的一种说辞而已。

那么,病患明明没死,为何人们却说其已死了呢?这得从西南民间对疾病和死亡的认识出发,加以理解。英国人类学家詹姆斯·乔治·弗雷泽(James G. Frazer)曾指出,在圭亚那印第安人的观念中,疾病和死亡都是由恶灵所引起的。[1] 我国西南苗、侗、壮、瑶等许多民族,也存在着与此相似的观念,认为生病是受到鬼魂骚扰的结果,因此经常通过驱鬼仪式来治疗疾病。如景泰《云南图经志书》记载:"土人有病,多祭鬼,少求医、服药。"[2]又如弘治《贵州图经新志》记载贵州苗、侗等民族,"疾病则信巫屏医,专事祭鬼"[3]。再如雍正《广西通志》记载壮、瑶等民族,"有病不事医药,信巫畏鬼""疾病惟事巫觋"[4]。然而,"仪式疗法"的效果却是有限的,尤其是遇到身患重病的患者,常常祷而不愈,家人、邻里便认为病患被恶鬼缠身、必死

① 参见[英]詹姆斯·乔治·弗雷泽:《永生的信仰和对死者的崇拜》,李新萍、郭于华、王彪译,中国文联出版公司1992年版,第6页。
② 景泰《云南图经志书》卷一《云南府·风俗》,《续修四库全书》第681册,上海古籍出版社2002年版,第9页。
③ 弘治《贵州图经新志》卷四《思南府·风俗》,《中国地方志集成·贵州府县志辑》第1册,巴蜀书社2006年版,第53页。
④ 雍正《广西通志》卷九三《诸蛮》,《景印文渊阁四库全书》第567册,台湾商务印书馆1986年版,第561、563页。

无疑,所以往往不等其真正死亡就说他已死,并尽早地将他埋葬或弃之荒野:"祷病不愈,曰鬼所嫉也,弃之野。"①由此可知,死变故事中的病患实际上并没有真正死亡,而是被家人和邻里活埋了。活埋病患的现象在 1949 年以前的西南地区较为普遍,尤以活埋麻风病人为多。② 而有些病患在下葬后病情好转复苏,加之其墓由藤蔓堆盖,并不坚实,故能从墓中爬出。出来后,病患发现自己身处墓地,恐惧万分,于是急切返回家中。人们见状,便以为死者复活,成了"变婆"。

除了活埋垂危的病患外,西南部分地区民间还有活埋老人的习俗。这种习俗直到民国年间仍在贵州部分苗族地区流行。陈国钧对此记载道:"此外,生苗又有一种葬俗,是老年人常有厌生求死,请人活埋者……生苗的活埋,据云:年迈之人,当觉他的体力日渐衰弱,发生种种病痛,每晚不能成眠,白天又是东坐西站的发呆,更不能参与家人间的劳作,满口牙齿脱落,吃东西已困难,也不觉有何好滋味,任何娱乐活动都懒怠问津,终日价度着枯燥乏趣的生活,自谓老而无用,可以死去了……"③这里提到活埋的老人体弱多病,说明老人在本质上也是病患。不

---

① (清)查继佐:《罪惟录》卷三四《苗蛮列传》,浙江古籍出版社 1986 年版,第 2775 页。

② 1949 年前,云南、贵州等地均有活埋病患的情况,可参见云南省曲靖地区志编纂委员会编:《曲靖地区志》,云南人民出版社 1999 年版,第 351 页;《洱源县志》编纂委员会编:《洱源县志》,云南人民出版社 1996 年版,第 521 页;贵州省《锦屏县志》编纂委员会编:《锦屏县志》,贵州人民出版社 1995 年版,第 808 页;黄平县地方志编纂委员会编:《黄平县志》,贵州人民出版社 1993 年版,第 697 页;等等。

③ 陈国钧:《生苗的丧俗》,吴泽霖等:《贵州苗夷社会研究》,民族出版社 2004 年版,第 262 页。

过,将活埋老人的原因归结为其自己厌生求死,则似有推卸责任之嫌。前文已述,西南民间在历史上有恐惧疾病和死亡的传统,为避免家庭和社区遭到污染,子孙常常将老人遗弃在山中。由此推断,这里的"厌生求死"更多的是一种洗脱子孙活埋老人罪责的说法而已。出于对疾病和死亡的恐惧,像对待其他身患重病的病患一样,在老人尚未死亡之前就将他们匆匆埋葬,或许这才是活埋老人的真正原因。而某些垂危的老人被活埋后病情好转,则会像其他病患一样挣扎着从墓中出来并返回家中,成为所谓的"变婆"。这也可以解释为什么有些传说中的变婆往往就是由"死亡的老人复活"而来的:"今贵州近粤西府,思州、古州一带,常有老人已死,子孙埋之月余,或数月,其尸复从地中破棺而出,径反其家,饮食如故,惟不能言语。家人养之旬日,祝送之于野,变为异类而去,或能为虎豹诸兽不一,老妇尤多。凡死后变者,其生时目必圆,人以此辨之。知其死后必变矣。俗皆以'老变婆'呼之,不为异也。"①结合上文分析可知,民间传说的"死亡老人复活"现象看似神秘,其实不过是被活埋的垂危老人好转复苏的过程。

　　因活埋而引发的民间传说,并不是中国的特例。相似的现象在世界其他国家和地区也能见到,其中最为典型的就是西方民间盛传的"吸血鬼"(vampire)。据赫伯特·梅奥(Herbert Mayo)研究,所谓的"吸血鬼",其实是因假死而被活埋的人。②

---

　　①　(清)姚莹撰,黄季耕点校:《寸阴丛录》卷二《人变异类》,黄山书社 1991 年版,第 247—248 页。

　　②　Herbert Mayo, *Letters on the Truths Contained in Popular Superstitions*, Frankfort o/M.: John David Sauerlænder & Edinburgh: Messrs. Blackwood, 1849, p. 32.

在过去,造成活埋的因素很多,如人们误把处于晕厥状态的病人当成死人;或者误以为战场上被爆炸震晕的战士已死亡;或者因害怕传染病而将尚未咽气的患者匆匆埋葬。这都可能造成活人被埋的现象。而当这些人意识恢复时,往往已躺在棺材中。窒息、黑暗、恐惧,会迫使他们手抓脚踢、撕咬尸布、极力挣扎,甚至破棺而出。人们不解其故,便认为他们是"吸血鬼"复活。这样一传十、十传百,民间便形成了"吸血鬼"的传说。①可见,吸血鬼传说的形成与我国死变故事的形成如出一辙,都是由活埋而引发的民间叙事。综上可知,在过去,不管是得了怪病而生命垂危的病患,还是因年老体弱多病而垂危的病患,都有可能被家人、邻里活埋。有些被活埋的病患病情好转,挣扎着从墓中爬出并返回家园,便形成了我国西南地区传说中死而复生的"变婆"。由此可见,死变故事中的"变婆",本质上就是那些被活埋后复苏的病患。

在故事主题上,死变故事以"死而复生"为主题,与活变故事的"活人变虎"不同,但二者在情节上却具有相似性,即故事情节具有明显的反复特征。在死变故事中,家人、邻里因恐惧病患带来死亡污染而将其活埋,复苏的病患试图重新融入家园,但家人及邻里将"复活"的病患视为异类并想方设法地加以驱逐,最后病患被迫永久离开家园。由此可见,被活埋的病患与家人及邻里在其去留问题上依然形成一对难以调和的矛盾,并通过故事情节的反复使得二者之间的张力得以凸显。

---

① 参见[英]蒙塔古·萨默斯:《吸血鬼传奇》,韩杨、刘群译,新世界出版社 2005 年版,第 31—42 页。

五、结语

长期以来,我国民间故事的研究多从故事类型学出发,取得了丰硕的成果。① 然而,对故事背后所关涉的社会问题的探讨却较为薄弱。近年来,民间故事日益引起国内人类学、社会学、历史学等学科的关注,出现了一些重要的成果,如王明珂对岷江上游地区"毒药猫"故事的研究②,赵世瑜对华北地区"南蛮盗宝"故事的研究③,等等。这些论著在借鉴前人研究成果的基础之上,将民间故事置于区域开发、村落结构、资源竞争、族群认同等复杂的社会背景下加以解读,从而使一些看似荒诞不经和神秘莫测的故事有了具体的社会情境,进而变得更容易理解。受此启发,本文从疾病和人们如何对待病患这一社会视角出发,对我国西南民间广为流传的活变和死变两类变婆故事进行了分析。与前人不同的是,本文认为,不论活变故事还是死变故事,都并非荒诞不经的鬼怪传说,而是民间对现实生活中被驱赶和被活埋的两类病患及其命运的隐喻。

---

① 我国民间故事类型研究已取得了丰硕的成果,相关总结可参见刘魁立:《关于中国民间故事研究》,《北京师范大学学报》(社会科学版)1994 年第 6 期;高丙中:《故事类型研究的中国意义》,《河南教育学院学报》(哲学社会科学版)2008 年第 6 期;等等。

② 参见王明珂:《羌在汉藏之间》,中华书局 2008 年版,第 77—113 页。

③ 参见赵世瑜:《识宝传说:一个关于本土与异域的华北民间历史隐喻》,《小历史与大历史:区域社会史的理念、方法与实践》,生活·读书·新知三联书店 2006 年版,第 152—164 页。

首先,变婆故事在主题上分别隐喻着被驱赶和被活埋的两类病患。在活变故事中,活人变虎就成了变婆,这并不是说人真的能变成老虎,而是民间对疾病患者的一种隐喻性的说法,即民间把病患说成是老虎。之所以如此,一方面是因为病患受到疾病的影响,身心以及行为发生了诸多的变化,如身体长毛、四肢着地、喜吃生肉、攻击人类等,与老虎具有较多的相似性,因此很容易被民间想象成老虎。另一方面,民间对病患怀有恐惧感,认为他们会污染家庭和社区,应被驱逐,但驱逐活人在舆论上难免会遭到非议和谴责。因此,人们需要找到一个正当的理由来驱逐病患,以逃避指责。"活人变虎",就是一个很好的理由。人们可以借口说病患变成了老虎,威胁家人和邻里的安全,从而名正言顺地将其驱逐。在死变故事中,死人复活则被民间称为变婆,这并非人死后真能复活,而是被活埋的病患好转后复苏的现象。病患被埋主要是因为民间恐惧疾病,往往把尚未断气的患者说成是已死亡,然后将之匆匆埋葬。从以上两类变婆故事的主题来看,不论是把活人说成是老虎,抑或是把活人说成是死人,都不过是隐喻性的说法而已,并非事实,但这两类隐喻性的说法正如汤姆·马森(Tom Mason)等人所言,是一种"污名化"(stigmatized)的策略①,为人们排斥和驱赶病患提供了看似正当的理由。

其次,变婆故事的情节隐喻着被驱赶和被活埋的两类病患的悲惨命运。活变故事的主要情节——变婆离开家园、不久返

---

① Tom Mason, Caroline Carlisle, Caroline Watkins and Elizabeth Whitehead, *Stigma and Social Exclusion in Healthcare*, London and New York: Routledge, 2001.

回村落、遭人们驱赶、最后神秘消失,这事实上隐喻着病患遭到驱逐、因思念亲属返回村落、被人误解和驱逐、被迫永久离开的经历。死变故事的主要情节——变婆死后被葬、复活返回村落、被人们诱惑和驱离、最终变为山中野兽,则隐喻着病患被活埋、复苏后返回家园、不被接纳和遭到驱赶、被迫永久离开的过程。两类变婆故事虽然主要情节略有不同,但具有两个相同的特点:一是两者的主要故事情节都具有隐喻性,反映了病患在现实生活中的不幸遭遇;二是两者的主要故事情节具有明显的反复性,凸显出病患与家人及邻里在病患去留问题上存在的矛盾和张力。一方面,病患得病非其所愿,求生之本能使其眷恋家园,渴望获得亲邻的帮助。另一方面,按照通常的伦理道德观念来说,人们应当承担起对患病亲邻照顾和治疗的社会责任,亦即古人所提倡的"鳏、寡、孤、独、废疾者皆有所养"。但这只是儒家追求的一种理想状态,在现实生活中,尤其是在受儒家文化影响相对较小的西南苗、壮、侗等少数民族地区,人们不乏因恐惧病患带来疾病和死亡污染而将其拒之门外。病患与家人及邻里的这种矛盾和紧张的关系,是在特殊的历史条件下形成的。最根本的原因是过去医疗技术水平有限,人们对某些疾病缺乏科学的认识和有效的治疗方法,因此将疾病患者视为威胁社区安全和扰乱生活秩序的潜在因素,并对他们加以排斥。也正是这一缘故,具有隐喻性的活变和死变两类变婆故事在古代和近代西南地区特别流行,且常见于地方志之记载。相反,随着中华人民共和国成立后医疗技术水平的提高,病患与家人及邻里间的紧张关系得到舒缓,上述两类变婆故事的流传也就呈现弱化的趋势。所以,我们现在在民间听到较多的则是另一类具有童话色彩的、讲述人们如何智斗变婆的故事。

综上所述，历史上我国西南民间传说中的变婆，其实就是遭到家人及邻里驱赶和活埋的病患。他们的形成与西方流传的吸血鬼（vampire）、女巫（witch）、狼人（werewolf）等神秘形象一样，背后都涉及疾病（如黑死病、肺结核等）以及人们对待病人的态度，在本质上是一种社会问题。[①] 换言之，当人们因为恐惧疾病和死亡而给某些群体贴上标签的时候，那么与此相关的传说故事也就具有了社会隐喻的意义。

①　吸血鬼的相关研究参看前文注释；关于女巫和狼人的研究可参见 Carlo Ginzburg, *The Night Battles*：*Witchcraft and Agrarian Cults in the Sixteenth and Seventeenth Centuries*, trans by John and Anne Tedeschi, Baltimore：Johns Hopkins University Press, 1984；Robin Briggs, Witches and neighbors：the social and cultural context of European witchcraft, New York：Penguin Books, 1998；Adam Douglas, *the Beast Within*：*A History of the Werewolf*, London：Chapmans, 1992。

论明代杨家将小说对族群认同的影响[*]

——以湖南杨氏家族为例

明清小说在丰富市民文化生活上发挥了重要的作用,因此学界对其评价也主要集中在市民文化生活方面,而较少揭示其在乡村民众身份建构和族群认同上所扮演的重要角色。本文以湖南省杨家寨、川溪杨氏家族为例,主要通过分析明代杨家将小说与川溪杨氏谱序的关系,讨论明清小说对乡民身份建构和族群认同的重要影响。

一、杨家寨、川溪与杨氏家族

杨家寨、川溪是分属于湖南省麻阳县、凤凰县的两个自然村落,之间相距不过 10 公里,各自距离著名的凤凰古城大约 15 公里。两村居民以杨姓为主,以川溪为例,全村有 50 多户,200 余人,除几户杂姓外,其余全部姓杨。[①] 杨家寨更为特殊,

* 本文原载于《明清小说研究》2014 年第 3 期,系山东大学自主创新基金资助项目(2012GN027) 的阶段性成果。

① 访谈对象:杨再全(1943—) ;访谈人:龙圣;访谈时间:2008 年 8 月 19 日;访谈地点:凤凰县川溪村杨再全家中。

全村 200 来户全部为杨姓，是单一的杨氏聚居村落。① 据民国续修《川溪杨氏族谱》及笔者调查可知，两村杨姓本为一家，祖先都起源于麻阳杨家寨。由于杨家寨有限的土地资源满足不了家族人口的发展，有些族人便从杨家寨迁往不远的凤凰川溪定居，才有了川溪杨姓，后来又有族人从川溪迁出，在凤凰县各地谋求发展。②

杨家寨、川溪两村杨姓今日都被识别为汉族，村民在谈起自己的民族身份时，也都一致强调和认同他们为汉族，与周边土家族、苗族不同。③ 为证明自己是汉族，不是少数民族，川溪村民杨再全还给笔者讲了一个有趣的故事：

> 我有个亲戚是凤凰长坪三田湾那边的，听她说起过，那边有姓"阳"的，他们是太阳的"阳"。"阳"氏平时是不准戴栀子花的，只有人死的时候才能戴栀子花。"阳"氏家里有两条（个）神龛，一条（个）是高神龛，一条（个）是矮神龛。和我们这边不一样，我们这边只有一条

---

① 访谈对象：杨通宣（1958—）；访谈人：龙圣；访谈时间：2008 年 8 月 19 日；访谈地点：麻阳县石羊哨乡杨通宣家中。

② 参见民国《川溪杨氏族谱》，手抄本。该谱不但提到川溪杨姓祖先由麻阳县石羊哨迁往凤凰川溪，而且还在祖坟图中清楚地标明自己的祖坟在杨家寨。此外，杨再全、杨通宣在讲到两地杨姓的时候，都一致提及川溪杨姓是从杨家寨搬去的，两地杨姓原本就是一家。

③ 笔者调查时，川溪杨再全、杨家寨杨通宣告诉笔者他们为汉族，还提及这一带杨姓都是汉族，与凤凰县北部土家族杨姓不同。但他们的字辈均为"再、正、通、光、昌、胜、秀"七字。

(个)神龛。①

长坪三田湾(当地又称作"三里湾")位于凤凰县东北部，笔者调查得知，当地确实有大量杨姓居住，而且族人生前不准戴栀子花，死后才戴，但他们并非汉族，而是土家族。② 杨再全为证明自己是汉族，特意以习俗方面的差异来强调与三田湾等地土家族杨姓的不同。但有意思的是，其实川溪汉族杨姓以前的习俗与三田湾土家族杨姓习俗之间并无太大差异。据《川溪杨氏族谱》记载：

> 令家杨、令家田乃属三侯嫡裔至戚，因血统之关系，故禁忌较诸同姓尤异。凡此两家婆媳，一世不准戴栀子花，死后又以纸扎栀花插鬓傍，屋周四角不许放雨伞，每岁除夕，须煮鱼冻做喜鹊粑，以祀祖先。③

可见，川溪、杨家寨汉族杨姓与周边土家族杨姓一样，生前也不准戴栀子花，只有死后才将其戴在头上。这说明两者以前原本就是一个杨，后来才有了族群认同上的差异。此外，家族字辈也可证明两者具有十分密切的亲缘关系。据笔者调查，凤凰县长坪三田湾等地土家族杨姓字辈是"再、正、通、光、昌、

---

① 访谈对象：杨再全(1943—)；访谈人：龙圣；访谈时间：2008 年 8 月 19 日；访谈地点：凤凰县川溪村杨再全家中。
② 访谈对象：杨昌基(1937—)；访谈人：龙圣；访谈时间：2008 年 8 月 20 日；访谈地点：凤凰县长坪三田湾杨昌基家中。
③ 参见民国《川溪杨氏族谱》，手抄本。

盛、秀"，七字轮回使用。① 川溪、杨家寨杨姓的字辈也是这七字。② 由于七字轮回太快，有些辈分低的族人虽已七八十岁高龄，但见到族中某些辈分很高的小孩也得叫爷爷，以至于族人戏称"孙子当作爷爷喊"。这一说法在当地土家族杨姓和汉族杨姓中也都存在。可见，尽管川溪、杨家寨杨姓今日有着强烈的汉族认同感，但他们身上依旧带有非汉族群的痕迹。接下来，本文将对此问题做进一步的论证。

二、作为"蛮酋"的杨氏

湖南西部杨姓的历史源头已难以考证，但有资料表明至少在宋代，他们已活跃在这一地区。宋初，今湖南西部地区"蛮酋"大姓纷纷归附，宋朝在此设诚（后改称"靖州"）、沅、辰等州，隶属荆湖北路。③ 本文涉及的凤凰、麻阳两县分别在辰、沅二州境内。辰、沅、诚等州多溪峒地貌，即溪流穿过群山所形成的平坦区域，适合人类居住、生产，而且易守难攻。这种较封闭、独立的自然环境造就了地方多个强大、分散的武装势力，表现在：每个峒都有自己的"峒主"，在峒之上，又有"首领"负责

---

① 访谈对象：杨昌基（1937—）；访谈人：龙圣；访谈时间：2008 年 8 月 20 日；访谈地点：凤凰县长坪三田湾杨昌基家中。
② 据川溪杨再全、杨家寨杨通宣讲述。
③ 参见《宋史》卷八八《地理志四》，中华书局 1977 年版，第 2192 页。

管理多个峒的事务。① 其中,杨姓便是溪峒地区著名的首领之一,号称"十峒首领"。《宋史》对此有明确记载:"诚、徽州,唐溪峒州。宋初,杨氏居之,号十峒首领,以其族姓散掌州峒。"②杨氏以诚州(靖州)为中心,影响波及辰、沅、融等州,是湖南西部溪峒地区最有势力的家族之一。

为拓展并巩固疆土,北宋开国以来便设法招抚溪峒蛮酋,杨姓酋首迫于形势,多有率族人归附宋朝的情况。宋太宗太平兴国四年(979),首领杨蕴率先归附。③ 次年四月,十峒首领杨通宝归顺,被任命为诚州刺史。④ 淳化二年(991),诚州刺史杨政岩入朝朝贡,同年去世,由其子杨通盈继管诚州。⑤ 宋仁宗庆历元年(1041),徽州洞蛮首领杨通汉向宋朝贡。⑥ 嘉祐五年(1060),杨通汉之子杨光倩被任命为徽州知州,"抚遏蛮人"⑦。神宗时期,宋朝大力推行开边拓土政策,又陆陆续续招抚了大批溪峒酋首,其中不乏杨姓"蛮酋"。例如,熙宁八年

---

① 参见《宋史》卷四九四《蛮夷传二·西南溪峒诸蛮下》,中华书局1977年版,第14195页。

② 《宋史》卷四九四《蛮夷传二·诚徽州》,中华书局1977年版,第14197页。

③ 参见《宋史》卷四九四《蛮夷传二·诚徽州》,中华书局1977年版,第14197页。

④ 参见(宋)李焘:《续资治通鉴长编》第3册,中华书局1979年版,第475页。

⑤ 参见《宋史》卷四九四《蛮夷传二·诚徽州》,中华书局1977年版,第14197页。

⑥ 参见《宋史》卷一一《仁宗本纪三》,中华书局1977年版,第213页。

⑦ 《宋史》卷四九三《蛮夷传一·西南溪峒诸蛮上》,中华书局1977年版,第14185页。

（1075），杨光富率其族姓归附，宋朝以杨光富为右班殿直，以杨昌运五人补三班奉职，以杨晟情等十六人补三司将军。① 熙宁九年（1076），宋朝因杨昌愠等多次招谕溪峒人户有功，予其三班奉职，予杨昌绕、杨晟勤三班差使；又酋首杨光衔、杨昌向等出降后，因修路、建驿舍等功，被分别补为内殿崇班、右殿侍。② 熙宁十年（1077）六月，宋朝给诚州降酋杨光僭之子杨昌迷、杨昌等、杨昌达等六人各记一功，又以光僭长孙杨晟照为下班殿侍。③ 神宗元丰六年（1083），宋朝又进一步扩大开边规模，企图将与诚州相连的广西融州地区杨氏族人也并入诚州，但遭到酋首杨昌侬、杨圣照、杨昌首、杨圣生、杨圣判等的拒绝。宋朝最终根据其意愿，仍使其隶属融州。④

宋南渡以后，杨姓继续活跃在湖南溪峒地区。由于南宋偏安，疆域缩小，汉人多有侵占溪峒土地的情况，引起溪峒蛮不满，于是原本已经接受北宋官职的部分杨姓族人在南宋时期又开始率众反抗。宋高宗建炎年间，杨再兴及其子杨正修、正拱等率溪峒蛮出武岗，杀掠民财。⑤ 绍兴四年（1134），泰州刺史

---

① 参见《宋史》卷四九四《蛮夷传二·诚徽州》，中华书局 1977 年版，第 14197 页。

② 参见（宋）李焘：《续资治通鉴长编》第 20 册，中华书局 1979 年版，第 6802 页。

③ 参见（宋）李焘：《续资治通鉴长编》第 20 册，中华书局 1979 年版，第 6922 页。

④ 参见（宋）李焘：《续资治通鉴长编》第 23 册，中华书局 1979 年版，第 8048—8049 页。

⑤ 参见《宋史》卷四九四《蛮夷传二·西南溪峒诸蛮下》，中华书局 1977 年版，第 14190 页。

吴锡率兵挫败杨再兴等,擒其二孙。① 反抗并没有因此而停止,直到绍兴二十四年(1154)三月,杨正修、杨正拱兄弟二人被擒,反抗才最终被镇压下去。七月,正修、正拱二人被宋朝处死。②

由此可见,杨氏家族早在宋代便已活跃在今湖南西部地区。就其族群身份来说,他们被称为"溪峒蛮",有时也被称为"狪",或者"猺",并非汉人。更有意思的是,如果我们注意上文归降的各支杨姓族人姓名会发现,其字辈与今日川溪、杨家寨等地杨姓字辈一样,皆为"再、正、通、光、昌、胜、秀",只是个别字的写法有异而已,如"正"亦写作"政","胜"亦写作"晟"或者"圣",但读音和字辈的顺序完全一致。例如,上文出现过的便有:杨再兴—杨正修、正拱父子,杨政岩—杨通塩父子,杨光富—杨昌运—杨晟祖孙三代,杨光僭—杨昌邃、杨昌等、杨昌达—杨晟照祖孙三代,杨光衒—杨昌向,杨昌绕—杨晟勤,杨昌依—杨圣照,杨昌首—杨圣生、杨圣判等,均符合七字轮回的顺序。可见,川溪、杨家寨等杨姓原本就是当地"蛮酋"后裔,他们的祖先在宋代曾活跃于这一区域。那么,川溪、杨家寨杨姓为何在后来逐渐认同了汉族? 明代杨家将小说对这一认同的转变究竟有着怎样的影响?

---

① 参见(宋)李心传:《建炎以来系年要录》卷八一,光绪广雅书局刻本。

② 参见《宋史》卷三一《高宗本纪八》,中华书局 1977 年版,第580 页。

三、从"蛮酋"到"汉将"：杨家将小说
对杨氏族群认同的影响

　　明初,在今凤凰县南、北分别设五寨、筸子坪两土司,麻阳县境内设县管理。今川溪、杨家寨分别位于五寨司、麻阳县境内,司、县以西为苗民聚居区。自明初以来,苗民便不断反抗明朝统治,对五寨、麻阳等地造成极大的影响。为巩固统治,明嘉靖、万历、天启三朝,从北向南修筑起一道长达 400 里的边墙,将今凤凰县境划为东、西两部分,边墙以东归筸子坪、五寨司管理,以西属于苗地。① 边墙将司、县百姓与苗民隔开,前者向国家提供赋役,可进入官府设立的学校学习,参加科举考试;后者则不能享有这些权利。川溪、杨家寨杨姓在司、县境内,有机会接受汉族文化教育,因此在族群认同上也逐渐转向汉族。为摆脱"蛮夷"身份,从明末开始,他们通过祖先故事的建构来实现身份和认同的转变。以下是明代杨家寨族人杨正茂写的谱序,对这一变化有深刻体现:

　　　　杨氏起自周宣王少子尚父,封于杨,号曰杨侯……周秦以来,代不乏人……又杨炎,唐德宗时人,拜门下侍郎同平章事,建中元年作两税法,即夏税秋粮,后世皆仿行之。后为卢杞所挤,败崖州,未几赐死。公因目睹族枝繁衍,诚

① 　参见伍新福:《明代湘黔边"苗疆""堡哨""边墙"考》,《中南民族大学学报》(人文社会科学版)2003 年第 2 期。

恐上下倒置,长幼失序,遂订以"再、正、通、光、昌、胜、秀"七字为派,俾子孙挨递轮起,再加以世纪,则尊卑自见,而彝伦攸分矣!

继至北汉杨业公,太原人,初为刘均将,赐姓名刘继业,知兵善战,所向披靡,且杀宋师甚众,宋王患之。适均子继元降宋,宋使继元招之。业降后,复其姓名,号杨无敌,即杨老令公也。后被王侁强令将兵击辽,至陈家谷,为番兵所困,且身被数创,遂以头触李陵碑死,年七十八岁。后人有咏史诗云:"矢尽兵亡战力摧,陈家谷口马难回。李陵碑下成君节,千载行人为感哀。"后令婆折氏继握兵符,屡立战功。辽平之后,招封为折氏太君,妇人不从夫姓,古今惟一。仁宗复敕修天婆府梳妆楼,令太君居之,并饬文武官员至此下马。旋因五溪苗蛮变乱,遂命太君将兵征讨,屯兵于靖州飞山寨,眼观九代嗣孙,寿至一百四十余岁。薨,葬于武冈雪峰山顶。

所生七子,长延品,次延定,三延辉,四延朗,五延德,六延昭,七延嗣。女二,八姐九妹,俱有勇力。长适凌,次适刘。后伯叔兄弟九人,自天婆府离家,一往陕西蓝田县竹沙坪,一往江西吉安府太和县沙州坪,一往四川酉阳坪查,一往贵州思南府石阡、平头、乌罗,一往楚地靖州、五寨。至元朝泰定帝致治(和)元年九月十三日,择期俱在思南府已(以)作九股均分,各立一方。长房在陕西西安府蓝田县半坡,杨二房在江西吉安府太和县沙州坪,三房在南昌府丰城县,四房在四川酉阳坪查,五房在贵州平头、乌罗,六房在楚地五寨、靖州,七房在贵州思南府,八房在石阡府。三房胜和公分得五寨池街地,蒙二太师爷均粮,将胜和均过麻阳县石羊头杨家寨住。五房在靖州,因土地偏小,心怀不服,凭祖公杨文广将晚房绝户遗出渭阳县报木林、上下右冲、高垄塘、门口四处水田一石八斗四升出卖,得银三千两资补五房。五房将银于四月公兆达上蓝田县。胜和所生秀初,秀初所生五子,于泸溪南三都陈田地方,各持锔盖一片为记,遂各分手。一往都落,一往杨家寨,一往沅州,一往戊楚,一往辰溪。自分手之后,各有宗枝流传,不烦弹述。

时在天顺纪元立夏前五日,裔孙正茂谨撰并书。①

杨家寨明代族人杨正茂的这篇序已将始祖追溯到了周代,而且认为历史上有两个人物对杨氏家族影响最大:一个是唐代宰相杨炎,据说"再、正、通、光、昌、胜、秀"的字辈就是由其订立;另一个便是北宋名将杨业,并且认为湖南五寨、麻阳、靖州等地杨氏皆为杨业后裔。在这篇序文里,宋代"蛮酋"祖先的历史通通被抹去,代之以"汉将"祖先被派往南方征蛮的历史记忆,于是当地杨氏在族群身份和认同上得以实现从"蛮酋"后裔到"汉将"后裔的转变。

那么,杨正茂如何能建构出这样一个情节丰富、细致的"汉将"祖先被派往南方征蛮的故事呢?本文认为,明代杨家将小说为其建构祖先历史,实现族群身份和认同的转变提供了重要的文化资源。

为说明上述问题,我们首先要对杨正茂作序之时间做一考订。该序落款在"天顺纪元立夏前五日",即1457年,但这一

---

① 民国《川溪杨氏族谱》,手抄本。

时间应当有误。谱序中有诗云:"矢尽兵亡战力摧,陈家谷口马难回。李陵碑下成君节,千载行人为感哀。"该诗为明代著名小说家周礼所作。周礼,字德恭,别号静轩,著有《秉烛清谈》《湖海奇闻》等。明代名著《三国志通俗演义》《金瓶梅词话》均留有其静轩之名号,《明史》对其也有记载,但都语焉不详。陈国军通过正史、方志等考证出其生卒年当在景泰八年(1457)和嘉靖四年(1525)前后。① 所以,天顺元年(1457)时值周静轩出生前后,杨正茂绝不可能得周氏诗文引用。此外,《川溪杨氏族谱》记载杨正茂为"莘公长子,麻阳县廪生。生于万历六年戊寅(1578)九月十二日寅时,殁于崇祯十四年辛巳(1641)九月初四日丑时"②。天顺元年,杨正茂还未出生,自然不可能写这篇序。那么,该序究竟作于何时呢?在《川溪杨氏族谱》中,紧接着该序的为《序余小言》,从名称可知其与谱序写作时间相近,其落款年代为"大明天启二年壬戌岁"。由此推测,杨正茂之序应当作于"天启元年",即1621年。由于谱牒容易被虫蛀,可能"启"字被蛀掉后只剩下"天"字,明朝有"天顺""天启"两个以"天"字开头的年号,后人增补时极有可能选择了"天顺",才导致这个错误的发生。相关研究表明,杨家将的故事早在北宋杨业死后不久,就已经在民间流传开了。但直到元代杂剧中,才出现关于令婆佘氏的形象。明初可能有关于杨家将的平话本和小说出现,但今已不传。明中后期,出现两部现存最早的杨家将小说《杨家府演义》和《北宋志传》。

---

① 参见陈国军:《周静轩及其〈湖海奇闻〉考论》,《文学遗产》2005年第6期。

② 民国《川溪杨氏族谱》,手抄本。

前者最早为明万历三十四年（1606）卧松阁刊本，后者有三台馆、世德堂、叶昆池三个本子，世德堂、叶昆池有万历二十一年（1593）序，三台馆本可能更早。而在这两部小说中，各种女性英雄形象也得以展现出来。① 可见，杨家将故事各情节的完备须在明中叶以后，杨正茂作序在明末天启年间，因此可以从杨家将小说中摘取细节，使祖先故事编造得更具体、丰满。

除时间外，笔者将杨正茂在谱序中提到的各种信息与《北宋志传》《杨家府演义》两部明代小说相比较，发现序中内容和情节分别取自两书。《北宋志传》作者为明人熊大木，全书共五十回。谱序在内容上，主要有三处借鉴了《北宋志传》，具体情况如下：

第一，谱序提及杨业七子，即长延品、次延定、三延辉、四延朗、五延德、六延昭、七延嗣，遵从《北宋志传》中杨业七子之说。该书第十六回《太宗驾幸五台山　渊平战死幽州城》记载："渊平曰：'陛下快脱下御袍。臣父与六郎延昭、七郎延嗣保车驾出东门。小臣与弟二郎延定、三郎延辉、四郎延朗、五朗延德出西门诈降。不然，君臣难保。'"②据此，我们可以排出杨业七子：长渊平、次延定、三延辉、四延朗、五延德、六延昭、七延嗣。谱序除将长子"渊平"改作"延品"外，其余六子名称、排序

---

① 相关研究，参见裴效维：《杨家将故事的产生与嬗变》，《徐州师范大学学报》（哲学社会科学版）2005 年第 1 期；杨建宏：《略论杨门男将演变成杨门女将的文化意蕴》，《长沙大学学报》2004 年第 1 期；孙旭、张平仁：《〈杨家府演义〉与〈北宋志传〉考论》，《明清小说研究》2001 年第 1 期。

② （明）熊大木编撰，穆公标点：《杨家将演义》，上海古籍出版社1995 年版，第 64 页。该书内容实为《北宋志传》，书名在点校出版时被改作《杨家将演义》，参见"前言"第 2 页。

与《北宋志传》所述完全一样。

第二,谱序中提到八姐、九妹二人,而《北宋志传》从第十回《八王进献反间计　光美奉使说杨业》开始提到这两位女性:"时有二妹在旁,长曰八娘,年十五;次曰九妹,年十三。"①此后,第十七回《宋太宗议征北番　柴太郡奏保杨业》、第二十一回《宋名臣辞官解印　萧太后议图中原》、第二十二回《杨家将晋阳武斗　杨郡马领镇三关》、第二十七回《枢密计倾无佞府　金吾拆毁天波楼》、第三十五回《孟良盗走白骥马　宗保佳遇穆桂英》、第三十六回《宗保部众看天阵　真宗筑坛封将帅》、第三十七回《黄琼女反投宋营　穆桂英破阵救姑》、第三十八回《宗保议攻迷魂阵　五郎降伏萧天佐》、第三十九回《宋真宗下诏搬师　王枢密进用反间》、第四十一回《杨延朗暗助粮草　八娘子大战番兵》、第四十二回《杨郡马议取北境　重阳女大闹幽州》、第四十八回《杨宗保困陷金山　周夫人力主救兵》、第四十九回《杜娘子大破妖党　马赛英火烧番营》,又多次提到两者的英雄事迹。

第三,谱序中关于杨业以头撞死于李陵碑的说法和诗文,则出自《北宋志传》第十八回《呼延赞大战辽兵　李陵碑杨业死节》:"众泣曰:'将军为王事到此,吾辈安忍生还?'遂拥业走出胡原,见一石碑,上刻'李陵碑'三字。业自思曰:'汉李陵不忠于国,安用此为哉?'顾谓众军曰:'吾不能保汝等,此处是我报主之所,众人当自为计。'言罢,抛了金盔,连叫数声:'皇天!皇天!实鉴此心。'遂触碑而死。可惜太原豪杰,今朝一命胡

---

① 　(明)熊大木编撰,穆公标点:《杨家将演义》,上海古籍出版社1995年版,第39页。

尘。静轩有诗叹曰:'矢尽兵亡战力摧,陈家谷口马难回。李陵碑下成大节,千古行人为感悲。'"①杨正茂谱序中征引的正是此诗,仅改了个别字而已。

由此可见,杨正茂之序在内容上主要参考和借鉴了《北宋志传》,使得序中祖先故事编造得比较丰满、具体。尽管如此,《北宋志传》主要讲述杨家将抗辽的故事,前十回主要写杨业如何归降北宋的经过;第十一回至四十三回,主要写杨家将屡次出兵抗击辽军,最终灭辽;后七回写十二寡妇征西夏,最终凯旋回朝的故事。因此,该书并没有讲到杨家将南征情节。巧合的是,另一明代杨家将小说《杨家府演义》当中恰好有此情节。《杨家府演义》全书八卷,共五十八则故事,线索与《北宋志传》相似,但在杨家将灭辽封赏之后、十二寡妇西征之前,多出了南征蛮王侬智高之事。该书第六卷《邕州侬智高叛宋》《侬王打破长净关》,第七卷《宗保领兵征智高》《文广困陷柳州城》《宣娘化兵截路》讲的便是杨宗保、杨文广父子南征五溪蛮王侬智高的故事。② 其间,杨文广还被困柳州城内,幸好宣娘援救,并出计策,才最终打败蛮王侬智高。杨正茂序中提到平辽后不久,五溪苗蛮变乱,杨家将南征的情节便取自于此。

当然,杨正茂之序虽然参考了《北宋志传》《杨家府演义》两部小说,但也有自己的想象。为自圆其说,他将杨家将小说内容、情节和自己的想象相结合,编造出新的祖先历史,由此实现族群身份和认同的转变。

---

① （明）熊大木编撰,穆公标点:《杨家将演义》,上海古籍出版社1995年版,第72页。

② （明）无名氏编撰:《杨家府演义》,上海古籍出版社1980年版,第216—238页。

四、结语

族群及其认同是人类学关注的基本问题,与情感根基、资源竞争等因素密切相关。① 近年来,历史学介入该领域,从政治、经济制度等层面出发,探讨户籍、赋役等制度在族群认同变迁当中扮演的角色。② 本文以明代杨家将小说为例,将人类学、历史学关注的族群认同问题引入小说研究当中,试图表明明清小说对乡民族群认同的变迁也具有深刻的影响。明清小说研究可借助多学科的方法、理论,拓展研究思路,以深化我们对其研究价值和意义的理解。

通过本文分析,我们看到湖南川溪、杨家寨杨氏祖先为宋代著名"蛮酋",但经过长期的互动,杨姓在明代被进一步整合到国家统治当中,接受文化教育,因此在族群认同上也有了变化。麻阳县廪生杨正茂作为杨氏家族中的受教育者,率先通过祖先故事的建构,来实现族群身份和认同的转变。我们通过对谱序的考订、分析可知,其之所以能够建构一个具体、丰满的祖先故事,主要是参考了当时流行的两部杨家将小说《北宋志传》和《杨家府演义》。可见,小说之意义不仅在于丰富市民文

---

① 相关理论参见王明珂:《华夏边缘:历史记忆与族群认同》,社会科学文献出版社 2006 年版,第 9—20 页。

② 关于这方面的研究,参见科大卫:《皇帝和祖宗——华南的国家与宗族》,卜永坚译,江苏人民出版社 2009 年版;贺喜:《亦神亦祖:粤西南信仰构建的社会史》,生活·读书·新知三联书店 2011 年版;唐晓涛:《俍傜何在——明清时期广西浔州府的族群变迁》,民族出版社 2011 年版。

化生活，而且也为乡民提供了建构家族历史的文化资源，从而深刻影响到其身份建构和族群认同。进一步而言，明代杨家将小说推动杨家寨、川溪杨姓从"蛮酋"后裔到"汉将"后裔的转变，对其后来的历史也产生了深刻的影响，否则我们就难以理解今日杨氏家族为何具有高度的汉族认同感。从这个意义上说，明代杨家将小说也在一定程度上推动了我国以汉族为主体的多民族国家的形成。

清代湘西社会变迁与白帝天王信仰故事演变[*]

——以杨氏家族为例

　　白帝天王信仰在清代流行于湖南西部（简称"湘西"）乾州、凤凰、永绥等地。清代、民国时期，有关该信仰的故事也在上述地区广为流传。研究者往往直接把这些故事进行分类，当作某某族群的故事版本；或从汉文典籍中找其原型，对故事"追根溯源"。然而，论者很少对这些故事文本制造的机制和过程作深刻分析，以至于其解释有牵强附会的嫌疑。本文试图以清代湘西杨氏家族为例，分析其不同时期在白帝天王叙事上的异同及背后的原因，以展现一个通行的故事版本是如何由部分群体在具体的历史情境当中创造出来，并不断被放大以至于成为一种地方性话语的过程。

一、由人到神：清代白帝天王故事的家族叙事演变

　　湘西白帝天王神与杨姓有着密切关系。至今，生活在凤凰

---

　　* 本文原载于《民俗研究》2011 年第 3 期。

县东北部的杨姓人群还把白帝天王当作祖先神祭祀。而早在清前期,这一地区便流传着白帝天王的故事。康熙五十四年(1715)所立的《靖疆营重修天王神庙碑》记载:

> 今天子御极五十有二年,余奉命驻扎算城。既而以查边过乾,乾之阳有庙且旧,榜其上曰:天王庙。余不知其所由,进父老而问之。父老曰:神之庙食于兹土者,四百有余岁矣!有大庙在鸦溪,此其拜亭也。所谓三王者,盖兄弟云。长曰金龙,次曰金彪,又次曰金纂,出于杨,为宋名将业八世孙。宋南渡,孝宗朝,奉命征讨辰蛮……歼其渠魁何车,斩首九千余级。蛮畏其威,民怀其德,遂立庙以祀之……自居民及苗蛮,有暧昧隐情,国法不能得者,临之以神,辄尽言无隐,宁死不敢入庙。人有不信者,誓言于神,终身不敢渝,渝则必殛之如其誓……
>
> 康熙五十四年岁次乙未季春中浣榖旦立。①

此故事由辰沅靖道周文元从凤凰厅靖疆营听闻而来。靖疆营以及下文将提及的都吾、务头等地均位于凤凰厅东北部,是杨氏的族居地。或许是因"杨业八世孙"说法的影响,其至今日仍自称"令家杨"。因此,碑刻中的故事虽出于当地"父老"之口,但同时也可视为此地杨氏的家族故事。故事描述了天王平蛮有功、死后成神的经历,而核心则是强调天王在解决民间纠纷中的审判权威。从来历上看,天王是杨业之后,没有一点神话色彩。然而晚清以来流传的故事版本,却与此大不相

---

① 光绪《凤凰厅续志》卷一《典礼》,清光绪十八年(1892)刻本。

同。我们不妨看看晚清地方志关于白帝天王来历的记载。光
绪《凤凰厅续志》收录了一篇《三王传略》，全文近两千字。现
摘录有关三王来历部分如下：

　　间尝历访三王出身事迹，言人人殊，即征考遗编，亦多
牵会。兹得都吾杨氏前朝谱牒，证以旧闻，似堪依据。谨
按谱载：三王降神之始，本龙种也，为靖州蒙姓外孙，嗣继
于渭阳杨氏……。当宋徽宗朝，有杨昌除者……。重和二
年，以剿平皮历、竹滩、古州八万苗蛮功，封显武将军，复讨
降靖州猛犵，授宣抚军民总管，专制靖州……。地有洞天，
厥名龙凤，是藏灵迹，每化人形，巾服丽都，居然雅士，渐与
近村蒙翁交厚。蒙有田沿洞侧，恒忧乏水，一日私祝曰：
"有能泽兹荒瘠，吾当以女妻之。"灵锐自承，俄而，塍畔泉
生，偏成良沃，蒙遂赘灵为婿。居岁余，了无他异，惟豪饮
千觞不醉，为众所惊。靖康丙午元年，姻党贺春，宾筵盛
集，蒙女戏语家人曰："郎平日不喜酸，今试置醯酒中，或
可醉也。"如其言，灵醉，奋现龙形，拿雾攫空飞去……。
是年五月五日申时，一产三男，状皆魁猛，命名金龙、金彪、
金纂，即三王也。未几，蒙女病亡，蒙翁以孕感非常，惧贻
殃咎，心恶之。会先夕，昌除梦三飞熊遨戏宣司庭下，一
白、一赤、一黝。诘旦，闻蒙家生三子，色与梦符，亟往乞
归，载名杨氏家乘，嗣为己后，论派易金而胜，垂髫嶷爽，见
者咸敬畏焉。①

────────────

　　①　光绪《凤凰厅续志》卷一《典礼》，清光绪十八年（1892）刻本。

此故事声称源自都吾明代杨氏谱牒记载。然而其存在诸多问题,并非明代产物,乃是杨氏家族在晚清时期的文化创造,此点将在下文详论。就整个故事而言,前半部分强调天王与龙神的关系以及龙神降雨救助禾苗的强大法力;故事后半节和上文碑刻所述相似,也是在讲述其平蛮有功的经历和死后成神的灵验,只不过细节上更加丰富而已。民国年间,苗族学者石启贵在乾州一带搜集到的故事版本与此相似,可见是延续了晚清以来的说法。①

对比清前期与晚期两个故事,我们很容易发现,其主人翁由杨业之后变成了龙神之子,具有了神的身份,而杨家将的说法则不见于晚期的记载。白帝天王降生故事何以发生如此大的变化?杨氏家族为何要在晚清时期改变天王的来历,如何来解释和协调前后两个故事中人与神的关系?这一新的故事版本又何以能进入地方志,并成为晚清、民国时期影响当地的普遍性说法?要回答这些问题,便不得不对清中叶以来湘西社会变化和杨氏家族的境遇及应对做一深刻探讨。

二、清中叶以来湘西社会变化 与天王祈雨神力的凸显

自清初改土归流以来,湘西苗疆门户洞开,大量外来人口进入山区开发。在积累起一定财富后,客民逐渐通过放债抵

① 参见石启贵:《湘西苗族实地调查报告》,湖南人民出版社 2002年版,第 222—224 页。

偿、买卖等方式占有了苗族地区的大量田土，导致土地资源越发紧张，土客之间的矛盾日趋尖锐化，最终引发了历史上著名的乾嘉苗民起义。乾隆六十年（1795），湘黔边境苗族等联合围攻乾州、凤凰、永绥、松桃四厅城，以武力驱逐这些地区的客民，夺回田土。清廷闻讯后，慌忙调集湘、鄂、川、黔等省兵力镇压，在嘉庆元年年底平息了大规模的反抗，但各地小规模的抗争却持续了十余年之久。

经过这次严重打击和教训，清廷认识到土地问题是湘西地方社会秩序崩溃的根本原因。因此，乱后社会秩序的恢复也是围绕着土地这一核心问题而展开。为此，从嘉庆四年起至十年（1799—1805），清廷在湘西凤凰厅、乾州厅、永绥厅、泸溪县、麻阳县、古丈坪厅、保靖县均民田 61000 余亩，建立"民屯"。嘉庆十一年至十四年（1806—1809），又大规模查丈"叛产""占田"，扩大屯田范围，建立"苗屯"。嘉庆十三年（1808），共均民、苗田土达 13 万余亩。自嘉庆十六年（1811），续丈田土21000 余亩，共计屯田土 15 万余亩。① 所均田土属公有，佃给土民、苗民耕种，不得买卖。屯租则用以支付维护地方秩序所需的各项开支，包括养勇守边、重建碉卡和边墙、开办学校等。② 这一系列措施总称"屯政"，建立在湘西民间大量田土充公基础之上。经此一变，湘西许多地方私田所剩无几，而屯田负担又相当沉重。据研究，直到 1949 年前，屯租占到亩产收获物的 60%。相对而言，民间租佃率只在 15%—30%。官方也承

---

① 参见刘善述：《湘西苗民革屯史志》，中国文联出版社 1999 年版，第 34 页。

② 参见伍新福：《清代湘西苗族地区"屯政"纪略》，《中南民族学院学报》（哲学社会科学版）1983 年第 2 期。

认应缴屯租超过同一时期其他地区田赋钱粮 200 余倍。① 由此可见，屯政极大加剧了湘西人民的负担，完纳屯粮从此成为社会生活中的一件大事。

这一变化对此后的白帝天王故事产生了怎样的影响呢？从文献上看，清前期的记载主要强调天王解决民间纠纷的审判权威，天王庙也因此成为官民理决纠纷的重要场所。上述康熙年间碑刻强调的也正是这一点，而乾隆年间湘西各地方志记载也不例外："苗民遇有冤忿，必告庙誓神，刺猫血滴酒中，饮以盟心，谓之吃血。吃血后三日，必宰牲酬愿，谓之悔罪做鬼，其入庙则膝行股栗，莫敢仰视。抱歉者，则逡巡不敢饮。其誓必曰：'你若冤我，我大发大旺；我若冤你，我九死九绝。'犹云祸及子孙也。事无大小，吃血方无反悔，否则虽官断亦不能治。盖苗人畏鬼甚于畏法也。"②由于天王审判的灵验，相邻的贵州省松桃厅还曾将天王请去裁决土地纠纷："距城北五十里地名曰抵，乾隆年间乡民争山土界，连年构讼，闻湖南镇筸地有天王神素灵显，遂异此神至界所，鸣锣焚香，求示灵应。三日后，地忽分裂数十丈，界限朗然，各畏服。"③这些均说明在乾嘉起义以前，白帝天王神格主要体现在审判权威上，民间少有将其与

---

① 参见伍新福：《试论清代"屯政"对湘西苗族社会发展的影响》，《民族研究》1983 年第 3 期。

② 乾隆《凤凰厅志》卷一四《风俗》，清乾隆二十三年（1758）刻本。与此相似的记载可见乾隆《乾州志》卷二《风俗》，清乾隆四年（1739）刻本；乾隆《辰州府志》卷一四《风俗》，清乾隆三十年（1765）刻本；乾隆《楚南苗志》卷四《开庙吃血》，清乾隆刻本。

③ 道光《松桃厅志》卷三二《杂识》，清道光十六年（1836）松高书院刻本。

祈雨等形象相联系。

然而,自屯政推行后,湘西民间完粮纳税负担骤然加重,自然也就更加渴望风调雨顺、农业丰收。这一深刻变化和社会心理需求也直接影响到白帝天王的民间叙事,天王与龙神的关系和祈雨神力在各种民间故事及仪式活动中得以凸显。

为应对旱灾、保证屯粮丰收,嘉庆年间,乾州厅便出现官员和乡民联合利用白帝天王祈雨的活动。"厅城偶遇旱年,厅官虔诚斋戒,诣龙神祠、城隍庙祈求雨泽。如迟久不雨,鸦溪设诚,求祷于天王庙,甚至迎神像入城至龙神祠,请官行香辄雨。"①相邻的凤凰厅在道光年间,也出现利用白帝天王祈求晴雨的记载:"十六年,迅获本城凶犯钟潮栋等,以及接岁祈求晴雨,无不应时。"②

延至晚清、民国时期,白帝天王为龙神之子的故事和祈雨活动已深入人心。如光绪《乾州厅志》记载:"盖本处父老流传雅(鸦)溪杨老洞官有室女,性贞静、寡言笑,一日浣沙龙井坝,忽见金光射体,如有所感,载震载凤。逾年,居然一胎生子三,因矢志不嫁,抚育成人,遂从母姓,三王是也。"③民国年间,当地流传的故事以此为蓝本,只是细节更加丰富而已。

> 太后娘娘之父亲……名曰杨老栋官者,系砂子坳人,有田百亩在鸦溪龙井坝上……因当时天干地裂,旱魃过

---

① 光绪《乾州厅志》卷四《典礼》,清同治十一年(1872)修、光绪三年(1877)续修本。

② 光绪《凤凰厅续志》卷一《典礼》,清光绪十八年(1892)刻本。

③ 光绪《乾州厅志》卷四《典礼》,清同治十一年(1872)修、光绪三年(1877)续修本。

久,禾苗枯槁,几将殆尽……杨老携女于田边……虔诚求
雨泽云:"天老爷呀!旱灾流行,禾苗干枯,可怜农人,有
种无收,请赐天恩,早降雨泽,救济禾苗。倘蒙降霖,不但
仅是建醮答天,并愿将女穆英配之。决不食言。"……该
处龙井之龙神,听见栋官祷告此语……便发动风雨雷神,
涌水降霖,救全禾苗……一天,该女往龙井浣洗衣服……
涌水来潮,扬波四起,该女竟被波涛卷起,推入井孔中而
去。龙王得其到手,强迫成婚,遂结龙胎,始生三王。①

其祈雨神力也在游神活动及仪式上得以延续。至民国年间,乾
州等地每年都还举行盛大的天王游神祈雨活动。

> 每当三、四月间,或五、六月间,天旱无雨时,一般农
民,不能耕作,望雨若渴,恐误农事,社会村民,往往发起迎
神之举。至尊者,莫如天王神。威名赫赫,庙在鸦溪,神像
庄严,遐迩崇仰,香火甚盛,人民求雨喜迎之。若旱极时,
一般为首者邀集若干村民户数,相率至庙迎之……启行
时,燃烛烧香,大放鞭炮。迎神之人,捧香前行,鸣锣开伞,
执事喧阗……鱼贯而行,秩序井然。到地即扎雨坛一座
(有行宫处,雨坛略之),上摆香米肉酒、燃烛烧香、五供果
品、净茶等项。用觋师一人,请神下轿,安排上座,打笤问
神何日得雨。有时显应,立降滂沱,救济禾苗。得雨后,相
邀购办肥猪一只,酬谢神恩……请神领受,求保佑。完毕,

---

① 石启贵:《湘西苗族实地调查报告》,湖南人民出版社 2002 年版,
第 222—223 页。

大家集合,分成十人一团共食之。食毕,请神上轿,一致送神,仪式一切,与欢迎同。惟经过市巷,住户均烧香纸敬奉,甚有放鞭炮者。送入庙中,安神上座,事毕矣。此种作法,各地皆有,惟乾州乡之仙镇营独盛,几乎成为惯例,年年举行。①

清中叶以来,完纳屯租成为湘西民众社会生活中的大事,促使其具有渴望风调雨顺的强烈诉求。此后的天王降生故事,实际上就是一种民间对白帝天王祈雨神力的想象和合理化解释,反映了该地域深刻的社会转型和制度变迁。白帝天王祈雨神格正是在这样的背景下凸显的。在这样一个社会变化时期,生活在其中的杨氏家族遭遇了什么? 如何应对? 又是如何影响到白帝天王信仰的家族叙事并成为一种通行的地方话语呢?

三、杨氏家族之应对与故事的发明

乾嘉起义中,湘西凤凰、乾州、永绥三厅被围,乡村多遭焚掠。如在凤凰厅西南部翁来、竹林坪等地的杨氏,"及乾隆乙卯年,红苗复乱,较前更甚矣,少则七十八十,多则千百,四出焚杀,掳掠闾阎"②。凤凰厅东北部令家杨也遭遇同样的经历:"大清乾隆六十年乙卯岁,黔楚王瓜寨逆苗匪石柳橙、石三保

---

① 石启贵:《湘西苗族实地调查报告》,湖南人民出版社 2002 年版,第 481—482 页。

② 四川黔江地区民族事务委员会编:《川东南少数民族史料辑》,四川民族出版社 1996 年版,第 347 页。

等纠约两省苗匪肆扰焚杀,抢掠凤、乾、永、保、泸、麻各村庄,焚尽田房。"①起义平息后,湘西推行屯政,由于令家杨居住的都吾、务头等地受到的冲击最为严重,因此重重设防。"惟都吾、务头二约,逼近苗寨,自长凝哨、近关碉起,至与乾州交界之老营盘、沙坪碉止,筑边墙一道。所建汛堡、屯卡、碉楼、哨台、炮台、关门,较密于他约。"②这使得其居民付出田土尽被充公的沉重代价:"惟贴近苗寨之都吾、务头二约,田地尽被前右二营花黑等苗强占,结寨居住,抗不迁移,所安民屯屡被攻毁,不惟不容民户归复,并赴后路纵掠,愈侵愈远,即沿边营汛皆有难以立存之势,该民户等知该处苗情最为凶横,万难复业,并知此路所安碉卡、哨台较之南路增至数倍,需人更多,田少岂敷分给?是以情愿将所有该二约田地全行呈出充公,此下五峒、溪口等二约田亩照例均出,而都吾等二约田亩尽行充公之原委也。"③以上只不过是官方的一面之词,该地杨氏对此多有不满。嘉庆十年,都吾杨胜壁、杨胜濂、杨胜瑚等联合田姓、唐姓、苏姓、周姓等就田土尽充之事向湖南布政司呈控。结果,杨胜壁等人生员身份被革,并受杖责。嘉庆十六年,杨胜濂之兄及侄儿杨胜壁、杨秀珠、杨秀洪等京控,反遭杖责和充军处罚。杨胜壁等亡命出逃。④

---

① 道光《杨氏族谱》,手抄本。该族谱影印件由凤凰县田广收藏。
② 道光《凤凰厅志》卷一《舆图》,清道光四年(1824)刻本。
③ 道光《凤凰厅志》卷八《屯防一》,清道光四年(1824)刻本。
④ 《凤凰厅民杨胜壁妄思退田获利诱骗业户帮给盘费教唆捏控到案供明从宽拟杖完结》《凤凰厅革生杨秀珠妄思退给均田乡业户索谢赴京捏控拟军》,(清)佚名氏编:《苗疆屯防实录》卷二五《均田》,扬州古旧书店扫描油印本。

上述一系列变故,对都吾等地杨氏家族影响很大。道光年间,在凤凰厅充当书吏的杨胜明(字静源)感叹:"余再四思维,想乙卯岁,逆苗滋害,家户逃难境外郡邑。嘉庆五年又被总理边务凤凰厅宪傅鼐设屯,将都吾、务头两约田土一律充公养勇,此是天数已定,不能挽回。余监在衙门,目睹情形,宗支多不能归理。"①面对乱后老谱失传、田土充公、族人难以归业的情况,杨胜明等要振兴家族,非有谱牒不可。"无谱何以睦九族,何以别亲疏,何以分远近,一言总在,谱彰万代,永垂世远。无谱,后世子孙渺茫无影。"②但在动乱中,杨氏"老谱、文契俱已焚毁,挂漏无存,各处采访,仅获残简二,无章,难以之齐"。这为家族重振带来了很大困难,以至于杨氏不得不借助其他宗族世系和故老传闻来编纂谱牒。

> 余子秀森大清道光十二年四月间,会到沅郡探亲,览获芷邑同宗刻印族谱二本,携回查看,内载访到贵州省溪司同宗官署杨懋源处得一老谱源流,嘉庆十三年戊辰岁编修成谱,并记昔年先人言传。③

由此,杨胜明等编纂的道光《杨氏族谱》即是根据两本残谱、铜仁省溪老谱源流、芷江新谱编修而成。因为两本残谱只是世系,前后没有章目,杨氏续谱时会遇到很大困难。尤其是一直被奉为祖先神的白帝天王应该处于整个家族世系的什么

---

① 道光《杨氏族谱》,手抄本。该族谱影印件由凤凰县田广收藏。
② 道光《杨氏族谱》,手抄本。该族谱影印件由凤凰县田广收藏。
③ 道光《杨氏族谱》,手抄本。该族谱影印件由凤凰县田广收藏。

位置？这多少给杨胜明等人带来了麻烦。按照省溪、芷江谱系：

　　一世杨滚公—二世杨继业—三世杨秀端—四世杨再思—五世杨正滔—六世杨通声—七世杨光宾—八世杨昌除—九世杨胜聪……①

照此谱系，杨继业为二世祖。由前述碑刻可知至少在康熙年间，凤凰东北部杨氏便有白帝天王为杨业八世孙之说。由此，杨胜明等人以杨继业为一世，算到杨昌除为七世。所以，白帝天王应是杨昌除的下一代。然而，不论是省溪老谱源流，抑或芷江新谱，杨昌除的下一辈，即"胜"字辈中并无金龙、金彪、金纂三人。族谱当中也没有关于白帝天王的故事。于是，杨胜明等为了协调这个矛盾，在天王来历的处理上，借助了所谓的故老传闻："一（乙）卯苗变，又复惨遭兵焚，家藏旧谱尽为灰炉，前后颠末尤费搜寻，而我族静源诸前辈独慨然力肩斯役，广为采辑，草创成编。其可得而考者，则本谱、芷［江］、铜仁新谱。其不可得而考者，则访乡村父老。"②而此时，由于屯政的影响，民间盛传天王乃龙神之子。因此，这一说法被采纳进谱牒。但为了照顾杨业八世孙的家族旧闻，于是有了白帝天王乃龙神之子，被杨昌除收养的故事。

----

① 四川黔江地区民族事务委员会编：《川东南少数民族史料辑》，四川民族出版社 1996 年版，第 362 页。

② 道光《杨氏族谱》，手抄本。该族谱影印件由凤凰县田广收藏。

尝观五帝三王,未有不先于根本也。考查光宾公第五子昌除公为人英敏,宋徽宗重和二年授昭信校尉,开辟皮历、竹滩、古州八万,续授显武将军之职……驻扎弹压靖州境。

地原有洞一口,名龙凤洞,蒙姓附近有田一区,因田干无水,禾苗槁矣。蒙公自祷语曰:"有人能得我田水充盈,愿将蒙女配合为婚。"龙公得语是也,夜涌水盈田。蒙公一见田水充足,不可失言,将女配合龙公。正过新年拜节饮酒,不辞(醉)。蒙女报称:要醉酒不难,酒参酸汤,一饭必醉。大信蒙姑之语,酒中参酸汤,劝令再三,饮吃一杯即醉,变一朵云雾上天,现出龙光。蒙姑清守至次年。先夜,昌除公梦飞熊白、红、黑坠入帅府。宋清(钦)宗靖康元年五月初五日申时,蒙姑乳生男,蒙婆当即殒命,即今蒙佑圣婆是也。次日报明昌除,曰三子不凡,后必大用,即继抱抚育为子,长名金龙、次名金彪、三名金纂。①

这一故事被杨胜明等人编造出来,并写进其所编纂的道光《杨氏族谱》中,故事全文两千余字,上文只摘录了来历部分。是法既满足了白帝天王为杨业八世孙的旧说,也符合民间传闻,且不会与省溪老谱源流、芷江新谱在世系上产生矛盾,可谓用心良苦。由此,白帝天王降生故事的家族叙事发生了演变:天王由人的后代变为龙神之子,具有了强大的祈雨神力。

---

① 道光《杨氏族谱》,手抄本。该族谱影印件由凤凰县田广收藏。

四、故事进入地方志：由家族 叙事到地方话语

　　这样一个伪造的故事何以进入地方志，并成为一种通行的地方话语？

　　杨氏家族在乾嘉起义中饱受打击，乱后开始通过修谱等手段重聚家族力量，这一点从前文可以看得很清楚。但至道光十四年（1834）谱牒修成之时，杨氏家族并没有立刻恢复元气。编造官民信服的白帝天王故事写入族谱，多少也有抬高自己的意味。然而，就在族谱修成两年后，杨胜明等人一直寻找机会振兴家族的努力，终因杨芳等人的联宗活动而实现。

　　杨芳是贵州铜仁府松桃厅人，生于乾隆三十五年。乾嘉起义时，任事于铜仁协左营，最先探知事发，因报告有功被赐予低级官职。此后，杨芳因镇压白莲教起义、甘肃张天伦起义、新疆张格尔叛乱、清溪彝民起义等，屡立战功，多次调任各地总兵、提督，并于道光十三年镇压清溪彝民后被封为一等果勇侯。[1]这样一个具有影响力的人物，早在道光三年便开始在周边进行联宗活动。响应者还有同族杨秀栋等。杨秀栋为进士出身，官山西，历任各知县、府宪，也是当地赫赫有名的人物。[2]道光三年，在杨芳、杨秀栋等人发起下，贵州铜仁府、湖南凤凰厅西南

---

　　①　参见《清史稿》卷三六八《杨芳传》，中华书局1977年版，第11467—11473页。

　　②　参见四川黔江地区民族事务委员会编：《川东南少数民族史料辑》，四川民族出版社1996年版，第340—341页。

部的杨姓开始了修谱活动。道光六年，谱牒修成。杨芳、杨秀栋各撰有序。① 参与此次修谱的凤凰杨氏分布于该厅西南部上峒、瓮来、竹林坪等地，杨再传作为该族代表为谱牒作了一篇序，讲述了修谱大致经过。

> 至元英宗时，有第八世族祖均□□□各处宗支官职，辑谱一次，然未克见其□□□之非其真耶，亦见闻之不逮耶！……又闻省溪司有同宗再位公，于康熙年间，曾将原谱续辑，因予族一支，分处边隅，兼之支繁脉远，未及邀同共修，是以本支遗失，散失未有传谱，数百年来叹家乘之寥寥，悲堕绪之茫茫……及至大清乾隆六十年，加以苗乱，兵燹之余，即片简隽字，悉荡然无遗矣。越于今又三十年矣，时愈过而愈远，事弥久而弥忘……②

由序可知，杨氏传说其早在元代便修有谱牒，但未流传。康熙年间，邻近的贵州省溪司杨氏辑谱，他们也没有参与。乾嘉苗民起义后，有关家族的文献更是片纸不存。因此，其与杨芳家族的关系很不清楚。就在其族人为无谱而忧虑之时，贵州杨芳等人却主动邀请联宗修谱，使其非常乐意。

> 适值铜江同宗秀之、淮秀奉松桃府现任常德提督名芳，与铜郡赐中书出身任栋秀（秀栋）二公之命至舍邀予，

① 参见四川黔江地区民族事务委员会编：《川东南少数民族史料辑》，四川民族出版社 1996 年版，第 338—343 页。

② 四川黔江地区民族事务委员会编：《川东南少数民族史料辑》，四川民族出版社 1996 年版，第 346 页。

令将本族支派编辑成谱，交铜郡宗祠，校正付梓。①

　　然而，这次联宗活动仅涉及凤凰西南部杨氏，而位于凤凰东北部都吾等地的令家杨则未能参与其中，错过了借助权势重振家族的绝好机会。道光十四年，杨芳因剿抚彝民不力，获罪降二等侯。次年告假还乡，在家闲居。十六年，起任镇筸镇总兵，驻扎凤凰厅城。其间，杨芳又在凤凰厅联合境内各杨姓大搞宗族建设活动。

　　　　杨氏宗祠，在西城东门内。正祠三间，天井竖石牌坊，左右厢房各三间，头门一间，内修戏台。此系道光十六年以后，果勇侯杨芳署镇筸总镇时，率杨姓合族人等捐资兴修。泊侯迁官，厅人士题长生禄位于祠中，至今香灯祭祀亦盛。②

　　除了杨氏宗祠外，凤凰厅田氏宗祠也是在杨芳指点下修建："田氏宗祠，旧在厅城西门外，堂久圮（圮）废。道光十七年，杨果勇侯署镇筸总镇，精堪舆，田氏族中贡生景星、千总大榜等，请其觅地建祠。"③

　　可见，道光十六年和十七年，杨芳在凤凰厅一带进行了很多社会活动。如前所述，凤凰东北部令家杨错过了杨芳等在道光六年的联宗活动。而至少在道光十四年，即《杨氏族谱》修

----

　　①　四川黔江地区民族事务委员会编：《川东南少数民族史料辑》，四川民族出版社1996年版，第346页。

　　②　光绪《凤凰厅续志》卷四《坛庙》，清光绪十八年（1892）刻本。

　　③　光绪《凤凰厅续志》卷四《坛庙》，清光绪十八年（1892）刻本。

毕时,其并没有能力独自建立祠堂:"后有肖子贤孙,有能建修祠堂,再为参补更增,是所原望焉。"①但此次修谱中,令家杨已经与铜仁杨芳家族通谱了:"其可得而考者,则本谱;芷[江]、铜仁新谱,其不可得而考者,则访乡村父老。"②道光十六年,杨芳在凤凰厅搞联宗时,令家杨抓住了机会,参与其中,地位大增。又由于杨芳给田氏指点修建宗祠,杨氏与田氏关系变得非同一般。因此,光绪年间续修厅志时,《杨氏族谱》中的故事被乡绅田宗超补入地方志中。这个由杨胜明等编造的故事版本终因进入地方志而成为广为流传的一种地方性话语。

然而,光绪《凤凰厅续志》一口咬定所引故事源于"都吾杨氏前朝谱牒",似不应为后人伪造,又如何解释?如果我们仔细比较道光《杨氏族谱》和光绪《凤凰厅续志》中两个天王降生故事,会发现情节几乎一致。而所谓"前朝谱牒"是有问题的。光绪《凤凰厅续志》的故事在叙述天王降生后,紧接着讲述杨昌除的事迹:"绍兴八年,因被虏,征昌除计事入朝,委其侄胜芳暂权总管。昌除遂使牙将田文侯守黎平,苏尚德守潭阳(即今沅州府治)。"③沅州在明代隶属辰州府,清代改沅州为府,辖麻阳县、芷江县、晃州厅。沅州府是清代才出现的,明代人修谱时怎会出现"沅州府"一词?而道光《杨氏族谱》在讲这一段时的表述为:"迨宋高宗绍兴八年,女真乘势百胜,合(和)曰割三镇,明日夺两河。如此,次年,上思昌除英勇,朕祚汤,卿任要隘,务须妥委镇守,该卿星驰赴京。旨到,昌除公即委中军官田

---

① 道光《杨氏族谱》,手抄本。该族谱影印件由凤凰县田广收藏。
② 道光《杨氏族谱》,手抄本。该族谱影印件由凤凰县田广收藏。
③ 光绪《凤凰厅续志》卷一《典礼》,清光绪十八年(1892)刻本。

文侯镇黎平，委指挥官苏上德驻扎潭阳，即今沅州府是也。"①

　　显然，光绪版故事抄袭了道光版故事，却伪称是明代之作，而忽略了前后语境的变化，忘了调整个别字词，因而露出了破绽。更何况，都吾杨胜明等在道光年间经过多方努力，最终只找到残存的两本世系，在借助其他家族谱系后才修成谱牒，此时又怎会突然出现"都吾杨氏前朝谱牒"呢？

---

① 　道光《杨氏族谱》，手抄本。该族谱影印件由凤凰县田广收藏。

地方历史脉络中的屯堡叙事及其演变[*]

——以四川冕宁菩萨渡为例

近年来,随着非物质文化遗产保护的持续升温,屯堡作为明代军事移民文化的一部分日益受到学界的关注。然而,论者多有强调土著与移民之间的对立关系,把屯堡视为封闭、孤立的文化体系,由此解释屯堡文化为何得以保存完整。换句话说,即强调土著冲击这一外部因素是导致屯堡文化坚守并延续的主要原因。① 在这一思路下,屯堡文化往往成了"泥古不化"的代名词,或者是想象的原封不动的明初移民文化。"凝固""停滞""六百年不变"等词常常被用以描述屯堡

* 本文原载于《民俗研究》2014 年第 5 期,系教育部人文社会科学研究青年基金项目"明清屯堡社会变迁研究——以四川冕宁为中心"(13YJC770035)、中国博士后科学基金第 53 批面上资助项目"明清屯堡社会变迁研究——以四川冕宁为中心"(2013M531583)的系列成果之一。

① 参见蒋立松:《田野视角中的屯堡人研究》,《贵州民族研究》2002 年第 3 期;蒋立松:《屯堡人研究的回顾与反思》,《安顺学院学报》2009 年第 4 期;吴羽、龚文静:《屯堡文化研究述评》,《贵州民族研究》2009 年第 2 期。

文化。① 这一研究思路已经遭到部分学者的挑战，如卢百可（Patrick Lucas）利用人类学的族群边界理论来分析屯堡叙事，试图在明初以来六百年的长时段中，动态找寻不同时期塑造和维持族群边界及文化的各种因素，从而对"停滞论"的研究取向进行反思。② 不过，他对于地方历史语境的把握亦显得不足——并非从具体的地方历史脉络出发，而是从整个贵州的社会历史（包括政治、经济等方面）出发——使其更多地从外部因素来考察屯堡叙事演变的环境，而忽视屯堡自身的内部因素，如宗族发展、宗族间的关系等。因此，本文主要从地方历史脉络尤其是村落语境出发加以分析，希望有助于我们更为深刻地理解屯堡文化的发展及其动力等问题。

---

　　① 相关论述可参见杨雄、吴小丽：《贵州屯堡：锁定明朝的江南文化》，《中国商报》2002 年 10 月 8 日；辛元成：《一幅明代遗风的画卷——贵州屯堡文化寻访记》，《中国土族》2003 年第 1 期；刘正品：《屯堡文化：大明遗风》，《理论与当代》2003 年第 11 期；吕红：《六百年来的大明遗风——贵州屯堡文化》，《浙江档案》2004 年第 9 期；燕达：《屯堡：凝固时光 600 年》，《小康》2005 年第 3 期；李小康：《贵州屯堡——凝固时光 600 年》，《城建档案》2005 年第 6 期；沈赤兵：《到贵州寻找 600 年前的汉族风情》，《贵州日报》2005 年 11 月 30 日；乐途：《贵州屯堡——凝固时光 600 年》，《农村·农业·农民》2006 年第 9 期；杨坤：《屯堡人——贵州高原上的江淮遗民》，《江淮文史》2006 年第 1 期；王兴国：《明代遗风——屯堡》，《今日国土》2007 年第 7 期；刘大先：《岁月的琥珀》，《中国民族报》2008 年 6 月 27 日；贾世民：《屯堡人——中国最后一批六百年前汉民族的活化石》，《中国电力企业管理》2009 年第 15 期；杨军昌、李小毛等：《屯堡文化——明代历史活化石》，《教育文化论坛》2010 年第 5 期。
　　② 参见［美］卢百可：《屯堡人：起源、记忆、生存在中国的边疆》，民族出版社 2014 年版。

一、菩萨渡周王邓三姓的祖先故事

菩萨渡是四川省冕宁县的一个汉族村落,位于县城以东约三公里处,在行政管理上隶属于城厢镇。该村东面高山环绕,西面安宁河及群山连绵,北边藏、彝村落星罗棋布,南面汉人屯堡密密麻麻,菩萨渡刚好就处在东西高山之间的隘口处,地理位置十分重要,号称"东枕高山,西临大河,北扼番族,南控河谷"。因此,菩萨渡历来是兵家必争之地,具有重要的军事战略意义。

据传,菩萨渡及其附近曾经居住的是西番人(今被识别为藏族),因明初大军曾在此驻扎,所以后来变成了汉族军事移民的一个屯堡聚落。该村现有周、王、邓三大姓,约 150 户,700余人口,传说他们的始迁祖来自南京应天府兴(新)化县青石桥(板)。具体来说,邓家为江南应天府新化县孝感乡青石板,王家为南京应天府兴化县青石桥王家巷,周家为南京应天府兴化县青石板猪市街,三者皆贵为王侯后裔,比如,邓家始迁祖邓宝是明初开国功臣宁河王邓愈之后,王家始迁祖王观是定远侯王弼之后,周家始迁祖周全是江夏侯周德兴之后。三姓之始迁祖于洪武年间来此镇守,后来便长期驻扎下来并担负起镇守疆土、抵御番夷的重任,经过六百余年的人口繁衍,发展成今天菩萨渡的三大望族。

菩萨渡周王邓三姓的这一祖先故事,对今日当地村民来讲早已是耳熟能详,甚至冕宁县其他家族也都知晓这一说法。归纳起来,其主要反映出两个重要的信息:第一,周、王、邓三姓始迁祖都来自南京应天府兴（新）化县青石桥（板），而且还有具体的小地名，如孝感乡、王家巷、猪市街。第二，周、王、邓三姓分别为宁河王邓愈、定远侯王弼、江夏侯周德兴的后裔。尽管如此，这些说法却并非历史真实。例如，王观侄子王裕的墓志铭记载，王观的父亲叫作王恩，哥哥叫作王宝，是河南开封府人。[①] 明代档案《武职选簿》也记载，王观的哥哥为王宝，王观因接替患病的王宝才来到此地，他们为祥符县人（属于河南开封府）。[②] 可见，菩萨渡王家并不是来自南京应天府兴化县青石桥，其祖先也不是明初开国功臣定远侯王弼，那么菩萨渡周、王、邓三姓究竟是如何变成来自南京应天府兴（新）化县的王侯后裔的呢？

二、清代"南京青石桥"叙事的建构

（一）清代族谱中的"南京青石桥"叙事

据出土材料[③]显示，冕宁及相邻的西昌等地的明代家族文

---

① 关于王裕的墓志铭，可参见凉山彝族自治州博物馆、凉山彝族自治州文物管理所编著：《凉山历史碑刻注评》，文物出版社 2011 年版，第43—45 页。

② 中国第一历史档案馆、辽宁省档案馆编：《中国明朝档案总汇》第58 册，广西师范大学出版社 2001 年版，第 12—13 页。

③ 相关出土材料有正统二年冕宁《刘氏墓志》、正统七年《王裕墓志》、西昌万历十三年《许德轩夫妇墓志》，凉山彝族自治州博物馆、凉山彝族自治州文物管理所编著：《凉山历史碑刻注评》，文物出版社 2011 年版，第 41、43—45、58 页。冕宁天顺四年《李斌墓志铭》现存冕宁县李福友家中，笔者于 2012 年 7 月调查时抄录。西昌万历二十二年《墓表碑记》、天启三年《郑国辅墓志铭》、崇祯四年《魏高氏墓志铭》，四川省文物管理局编：《四川文物志》上册，巴蜀书社 2005 年版，第 387、391、392 页。

献记载其祖先具有两个显著的特点:第一,祖先经历记载详细;第二,没有关于来自"南京青石桥"这样的说法。这一祖先叙事是清代才逐渐产生的:

> 余家祖籍江南应天府新化县孝感乡青石板。明洪武年间补镇斯土,同周、王二姓由云南而来,驻扎高山堡棠梨坝,镇守北沙关。(冕宁菩萨渡邓氏乾隆二十五年《谱序》)

> 世处南京应天府兴化县青石桥猪市街。余始祖周全公,洪武[年间]奉命来斯。(冕宁菩萨渡周氏乾隆三十四年《周氏族谱世系源流录》)

> 祖父辈隶南京应天府,即今江宁府溧水县青石板赵家湾。乃明洪武二十五年,因宁郡初经开辟,设立指挥,分治八所。始祖赵讳重义,补授中所长,奉檄来宁。(冕宁瓦糯赵氏乾隆四十二年《谱序》)

> 余等世祖江南宁国府宣城孝感乡麻柳屯青石桥猪市巷人氏,耕读世业。因大明洪武年间入蜀中所安插。(冕宁三河村陈氏道光六年《谱序》)

> 自弘(洪)武七年设法至十七年止,原籍南京(即今江南也)应天府兴化县青石街王家巷第四家人氏,初入建南[任]左所镇军千户。(冕宁菩萨渡王氏道光十八年抄录旧《王氏族谱序》)

> 始祖阿伏公,江南直隶常州府武进县安上乡第一都青石桥人也。明初附调将军,累立大功,钦授怀远卫后千户所百户,给荒字文凭一道,后与祖弟阿演同调发四川建南

苏州卫,继改宁番卫,即今冕宁县也。(冕宁县枧槽村同治四年《卢阿伏墓碑》)

　　杨氏一家原籍江南京都苏州府新阳县青石桥杨半街,八翰林一将军。大明洪武初登大宝,南京人稠地密,设法迁民,吾始祖因酒失言,奉法迁居于宁番卫百户军,安居杨秀也。(清末冕宁杨秀屯杨氏灵牌)

　　余之祖籍也,世处南京应天府溧水县青石板猪市街……洪武二年奉命来斯,为后所之总军。(冕宁谢氏清代《谱序》)

从以上材料可知,来自"南京(江南)某某府县青石桥"的说法是清代逐渐形成的。最早记载这一说法的是菩萨渡邓氏乾隆二十五年《族谱序》,此后又有周氏、赵氏乾隆年间的族谱加以记载。可见,乾隆中后期是"南京青石桥"叙事产生的关键时期。值得进一步思考的是,为何在这一时期各家族开始重视纂修谱牒并强调祖先的来源呢?

(二)乾隆中后期修谱之风的盛行

1.土地清丈与修谱重要性的凸显

与其他明代卫所一样,宁番卫中屯军逃避屯粮军役的情况时有发生,到明末已变得非常严重。① 清初"吴三桂之乱"又进一步加剧了宁番卫赋役征收困难的问题。② 康熙中后期,宁番

---

　　① 参见雍正《四川通志》卷一八下《边防·建昌兵备道邓贵善后条议》,清雍正十三年(1735)刻本。

　　② 参见(清)赵良栋:《奏疏存稿》卷二《题报身到建昌遣发官兵疏》,清康熙刻本。

卫一度难以完粮纳税,地方官屡次向朝廷申请豁免。① 就宁番卫来说,清初赋役难征并非完全由人口稀少、土地抛荒所致,大家族隐匿土地和偷税也是赋役难征的重要原因。关于这一点,冕宁胡家堡(又叫"胡家嘴")胡氏便可为证。据《胡氏宗谱》记载,始迁祖胡贵祖籍江苏如皋,于洪武年间来到宁番卫,此后胡氏一族在胡家堡、高家碾等地生息繁衍。至明万历年间,子孙胡全礼由岁贡出任湖广道州知州②,后升任贵州思南府同知。③ 至清初,胡氏一族仍然保持着发展活力:

> 康熙三十年间(辛未至辛巳),欲振家声,公设义学教子弟,夫设义学,必筹义学之所资,先辈缵承祖业,世守公田四十八石,旱地十余石,坐落安家堡、詹家坎二处。七世祖讳浚、汇、潜、□、□、□、□、浩等公议曰:"全仁公曾孙名其英,字裹六,文行兼优,继若鲁公志,而可齐家者也,立为义学师范,将公项田地一并附与收租,以作义学之资。"④

可见,明末虽战乱频频,但胡氏一族却以家族公产的形式

---

① 参见咸丰《冕宁县志》卷三《食货志·蠲缓》,清咸丰七年(1857)刻本。

② 参见嘉庆《道州志》卷四《职官》[清嘉庆二十五年(1820)刻本]:"胡全礼,如皋人,三十三年任。"可知,胡全礼于万历三十三年(1605)任湖广道州知州,如皋是其乡贯,与《胡氏宗谱》记载相符。

③ 参见乾隆《贵州通志》卷一一《秩官》,清乾隆刻本。

④ 乾隆《胡氏宗谱·胡氏家谱直书源流志》,清乾隆年间手抄本,冕宁县胡家堡藏。

占有当地大量的土地,并在经历清初"吴三桂之乱"后,将这些土地交与族人胡其英收租办学。值得注意的是,这些土地在很长时间内并未报税,"雍正七年(己酉),自首田粮,凛遵法令……义田无粮,恐干国法"①。可知,直到雍正年间四川清丈土地时,胡氏"公项田地"才被迫向政府登记和纳税。为此,胡氏族人找管理义田的胡其英清田报粮,但胡其英不愿就此失利,想尽办法来侵吞公产,最后只交出公田二十二石。此后,其他族人竞相效仿,不光瓜分盗卖办学的义田,就连祭祖的祭田银两也被人占去,使得家族公产日渐消减。乾隆十年,胡氏族人又因公产问题互控公堂,搞得家族内部四分五裂。至乾隆三十年,胡氏家族原来的四十八石公田,只剩下二石零六斗,旱地则被全部卖光。

从胡氏个案可知,雍正时期清丈土地是冕宁等地家族发展的一个重要转折点,此后至乾隆中期,胡氏家族内部围绕族产问题变得四分五裂,几近崩溃。首先,公田遭到偷卖和瓜分,导致义学难以为继,胡氏子弟不识诗书者日多。其次,祭田银两被吞,家族无钱祭扫墓地,景象凄凉。最后,族人互控,矛盾重重,尊卑尽废,人心涣散,胡氏一族大有分崩离析之势。因此,至乾隆中期,整饬家风便成为胡氏家族的首要之务。乾隆二十八年、三十年,新族长胡今儒上任不久,便先后两次纂修《胡氏宗谱》,一方面是要记录家族公产;另一方面则要凝聚人心,希望通过修谱来敬宗收族,重振家声。由此可知,雍正时期清丈土地导致乾隆中后期地方家族出现了严重的内部危机,而纂修

---

① 乾隆《胡氏宗谱·胡氏家谱直书源流志》,清乾隆年间手抄本,冕宁县胡家堡藏。

谱牒成为解决危机的途径之一。

2. 应试与修谱

除上述原因外,证明旧族的身份以应对考试,是乾隆中后期冕宁等地家族重视修谱的另一重要原因。

如前所述,清初宁番、建昌等卫饱受战乱,人口大量减少,人才凋零,故普通百姓家参加科举应试的较少,一些旧家大族则因人多丁繁而成为主要的应试对象。但一个地方的学额必定有限,所以他们又通过在邻卫输粮来获得读书应试的资格,称为"寄学"。例如,清代建昌卫陈、赵等姓便是如此:

> 生等虽居西昌,粮课实纳盐源,自顺治初年夷多汉少,诗书不通,无一应试,蒙宗师郝将西昌陈、赵、谌、宋、尹、孙拨入盐井卫充学。康熙八年,盐井卫教授陈所性上宣圣王教化,下尽陶叔众民,渐易夷风,稍知书考,然所取者仅额八名,教授陈所性恳恩宗师孙又增四名,盐厍始有十二名学额。①

寄学并不符合清朝的规定,但边远地区应试者少,所以清初并未严格控制。雍正以来,由于人口的增长,土著中读书人越来越多,与寄学的旧家大族之间的矛盾日渐突出。上述寄学盐井卫的旧家大族在雍正年间便屡次遭到告发,但并未受到惩处,对其家族利益尚未形成威胁,此后各家依旧寄学应试。②

---

① 嘉庆《清代陈氏宗谱》,德昌县泸沽塘嘉庆二十四年(1819)修,清末手抄本。

② 参见嘉庆《清代陈氏宗谱》,德昌县泸沽塘嘉庆二十四年(1819)修,清末手抄本。

　　至乾隆中期，因各地人口流动日益增强，外省人寄籍边远地区考试的现象越来越突出。乾隆二十五年，广西学政鞠恺便因浙江、江西、湖广、广东等外省人多有在广西冒籍考试，奏请将其改归原籍并加以严惩。① 朝廷对此事高度关注，着令云贵川广等地也留心检查有无冒考行为。四川学政陈荃接到命令后，对川省情况做了清查，并奏请将查出寄籍生员改拨原籍并暂时剥夺其参加乡试的资格。② 这一举动极大鼓舞了当地土著。乾隆三十五年，住居盐源的西昌人凌英等帮助马维铎冒籍应考，便遭到盐源人马德修、高正元阻考，于是署盐源知县的王尔昌将西昌纳粮寄学子弟通通视为冒籍，不准考试，并以廪生王心乾、尹素贤等闹场为名，将西昌籍廪保九人、文武童生一百三十九人通报四川总督、学政。西昌寄籍生员等人则认为，正是由于清初西昌民人的输粮报课，盐源才得获 12 名学额，因此只凭户籍来决定能否应试是不合理的。他们以此为由，向西昌知县申诉并恳请其向上级反映，希望按照"旧制施行"。结果，其请求获得准许：凡是旧族先前输粮纳课并且有廪生做保者仍得以按照旧制寄学，否则发回原籍补考。因此，旧族这一身份对西昌、冕宁、盐源等地寄学的大家族来说变得十分重要。所以，在乾隆中后期，西昌、冕宁等地多有家族纂修谱牒来证明自己的旧族身份，以应对科举。

　　正是基于以上两个主要原因，乾隆中后期冕宁等地修谱之风盛行。然而，修谱及对旧族身份的强调自然就无法回避始迁

---

　　① 参见中国第一历史档案馆编：《乾嘉时期科举冒籍史料》，《历史档案》2000 年第 4 期。

　　② 参见中国第一历史档案馆编：《乾嘉时期科举冒籍史料》，《历史档案》2000 年第 4 期。

祖来源这一问题,这为"南京青石桥"的叙事开始写入谱牒提供了客观上的需求。

（三）"南京青石桥"：修谱与对始迁祖的叙述

1. 文献匮乏与修谱的困难

那么,祖先何时而来,来自何处？这一问题在当时并不容易弄清,因为明代留下来并能看见的家族文字资料在当地少而不详。例如,就连宁番卫最高官员卫指挥史李家,在明代也未能修成一部完整的家谱,仅有传下来的一张万历年间由指挥史李应春画的宗图,上面简单记载了自明初以来历代祖先的名讳,并没有关于祖先来历的记载。① 此外,明代墓碑也很少,当地许多家族自始迁祖以下的好几代都没有墓碑,其名讳、世系往往也很难弄清。比如,西昌毛家屯刘氏,据说其始迁祖为刘元,苏州府昆山县人,洪武初年领兵镇守建昌卫。而乾隆十年创修族谱时,刘松蔚在谱序中说：

> 每忆先代以来,祖灵木主森森并列,不乏其人,而坟山墓穴独有古房侧西河岸十余坟冢,二三四世全无碑碣,表扬姓字全没无征,五六七世半有碑碣,纪功名号犹可考证。②

《刘氏族谱》还记载："第一世祖：元……庐室坟墓俱在毛家屯大河左右,伊时土地初开,风气朴素,率多简陋,未能安立

---

① 参见（明）李应春绘：《四川成都司宁番卫已故世袭指挥使李承恩宗图》,明万历年间手绘本。

② （清）刘松蔚等修：《刘氏族谱》,民国手抄本。

碑石表扬姓氏,至今坟墓无考。"①可见,由于没有墓碑记载,刘氏在乾隆年间修谱时,已不知始迁祖刘元坟墓的具体所在,只模糊记得在毛家屯大河左右。而自刘元以下的二三四世祖也没有墓碑,根本分辨不清哪一座墓属于哪一个人,哪一个人出自哪一祖先。例如,刘氏根据牌位得知二世祖有刘现、刘惠、刘章、刘正、刘海、刘相六人,但"此世六祖,俱无祖所出,坟墓全无碑碣,不知某祖所出某祖,传述无人,不敢妄书"②。其余,自三世祖以下至七世祖,要么"碑碣全无",要么偶有却"碑碣残坏,名号脱落",因此就连祖先字号、世系也难以厘清,更不用说知晓祖先具体来自何时、何处这样的问题了。

上述现象在当地是比较普遍的,很多家族在清代创修族谱时,也都暗示本族最开始的几代祖先没有墓碑,或名号世系难以考证。③ 此外,调查和相关资料显示,冕宁许多家族墓地中,往往是始迁祖及其以下几代都没有明代墓碑,一般都在清代道光及其以后才为其补立。④ 因此,人们在乾隆中后期开始重视修谱的时候,是极少有明代碑刻可供参考的。

2. 借助"南京青石桥"集体记忆追述祖先来历

由于时间远隔,又缺乏相关资料记载,因此修谱之初往往

---

① (清)刘松蔚等修:《刘氏族谱》,民国手抄本。

② (清)刘松蔚等修:《刘氏族谱》,民国手抄本。

③ 参见道光《王氏族谱》,清道光十四年(1834)抄本,冕宁菩萨渡藏。或许正是上述原因,如果我们稍微留意一下冕宁各族族谱就会发现,大部分家族在明代的代系都比较短,仅有七八代的情况比较普遍,其中存在严重的代系脱漏和错位。

④ 相关始迁祖碑文可参见政协冕宁县委员会编:《冕宁县碑刻选集》,2010 年,第 22—23、62—63、66—67、110—111、130—131、121、176—177 页。

只能凭借故老传闻来书写祖先的来历。由此,地方的集体记忆开始在这一时期成为各族追述祖先来历的文化资源。而"南京""青石桥"恰恰是其集体记忆中的两个核心要素,一方面,冕宁许多屯堡人祖先确实是来自南京。洪武二十五年"置建昌、苏州二军民指挥使司及会川军民千户所,调京卫及陕西兵万五千余人往戍之"①。由此可知,冕宁、西昌有相当的屯堡人的祖先是从"京卫",即南京的卫所中抽调而来的。因此,来自"南京"(清代多称"江南")是冕宁、西昌许多屯堡人的重要记忆。

另一方面,明代南京城内确有叫作"青石桥"的地方,并且部分军户到达西昌、冕宁后仍以此为落脚地命名,"青石桥"也因此成了他们重要的集体记忆。据明代《南京都察院志》记载:"青石桥,在攸字铺。以上俱系府军左卫四连仓傍地方。"②可见,明代南京城内的确有"青石桥",而且刚好是卫所驻地,自然就成为附近军户记忆自己来源地的重要标志。为了加以纪念,他们到达建昌卫后,即以青石桥作为落脚地的名称,这一点在冕宁文家屯邓氏《族谱序》中有所反映:

> 始祖端一公……(洪武)十四年辛酉秋九月,以颍国公傅友德为征南将军征云南,凉国公蓝玉、西平侯沐英副之,公以指挥使从。十六年癸亥春三月,颍国公还,西平侯留镇,加公征南副将军,进抚小云南(即今宁远府,现改西

---

① 《明太祖实录》卷二一八,洪武二十五年六月癸丑条,"中研院"历史语言研究所,1962年,第3203页。

② (明)施沛:《南京都察院志》卷二二《职掌十五》,明天启刻本。

昌)公携夫人郑氏及家将百余,周吴邓王与焉。彼都底
定,旋于青石桥(即今穿心堡)代管留守苏州邑(后改宁番
卫,现在改冕宁县),驻菩萨渡(在城东门河外二三里)。①

文中小字注明"青石桥"即"穿心堡",据邓家人说,"穿心
堡"就在西昌市邛海边上。笔者曾前往穿心堡调查,当地人说
"穿心堡"老地名就叫作"青石桥"。由上可知,"青石桥"是军
户刚到达建昌(今西昌)时命名的,后来屯堡修建完毕才正式
将其命名为"穿心堡"。由于它是部分军户最初的落脚地,所
以西昌县的许多屯堡人也具有"青石桥"的记忆。② 由此可知,
"青石桥"确实是当地部分军户共同的记忆。此外,据冕宁城
南三分屯几位陈姓老人回忆,宁番卫官衙旧址位于现在冕宁县
城西街靠北处(今已改建为县粮站),其旁就是"青石桥",那一
带以前是个洼地,很多在城内及城边居住的人家都知道。③ 可
见,冕宁也有作为地名的"青石桥",而且就在卫衙旁边。关于
"青石桥"到底在西昌还是在冕宁的问题,三分屯陈家和文家
屯邓家曾就此事争论不已。实际上,两地都有"青石桥"的说

---

① 邓世纲主编:《宁河堂端一公房宗谱》,冕宁县文家屯,2007 年,第
82 页。

② 西昌琅环营王氏乾隆十一年《谱序》,王成业主编:《一市三县王
氏纪略》,2002 年,第 35 页。西昌玉石塘道光二十年《清真寺碑》,碑文现
存玉石塘。西昌沙锅营同治十三年《清真寺碑》,碑文现存沙锅营。西昌
礼州陈氏光绪二十二年《宗祠碑》,碑文现存礼州陈氏祠堂。(民国)朱锡
缨:《朱氏家谱》,西昌县民国三十一年手抄本。西昌海滨村王氏民国二十
二年《谱序》,王成业主编:《一市三县王氏纪略》,2002 年,第 184 页。

③ 访谈对象:陈荣槐、陈兆齐、陈兆远;访谈人:龙圣;访谈时间:2012
年 8 月 3 日;访谈地点:冕宁县城南三分屯陈荣槐家中。

法并不矛盾。原因是,冕宁部分屯堡人的祖先是先到西昌,后调到冕宁。上文提到的菩萨渡始迁祖王宝即先于洪武二十三年到建昌卫(今西昌),洪武二十五年升苏州卫(今冕宁)指挥。① 又如宁番卫指挥佥事程谅,先是洪武二十三年任建昌卫中所世袭正千户,二十五年因在月鲁帖木儿之乱中守城有功,升苏州卫世袭指挥佥事。② 这两个例子与文家屯《邓氏族谱》也记载其祖先先在西昌"青石桥代管苏州邑",后来才驻守冕宁菩萨渡的说法是一致的。如此,"青石桥"最先指西昌的穿心堡,是部分京卫军户到达西昌后最早的落脚点,后来又有部分卫所官兵因平定月鲁帖木儿之乱立功,被派往宁番卫镇守,青石桥的记忆也被带到了冕宁,并成为卫衙旁边的一个地名,因此"青石桥"才成为冕宁、西昌部分屯堡人的共同记忆。

综上可知,"南京""青石桥"是冕宁、西昌屯堡人集体记忆中的两个重要因素,在祖先情况无文可征之下,这就成了地方家族借以书写祖先历史的文化资源。同时,由于是部分军户的共同记忆,自然也就成为大家认可的族群符号,一说起是从"南京""青石桥"来的,也就意味着是明代旧族,所以许多屯堡家族在修谱时都把它作为祖源地写进自己的族谱中。

3.菩萨渡的案例

"南京青石桥"作为集体记忆成为家族书写祖先来历的例子,可以菩萨渡周、王、邓三姓为例加以详细说明。

由明代《王裕墓志》可知,菩萨渡王姓始迁祖王宝、王观为

---

① 参见《王裕墓志》,凉山彝族自治州博物馆、凉山彝族自治州文物管理所编著:《凉山历史碑刻注评》,文物出版社 2011 年版,第 43—45 页。

② 参见中国第一历史档案馆、辽宁省档案馆编:《中国明朝档案总汇》第 58 册,广西师范大学出版社 2001 年版,第 62 页。

河南祥符人，其父王恩在洪武初年因从征有功，升金吾右卫百户。后来王宝继承官职，先后调任贵州普安卫，四川叙州府、建昌卫、宁番卫。王宝病后，王观接替兄职来到宁番卫。从王氏祖先经历来看，他们老家在河南祥符，但因官职调动到过很多地方，这一特点就不好简单地说祖先究竟来自哪里。说是河南祥符人自然没错，但后来王家又搬到了南京，再后来又陆续搬过很多地方。所以，明代墓志或者传记对祖先经历都会有比较详细的记载，以避免简单化的叙述。但到了清代，情形却大不相同。因为时间久远，其祖先经历不可能记得这么详细，只能有个大致的印象，因此只有那些重大、深刻的集体记忆才最有可能成为书写祖先来历的资源，而其余细节则被遗忘和过滤掉。例如，王氏在乾隆四十三年编修《王氏族谱》时，就只能根据当地集体记忆来追述祖先来历了。

> 兹有王氏之裔绪，号超先者，追念始祖王讳观，字音儒，太原故郡，江左世系，自移建南，近四百载矣。其始不过一人，至衍庆数百男，此亦积厚而流长，根深而叶茂者也，遂殷然有报本之思焉……
>
> 自弘（洪）武七年设法至十七年止，原籍南京（即今江南也）应天府兴化县青石街王家巷第四家人氏，初入建南[任]左所镇军千户，于时屡遭兵燹，族谱失散，世远年湮，难以详记，姑记所闻，以嗣诸后。①

可见，到了清代乾隆年间，王氏对明初之事的记忆已是十

---

① 道光《王氏族谱》，清道光十四年（1834）抄本，冕宁县菩萨渡藏。

分模糊,甚至只能记得王观为始迁祖,而不知道王氏兄弟两人均来到宁番卫的情况,而且对王观来到当地的时间记载也有误。至于其来自"南京(即今江南也)应天府兴化县青石街王家巷第四家人氏",自然也是"难以详记,姑记所闻"的结果,即在当地集体记忆"南京青石桥"基础上加工编撰出来的。

道光二十九年,王氏子孙为王观竖立墓碑,上书:

> 公者,太原著籍,江左世系。南京应天府兴化县青石桥王家巷其故里也。因洪武英烈荡平天下,于二十三年奉命补镇,初入建南居于左所,身膺户侯之职。厥后番夷猖獗,来兹把守,遂创业于斯。①

可见,"青石街"又进一步被修正为"青石桥",以便更符合广为流传的说法。而王观到达的时间被修改成洪武二十三年,正好是王宝调任建昌卫的时间,当时与其同来的军士不少,因此这一时间点也就成为共同的记忆,如大约写成于乾隆四十二年的《邓氏族谱序》中便写到其祖先邓宝于洪武二十三年到达。②王氏应当是在进一步搜集旧闻的基础上对移民时间做了修订,

---

① 道光二十九年《王观墓碑》,现存于冕宁县菩萨渡村后。
② 冕宁菩萨渡乾隆二十五年《邓氏族谱序》,邓天亮主编:《宁河堂邓氏族谱·四川冕宁宝公房谱》,2008年,第547页。该序落款为邓其玙、邓其顺著,但未标明时间,不过文中提及"余不忍坐视使宗祠之颓败,先灵之废坠,于丙申岁(乾隆四十一年,笔者注)鸠集合族通县卜地,迁至白鹿沟卧碑堡,亥山巳向,地界人灵,建修总祠。丁酉年规模初就,虽不能法古之书籍,效国之纂志,而谱之未修,亦属荒渺。因之上追祖宗之模烈,下振子孙之等威",可知该序应该是在乾隆四十二年(1777)邓氏总祠修成后不久撰写的。

但因为不知道有王宝的存在,所以又错安到王观的头上。由此可见,集体记忆对祖先叙事有深刻的影响。

除王氏外,周邓二氏对祖先的追述也是如此。周氏在乾隆三十一年首次编修族谱时写道:

> 余家祖籍南京,创业兹土,荷蒙祖功深厚,宗德悠长,荫佑绵远,子孙繁茂。历今数百余年,十有数世,原谱之传,兵燹失之。百十年来,无籍可稽,虽族人重本笃亲,而系序之淆其曷能免,今我族共际国运昌隆之世,欣逢皇上仁孝之恩,家声亦振矣。乃见远近昭穆涣散难稽,繁衍曾孙愈传愈远,几不知本源,所自心焉虑之,因是仰体。①

从"百十年来,无籍可稽"可知,周氏族人修谱时并无文字可据,而且又提到"纵五世以前,稽考不周,未免得罪于先人,而百世以后,率从有据,尚可籍于后代"。按照这一说法,其根本不知道从始迁祖开始前五代人的具体情况,那么祖籍为南京自然也是传闻而已,至于始迁祖姓名和移民时间,在整篇序文中丝毫没有提及。然而,仅仅过了三年,周氏再次修订谱序:

> 世处南京应天府兴化县青石板猪市街。余始祖周全公,洪武[年间]奉命来斯,为左所八名总军……②

----

① 冕宁菩萨渡乾隆三十一年《周氏宗谱序》,周长儒等编:《世德堂冕宁县周氏家谱》,1997 年,第 6 页。

② 冕宁菩萨渡乾隆三十四年《周氏族谱世系源流录》,转引自冕宁县地方志编纂委员会编:《冕宁县志》,西南交通大学出版社 2009 年版,第 96 页。

此时，周氏始迁祖明确为周全，职务为八所总军，移民时间为洪武年间，来源则采用了"南京青石桥"的说法，周氏祖先来历由此变得更为清晰。至道光二十六年为始祖立碑时，"始祖周全公原籍南京应天府兴化县，其人出类超群，以明洪武七年奉命抚治此地番夷……遂家于普咱渡"①，移民时间又进一步明确为洪武七年了。而洪武七年恰恰是乾隆年间王氏谱序记载的祖先移民时间，周氏对祖先移民时间的确定极有可能就是受到王氏的影响。以上周氏的情况，非常典型地体现出清代冕宁家族在没有文字的情况下，如何一步步利用传闻来建构祖先来历的过程。

三、晚清以来"王侯后裔"的附会及传播

由上可知，明代并无祖籍"南京青石桥"的说法，该说是清乾隆中后期才开始被强调并写进谱牒的。那么，菩萨渡周、王、邓三姓分别为明初功臣周德兴、王弼、邓愈之后的说法又是如何形成的呢？

由前可知，菩萨渡《邓氏族谱》最早纂修于乾隆二十五年，序文由邓其玘撰写。此后，大约在乾隆四十二年又有邓其玘、邓其顺撰写谱序一篇。两篇序文皆根据传闻将始迁祖邓宝（一作"邓保"）视为"江南应天府兴化县孝感乡青石板"人士，但都丝毫未提及邓宝与宁河王邓愈有任何关系。至光绪年间，

---

① 道光二十六年《周全墓碑》，现存于冕宁县菩萨渡村后。菩萨渡，过去又称"普咱渡"。

邓启位续修谱牒，他在光绪十七年撰写的谱序中写道：

> 吾思宝公，南京世族，奉命携家南征，落业冕邑，由公
> 来已十四世传于兹矣。予幼读儒书，愧一衿之难得；长考
> 世系，赖先世之莫明。亟取谱而理之，访其所藏，得曾叔祖
> 国士、叔祖建康二公所注之谱，阅之，仅有其名与妻，未注
> 承先者何人，启后者何人，然仅及十一世而止，其下无
> 有也。
>
> 夫以二公之敏，犹不及详先世履历，予生也晚，去祖逾
> 远，而才力又不逮，苟凭臆撰，即欲信今而传后也，得乎？
> 于是遇族人即询之，询其祖何人、高曾远祖何人、某祖移居
> 某处、葬某处、始有几人、继有几人？有告者必录之。放访
> 之下，一二年得过半矣。①

由此可知，族中就连邓启位这样的读书人也只听说始迁祖
邓宝是"南京世族"，到冕宁已经传了十四代，但不明其先世，
即不知道邓宝究竟是谁的子孙。所以，他急切地翻出家谱希望
找到答案，结果再参阅曾叔祖国士、叔祖建康公所修族谱后很
失望，因为上面只是简单地记载了邓宝及其以下十代祖先的名
字，却没有标明他们究竟是谁的儿子，又生了哪几个儿子。此
处"国士"即乾隆二十五年创修族谱的邓其玙；"建康公"名叫
邓成国，于乾隆三十六年在前谱基础上有所增修，但二者均不
能详述先世履历。可见，邓氏乾隆年间所修谱牒并未提到邓宝

---

① 邓天亮主编：《宁河堂邓氏族谱·四川冕宁宝公房谱》，2008 年，
第 546 页。

的上一辈是谁,邓宝以下也只能分出辈分,而人物间的具体关系却不清楚。这正是邓启位感到纠结的地方。无奈,他只好通过收集传闻来补充祖先的履历,所以邓宝是邓愈之后的说法其实并无明证,只是传闻而已。但被他采入谱牒,于是由其编纂付梓的光绪木刻本《邓氏宗谱》在世系中首次提到了邓宝的"身世":

> 明皇敕赠将军职邓公讳保,郑氏。公,宁河王邓愈之后也,源(原)籍南京应天府兴化县,于明时洪武二十三年统兵补镇斯土,抚治有功,落业普咱渡,生二子,名乾、坤。①

至此,菩萨渡邓宝为宁河王邓愈之后的说法便有了文字"依据"。此外,文家屯邓姓始迁祖邓端一与邓宝之墓同葬菩萨渡,据说二者关系密切。光绪十八年文家屯邓全忠(官至甘肃提督)在祠堂内将《邓氏族谱序》刻碑为记,里面提及邓端一为"江西抚州府临川县马祠堂人,明宁河王邓穆顺讳愈之后也"②,但该序并没有注明撰写时间及原因,也没有其他任何材料再证明邓端一与邓愈的关系。

或许因为邓氏开了追查始迁祖先世的先河,与其同堡而住的周氏也在民国年间开始试图寻获始迁祖周全的先世。一篇民国二十年(1931)前后撰写的《祖籍源流考》写道:

---

①　老谱原件由冕宁县邓天岗、邓天治保存,复印件可参看邓天亮主编:《宁河堂邓氏族谱·四川冕宁宝公房谱》,2008 年,第 545 页。

②　凉山彝族自治州博物馆、凉山彝族自治州文物管理所编著:《凉山历史碑刻注评》,文物出版社 2011 年版,第 212—213 页。

　　　　祖籍也，世处南京应天府兴化县青石桥猪市巷。因元
祚寝衰，群雄肆起，明太祖以火光烛天、红绫浮水，应运而
生，力扫群雄，布衣而成天子之统，国号洪武。尔时之将相
周德兴等或其流派，则其为南京世族，谅不愧周氏裔焉，无
如人生地，食养有方。①

　　从表述来看，周氏显然很想跟明初开国功臣周德兴建立关
系，但没有证据而使得其底气不足，所以只是说"周德兴或其
流派"，很委婉地表达了菩萨渡周全可能与周德兴同族。1997
年，周氏在民国谱牒基础上续修族谱，在上述文字下面又补充
了一段文字说：

　　　　根据上述记载，再印证《晚笑堂明太祖功臣图》，共四
十四幅，为明太祖朱元璋开国的四十四位功臣。此图为清
乾隆年间上官周所绘，第二十七幅为江夏侯周德兴。周德
兴封江夏侯，按明惯例，江夏为江浙一带，可见周德兴也非
祖籍南京，而是江浙一带居住随朱元璋起兵的将相。因明
定都南京而迁至南京应天府。且可能是周全公的父辈。②

　　如此，周氏在毫无证据和理由的情况下，又进一步将周德兴附
会成了周全的父辈，使得两者的关系越来越密切。
　　一次偶然的机会，冕宁文家屯邓端一子孙与安徽泗县邓愈

---

①　周长儒等编：《世德堂冕宁县周氏家谱》，1997 年，第 11 页。
②　周长儒等编：《世德堂冕宁县周氏家谱》，1997 年，第 11 页。

后裔取得联系,从 2002 年起,后者前往冕宁进行了考察和联宗活动。同年,菩萨渡邓宝子孙听说此事,也开始搜集谱牒,试图与安徽方面进行联宗。为此,邓宝子孙邓天亮根据菩萨渡《邓氏族谱》、文家屯《邓氏族谱》、安徽《古虹邓氏宗谱》以及其他资料,对邓端一、邓宝与邓愈的关系进行了多方"考证"。最后将邓端一、邓宝分别认定为邓愈第四子邓铎、第五子邓铨。在"认定"了邓端一、邓宝为邓愈之子后,邓天亮又专门写了一篇文章对菩萨渡周、王、邓三姓身份进行"考证"。①

该文首先解释为什么菩萨渡周、王、邓三姓关系十分密切,认为:

> 要搞清邓、周、王三姓始迁祖的这种亲密关系,只有先弄清他们父辈的关系,才能准确地了解他们当年为何会一道来到这边陲之地。邓端一和邓宝的父亲是宁河王邓愈,周全的父亲是江夏侯周德兴,在两家的谱中都有记载,这是没有疑义的。但王观的父亲是谁呢?王姓谱中无记载。②

由前可知,1997 年续修《周氏族谱》的补充文字还只是将周德兴附会成周全的父辈,不一定是其父亲,也有可能是伯伯或者叔叔,言辞模糊,尚留有回旋余地。但此时周德兴却又被邓氏文章确信无疑地认定是周全的"父亲"了。在坚信邓周为

---

① 参见邓天亮:《关于四川省冕宁县邓、周、王三姓一些史实的考证》,《宁河堂邓氏族谱·四川冕宁宝公房谱》,2008 年,第 539—543 页。

② 邓天亮主编:《宁河堂邓氏族谱·四川冕宁宝公房谱》,2008 年,第 540 页。

"王侯后裔"身份的前提下，文章接下去便开始"考证"王观的父亲是谁：

> 要能与宁河王邓愈和江夏侯周德兴的儿子于明初一道来此"补镇"（三姓谱均有此语）的人，其父也一定是与宁河王及江夏侯名位相当的人，换句话说，也一定是能在《明史》中有"列传"的人……按照这个思路，笔者在《明史》列传中找到了多位王姓者，经过反复比较，只有定远侯王弼符合条件。①

选定王弼为王观的父亲，原因是史书记载王弼与邓愈、周德兴两家关系紧密，且门户相当。② 所以，"从以上记载可以推论，王观之父应是定远侯王弼。只有这种关系，邓、周、王三家公子才有可能同进退"③。如此，王观为定远侯王弼之子的说法也产生了。

其次，文章又以周、王、邓三家关系紧密为出发点，来推论三姓族谱所记载祖籍"南京应天府兴化县"的来由，认为《明史》记载洪武二十年周德兴曾在福建沿海筑城防倭，而福建莆田在明初曾有兴化府，所以洪武二十年时，邓宝、周全、王观跟

---

① 邓天亮主编：《宁河堂邓氏族谱·四川冕宁宝公房谱》，2008年，第540页。

② 具体可参见邓天亮：《关于四川省冕宁县邓、周、王三姓一些史实的考证》，《宁河堂邓氏族谱·四川冕宁宝公房谱》，2008年，第539—543页。

③ 邓天亮主编：《宁河堂邓氏族谱·四川冕宁宝公房谱》，2008年，第540—541页。

随周德兴在福建兴化筑防。而洪武二十三年周、王、邓三家因胡惟庸案①受到牵连,三人为了避祸,才请旨从兴化镇守西蜀,并改成邓宝、周全、王观,然而其父辈官邸皆在南京应天府,所以就有了"应天府兴化县"的记载。

最后,文章为了自圆其说,又对各家族谱记载的不同进行了弥合。文家屯《邓氏族谱》记载:洪武十六年,邓端一和周吴邓王一同南征。菩萨渡《邓氏族谱》则记载:洪武二十三年,邓宝同周、王前来补镇。《周氏族谱》除记载始祖周全外,同来的还有周理,但其后来还乡。对此,文章则解释说前后两批人马为兄弟关系,洪武十六年来的皆为十四年南征云南的王侯子弟:邓愈之子邓端一、周德兴之子周理、王弼之子某人(王观之兄),江阴侯吴良或其弟靖海侯吴桢之子等。洪武二十三年胡惟庸案爆发,邓愈之子邓宝、周德兴之子周全、王弼之子王观为避免牵连,便从兴化来到宁番卫补镇。洪武二十五年,周德兴等因胡惟庸案被诛杀,周理、王观之兄因此回原籍守丧。如此,一个较为完整的明初开国功臣之后通过征战或者避乱而来到当地的历史叙事便最终形成了。

然而,对照明代王裕墓志铭和《武职选簿》记载,我们可以很清楚地知道,菩萨渡王宝、王观父亲为王恩,河南祥符人,而非开国功臣定远侯王弼。王宝、王观来到冕宁的过程也绝非如上所述。但在现实的村落生活语境中,王观却因周、王、邓三姓的亲密关系,被推定为"王侯后裔"。值得注意的是,周、王、邓三姓故事"成文后又印发给三姓人阅读,提出修改意见,并请

---

①　朱元璋以"谋不轨"为名诛杀宰相胡惟庸等并牵连三万余人,史称"胡惟庸案",为明初四大案之一。

教了凉山州和冕宁县的有关学者和机构，作了进一步修改，现
刊载于谱，以供参考"①，即以文字化、相互传阅、文化交流等形
式，使该故事成为一种常识，嵌入当地相关人群的记忆当中。

四、余论

　　通过上文分析我们可以发现，地方历史脉络中的屯堡叙事
具有以下两个重要特点：

　　第一，屯堡叙事是一个动态结构的过程。从上文分析可
知，菩萨渡周、王、邓三姓祖先是明初来自"南京青石桥"的王
侯后裔这一叙事经过了很长时期的发展。当地任何可靠的明
代资料都没有关于这一说法的记载。至清代乾隆中后期，出于
整顿家族和参加科举的需要，冕宁、西昌等地修谱之风盛行，但
由于资料的匮乏，他们大多只能通过传闻来叙述始迁祖的历
史。而在当地集体记忆中，"南京""青石桥"是明初军事移民
的两个重要的记忆符号，因此也就作为许多屯堡家族追溯祖先
来历的文化资源被写进家谱，以至于"南京青石桥"逐渐成为
屯堡人在叙述祖籍时的一种话语模式、族群象征和身份标识。
菩萨渡周、王、邓三姓来自"南京青石桥"的说法也正是在上述
过程中逐步形成的，而且是越往后变得越统一、越清晰。至清
朝末年，菩萨渡邓氏率先追寻始迁祖先世的来历，并附会出宁
河王邓愈后裔的身份。与其同堡而居的周氏也在民国时期开

---

　　① 邓天亮主编：《宁河堂邓氏族谱·四川冕宁宝公房谱》，2008 年，
第 539 页。

始建构起与江夏侯周德兴同宗的关系。改革开放后,随着民间文化的复兴,修谱寻根之风再度盛行,推动了周、王、邓三姓祖先身份的建构。周氏在续修族谱时进一步将周德兴附会为父辈。而这一说法又在同堡邓氏修谱时被当成是父子关系加以确认。与周、邓二姓相比,王氏在始迁祖问题上一直比较谨慎,没有更多地去追述其先世。然而,其身份也在最新的修谱浪潮中被邓氏考证为定远侯王弼之后。菩萨渡周、王、邓三姓是来自南京青石桥的王侯后裔的祖先叙述最终形成。从以上可以看出,作为家族叙事的屯堡文化并不是凝固的,而是六百多年来不断变化和逐步形成的。

第二,屯堡叙事的建构逻辑存在以自我为中心不断加以推演的特征,而屯堡内部家族之间的亲密关系为屯堡叙事提供了可以推演的前提。以菩萨渡为例,邓氏祖先通过传闻将始迁祖附会成邓愈之子。此后,历代子孙修谱都以此为建构屯堡叙事的逻辑起点,并结合现实生活中周、王、邓三姓的关系来推测其祖先在历史上也一定具有不错的关系,其地位也必定相当。在这一逻辑下,一旦认定其中一家为王侯后裔,那么其余便自然要符合这一身份,所以也都一步步被推演成王侯子弟。而这一过程恰恰又能使自身获得在当地屯堡文化中的话语权和地位,成为推动屯堡叙事逐渐趋同的一股重要动力。从上述过程我们可以得知,村落语境和家族关系对于屯堡叙事具有重要的影响,其叙事与其说是在追述祖先的历史,毋宁说是通过祖先历史的建构来解释当下屯堡内部的关系。

礼俗互动研究

孔子听歌处何在[*]

——沧浪渊与沧浪之水关系考辨

一、沧浪渊与孔子听歌处的传说

沧浪渊,位于山东省枣庄市山亭区凫城镇王湾村南 1.5 公里处。其旁建有霖泽庙,传说该庙有求必应,十分灵验,因此历来香火旺盛。[①] 至今,每年农历三月初三庙会时,方圆百里的信众仍然来此焚香祈愿,甚至苏北等更远地区的信众亦赶来参加。由于人数众多,每每导致交通堵塞长达十里之远。[②] 沧浪渊如此出名,除因庙宇灵验外,当地传说该处即古代的沧浪之

* 本文原载于山东人文社科协作体办公室、山东大学儒学高等研究院编:《明清时期的山左学术》,齐鲁书社 2014 年版,第 314—326 页。

① 该庙旧为龙神祠,供奉龙神,宋徽宗时赐庙额"霖泽",故称"霖泽庙"。在民间传说中,秦汉年间的李左车隐居此地,对百姓施有恩惠,死后被奉为神,后人尊称为"苍老爷"。当地亦传说苍老爷姓李,家在崔庄,小名叫作"小仓",出生之时有一尾巴,被其父母去掉,故又称"秃尾巴老李",从小便具有灵性,后成为雹神。当地百姓为其建庙祭祀,每逢天旱,祈祷便应,保佑地方风调雨顺,灵验异常。地方至今还流传着许多关于苍老爷的灵验传说,如苍老爷打高粱、苍老爷走姥娘、苍老爷打蚂蚱等。可参见政协山亭区委员会编:《山亭人文自然遗产》,黄河出版社 2009 年版,第 328—330 页。

② 参见枣庄市山亭区凫城乡宣传册《凫城》,内部资料,2012 年。

水，是当年孔子听童子唱歌之处，由此引起许多人的关注。

　　2012年12月初，笔者在枣庄市山亭区进行民俗调查时，就听到当地老百姓讲起这一传说。而沧浪渊霖泽庙内近人新刻的一通石碑也提道："沧浪渊，钟灵毓秀，旧为峄中胜景，古传渊有神龙，又传为雹神苍老爷成神处，亦传孔子听沧浪歌处。"①

　　上述传说并非没有根据，明清以来诸多文献对此都有记载。例如，《明一统志》便记载："沧浪渊，在峄县北车稍山下，《孟子》'沧浪之水清兮，可以濯我缨'，即此。"②据《孟子》记载，孔子曾在沧浪水边听见有童子唱"沧浪之水清兮，可以濯我缨；沧浪之水浊兮，可以濯我足"③，于是后世把这首歌称为《孺子歌》或《沧浪歌》。由此可见，《明一统志》认为沧浪渊即古代的沧浪之水，是孔子听童子唱歌之处。成书稍晚的嘉靖《山东通志》亦表达了相同的观点："沧浪渊，在峄县北车稍山下，相传《孺子歌》，即此。"④明末清初著名思想家顾炎武的《肇域志》一书也说："沧浪渊，在县北六十里车梢峪下，渊西旧有石刻：孔子听孺子歌沧浪处。"⑤这一说法在民国《山东通志》中记载得更为直接明了："沧浪渊，在县北六十里车梢峪下，相传为孔圣听《孺子歌》处。"⑥

①　《霖泽庙碑记》，沙朝佩撰文，神兆国书丹，2011年立。
②　《明一统志》卷二三《兖州府》，《景印文渊阁四库全书》第472册，台湾商务印书馆1986年版，第535页。
③　（清）阮元校刻：《十三经注疏》，中华书局1980年版，第2719页。
④　嘉靖《山东通志》卷五《山川上·兖州府》，明嘉靖刻本。
⑤　（清）顾炎武：《肇域志》卷一九，清抄本。
⑥　民国《山东通志》卷三〇《疆域·兖州府》，民国七年（1918）铅印本。

　　除以上方志外,明清以来许多典制体史书以及文人诗文集
也记载了上述说法。如明代著名学者王圻的《续文献通考》一
书记载:"沧浪渊,峄县北,孺子歌处,岁旱祷雨多应。"①明代陆
应阳在《广舆记》中写道:"沧浪渊,峄县,即孺子所歌'濯缨'
处。"②明人姚旅的《露书》有记:"峄县北六十里有沧浪渊,即
孔子听孺子歌沧浪处。"③清人黎景义的《二丸居集选》有载:
"峄县北车稍山下有沧浪渊,孔子听孺子歌处。"④清人张鹏翮
的《治河全书》亦载:"沧浪泉……源出县六十里车稍峪下,即
沧浪渊是也。渊西旧有石刻:孔子听孺子歌沧浪处。"⑤清人胡
荣在游沧浪渊后作七言律诗一首,从"孺子有泉清可濯,王良
失御耻难侔。万年沧浪名洲久,数里鄪城望峄收"四句可知,
他认为沧浪渊就是古代的沧浪之水。⑥有清代"关西夫子"之
称的屈复在游沧浪渊后,也留诗一首表达了相同的看法:"沧
浪一夜雨,春野欲成河。直得尼山赏,长吟孺子歌。落花浮远
影,飞絮蘸清波。不濯尘缨去,其如浊水何。"⑦综上可知,沧浪
渊为沧浪之水、孔子听歌处这一说法屡见于明清典籍,流传
甚广。

----

　　①　(明)王圻:《续文献通考》卷一一《田赋考》,明万历三十年
(1602)松江府刻本。
　　②　(明)陆应阳:《广舆记》卷五《山东·兖州府》,清康熙刻本。
　　③　(明)姚旅:《露书》卷七《杂篇》,明天启刻本。
　　④　(清)黎景义:《二丸居集选》卷五《四书地理考》,抄本。
　　⑤　(清)张鹏翮:《治河全书》卷八《峄县》,清抄本。
　　⑥　(清)胡荣:《容安诗草》卷六《便道探辉儿陈峄令偕游孺子沧浪之
水》,清康熙刻本。
　　⑦　(清)屈复:《弱水集》卷七《沧浪渊》,清乾隆七年(1742)贺克章
刻本。

近年来,随着非物质文化遗产保护工作的开展,沧浪渊逐渐成为枣庄市山亭区进行文化发掘和保护的对象,当地文化部门和宣传部门组织了相关文史工作者,对沧浪渊与儒家文化的关系进行了初步梳理和论证,出现的一些成果大都认为沧浪渊即"孔子听歌处"。① 但纵观诸论,所用材料比较晚近、单一,分析也不够深入,因此结论难免显得有些草率。实际上,关于沧浪之水究竟在何处这一问题,自古多有讨论,其中就包括司马迁、郦道元、戴震等名人,但诸家观点不一。据清人钟岳灵总结,沧浪之水的位置大体分为"在楚说"和"在鲁说"两种,细分的话又有五种观点:"沧浪之水著于书志者有五:一在于鲁之峄县,其四则皆在楚地。一见于武昌之兴国州;一见于常德之龙阳县,即屈原遇渔父处也;一见于安陆之沔阳州;一见于襄阳之均州。"② 就今人而言,除上述枣庄文史工作者外,学者主要探讨沧浪之水"在楚说",而极少有人关注"在鲁说"。例如,《辞源》将"沧浪"释为汉水③;郭沫若、梁海明、赵逵夫等认为,沧浪之水"在汉水北部、上游"④;邓金辉、匡俊等认为其在湖北

---

① 参见政协山亭区委员会编:《山亭人文自然遗产》,黄河出版社2009年版,第228—229页;枣庄市山亭区凫城乡宣传册《凫城》,内部资料,2012年;沙朝佩:《孔子闻〈孺子歌〉处应在峄县沧浪渊——"沧浪之水"考证》,《齐鲁晚报》2012年12月27日。

② 光绪《续辑均州志》卷一五《艺文·沧浪记》,清光绪十年(1884)刻本。

③ 参见《辞源》,上海商务印书馆1979年版,第1862页。

④ 参见郭沫若:《屈原赋今译》,上海书店出版社2003年版;梁海明译注:《孟子》,山西古籍出版社1999年版,第16页;赵逵夫:《屈原的名、字与〈渔父〉〈卜居〉的作者、作时、作地问题》,《兰州大学学报》(社会科学版)2009年第1期。

郧阳①；刘丙初、钱明锵等认为其在湖南汉寿②；唐兰才、郭旭阳等认为其在湖北均州③；梁中效认为其在湖北武当④；张叶芦认为其在湖南武冈⑤。在上述研究偏好影响下，明清以来颇具影响力的沧浪之水"在鲁说"便极少受到学界关注。因此，本文试图就该说进行探讨，并阐述其相关文化意义。

二、宋以前沧浪之水在楚诸论

本文认为沧浪之水在楚不在鲁，首先是因为"在鲁说"出现较晚，在其之前很长一段时间内，"在楚说"已有深入的讨论。

据《孟子·离娄上》记载："有孺子歌曰：'沧浪之水清兮，可以濯我缨；沧浪之水浊兮，可以濯我足。'孔子曰：'小子听之。清斯濯缨，浊斯濯足矣，自取之也。'"⑥《十三经注疏》解

---

①　参见黄忠高：《沧浪听歌郧阳曲》，《荆楚文化》2012 年第 4 期；邓金辉、匡俊：《沧浪文化之〈孺子歌〉初探》，《郧阳师范高等专科学校学报》2012 年第 5 期。

②　参见刘丙初：《"沧浪水"地理位置考》，《船山学报》1987 年第 S1 期；钱明锵：《〈渔父〉沧浪地理位置之究索》，《云梦学刊》2008 年第 3 期。

③　参见唐兰才：《沧浪水与孺子歌》，《江汉考古》1986 年第 3 期；郭旭阳：《沧浪文化初探》，《汉水文化研究——汉水文化暨武当文化国际学术讨论会论文集》，2004 年。

④　参见梁中效：《屈原与汉水流域文化》，《陕西理工学院学报》（社会科学版）2005 年第 4 期。

⑤　参见张叶芦：《屈原放逐行踪续考》，《浙江师大学报》（社会科学版）1992 年第 2 期。

⑥　（清）阮元校刻：《十三经注疏》，中华书局 1980 年版，第 2719 页。

释:"孺子,童子也。小子,孔子弟子也。清浊所用,尊卑若此。自取之,喻人善恶见尊贱,乃如此。"①此句大意为:有童子在沧浪水边唱歌,孔子听后深受启发,对弟子感叹说:衣服在上为贵,只能用清水来洗,脚在下为贱,用浊水洗即可,善恶见贵贱,是一样的道理。孔子在此处借助童子所唱之歌来谈善与恶,希望达到劝善的目的。《孟子》一书仅记载了这一故事,但并没有提到沧浪之水究竟在何处。

"沧浪之水"再次出现,则是在屈原的《楚辞·渔父》当中,屈原当时已被放逐,在水边遇一渔父,两者开始了那段经典的对话,渔父很惊讶屈原为何被放逐于此,屈原答以"举世皆浊我独清,众人皆醉我独醒";渔父认为没有必要如此清高,大可随波逐流,而屈原却誓死拒绝。于是"渔父莞尔而笑,鼓枻而去,乃歌曰:'沧浪之水清兮,可以濯吾缨,沧浪之水浊兮,可以濯吾足。'遂去,不复与言"②。渔父临走前以《沧浪歌》表达了一种"遇治则仕,遇乱则隐"的看法,认为屈原没有必要誓死来证明自己的高风亮节。

因为屈原为楚国人,他被流放后听到的《沧浪歌》又与孔子听到的《孺子歌》相同,因此从汉代以来的许多典籍,大都认为沧浪之水在楚,只不过对具体在楚之何处争论颇大。例如,西汉著名经学家孔安国认为沧浪之水为汉水支流,在荆州,是《孟子》所记孔子听孺子歌处。③ 东汉经学家马融、郑元进一步

---

① （清）阮元校刻:《十三经注疏》,中华书局 1980 年版,第 2719 页。

② （汉）王逸章句,刘向编集:《楚辞》,中华书局 1985 年版,第 90 页。

③ 参见（汉）司马迁:《史记》卷二《夏本纪第二》,中华书局 1959 年版,第 72 页;（宋）叶梦得:《避暑录话》卷下,明《津逮秘书》本。

认为沧浪之水为汉河支流当中的夏水。① 晋人庾仲初《汉水记》则认为，沧浪之水在武当县西四十里，水中有洲，名沧浪洲，因汉水流经此地，得名沧浪之水。② 南朝人刘澄之在《永初山川记》中指出，汉水古为沧浪。③ 北朝郦道元的《水经注》考证，从汉、沔水以下，统称沧浪之水。④ 唐代《括地志》认为，沧浪水在均州武当县。⑤ 北宋《元丰九域志》认为，沧浪水在龙阳州⑥，即今湖南常德。南宋王象之《舆地纪胜》认为，沧浪在沔水之沔口。⑦ 南宋祝穆《方舆胜览》记载，沧浪之水在湖北监利县以东三里处。⑧ 宋末元初人金履祥的《论孟集注考证》一书认为，孔子与屈原听歌之沧浪不同，前者在楚之汉水，而后者在鼎州，即今天的湖南常德。

综上，从汉至宋，尽管人们对沧浪之水的具体位置有争议，

---

① 参见（汉）司马迁：《史记》卷二《夏本纪第二》，中华书局 1959 年版，第 72 页。

② 庾仲初《汉水记》今已不传，但其观点散见于清人论著当中，可参见（清）宋翔凤：《孟子赵注补正》卷四，清光绪广雅书局刻本；（清）吴昌宗：《四书经注集证·孟子》卷四《离娄章句上》，清嘉庆三年（1798）刻本。

③ 参见（宋）李昉：《太平御览》卷六五《地部三十》，四部丛刊三编景宋本；（宋）高似孙：《纬略》卷六《濯缨》，清守山阁丛书本。

④ 参见（北魏）郦道元：《水经注》卷二九《沔水下》，清武英殿聚珍版丛书本。

⑤ 参见（汉）司马迁：《史记》卷二《夏本纪第二》，中华书局 1959 年版，第 72—73 页。

⑥ 参见（宋）王存：《元丰九域志》卷六《荆湖路》，《景印文渊阁四库全书》第 471 册，台湾商务印书馆 1986 年版，第 408 页。

⑦ 参见（宋）王象之：《舆地纪胜》卷七九《荆湖北路》，清影宋钞本。

⑧ 参见（宋）祝穆：《方舆胜览》卷二七《湖北路江陵府》，《景印文渊阁四库全书》第 471 册，台湾商务印书馆 1986 年版，第 778 页。

但都认为在楚地，即今之两湖地区，并非在山东。那么，沧浪渊是何时、如何与孔子听歌的沧浪之水联系起来的呢？

三、宋代以来沧浪渊为沧浪之水的建构及影响

就笔者所见，目前最早记载山东沧浪渊为沧浪之水、孔子听歌处的材料出现于宋代。据南宋潘自牧的《记纂渊海》记载："沧浪渊，在承县北，即《孟子》所引沧浪之水处。"[1]宋代承县即今枣庄，县治在今市区偏南。今山亭区沧浪渊与抱犊山均在市区以北，与宋《太平寰宇记》所述"君山，一名抱犊山，在县北六十里"[2]相符，所以《记纂渊海》所言沧浪渊就是今山亭区沧浪渊，在南宋时已有沧浪之水、孔子听歌处的说法。不过此说影响甚小，除这条孤零零的材料外，不见于他处。如前所述，宋代及其以前绝大多数学者都持沧浪之水在楚说，然而明清以来，"在鲁说"却变得非常盛行。这中间究竟发生了什么？为什么会突然有如此大的变化？笔者认为，元代对这一转变有着重要的影响。我们不妨先看看元代人梁宜所撰《沧浪渊感应龙祠记》，兹将其摘录于下：

> 峄州北不一舍路，入乱山，又六十里而远，有渊曰沧

---

① （宋）潘自牧：《记纂渊海》卷一七《郡县部·京东东路》，《景印文渊阁四库全书》第 930 册，台湾商务印书馆 1986 年版，第 408 页。

② （宋）乐史：《太平寰宇记》卷二三《河南道二十三》，《景印文渊阁四库全书》第 469 册，台湾商务印书馆 1986 年版，第 204 页。

浪,巨坎连匦,深波澄洁,临瞰使人发树肌栗。旱祷则辄
雨。祷者置空缸于渊趾,而愊请,水自缸涌,谚谓之圣水。
至元五、六年间,涉冬徂春,亢阳作沴,赤地旷野。民合僧
道巫觋,鸣铙钟鼓乐,凡寺观祠庙靡不遍谒。皇皇吁天,踵
继而声属,炎日愈烈,众以为忧。同知州事大礼普化集僚
吏倡曰:"吾辈官是州,罹兹旱暵,责任曷辞?"越三月壬
午,偕判官王善、长吏王庸负缸驰渊上,沥诚莫告,少顷,缸
水盈半。俄一物跃出,前二足敷涯浒,半蟠渊中,首微昂,
有肖龟蛇,目睛金色。众相环视,骇愕,嗼若无息,巫拜谢
敛退。明旦四月癸未朔,众冒雨而回,遂告沾足。大礼普
化使岳尧佐图其形,将镂诸石,恳予识其实。按:沧浪渊载
志无记述,惟《孺子歌》见于《孟子》及屈平《渔父》辞。或
曰"此歌楚词,殆是《禹贡》汉水东沧浪之水"。余谓不然。
孟子盖与屈平同时,峄本郳国,去邹孟子乡仅二百里,此时
已为楚并,宿迁亦相离二百里余。项羽其邑人,《垓下》歌
列《楚辞后语》,《沧浪歌》为此水无疑。宋为承县,隶沂
州。是祠有祷即应。承在沂五邑中独无灾,民状其事以
闻。宣和己亥,锡封曰霖泽。稽于制书,记云渊龙屡出而
耀其灵,或蟠水中,或为大蟾,或像道士,所见不一。由今
观之,符合不诬。第郡乘脱略,碑记毁没,失其传耳……①

该文作者梁宜,茌平(今属山东聊城)人,官至元朝礼部尚
书,因曾担任峄州知州,故晓沧浪渊事。由碑文可知,当地向来

① 李修生主编:《全元文》第 39 册,凤凰出版社 2004 年版,第 124—
125 页。

传说沧浪渊求雨十分灵验，而元顺帝统治的至元五年和六年间（1339—1340），峄州大旱，民间用各种办法求雨无果，所以同知州事大礼普化带领州官前往沧浪渊求雨，遇见一怪物从渊中探出半截身子，在众人拜谢后才退去，结果第二天便下起大雨来。因此，大礼普化命下属将怪物相貌绘出，准备刻石答谢，并恳请梁宜撰文记录沧浪渊求雨灵验一事。于是才有了这篇《祠记》。在记录沧浪渊求雨灵验之外，梁宜在文中还顺带着对沧浪渊的历史进行了考证，认为沧浪之水并不在楚（汉水东），就在沧浪渊。他的理由是，前人认为沧浪之水在楚是因为孔子听到的《孺子歌》带有楚风，但他们没有注意到沧浪渊所在鄌国，距离孟子故乡邹国仅二百里，此时都已被楚国兼并，因此孟子当受到楚文化影响，所以讲述孔子在沧浪渊听《孺子歌》这一故事时带有楚风。为证明这一影响可能存在，他还以项羽《垓下歌》为佐证。项羽为宿迁人，宿迁在当时也为楚国所并，受其影响，后世出生在当地的项羽所作《垓下歌》便明显为楚风。由此，梁宜认为沧浪之水即在沧浪渊，为孔子听孺子歌处，但因孟子以楚风记录此事，才被后人误以为是孔子在楚地听到此歌。

可以说，虽然南宋潘自牧《记纂渊海》最早提到沧浪渊是孔子听歌处，但影响力却很小，梁宜在撰写该文时说"沧浪渊载志无记述"，可见他并未受潘氏之影响。反倒是梁宜撰写的这篇《祠记》对"在鲁说"的盛行产生了巨大的影响。例如，明人姚旅的《露书》记载："峄县北六十里有沧浪渊，即孔子听孺子歌沧浪处。峄邑沧浪渊，旱祷则雨，祷者以缸置渊趾，水自缸涌即雨，俗谓之圣雨水。"[①]很显然，这一说法直接抄自梁宜的

---

① （明）姚旅：《露书》卷七《杂篇》，明天启刻本。

《祠记》。此外,《峄县志》有万历十年本,康熙十二年(1673)本、二十四年本、五十六年本,乾隆十六年本、二十六年本,光绪三十年(1904)本,共七个版本,现存康熙十二年(1673)、二十四年,乾隆二十六年和光绪三十年四个本版本,皆收有梁宜的这篇《祠记》,足见其对后世影响之深远。

另外,梁宜之论影响较大,还表现在它引起了明清以来学者对沧浪渊的关注。例如,清人姜兆翀作《孟子篇叙》时,便注意到沧浪渊与沧浪之水的关系,还提出了自己的看法:"据此,则沧浪自在楚(古武当,今湖北襄阳府均州),孔子诏小子听之,当是适楚时闻之也。至山东峄县有沧浪渊,径县西并有孺子桥,疑是附会,以鲁不得有沧浪之水也。"①清人周炳中在《四书典故辨证》中也注意到沧浪渊之说:"《一统志》:'兖州府峄县有沧浪渊,即孺子歌处。'按,此歌亦见于《楚词·渔父》,当以汉水之沧浪为是。石林云:'此正楚人之辞。'"②以上二者对沧浪渊为沧浪之水、孺子歌处均持反对意见。相反,清人张道南则认为孺子歌处在鲁,不在楚:"均地僻壤,孔圣至楚,辙迹未经,歌听孺子,胡为乎来哉!考《峄志》,县北有沧浪渊,邹与鲁接壤,所听之歌在彼不在此,故《孟子》亦从而引之。"③

宋代以前,没有人提沧浪渊与沧浪之水的关系,因此诸论大都一致认为沧浪之水在楚,山东沧浪渊根本不为学者所注意。元代梁宜论说传播开后,沧浪渊为孔子听歌处这一命题才

---

①　(清)姜兆翀:《孟子篇叙》卷四《不仁章》,清嘉庆七年(1802)漱芳书塾刻本。

②　(清)周炳中:《四书典故辨正》卷一六《沧浪之水》,清嘉庆刻本。

③　(清)张道南:《沧浪亭记》,光绪《续辑均州志》卷一五《艺文》,清光绪十年(1884)刻本。

引起学者、地方文人及普通民众的广泛关注和争论，可见其对后世影响之深远。

四、由"假说"到"真实"：沧浪之水在鲁说的文化意义

如前文所述，梁宜之论说对明清乃至现在当地认同沧浪渊是孔子听歌处产生了重大影响。那么，梁宜这一说法本身是否能经得起推敲、检验呢？笔者持否定意见。原因有二：

首先，据考古发掘及相关研究，沧浪渊所在的枣庄市山亭区在战国时期属小邾国①，而并非梁宜所说的属郳国。郳国在今枣庄市以东，小邾国在枣庄市以北。②

其次，孟子死于楚并邹国、小邾国之前，因此不可能如梁宜所言受到楚风的影响。孟子故乡为战国时期的邹国，亦称作邾国。邾国是西周初期被分封的曹姓子爵国，国君曹侠，都城为訾楼（今山东曲阜市东南尼山一带），国土面积约 30 平方公里。③ 春秋中期，"邾分三国"为邾国、小邾国、滥。④ 其中，邾国即是后来孟子故乡邹国，与小邾国（即沧浪渊所在山亭区）

① 参见政协枣庄市山亭区委员会编：《小邾国文化》，中国文史出版社 2006 年版。

② 参见政协枣庄市山亭区委员会编：《小邾国文化》，中国文史出版社 2006 年版，第 43 页。

③ 参见政协枣庄市山亭区委员会编：《小邾国文化》，中国文史出版社 2006 年版，第 5—6 页。

④ 参见王献堂：《春秋邾分三国考》，政协枣庄市山亭区委员会编：《小邾国文化》，中国文史出版社 2006 年版，第 48—60 页。

相邻。战国时,滥最先亡,邾与小邾后亡。但关于邾亡之事,史料记载有异。一说,邾国被齐国灭掉,"邾、莒亡于齐"①。但经后人考证,此说不可信。② 一说,邾国在战国中期为楚宣王所灭,"江水又东迳邾县故城南,楚宣王灭邾,徙居于此,故曰邾也"③。楚宣王在位时间为公元前 369 至前 340 年,如在此期间并邾,孟子则可能受其影响,梁宜之说尚可成立,但楚宣王灭邾一事也不可信,因为邾国在此后都还见于文献记载,"驺费郯邳者,罗鷃也,此四国顷襄王时尚存,盖亦与鲁同灭于楚"④。一说,邹在战国末期被楚灭,"驺,故邾国,曹姓,二十九世为楚所灭"⑤,"邾国,曹姓……春秋后八世而楚灭之"⑥,但各种灭国记载并无确切年代。据何浩考证,邹国约在前 261 至前 256 年间被楚灭。⑦ 与之相邻的小邾国(沧浪渊所在地)被楚所并在前 260 至前 257 年之间。⑧ 然而,孟子死于公元前 289 年,此时邹国、小邾国尚未被楚所并,所以孟子不可能在楚风影响下用与屈原《楚辞》一样的语言风格记录下孔子听歌这件事。由此可见,梁宜的论证并不能成立。

---

①　(汉)刘向:《战国策》,上海古籍出版社 1995 年版,第 69 页。

②　参见何浩:《楚灭国研究》,武汉出版社 1989 年版,第 295 页。

③　(北魏)郦道元:《水经注》卷三五《江水三》,清武英殿聚珍版丛书本。

④　(清)沈钦韩:《春秋左氏传补注》卷二,清功顺堂丛书本。

⑤　(汉)班固:《汉书》,中华书局 1962 年版,第 1637 页。

⑥　(晋)杜预:《春秋释例》卷八《世族谱第四十五之上》,清武英殿聚珍版丛书本。

⑦　参见何浩:《楚灭国研究》,武汉出版社 1989 年版,第 294 页。

⑧　参见政协枣庄市山亭区委员会编:《小邾国文化》,中国文史出版社 2006 年版,第 42 页。

孔子听歌处，究竟在何方？大而论之，笔者认为孔子听孺子歌处在楚，不在鲁。首先，《孟子》一书记载："有孺子歌曰：'沧浪之水清兮，可以濯我缨，沧浪之水浊兮，可以濯我足。'孔子曰：'小子听之。清斯濯缨，浊斯濯足矣，自取之也。'①前半段语言表达为楚民歌之风格，但当孔子听后训诫弟子之时，用的却是"四言体"，明显体现出楚与鲁在语言习惯上的差异。从语言习惯和差异性上来看，孔子显然是在楚地听到这样的歌谣。其次，孔子周游列国，于前489年在陈蔡之间被困，结果被楚人相救，到过楚国北部，应该就是在此时听到《孺子歌》。在此境遇下，孔子以听《孺子歌》借机训诫弟子要"分善恶、讲仁义"，这便非常符合其语境。但这么有意义的一件事，孔子经典论著《论语》一书却并未加以收录，这是为什么呢？笔者认为，这一点也可以根据孔子的经历来解释。《论语》是孔子讲学时重要语录的汇编，由其弟子及再传弟子辑录。孔子著书讲学精力最集中的时间是周游列国回到鲁国以后，即前484年（孔子68岁），此后他被敬而不用，于是一面继续修订六经，整理文化典籍；一面广收门徒，扩大教育规模。正是在这一时期，他的言论对弟子影响最为深刻，传诵得也最广泛。而此前孔子借《孺子歌》训诫弟子一事，正是在逃难途中，知此事者本来就不多，此后不久，跟随孔子周游列国的颜回、仲由等去世，就更少有人知晓此事了，所以《论语》未收这一故事也可从侧面反映出听《孺子歌》当发生在楚。最后，由前文可知，"在鲁说"的出现比较晚近，而且从一开始论证就存在问题，但后人大多不察，还将其越传越烈，以致其到明清时期已成为与"在楚说"并

---

① （清）阮元校刻：《十三经注疏》，中华书局1980年版，第2719页。

驾齐驱的一种说法。因此,"在鲁说"不可信。

　　窃以为,对于沧浪之水、孺子歌处,我们只能考其大略,而不能究其细节;可断其大致地域,却不能诘其具体所在。事实上,任何试图对其地点具体化的说法都有较大风险,不论是"在楚说"也好,还是"在鲁说"也好。

　　本文认为沧浪之水、孺子歌处在楚不在鲁,但这并非意味着"在鲁说"没有意义。尽管它只是一种晚近的假说,并非历史真实,但它自发明创造出来以后被地方民众所接受和认同的过程却是一个真实的历史,而且是具有重要文化意义的真实历史。因为,在这一假说被人们当作真实历史加以记忆和传诵的过程中,儒家文化得以超越士大夫的范畴,在民间实现了普遍的认同。这样一个从"假说"到"真实"的过程,恰恰体现出儒家文化对普通百姓的深刻影响。因此,当我们面对沧浪渊不是沧浪之水、孔子听歌处这一问题的时候,没有必要因为这一说法是一"假象"而感到失落和纠结,而应该看到这一"假象"的建构过程所体现出的文化内涵。用一句简单的话来说,沧浪之水并不重要,重要的是孔子这一文化象征。因为这一文化象征被地方建构和接受的事实,远比沧浪之水究竟在何处的问题要更有意义。如此,我们才能用一种包容的心态正确理解古今。

　　当然,我们也应该注意到,在一种假说被地方民众普遍接受的过程中士大夫所扮演的重要角色。例如在本文中,州官求记原本只为记录祈雨灵验,但作为元朝礼部尚书的梁宜却考虑到"文化教化"而把孔子拉了进来,并深刻影响到后世地方民众的文化认同。可以说,这种借助易于被大众接受的灵验故事来扩大儒家文化在民间影响力的举措,正是中国传统时代士大夫进行文化统治的一种有效的策略。

朔望烧香祭祖礼仪考源[*]

　　每月初一、十五烧香祭祀祖先是我国传统社会普遍存在的礼仪活动,我国古代典籍对此多有记载。例如,明朝人白悦所撰《白洛原遗稿》便提道:"凡朔望,必诣家庙,焚香展拜如生状。"①《皇明书》亦载:"朔望,具衣冠带再拜,焚香献茶而退。"②此外,清代的家祭也是如此,"月朔望日,献茶,然香灯,行礼告事"③;"每月初一、十五,焚香献茶(朔望)"④。可见,朔望烧香祭祖在我国传统社会中广为流行,是人们日常生活中的重要礼仪。甚至直到今天,这一礼仪传统在我国许多地区依旧盛行,为人们所熟知。尽管如此,人们却并不熟悉它是何时、如

　　* 本文原载于《民俗研究》2017 年第 2 期,系山东大学基本科研业务费资助项目(人文社科青年团队项目)"民间宗教中的女性角色研究"(IF-YT15015)的阶段性成果。

　　① (明)白悦:《白洛原遗稿》卷八,《四库全书存目丛书·集部》第 96 册,齐鲁书社 1997 年版,第 186 页。
　　② (明)邓元锡:《皇明书》卷四一,《四库全书存目丛书·集部》第 29 册,齐鲁书社 1997 年版,第 558 页。
　　③ (清)阮葵生:《茶余客话》卷五,《续修四库全书》第 1138 册,上海古籍出版社 2002 年版,第 69 页。
　　④ (清)黎庶昌:《拙尊园丛稿》卷四,《续修四库全书》第 1561 册,上海古籍出版社 2002 年版,第 358 页。

何形成的,学界对此也鲜有讨论。因此,本文尝试对这一问题进行探讨。不当之处,还请方家批评、指正。

一、朔望烧香祭祖礼仪的本土渊源

早在先秦时期,我国就已经出现了焚烧祭品(牲畜)祭祀神明的"烧香"礼仪。随着汉代以来香料的大量传入和使用,焚烧香料开始取代焚烧祭品,真正意义上的烧香礼仪出现,并被此后兴起的道教所吸收。从此,史书、道教经典及小说等古代典籍中屡屡出现关于道教烧香礼仪的记载,反映出烧香礼仪获得了广泛的实践。至南北朝时期,经寇谦之改革,天师道又进一步发展出每月初一、十五为亡故祖先烧香祈愿的斋仪,从而使朔望烧香祭祖礼仪最终得以形成。

(一)先秦时期的"烧香"祭祀

我国"烧香"祭祀神明的仪式可追溯到先秦时期。《仪礼·觐礼》记载:"祭天,燔柴。"①《尔雅·释天》亦有记载:"祭天曰燔柴。"郑玄注曰:"既祭,积薪烧之。"②《礼记·祭法》进一步指出:"燔柴于泰坛,祭天也。"③关于燔柴祭天的具体做法,唐孔颖达疏曰:"燔柴于泰坛者,谓积薪于坛上,而取玉及牲置柴上燔之,使气达于天也。"④由此可知,燔柴祭天是用柴

---

① (清)阮元校刻:《十三经注疏》,中华书局1980年版,第1094页。
② (清)阮元校刻:《十三经注疏》,中华书局1980年版,第2609页。
③ (清)阮元校刻:《十三经注疏》,中华书局1980年版,第1588页。
④ (清)阮元校刻:《十三经注疏》,中华书局1980年版,第1588页。

火燔烤祭品（牲畜）发出的香烟进行祭祀，与后世的烧香仪式一样，都强调利用烟火沟通天界与人间，从而达到向天神传递信息的目的。

除《仪礼》《尔雅》《礼记》外，先秦时期"烧香"祭祀天神的这一礼仪亦见于《诗经》《周礼》等经典之中。《诗·周颂·维清》记载："维清辑熙，文王之典。肇禋，迄用有成，维周之祯。"①郑玄将"肇禋"两字注解为："肇始禋祀也。笺云：文王受命，始祭天而枝伐也。"②可见，"禋"即"禋祀"，是祭天的礼仪。《周礼·春官·大宗伯》对此记载："以禋祀祀昊天上帝，以实柴祀日月星辰，以槱燎祀司中司命，风师雨师。"③郑玄注："禋之言烟，周人尚臭，烟，气之臭闻者。槱，积也。……三祀皆积柴实牲体焉，或有玉帛，燔燎而升烟，所以报阳也。"④可知，此处提及祭祀昊天上帝、日月星辰、司中司命等天神，其做法与"燔柴祭天"一样，都是将祭品置于柴薪之上，通过燔烤所升起的香烟沟通人神，从而达到祭祀的目的。由此可知，《诗经》《周礼》与《仪礼》《尔雅》《礼记》中关于祭天礼仪的记载虽在表述上有所不同，但在具体做法上其实是一致的。

综上可知，早在先秦时期，我国就已经出现了"烧香"祭祀神明的礼仪。不过有几点值得注意。首先，这一时期所谓的"烧香"祭祀并不是后世通过焚烧香料来产生香烟，而是通过焚烧祭品（牲畜）散发出带有香味的烟气来祭祀。其次，此时期的"烧香"是用来祭祀天神，而不是用来祭祀祖先。最后，祭

---

① （清）阮元校刻：《十三经注疏》，中华书局1980年版，第584页。
② （清）阮元校刻：《十三经注疏》，中华书局1980年版，第584页。
③ （清）阮元校刻：《十三经注疏》，中华书局1980年版，第757页。
④ （清）阮元校刻：《十三经注疏》，中华书局1980年版，第757页。

天一般由"天子"主持，非常人所能实践。这些都与后世烧香祭祖礼仪有别。尽管如此，这一礼仪却为后世朔望烧香祭祖的形成奠定了基础。

（二）汉代以来香料的传入与道教烧香礼仪

汉代以来，随着香料的大量传入，祭祀神明逐渐以焚烧香料替代焚烧牲畜，出现了真正意义上的烧香祭祀。与此同时，道教兴起，继承和发展了烧香祭祀神明的礼仪。在这两方面影响下，汉代以来烧香祭祀得到了广泛的记载和实践。

据文献记载，我国先秦时期就已经形成了用香文化，兰草、香蒿等香草香木已被用于佩戴、沐浴、治病、熏香，而考古发掘出土的各种陶制、瓷制和铜制熏炉亦证明我国用香文化有着悠久的历史。[1] 但需注意的是，当时使用的是香草香木，而非香料。这是因为我国并非香料的原产地，香料是后来从域外所引进的。关于香料的传入，学界主要有两种看法。一种看法是认为西汉中期汉武帝通西域、平南越后，西域和南亚的香料就已传入。[2] 另一种看法相对保守，认为西汉武帝时期的举措为香料传入奠定了基础，但西汉时期未见香料传入，东汉开始有相关记载。[3] 相比而言，"西汉中期说"更符合历史事实。据《史

---

① 参见傅京亮：《中国香文化》，齐鲁书社 2008 年版，第 1—18 页。

② Bedini, Silvio, A., *The Trail of Time：Time Measurement with Incense in East Asia*, Cambridge University Press, 1994, pp. 26-29；傅京亮：《中国香文化》，齐鲁书社 2008 年版，第 1—18 页；石云涛：《丝绸之路与汉代香料的输入》，《中原文化研究》2014 年第 6 期。

③ 参见陈连庆：《汉晋之际输入中国的香料》，《史学集刊》1986 年第 2 期。

记·货殖列传》记载:"番禺亦其一都会也,珠玑、犀、玳瑁、果、布之凑。"①韩槐准通过研究指出,此处"果""布"二字实为一词,不应断开,"果布"是马来语龙脑香"Kapur"的对音。② 由此可知,最迟在西汉中期,南亚一带的香料就已经传入我国。东汉时期,西域和南亚香料的传入更为普遍,包括迷迭香、丁香(鸡舌香)、苏合香、安息香等。③ 由于传入的香料增多,汉代社会生活用香广泛,室内熏香、服饰增香、宴饮娱乐、祛秽治病等都离不开香的使用。

在这一大背景下,焚烧香料亦开始运用于祭祀神明。成书于西汉末东汉初的《易林》记载:"秦失嘉居,河伯为怪;还其御璧,神怒不佑;织组无文,烧香不芬。"④这是目前所见我国文献中第一次明确出现"烧香"祭祀神明的记载。由于此处是汉代人对秦代祭祀神明的一种追述,所以秦代是否有此举措尚难以

① 《史记》卷一二九《货殖列传》,中华书局 1982 年版,第 3268 页。

② 参见韩槐准:《龙脑乡考》,《南洋学报》第 2 卷第 1 辑,1941 年。转引自石云涛:《丝绸之路与汉代香料的输入》,《中原文化研究》2014 年第 6 期。

③ 参见石云涛:《丝绸之路与汉代香料的输入》,《中原文化研究》2014 年第 6 期。

④ 《易林》,《道藏》第 36 册,文物出版社、上海书店、天津古籍出版社 1988 年版,第 185 页。关于《易林》作者和成书时间,历代多有争论。有的认为是西汉焦延寿所著,有的则认为是东汉崔篆所撰;成书时间有的认为是在西汉末,也有的认为是东汉初。综合而论,《易林》成书不晚于东汉初年,大致成于西汉末东汉初。相关讨论参见汤太祥:《〈易林〉作者及其归属研究回顾与展望》,《兰台世界》2014 年第 5 期。《易林》是目前所见关于汉人烧香祭祀最早且较为可信的记录,虽然《汉武帝内传》《汉武洞冥记》《海内十洲记》等也都曾提到过"烧香",但历代多有学者指出它们实为后人托名所撰,并非西汉时期的著作,故其记载不足为信。

确定,但可以肯定的是,随着西汉中期香料的传入,迟至东汉初年,我国在神明祭祀方面已开始用焚烧香料来替代焚烧牲畜,由此出现了真正意义上的烧香祭祀礼仪。这一礼仪也为后来道教所吸收。《三国志》就有关于东汉末年琅琊道士于吉"立精舍,烧香读道书",以及南阳张津"鼓琴烧香,读邪俗道书"的记载。①

魏晋时期,烧香仪式更是被道教经典广泛记载和传播。《太上黄庭内景玉经》便提到"烧香接手玉华前,共入太室璇玑门。高研恬淡道之园,内视密盼尽见真"②。关于该经,学界多认为是魏晋时期天师道女弟子魏华存所撰③,詹石窗进一步指出该书与易学有着密切关系。④ 又如前所述,《易林》早有烧香之记载,所以魏华存将烧香仪式撰入《内景经》很有可能是受到《易林》的影响。而魏华存又被奉为道教上清派第一代宗师,所以早期上清派经书中也多有烧香仪式。例如,《上清大

① 参见《三国志》卷四六《吴书一·孙策传》,宋百衲本。关于中国烧香祭祀的起源,吴焯认为,交趾是佛教传入中国最早的地区之一,而且在东汉末年就有"胡人"烧香,因此推测汉末张津(交州牧)以及道士于吉(曾活跃于吴、会一带)的烧香活动受到佛教影响,并得出汉人烧香祭祀源于佛教礼仪的结论。参见吴焯:《汉人焚香为佛家礼仪说——兼论佛教在中国南方的早期传播》,《传统文化与现代化》1994年第6期。但他并没有注意到,最迟成书于东汉初年的《易林》就明确有了关于烧香祭祀神明的记载。因此,简单认为我国烧香祭祀源于佛教礼仪这一看法并不全面。

② 《太上黄庭内景玉经》,《道藏》第5册,文物出版社、上海书店、天津古籍出版社1988年版,第911页。

③ 参见杨立华:《〈黄庭内景经〉重考》,陈鼓应编:《道家文化研究》第16辑,生活·读书·新知三联书店1999年版,第261—293页。

④ 参见詹石窗:《〈黄庭经〉的由来及其与易学的关系》,《古籍整理研究学刊》2000年第4期。

洞真经》记载："毕，又烧香，心拜经前，微叩齿二七通，祝曰：太一帝尊，帝一玄经，五灵散景，郁彻三清，玉童玉女，烧香侍灵，上愿开陈，与我合形，使我神仙，长享利贞。"①又如《上清太上帝君九真中经》记载："又以甲子日夜半沐浴，毕，烧香于左右，向本命心再拜。"②再如《皇天上清金阙帝君灵书紫文上经》记载："学仙者，开视灵文皆当起拜，盥手，烧香也。"③此外，东晋葛洪的《抱朴子内篇》也提道："或举门扣头，以向空坐，烹宰牺牲，烧香请福，而病者不愈，死丧相袭，破产竭财，一无奇异，终不悔悟。"④可见，烧香在当时已颇为普遍。除上述各书以外，道教烧香礼仪也多见于两晋时期的传记、小说当中。例如，《神仙传》中就有两位道士与烧香有关。⑤ 一位是东汉王远，他潜心修道，临终前嘱托他人在其死后"具棺器，烧香，就床上，衣装之"，结果三昼夜后成仙而去。另一位是汉末葛玄，死后"弟子烧香守之，三日三夜"，亦成仙而去。《神仙传》成书于东晋，故其所讲述的东汉人烧香故事未必可信。尽管如此，这两个故事至少可以证明道教烧香礼仪已深入东晋人的观念之中。更为重要的是，同时期的《搜神后记》已对当时道教烧香活动

① 《上清大洞真经》，《道藏》第 1 册，文物出版社、上海书店、天津古籍出版社 1988 年版，第 515 页。

② 《上清太上帝君九真中经》，《道藏》第 34 册，文物出版社、上海书店、天津古籍出版社 1988 年版，第 33 页。

③ 《皇天上清金阙帝君灵书紫文上经》，《道藏》第 11 册，文物出版社、上海书店、天津古籍出版社 1988 年版，第 381 页。

④ （晋）葛洪撰，王明校释：《抱朴子内篇校释》卷一四，中华书局 1980 年版，第 256 页。

⑤ 参见（晋）葛洪：《神仙传》卷三《王远》、卷八《葛玄》，《景印文渊阁四库全书》第 1059 册，台湾商务印书馆 1986 年版，第 269、296 页。

有明确的记载。书中提到一位舍人叫作吴猛（字世云），有道术，被邹惠政请到家中半夜烧香。① 可见，东晋道教烧香活动颇为常见，且已影响到民间社会。

（三）南北朝时期的道教改革与朔望烧香祭祖礼仪的形成

两晋时期，道教除有烧香活动外，烧香的时间也逐步固定化。据《洞真太上素灵洞元大有妙经》记载：

> 凡受《素灵洞元大有妙经》施行上诀，常以月一日、十五日、二十五日一月三过，隐朝元始天王、太真丈人、九天真王，其日沐浴，入室烧香，北向六拜长跪，叩齿九通。②

可见，两晋时期初一、十五烧香已成为道教修炼的常规和重要内容。然而，此时道教朔望烧香主要是为了修炼，尚未涉及祭祀祖先的内容。至南北朝时期，朔望烧香与祭祀祖先才最终结合在一起。这与寇谦之对道教的改革有关。

南北朝时期，寇谦之假托太上老君之名作《老君音诵诫经》，对天师道进行改革。该书增订了不少道教斋仪，其中就有烧香求愿一项，涉及为亡故的祖先烧香祈愿。

> 老君曰：道官、箓生、男女民，烧香求愿法，入靖，东向

---

① 参见（晋）陶潜撰，汪绍楹校注：《搜神后记》卷二，中华书局1981年版，第9页。

② 《洞真太上素灵洞元大有妙经》，《道藏》第33册，文物出版社、上海书店、天津古籍出版社1988年版，第415页。

恳三上香讫，八拜，便脱巾帽，九叩头，三搏颊，满三讫，启言：男官甲乙今日时烧香愿言上启，便以手捻香着炉中，口并言，愿甲乙以年七以来，过罪得除，长生延年。复上香愿言某乙三宗五祖，七世父母，前亡后死，免离苦难，得在安乐之处。后上香言，愿门内大小口数端等，无他利害来，钱出入滑易。复上香愿仕官高迁。复上香愿县官口舌，疾病除愈。一愿一上香，若为他人愿通，亦无苦。十上，二十上，三十上，随愿。斋日，六时烧香。寅午戌亥子丑是六时。非斋日，朝暮。辰巳之日，天清明，夜半北向悔过，向天地叩头，百下三十六搏颊，三过三百下，以为常。则先缘福深者，通神在近；先缘福浅者，八年得仙。明慎奉行如律令。①

　　由上可知，经南北朝时期寇谦之改革，烧香求愿成为天师道必修功课，不论是道官、箓生还是男女道民都必须勤加实践。其举行时间分为斋日、非斋日、辰巳日三种，求愿的具体做法虽有所不同，但都包含为亡故的先人烧香发愿的活动，即举行烧香祭祀祖先的礼仪。值得注意的是，南北朝时期，每月初一、十五又是道教重要的斋日，《无上秘要》卷九七对此记载："凡修七转之道，每以月朔、十五日及八节之日斋戒。"②所以，初一、十五成为道官、箓生及男女道民烧香祭祀祖先的重要日子。朔望烧香祭祀祖先的礼仪由此得以形成。

━━━━━━━━━━━━━━━━

　　①　《老君音诵诫经》，《道藏》第18册，文物出版社、上海书店、天津古籍出版社1988年版，第214页。

　　②　《无上秘要》，《道藏》第25册，文物出版社、上海书店、天津古籍出版社1988年版，第283页。

二、中外礼仪融合下的朔望烧香祭祖

我国本土朔望祭祀礼仪与外来佛教烧香礼仪的融合,是推动我国传统社会形成朔望烧香祭祖礼仪的另一条脉络。

(一)先秦时期的朔望祭祀礼仪

早在先秦时期,我国就有朔望祭祀的礼仪,其在性质上属于丧礼之一。据《仪礼》记载,士丧之礼"月半不殷奠"①,又《礼记》记载"主人具殷奠之礼"②。两处"殷奠",郑玄分别注曰"殷,盛也"③;"殷,犹大也"④。可知殷奠为盛大祭奠之意,即重大的祭祀。关于殷奠的时间,汉代刘熙所著《释名》一书记载:"朔望祭曰殷奠,所用殷众也"⑤,即在初一、十五举行大祭。毕沅解释说:"朔奠谓未葬前,月朔大奠于殡宫。今若有新物,则其礼如朔之奠。大夫以上则朔望大奠,若士则朔而不望。"⑥可知,先秦时期的朔望殷奠仅针对大夫及其以上阶层,在亡者死后尚未下葬之前,每逢初一、十五举行重大的祭祀。朔望殷奠之礼虽在初一、十五进行,但与后世朔望烧香祭祖相比

①　(清)阮元校刻:《十三经注疏》,中华书局1980年版,第1142页。
②　(清)阮元校刻:《十三经注疏》,中华书局1980年版,第1582页。
③　(清)阮元校刻:《十三经注疏》,中华书局1980年版,第1142页。
④　(清)阮元校刻:《十三经注疏》,中华书局1980年版,第1582页。
⑤　(汉)刘熙撰,(清)毕沅疏证,(清)王先谦补:《释名疏证补》卷八,中华书局2008年版,第299页。
⑥　(汉)刘熙撰,(清)毕沅疏证,(清)王先谦补:《释名疏证补》卷八,中华书局2008年版,第299页。

还相去甚远。首先，这一礼仪是针对大夫及其以上阶层而言的，实行的范围有限，并不是一种普遍的社会现象。其次，它只在死者下葬之前的一段时间内举行，死者下葬后则止。最后，先秦时期在朔望祭奠时并没有烧香的仪式。因此，只能说先秦朔望殷奠之礼是后世初一、十五烧香祭祖的原型，但还不能将两者等而视之。那么，这一礼仪是如何演变成后世朔望烧香祭祖礼仪的呢？这便与佛教及其礼仪在中国的传播有着密切的关系。

（二）佛教传入后烧香礼仪在我国的传播

从现存文献资料看，自佛教传入我国后，烧香礼仪得到了广泛的记载和实践。旧署东汉时期所译《四十二章经》当中就有"烧香"记载，"佛言：人随情欲求华名，譬如烧香。众人闻其香，然香以熏自烧。愚者贪流俗之名誉，不守道真，华名危己之祸，其悔在后时"[1]。不过，学界对该经之真伪争论颇大，梁启超、陈垣、吕澂等认为该经为后人伪造，而胡适、汤用彤、任继愈等则认为该经当有汉译本，并非后人伪造。[2] 因此，《四十二章经》提及烧香一事是否为汉代记载尚难以确定。不过，三国时期康僧铠所译《佛说无量寿经》已明确提道："当发无上菩提之心，一向专念无量寿佛，多少修善，奉持斋戒，起立塔像，饭食沙门，悬缯然灯，散华烧香。"[3]由此可知，早期汉译佛教经典中已

---

[1] （汉）迦叶摩腾共法兰译：《四十二章经》，《大正新修大藏经》第十七卷，（台北）新文丰出版公司1996年版，第723页。

[2] 参见郭朋：《中国佛教思想史》上卷，福建人民出版社1994年版，第54—59页。

[3] （魏）康僧铠译：《佛说无量寿经》，《大正新修大藏经》第十二卷，（台北）新文丰出版公司1996年版，第272页。

有烧香礼仪。在实践层面,三国时期吴国交州则有"胡人"烧香的活动,"燮兄弟并为列郡,雄长一州,偏在万里,威尊无上。出入鸣钟磬,备具威仪,箫箎鼓吹,车骑满道,胡人夹毂焚烧香者常有数十"①。此外,《高僧传》记载赤乌十年(247),僧人康僧会来到建业,为赢得孙权对佛教的支持而作法求取舍利,"乃共洁斋静室,以铜瓶加几,烧香礼请"②,最终获得成功。

　　两晋南北朝时期,关于佛教烧香的记载更为普遍。东晋法显所译《摩诃僧祇律》,后秦(384—417)鸠摩罗什所译《妙法莲华经》《大智度论》,耶舍、竺佛念等译《四分律》,弗若多罗、罗什译《十诵律》以及北凉(397—439)昙无谶所译《金光明经》《大般涅槃经》等佛经都言及烧香礼仪。③ 除佛经外,同时代的

①　《三国志》卷四九《吴书四·士燮传》,中华书局 1959 年版,第 1192 页。

②　《高僧传》,《大正新修大藏经》第五十卷,(台北)新文丰出版公司 1996 年版,第 325 页。

③　参见(东晋)佛陀跋陀罗共法显译:《摩诃僧祇律》卷一、三、三十,《大正新修大藏经》第二十二卷,(台北)新文丰出版公司 1996 年版,第 231、243、470 页;(后秦)鸠摩罗什译:《妙法莲华经》卷三、四、四、五、六、六、七,《大正新修大藏经》第九卷,(台北)新文丰出版公司 1996 年版,第 21、30、31、35、45、53、54、59 页;(后秦)鸠摩罗什译:《大智度论》卷十、十、十二、十三、三十、三十二、五十、五十八、九十八、九十八、九十九,《大正新修大藏经》第二十五卷,(台北)新文丰出版公司 1996 年版,第 130、132、152、160、279、300、419、474、738、739、750 页;(后秦)佛陀耶舍共竺佛念等译:《四分律》卷十六、三十一、三十一,《大正新修大藏经》第二十二卷,(台北)新文丰出版公司 1996 年版,第 675、784、785 页;(后秦)弗若多罗共罗什译:《十诵律》卷二十五、六十,《大正新修大藏经》第二十三卷,(台北)新文丰出版公司 1996 年版,第 180、446 页;(北凉)昙无谶译:《金光明经》卷二,《大正新修大藏经》第十六卷,(台北)新文丰出版公司 1996 年版,第 345 页;(北凉)昙无谶译:《大般涅槃经》卷二、十二、三十八,《大正新修大藏经》第十二卷,(台北)新文丰出版公司 1996 年版,第 375、435、586 页。

其他书籍，也多有僧人烧香的记载。例如，据《十六国春秋》记载，西晋永嘉年间来到洛阳的天竺沙门佛图澄颇有神异，不但能烧香念咒，使水中生出青莲，还能烧香祝愿，使得弟子获得救护，因此很多人受其影响，营造寺庙出家，烧香礼拜。① 又如成书于南朝宋的《异苑》一书提到两位沙门与烧香有关。② 一位是释慧远，据说有一次龙神被石子击中，风云大作，释慧远登山烧香并与众僧齐声唱偈，云雨乃停。另一位是竺慧炽，在永初二年（421）圆寂，有弟子为其设会烧香。再如，《比丘尼传》亦记载有沙门慧浚和净渊烧香的故事。③ 南朝宋沙门慧浚，本姓陈，山阴人，从小聪颖且悟性很高，常烧香礼敬。南朝齐梁间竹园寺有沙门净渊，本姓时，巨鹿人，据说在五六岁时"尝聚沙为塔，刻木作像，烧香拜敬"。

（三）南北朝时期佛教烧香礼仪与朔望祭祀礼仪的融合

由上可知，汉末至南北朝时期，随着佛教的传入和发展，烧香礼仪在我国逐渐盛行开来。与此同时，中国传统的朔望祭祀礼仪也有了较大变化，并与佛教烧香礼仪相结合，推动了朔望烧香祭祖的形成。

如前所述，先秦时期大夫及其以上阶层在死后未葬之前，每逢初一、十五举行重大祭祀。至南北朝时期，朔望祭祀礼仪

---

① 参见（北魏）崔鸿：《十六国春秋》卷一一、一五、二一，明万历刻本。

② 参见（南朝宋）刘敬叔撰，范宁点校：《异苑》卷五，中华书局 1996 年版，第 48 页。

③ 参见（南朝梁）释宝唱撰，王孺童校注：《比丘尼传》卷二，中华书局 2006 年版，第 106、197 页。

有了很大变化,主要表现在以下两个方面。

　　一方面是朔望祭祀时间的常态化。朔望祭祀不再局限于死者未下葬之前,在死者下葬后仍可举行。这一点在南北方地区均是如此。在南方地区,可以何叔度祭祀其姨母之事为证。何叔度为晋末宋初人,在东晋义熙年间(405—414)担任尚书,后为金紫光禄大夫、吴郡太守,加秩中二千石,于南朝宋元嘉八年(431)身故。① 据载,何叔度有一姨母,两人关系亲密。姨母死后,他常前往致祭:

　　　　姨亡,朔望必往致哀,并设祭奠,食并珍新,躬自临视。若朔望应有公事,则先遣送祭,皆手自料简,流涕对之,公事毕,即往致哀,以此为常,至三年服竟。②

　　可见,何叔度在其姨母死后的每月初一、十五都前往祭奠。而且,他朔望祭奠的做法持续了三年之久。由此可知,最迟至南朝初年,朔望祭祀就已不再局限于下葬之前了,下葬之后仍可举行。北方地区也是如此,不妨以北朝徐孝肃为例加以证明。据《北史》记载:

　　　　徐孝肃,汲郡人也。……孝肃早孤,不识父。及长,问其母父状,因画工图其形,构庙置之而定省焉,朔望

　　① 参见《宋书》卷六六《何尚之传》,中华书局 1974 年版,第1733 页。
　　② 《宋书》卷六六《何尚之传》,中华书局 1974 年版,第 1732—1733 页。

享祭。①

　　徐孝肃为北朝人,素以俭约孝顺闻名。他年幼丧父,长大后请画工根据其母亲的描述为父画像,并于每月初一、十五加以祭拜。综上可知,至南北朝时期,朔望祭祀在我国南北地区都打破了在死后未葬之前举行这一时间上的限制,逐渐成为每月常规性的祭祀活动。

　　另一方面是朔望祭祀主体的庶民化。南北朝时期,朔望祭祀的主体已不局限于社会上层,普通百姓也在初一、十五祭祀祖先。两晋南北朝时期,官僚贵族祭祖多在家庙进行,即庙祭;而一般百姓无庙,则在寝堂祭祖,即家祭。晋人卢谌对此有记:"凡祭法,有庙者置之于座;未遑立庙,祭于厅事可也。"②东晋贺循对家祭记载尤详:"今无庙,其仪于客堂设亡者祖坐,东向;又为亡者坐于北,少退……自祔之后,唯朔日月半殷奠而已,其馔如来时仪,即日彻之。"③此处,"自祔之后"的"祔",又称"祔祭",是亡者下葬后所举行的诸多祭祀当中的一种④,即将亡者与祖先合享祭祀。由此可见,最晚至两晋时期,朔望祭祖便不再局限于官僚贵族阶层,一般的百姓家庭也开始通过家祭的形式实践这一礼仪。南北朝时期则延续了这一礼仪"庶

---

① 《北史》卷八四《徐孝肃传》,中华书局 1974 年版,第 2839 页。

② (宋)李昉:《太平御览》卷一八五《居处部十三·厅事》,中华书局 1960 年版,第 897 页。

③ (唐)杜佑:《通典》卷八七《礼四十七·凶九·丧制之五·祔祭》,中华书局 1984 年版,第 473 页。

④ 据先秦礼制记载,下葬后的祭祀活动包括:虞祭、卒哭祭、祔祭、小祥祭、大祥祭等。

民化"的趋势。例如,南齐臧荣绪,东莞莒人(今莒县北一带),其祖父奉先为建陵令,父庸民为国子助教。虽出生于官僚家庭,但臧荣绪年幼丧父,后举秀才不就,终生没有出仕,已是一普通百姓。然而此人"母丧后,乃著《嫡寝论》,扫洒堂宇,置筵席,朔望辄拜荐,甘珍未尝先食"①。可见,身为普通人的他,没资格建家庙,只能在堂宇举行家祭,但他却如官僚贵族一般在初一、十五加以祭祀。这说明在南北朝时期,朔望祭祖已扩展到一般百姓家庭。

综上可知,南北朝时期,中国传统的朔望祭祀礼仪已突破时间和阶层上的限制,变得常态化、庶民化。与此同时,又因为南北朝时期佛教盛行,上至皇室、下至平民百姓多崇尚佛教,因此佛教烧香与朔望祭祀得以结合,从而推动了朔望烧香祭祖的形成。这一点在南朝宋萧嶷身上有很好的体现。据《南齐书》记载:

> 嶷临终,召子子廉、子恪曰:"人生在世,本自非常,吾年已老,前路几何。居今之地,非心期所及。性不贪聚,自幼所怀,政以汝兄弟累多,损吾暮志耳。无吾后,当共相勉厉,笃睦为先。才有优劣,位有通塞,运有富贫,此自然理,无足以相陵侮。若天道有灵,汝等各自修立,灼然之分无失也。勤学行,守基业,治闺庭,尚闲素,如此足无忧患。圣主储皇及诸亲贤,亦当不以吾没易情也。三日施灵,唯香火、槃水、干饭、酒脯、槟榔而已。朔望菜食一盘,加以甘

_____

① 《南齐书》卷五四《高逸传·臧荣绪》,中华书局1972年版,第936页。

果，此外悉省。葬后除灵，可施吾常所乘舆扇伞。朔望时节，席地香火、槃水、酒脯、干饭、槟榔便足。虽才愧古人，意怀粗亦有在，不以遗财为累。主衣所余，小弟未婚，诸妹未嫁，凡应此用，本自茫然，当称力及时，率有为办。事事甚多，不复甲乙。棺器及墓中，勿用余物为后患也。朝服之外，唯下铁镮刀一口。作冢勿令深，一一依格，莫过度也。后堂楼可安佛，供养外国二僧，余皆如旧。与汝游戏后堂船乘，吾所乘牛马，送二宫及司徒，服饰衣裘，悉为功德。"子廉等号泣奉行。①

南齐豫章文献王萧嶷为齐高帝萧道成次子，他提倡节俭，多有善政，受百姓爱戴，甚至在临终前仍告诫子孙要笃睦勤学，对其死后的丧葬和祭祀也都要求一切从简。据其遗言可知，当时人死后三日设置灵堂（施灵），需烧香祭祀。在其未葬之前，初一、十五亦烧香祭祀。下葬（除灵）后，每当遇到初一、十五以及节日，仍烧香祭祀。其朔望祭祀时间不局限于下葬之前，正是南北朝时期朔望祭祀时间常态化的表现。值得注意的是，萧嶷崇信佛教，不但在生前舍财建寺造像②，而且还令子孙于其死后在家中安佛，并供养两位外国僧人，可知其提到的死后烧香祭祀受到佛教烧香礼仪的影响。由此可以看出，南北朝时

① 《南齐书》卷二二《豫章文献王传》，中华书局 1972 年版，第417 页。

② 参见（南朝陈）江总：《金陵摄山栖霞寺碑》，《石刻史料新编》第 1辑第 13 册，（台北）新文丰出版公司 1982 年版，第 10067 页。碑文记载南齐皇室萧嶷等人舍财建造南京栖霞寺及佛像："齐文惠太子、豫章文献王、竟陵文宣始安王等慧心开发，信力明悟，各舍泉贝，共成福业。"

期佛教烧香礼仪与中国传统朔望祭祀礼仪相结合,推动了朔望烧香祭祖礼仪的形成。尽管萧巋身份特殊,但正如上所言,不论是佛教烧香还是朔望祭祀,对南北朝时期的社会上下层都有较大的影响,故推测由两者融合所形成的朔望烧香祭祖仪礼在当时应有广泛的实践,萧巋不过是其中之显例而已。

三、结语

宋代以来礼仪"庶民化"趋势早已受到学界的关注和探讨。一般认为,朱熹制定《朱子家礼》对庶民礼仪进行规范,推动了礼仪制度从上层社会向下层社会的传播,这对后世宗族文化和家庭祭祀的影响十分深远。[①] 沿着这一发展趋势,明代礼仪制度的变革("大礼议")亦成为学界讨论宗族礼仪建构的一个重要论题。[②] 可以看出,学界对宗族及其礼仪的讨论主要强调宋代以来的影响,然而宗族礼仪的某些方面却并非只是宋代以来才形成的。例如,本文所讨论的朔望祭祖礼仪就是如此。依笔者浅见,作为明清宗族礼仪和家庭祭祀重要组成部分的朔望烧香祭祖礼仪,早在南北朝时期就已出现。其形成主要有两条脉络。一方面,我国在先秦时期就有焚烧祭品(牲畜)祭祀神明的"烧香"仪式。随着汉代以来香料的大量传入和使用,焚烧香料开始取代焚烧祭品,真正意义上的烧香礼仪出现,并

---

① 参见郑振满:《明清福建家族组织与社会变迁》,湖南教育出版社1992年版。

② 参见科大卫:《皇帝和祖宗——华南的国家与宗族》,卜永坚译,江苏人民出版社2009年版。

被此后兴起的道教所吸收。至南北朝时期，经寇谦之改革，天师道又进一步发展出每月初一、十五为亡故祖先烧香祈愿的斋仪，从而使朔望烧香祭祖礼仪得以形成。另一方面，我国先秦时期的朔望祭祀礼仪经南北朝时期的发展，已经突破阶层和时间上的限制，成为上至皇室、下至百姓的经常性祭祀活动。这一礼仪传统与汉末传入的佛教烧香礼仪相结合，亦推动了我国初一、十五烧香祭祖礼仪的形成。由此可见，学界对我国传统社会（尤其是明清时期）宗族礼仪的探讨，除了关注宋代以来的影响外，尚需注意更久远的影响因素。此外，早期祭祀礼仪形成后在民间的传播问题亦需关注。以本文所探讨的朔望烧香祭祖为例，自南北朝时期形成后，它是如何进一步传播和深入民间的，以至于在明清乃至现代社会成为广泛实践的重要礼仪？由于篇幅的限制，笔者将在另一篇文章中对此问题展开讨论。

多元祭祀与礼俗互动：
明清杨家埠家堂画特点探析*

　　家堂画，又称"家堂""家堂轴子"。民间多在过年时将其悬挂在堂屋中间。这一习俗至今仍盛行于山东各地，因此学界对山东家堂画研究较多，并取得了丰硕的成果。就研究思路而言，前人多将山东家堂画视为一种民间艺术品，对其画面结构、色彩、人物造型等加以探讨。① 此外，不论是研究家堂画本身，抑或是研究拜家堂仪式，前人一般都认为家堂画是祭祀祖先用

　　* 本文原载于《南京艺术学院学报：美术与设计》2018年第1期，系山东大学基本科研业务费资助项目（人文社科青年团队项目）"民间宗教中的女性角色研究"（IFYT15015）的阶段性成果。

　　① 相关成果可参见王伦：《黄河三角洲家堂轴子画特色》，武汉纺织大学硕士学位论文，2010年；杨爱霞、宋魁彦：《高密扑灰年画——〈家堂〉艺术研究》，《美与时代（下）》2011年第9期；姜小凡、张凌浩：《山东地区民间家堂画的艺术表现特色及价值初探》，《大众文艺》2012年第17期；刘振光：《论高密年画"家堂"所蕴涵的文化信息》，《齐鲁师范学院学报》2012年第4期；伍晴晴：《中国农业博物馆藏高密"家堂"扑灰年画的初步研究》，北京民俗博物馆编：《北京民俗论丛》第1辑，学苑出版社2013年版，第117—125页。

的,拜家堂是祭祖行为。① 这些讨论在一定程度上推动了山东家堂画的研究,但仍有不足,即缺乏历时性的分析。那么,从历史的维度出发,家堂画的祭祀内涵是否仅局限于祭祖?家堂画是否只是一种单纯的民间艺术品?这两个问题值得深入探讨。由于早期家堂画不易寻获,而冯骥才主编的《中国木版年画集成·杨家埠卷》收录有明、清版家堂画各一幅②,故本文主要依据这两幅家堂画对上述问题进行讨论。为便于展开分析,下文首先对我国古代家堂祭祀对象及礼仪进行梳理;然后结合杨家埠明清家堂画,具体分析这些祭祀对象是如何在画中体现的,与国家礼制有何关系;最后,文章就家堂画的认识问题略作申论。

一、我国古代家堂祭祀对象及礼仪

家堂,即民居正宅中间的屋子,俗称"正堂""中堂""堂屋"。其祭祀礼仪在我国有着十分悠久的历史,祭祀内容也颇为丰富。归纳起来,家堂祭祀的对象主要包括土地、祖先和家堂神。

---

① 有关拜家堂仪式的研究可参见王安庆:《请家堂纵横谈》,《民俗研究》1992 年第 1 期;刁统菊:《节日里的宗族——山东莱芜七月十五请家堂仪式考察》,《民俗研究》2010 年第 4 期。

② 参见冯骥才主编:《中国木版年画集成·杨家埠卷》,中华书局 2005 年版,第 58—59 页。

（一）祭祀土地

土地，是家堂祭祀的主要对象之一。这一传统可追溯到我国先秦时期的五祀礼仪。所谓"五祀"，是指士以上的阶层春祭户、夏祭灶、秋祭门、冬祭井，六月祭中霤。中霤即象征着土地："六月祭中霤，中霤者象土，在中央也。"①其祭祀地点正是在堂屋，汉代的蔡邕对此有清晰的说明："中霤，季夏之月，土气始盛，其祀中霤。霤神在室，祀中霤，设主于牖下也。"②我国古代建筑结构大体上可分为门、庭、堂、室四个部分。牖，为堂与室之间的窗户，设置于堂正面的墙壁上，其下设有神主祭祀土地。现在山东大多数民居都没有了牖的形制，牖所在的位置被墙给填实了。尽管如此，山东、河北的个别民居至今仍在堂屋墙壁正中间保留有一扇窗户，类似于古代的牖，而家堂画恰恰就挂在这扇窗户前面，甚有古之遗风。③　由此可见，从古代祭祀礼仪角度来说，家堂祭祀原本就有祭土地之意，且祭祀之处正好是今天挂家堂画的地方。

从宋代开始，五祀礼仪逐渐向庶民社会渗透，由礼变俗。在家堂祭祀土地，不但深入民间，而且成为五祀当中最为重要

---

①　（汉）班固：《白虎通德论》卷二《五祀》，上海古籍出版社 1990 年版，第 14—15 页。

②　（汉）蔡邕：《独断》卷上，中华书局 1985 年版，第 9—10 页。

③　笔者于 2013 年 8 月 21 日在山东莱芜颜庄镇进行田野调查期间，就发现在当地许多老百姓家里，堂屋墙壁中间仍然保留着一扇窗户，堂后有一间小屋子，与我国古代民居的建筑格局十分相似。据当地老百姓讲述可知，过年的时候，家堂轴子就挂在堂屋中间的这扇窗户前面。此外，据武汉大学社会学系李向振老师介绍，与山东相邻的河北衡水地区也存在着类似的现象。

的一项活动。宋代《梦林玄解》一书对此记载道："五祀。占曰：家主中霤，而国主社。中霤者，即家堂之谓也。家堂之神为五祀之主。"①明清时期，民间继承了在家堂祭祀土地的习俗，"季夏祀中霤，中霤者即今家堂之制，位中央所以崇土德也"②。与此同时，家堂所祭祀的土地已发展出土地公、土地婆之说。民间常在家堂的神龛之下设一牌位，上书"长生土地"和"瑞庆夫人"，用以祭祀二者。③ 可见，在我国古代社会当中，土地是家堂祭祀的重要对象之一。

（二）祭祀祖先

家堂祭祀的另一对象是祖先，其历史也很悠久。据《礼记》记载，周代天子、诸侯、大夫、士分别立庙祭祀祖先，而庶民无庙，"祭于寝"④。"寝"即堂室之意，"祭于寝"即普通人在家堂祭祀祖先。这一习俗为后世所继承，在唐宋元明清时期得以广泛实践。比如在唐代，六品及以上的官员立庙祭祖，"六品以下达于庶人，祭祖祢于正寝"⑤。而"正寝者，谓人家前堂待

① （宋）邵雍：《梦林玄解》卷一五《梦占》，《续修四库全书》第1064册，上海古籍出版社2002年版，第84页。

② （明）陈瑚：《确庵文稿》卷二三《说杂著·五祀说》，《四库禁毁书丛刊·集部》第184册，北京出版社2000年版，第431页。

③ 参见道光《遵义府志》卷二〇《风俗》，《中国地方志集成·贵州府县志辑》第32册，巴蜀书社2006年版，第418—419页。

④ （清）阮元校刻：《十三经注疏·礼记正义》，中华书局1982年版，第1335页。

⑤ （唐）杜佑：《通典》卷四八《礼八·吉七·诸侯、大夫、士宗庙》，中华书局1984年版，第277页。

宾之所"①。可知,唐代正寝即家堂,除日常待客外,还是百姓祭祀祖先的地方。宋代,"士庶人享亲于路寝"②。陆游解释道:"古所谓路寝,犹今言止厅也。"③正厅,即民间所称的家堂④,是百姓祭祖之所。元代,因祭祀礼仪效仿唐代⑤,故家堂祭祖之风未变。明清时期亦是如此。明代,"庶人无庙而祭于寝"⑥;清代"庶人家祭之礼,于正寝之北为龛,奉高曾祖祢神位"⑦。"寝"即家堂,"正寝之北"就是指家堂中间的墙壁,在上面设神龛祭祖,与今天民间的做法相同。由上可知,在我国历史上,祖先是家堂祭祀的另一个重要的对象。

（三）祭祀家堂神

家堂神,指在家堂供奉的神明,也是我国历史上家堂祭祀的重要对象。明清时期的文献对此记载尤多。其中,有的家堂神为某一家族长期供奉,比如,明代南京礼部尚书王㒟家里就

---

① （唐）杜佑:《通典》卷一二一《礼八十一·开元礼纂类十六·吉十三·诸里祭社稷》,中华书局 1984 年版,第 631 页。

② （宋）邵雍:《梦林玄解》卷一五《梦占》,《续修四库全书》第 1064 册,上海古籍出版社 2002 年版,第 86 页。

③ （宋）陆游著,李剑雄、刘德权点校:《老学庵笔记》卷一〇,中华书局 1979 年版,第 132 页。

④ 参见（宋）周守忠:《养生类纂》卷一一《门户》,《续修四库全书》第 1029 册,中华书局 1979 年版,第 547 页。

⑤ 参见（元）佚名:《居家必用事类全集》乙集《家礼·孙氏荐飨仪范》,《续修四库全书》第 1184 册,中华书局 1979 年版,第 386 页。

⑥ （明）周琦:《东溪日谈录》卷四《祭祀谈上》,《景印文渊阁四库全书》第 714 册,台湾商务印书馆 1986 年版,第 162 页。

⑦ （清）黄本骥:《三礼从今》卷三《祭礼·庶人寝荐》,《四库未收书辑刊》第 3 辑第 8 册,北京出版社 2000 年版,第 414 页。

世代供奉名为"威济李侯王"的家堂神①；也有的家堂神是因为某一次灵验而开始被人们供奉在家堂。例如，明代正德年间江西参政沈某在平定南昌华林盗乱过程中曾向某神祷告，结果该神显灵，帮助其平息了盗乱，于是"沈后奉神将于家堂，有疑必质，无不验者"②。除仕宦之家外，明代普通百姓供奉家堂神的现象更为普遍。据明人伍袁萃记载，"予乡户户设所谓家堂者，以祭胡神及土神，不知何据，齐民毋怪，搢绅亦然"③，可知家堂神在明代民间祭祀之普遍。清代，关于民间祭祀家堂神的记载更加常见。例如，江苏民间有的将五通神奉为家堂神，"苏俗酷尚五通神，供之家堂"④。福州民间则将孙悟空奉为家堂神，"福州人皆祀孙行者为家堂"⑤。山西东部寿阳等地有俗名"小爷爷"的家堂神，"又有家堂神，谓之合家欢乐。其图具翁、姬、儿、孙诸像（俗名'小爷爷'），儿童皆祀之"⑥。从以上这些记载中可以看出，家堂神也是我国古代家堂祭祀的重要对象。

---

① 参见（明）王徽：《思轩文集》卷二二《行状、祭文·家堂神祭告文》，《续修四库全书》第 1329 册，中华书局 1979 年版，第 668 页。

② （明）赵文华：《嘉兴府图记》卷二〇《丛记》，《四库全书存目丛书·史部》第 191 册，齐鲁书社 1996 年版，第 536 页。

③ （明）伍袁萃：《林居漫录》卷一《畸集》，《续修四库全书》第 1172 册，中华书局 1979 年版，第 201 页。

④ （清）褚人获：《坚瓠集》八集卷四《毁淫祠》，《续修四库全书》第 1261 册，中华书局 1979 年版，第 334 页。

⑤ （清）尤侗：《艮斋杂说》卷五，《续修四库全书》第 1136 册，中华书局 1979 年版，第 387 页。

⑥ （清）祁寯藻著，高恩广、胡辅华注释：《马首农言注释》，农业出版社 1991 年版，第 75 页。

综上所述，我国古代家堂祭祀历史悠久，土地、祖先、家堂神是其祭祀的三个主要对象，尤其是明清时期，三者已深入普通百姓的家堂祭祀习俗当中。

二、多元祭祀与礼仪制度在明清家堂画中的展现及变化

由上可知，我国古代家堂祭祀对象主要包括土地、祖先、家堂神，而且家堂祭祀与礼仪制度关系密切。那么，多元祭祀与礼仪制度是否在家堂画中有所体现呢？下文将以明清山东杨家埠家堂画为例，进行具体分析。

（一）"三代宗亲"——明代杨家埠家堂画对祭祖礼制的表达

冯骥才主编的《中国木版年画集成·杨家埠卷》（以下简称《杨家埠卷》）当中，收录有明版《三代宗亲》家堂画（见图 1）一幅。① 《杨家埠卷》将其版本断定为明代，理由为："此画图中的男性祖先像原版系戴明代官帽。清朝建立后，将官帽挖补改为清代顶子帽，但明代官帽翅尖部分尚存遗痕。这是现存较早的一块年画雕版。"② 笔者亦赞同将此画断定为明版的结论，但认为断定的理由不妥。

①　参见冯骥才主编：《中国木版年画集成·杨家埠卷》，中华书局 2005 年版，第 58—59 页。

②　冯骥才主编：《中国木版年画集成·杨家埠卷》，中华书局 2005 年版，第 59 页。

图 1　明代《三代宗亲》家堂画

由图 1 可知,右上角男性所戴清代顶子帽确实有改刻的痕迹,原来帽子的翅尖部分尚依稀可辨。但如果仔细观察我们会发现,残余的翅尖并非明代官帽的翅尖造型(椭圆形),而是神帽的翅尖造型(尖且带云纹),与画中最下一排左边成年男性所戴帽子的翅尖类似。《杨家埠卷》误将神帽当作明代官帽,以此判断该画为明版,这显然不妥,而另需找到其他理由来确定它的版本情况。笔者之所以赞同该画为明版,理由如下:

第一,该画中间一排有一戴明代官帽者,其表现的是正在家堂进行祭祀的现实生活中的人,假设这是清版画,此人应该戴顶子帽才符合现实生活语境,而不是戴明代官帽,这是判断此画为明版的理由之一。当然,后世也可模仿前朝形象进行艺术创作，从而延续以往的特点。因此，上述判断理由并不充分，我们必须再结合更多的信息加以判断。

第二，整个画面有一处被改刻为清代顶子帽，此外再无清代形象，有理由相信它原为明刻版，为使人物造型符合时代语境才改刻的。而画中另外两位戴明代官帽者因形象太小，似乎难以再改，故保持了原貌。若非如此，我们便很难理解改刻这一非常态的举动。由此推知，该画为明版，到清代为符合当时的社会环境而被改动。

第三，从祭祀礼仪可判断，此画为明版。图中有"三代宗亲"字样，祭三代是明代礼制改革的重要成果。元朝规定，庶民在家堂只能放置两块牌位，以祭祀祖父、父亲两代。① 明朝开国之初继承了这一传统，允许品官祭高祖、曾祖、祖父、父亲四代，而只许庶民祭祖父、父亲两代。② 至洪武十七年，行唐知县胡秉中奏请改革礼制③，被朝廷采纳，"洪武十七年十二月十八日，钦准庶人祭三代曾、祖、考"④。庶民祭祖得以从祭祖、考两代变为祭曾、祖、考三代。同时，三代的牌位也有严格的规定：曾祖居中，祖父在左，父亲在右。"国初用行唐知县胡秉中

---

① 参见(元)佚名：《居家必用事类全集》乙集《家礼·孙氏荐飨仪范》，《续修四库全书》第1184册，中华书局1979年版，第386页。

② 参见(明)徐一夔等修：《明集礼》卷六《吉礼第六·品官家庙》，《景印文渊阁四库全书》第649册，台湾商务印书馆1986年版，第172页。

③ 参见同治《续修行唐县新志》卷五《官师志·名宦》，《中国地方志集成·河北府县志辑》第4册，上海书店出版社2006年版，第567页。

④ (明)章潢：《图书编》卷一〇八《圣祖定制》，《景印文渊阁四库全书》第972册，台湾商务印书馆1986年版，第315页。

言,许庶人祭三代,曾祖居中,祖左祢右。"① 从此以后,庶民祭祀"三代宗亲"在民间得以广泛实践。② 因此,从"三代宗亲"字样可进一步断定该画为明版。当然,笔者也发现有些清代、民国甚至现代的家堂画也有"三代宗亲"字样③,但它们只是简单沿用了这一礼制符号而已,其画出的牌位数量和摆放方式皆误,说明后世并不了解"三代宗亲"的真意。相反,图1所示家堂画,不但有"三代宗亲"字样,而且还具体立了三块牌位,以体现"曾祖居中,祖左祢右"的明代礼仪。综上,我们可以判断该画为明版画。

通过以上分析可以看出,杨家埠明版家堂画虽由民间艺人创作,但同时也受到国家礼仪制度的深刻影响,可谓礼俗互动的产物。

（二）明代杨家埠家堂画中的多元祭祀内容

如前所述,家堂祭祀的三个主要对象分别是土地、祖先、家堂神。那么,三者在杨家埠明版家堂画中是如何体现的呢？

首先,本文认为该画顶部的老年男性和女性即是家堂祭祀的土地。由前可知,明清时期,老百姓在家堂祭祀土地已经成

---

① 　（明）黄瑜著,魏连科点校：《双槐岁钞》卷八《四代通礼》,中华书局 1992 年版,第 153 页。

② 　参见常建华：《明代宗族研究》,上海人民出版社 2005 年版,第24 页。

③ 　有"三代宗亲"字样的家堂画,可参见冯骥才主编：《中国木版年画集成·高密卷》,中华书局 2009 年版,第 42、45—49 页。另见伍晴晴：《中国农业博物馆藏高密"家堂"扑灰年画的初步研究》,北京民俗博物馆编：《北京民俗论丛》,学苑出版社 2013 年版,第 118 页。

为过年祭祀的一项重要内容,而且家堂祭祀的长生土地已衍化出土地公、土地婆的说法,与家堂画中的这对老者形象是吻合的。而《杨家埠卷》将端坐在上的一对老者解释为男女祖先①,其他关于山东家堂画的研究也都持相同的看法。笔者认为,这对老者代表的是土地,而非祖先。因为从造型上来看,他们属于神,而不是先人。

在杨家埠年画中,神与人造型最明显的区别有二。一是冠帽不同。明版家堂画顶部的老者所戴为神帽、神冠。其特点是,男性神帽两边的翅角较尖并带有云纹,而且翅角垂须(见图2)。而明代官帽翅角为椭圆形,无垂须(见图3)。女性神冠花哨华丽(见图4),而明代女性之冠简单朴素(见图5)。二是神像的头部四周一般会有一圈神光笼罩,而人像则无。

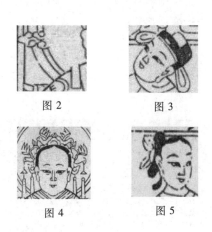

图2　　　　　图3

图4　　　　　图5

此外,我们还可对比其他年画上的造型来判断该画顶部的

_____

① 　参见冯骥才主编:《中国木版年画集成·杨家埠卷》,中华书局2005年版,第59页。

一对老者是神而非祖先。图 6 是杨家埠明版家堂画顶部的夫妇,图 7 是杨家埠清代年画中的灶王夫妇,图 8 是高密清代年画中的灶王夫妇。图 6 男性原来的帽子虽被抹去,但翅角和垂须依然可见,与清代灶王所戴神帽具有同样的特点;图 6 女性所戴之冠与清代灶王夫人所戴神冠如出一辙。且图 6 中的男女与灶王夫妇一样,都有神光笼罩在头部四周。当然,以上所描述的只是年画神像造型的一种,还有其他类型的神像造型,此不赘述。通过类比可知,图 6 所示夫妇代表的是神,而不是祖先。

图 6 杨家埠《三代宗亲》顶部夫妇形象

资料来源:冯骥才主编:《中国木版年画集成·杨家埠卷》,中华书局 2005 年版,第 58 页。

图 7 杨家埠《三灶王》神像

资料来源:冯骥才主编:《中国木版年画集成·杨家埠卷》,中华书局 2005 年版,第 50 页。

图 8　高密《灶王》神像

资料来源:冯骥才主编:《中国木版年画集成·高密卷》,中华书局 2009 年版,第 168 页。

　　值得注意的是,家堂画与我国山西、甘肃、福建等地明清时期流行的"祖容图"不同。祖容图,又称为"影""影像""真容""容像"等,一般是子孙在祖先去世前请人绘好,待其死后悬于影堂。各地祖容图一般也都有或多或少的祖先牌位附于祖像之下,与山东家堂画的整体结构相似。[①] 但明清祖容图一般是绘三代或五代祖像,称三代容、五代容,而且祖容图上的祖先形象均为人生前的形象,与神的形象明显有别(见图 9、图 10、图 11)。有论者把山东、河北的家堂画也当作祖容图,认为家堂

　　① 　关于明清时期山西、甘肃、福建等地的祖容图研究,可参见 Myron Cohen,"Lineage Organization in North China",*The Journal of Asian Studies*,1990 (3),pp. 509—534;刘永华:《明清时期华南地区的祖先画像崇拜习俗》,刘钊主编:《厦大史学》,厦门大学出版社 2005 年版,第 181—197 页;刘荣:《"影"、家谱及其关系探析——以陇东地区为中心》,《民俗研究》2010 年第 3 期;韩朝建:《华北的容与宗族——以山西代县为中心》,《民俗研究》2012 年第 5 期;等等。

画上的那对老者是祖先①,却没有注意到两者形象有本质的区别。这一点从以下的祖容图可以看得很清楚。

图 9　山西代县正下社史氏祖容图

资料来源:该图由山东大学历史文化学院韩朝建老师提供(摄于2006 年 5 月 18 日),在此表示感谢。

---

①　相关论述见 Myron Cohen, "Lineage Organization in North China", *The Journal of Asian Studies*, 1990 (3), pp. 509–534;韩朝建:《华北的容与宗族——以山西代县为中心》,《民俗研究》2012 年第 5 期。

图 10　甘肃东部祖容图

资料来源:刘荣:《"影"、家谱及其关系探析——以陇东地区为中心》,《民俗研究》2010 年第 3 期。

　　综上,本文认为,杨家埠明版家堂画顶部的一对老者代表的是神,而不是祖先。再结合明清时期家堂祭祀土地的习俗来看,这对夫妇应该象征的是家堂祭祀的土地公和土地婆。

　　其次,该家堂画中的牌位即代表了祖先,如图 1 中的"三代宗亲"和"故灵之位"。这点无须多做解释。

　　最后,"家堂神位"和门前之神则代表了家堂神。由前可知,家堂神是明清时期家堂祭祀的重要对象,其既可以是不出名的小神(如李侯王、小爷爷等),也可以是知名的神祇(如文昌神、孙悟空等);其供奉形式多样,既有以神位供奉者(如李

图 11　福建连城培田吴氏祖容图

资料来源：郑振满、张侃：《培田》，生活·读书·新知三联书店
2005 年版，"前言"第 XII 页。

侯王），又有以画像供奉者（如小爷爷）。因此，家堂神既可用
神位表示，也可用具体的形象展现，对应到家堂画中，即是"家
堂神位"和门前有具体形象的神祇。"家堂神位"作为家堂神
的标志很好理解，但在该画大门前有好几个人物形象，究竟哪
些代表家堂神呢？本文认为从造型上看，大门外靠左的一老一
少即是（见图 12）。老者所戴之帽翅角较尖，垂须则不明显，但
还有一特征即帽上有竖起的小球，这也是神帽的造型特点（可
与图 7、图 8 对比），由此可判断老者为神。而少者与中排观看

祭祀的小孩形象则明显不同，其顶上也有一小球，而且造型与其他年画中的神童造型十分相似（可与图13对比）①，因此可判断其为神童，而非一般孩童。大门前靠右的一形象则明显是头戴官帽、身着官服、手拿朝笏的明代人。诚然，家堂神本应在家堂祭祀，但此处的家堂神何以身处门外？笔者认为，这与画幅的限制有关。该画顶部已绘有土地形象，如果再将家堂神之形象绘上去，则没有足够的空间来加以展现。所以，画师将其具体形象置于门外展现，而以"家堂神位"置于堂内，以暗示其在家内供奉的位置。

图12　杨家埠《三代宗亲》底部人物形象

资料来源：冯骥才主编：《中国木版年画集成·杨家埠卷》，中华书局2005年版，第58页。

综上可知，杨家埠明版家堂画顶部的一对老者代表土地公、土地婆，牌位则代表祖先，画顶部的"家堂神位"和底部的

---

① 参见冯骥才主编：《中国木版年画集成·杨家埠卷》，中华书局2005年版，第55页。

神祇则代表家堂神。

图 13　杨家埠《张仙射天狗》年画

资料来源:冯骥才主编:《中国木版年画集成·杨家埠卷》,中华书局 2005 年版,第 55 页。

（三）清代杨家埠家堂画的继承与变化

与明代杨家埠家堂画相比,清代杨家埠家堂画在祭祀对象上仍然延续了多元祭祀的内容。图 14 为《杨家埠卷》所收清代杨家埠家堂画。画面最顶部有一对慈祥的老者,《杨家埠卷》认为是祖先像。① 放大后,我们可以发现,他们在冠帽衣着上跟明代普通百姓的穿戴相似,但这并不能说他们就是祖先,一个最明显的证据就是两者头部有神光笼罩,这是神像的重要特征。所以笔者认为,这对老者实际上代表的仍是土地公、土

---

① 参见冯骥才主编:《中国木版年画集成·杨家埠卷》,中华书局 2005 年版,第 59 页。

地婆,而供桌上的牌位则代表祖先。另外,画中的小格子可以
填写逝去的祖先名讳,也代表祖先。这一点与明代是有区别
的,体现出家堂画中祭祖内涵逐步增强的发展趋势。

图 14　清代杨家埠《家堂》

资料来源:冯骥才主编:《中国木版年画集成·杨家埠卷》,中华书
局 2005 年版,第 59 页。

此外,该画下部出现很多人物形象,《杨家埠卷》认为他们
是身穿官服前来道贺的子孙,笔者认为这一结论失之偏颇。通
过观察分析,我们可将他们分为四种不同形象:第一种是神。
中间往右的第一位,帽子翅角较尖且有云纹和垂须,符合神像

造型特点。第二种是明人。最左边的一老一少和最右边的四位,都符合明朝人的打扮。第三种是清人。中间两位身穿清朝官服、头戴顶子帽的两位成年人,以及旁边戴瓜皮帽、着马甲的少年,符合清人形象。第四种是形象不清的情况。中间往右第二位所戴既非神帽也非明清帽顶,反倒是像唱戏时所戴的花帽。可见,该画下部人物形象虽然延续了明代家堂画中神和人两大元素,但与明版画相比更为复杂,难以笼统地认为这些人物是前来道贺的子孙。

综上,笔者认为杨家埠清代家堂画仍然体现出祭祀土地、祖先和家堂神的内涵,但与明代相比变化颇大。第一,土地公、土地婆的形象在明版杨家埠家堂画中表现突出、特点分明,而两者在清代家堂画中除了头部保留光环外,神的其他特征逐渐弱化,加之形象慈祥,易被人误解为祖先。而且,如果结合其他地区如高密等地清代家堂画来看[1],就连这对老者头上的光环也都消失了。可见,土地公、土地婆形象在个别清代家堂画中仍依稀可辨,而有些则难以辨认,便逐渐混同于祖先了。第二,随着清代画幅的变大,明代画面下部人神共处的格局依然延续,但人物形象更为丰富,而且随着"家堂神位"这一起关键提示作用的字眼的消失,家堂神这一祭祀信息被严重弱化。这两大变化正反映了后世家堂画祭祀内涵从多元走向单一的趋势。此外,由于清代不再奉行"三代宗亲"的祭祀礼仪(改为祭祀高曾祖祢四代),所以这一信息也被相应地删去。

---

① 参见冯骥才主编:《中国木版年画集成·高密卷》,中华书局 2009年版,第 38—49 页。

三、余论

我国古代家堂祭祀对象主要包括土地、祖先和家堂神，与此相对应，明清杨家埠家堂画也体现出祭祀土地、祖先和家堂神的内涵。但时过境迁，包括杨家埠在内的山东家堂画的祭祀内涵在今天有了巨大变化，表现为祭祀土地和家堂神的内容从中消失，祭祖作为唯一的祭祀内涵，为人们普遍认可，而拜家堂亦被视为单纯的祭祖仪式。这一变化在山东地区的现代家堂画中表现得尤为明显。现代家堂画主要突出院落和祭祀牌位，原来画面顶部那对老者以及门前的各种人物形象都消失了，画面俨然是一个祭祀祖先的祠堂。现代家堂画因为没有了人物造型而失去了以往那种欢乐的气氛，显得庄严肃穆，反映出人们认为祭祖必须虔诚、毕恭毕敬、不苟言笑的观念，祭祀祖先的浓厚意味得以彰显。尽管如此，家堂画原本的多元祭祀内涵仍可从地方延续着的年画类型和祭祀仪式得到部分的印证。

首先，笔者发现杨家埠没有祭祀室中土地的年画，民俗调查显示，其也没有祭祀室中土地的习俗。① 那么，是不是当地原本就没有这一习俗呢？ 显然不是，乾隆《潍县志》记载："元旦，四更早起，祭五祀、先祖，拜父母、师长，亲朋各相贺。"②可见，当地以前有祭五祀，所以是有祭祀室中土地这一习俗的。

---

① 参见山东大学民俗学研究所编：《百脉泉》，内部资料，2010 年。

② 乾隆《潍县志》卷一《舆地志·风俗》，《中国地方志集成·山东府县志辑》第 40 册，凤凰出版社 2004 年版，第 42 页。

那么,为何今天会出现既无室中土地年画,又无其祭祀习俗的局面呢?本文的理解是,家堂画原来的祭祀内涵多样,祭祀土地包含在了其中,所以没有关于土地的年画。到后来,画中的土地公、土地婆逐渐被人们理解为祖先,所以当我们再去调查的时候,村民往往会告诉我们他们不在家里祭祀土地,同时我们也找不到关于室中土地的年画。

其次,挂家堂轴子在今天一般被认为是祭祖的行为,但为什么只是在过年的时候挂,而山东大部分地区在"七月半"这一典型的家祭节日当中却又不挂?[①] 笔者认为,这恰恰证明了家堂画的内涵虽包括祭祀祖先,但又不仅仅如此,还包括祭祀土地、家堂神。换言之,家堂画的内涵要大于祭祖,所以在"七月半"这一专门的祭祖仪式时挂起来不合适,而只有在过年既要祭祀神明又要祭祀祖先时挂起来才合适。诚然,村民今天未必会这样去理解,不过作为一种传统的惯习而遗留下来的仪式程序,尽管被村民遗忘了其本意,但还是可以让我们在结合其他信息的基础上窥见早期家堂画祭祀内涵的蛛丝马迹。

由此看来,杨家埠家堂画的祭祀内涵原本是多样的,祭祀祖先作为其唯一内涵经历了一个历史演变的过程。而与此同时,"家堂"这一词语的含义也有了变化:古代主要强调堂屋、

---

① 山东地区凡是有家堂轴子之家,在过年时必挂家堂轴子,七月十五大多不挂。仅有莱芜、淄博、新泰等少数地区在七月十五祭祖时,有一部分人挂轴子。莱芜地区有一种解释:过去发生瘟疫时,有神妈妈说瘟疫过年才能好,所以七月十五跟过年一样,要请老的来,请家堂,磕头拜老的。这说明部分人在七月十五挂家堂轴子实际上也跟过年有关。参见刁统菊:《节日里的宗族——山东莱芜七月十五请家堂仪式考察》,《民俗研究》2010 年第 4 期。

土地,现在更多的意思是指家堂轴子和祖先。请家堂、送家堂,换而言之就是请轴子、送轴子,请祖先、送祖先。

　　此外,我们还应注意到,明清杨家埠家堂画不仅仅是民间的产物,其背后还包含了国家礼制对民间艺术创作的深刻影响。例如,周代以来的五祀礼仪、明代祭三代的礼制在早期杨家埠家堂画中都有体现。诚然,民间艺术不乏鲜活的、个性化的创造,但我们在承认其多样性和灵活性的同时,不应该忽略国家的在场,在华北这样一个明清国家政治统治的中心区域更是如此。因此,当我们深入华北去调查研究的时候,更应该考虑到国家礼仪制度与民间风俗习惯的互动,以一种礼俗互动的眼光来审视二者。礼俗互动的视角,已日益引起学界的关注。① 要做到这一点,我们还需要具有历史的眼光,从较长时段出发去观察两者的互动。② 以这样一种理念审视明清杨家埠家堂画,可以发现它们虽出自民间,但深受国家礼制的影响,是礼俗互动的产物。

---

　　① 　参见龙圣:《"礼俗互动:历史学与民俗学的对话"学术研讨会述评》,《民族艺术》2015 年第 1 期。
　　② 　参见赵世瑜:《小历史与大历史:区域社会史的理念、方法与实践》,生活·读书·新知三联书店 2006 年版,第 1—11 页。

"礼俗互动:历史学与民俗学的对话"学术研讨会述评[*]

　　自古以来,礼与俗作为一种观念,存在于中国历代典籍之中,存在于人们的日常生活之中,既是人们理解文化传统的一对分析工具,也是人们应对现实生活的一种话语表达,并内化为指导社会、运作政治的文化逻辑。概言之,礼与俗作为勾连官方、文人精英与普通民众的重要机制,对于理解中国社会、阐释中国文化具有特别重要的意义。鉴于此,山东大学儒学高等研究院、文化遗产研究院于2014年11月28日在济南举办"礼俗互动:历史学与民俗学的对话"学术研讨会,来自文化部、北京大学、中国人民大学、南开大学、中山大学、四川大学、厦门大学、湖南大学、(马来西亚)欧亚大学、山东大学等多名学者,从"据俗成礼""礼化为俗""礼俗共处""礼俗冲突""礼俗运用"五个方面,对礼俗互动问题进行了深入研讨。此次研讨会以山东大学儒学高等研究院重点项目"礼与俗:近现代民间儒学传统与传承"为依托,由项目主持人山东大学张士闪教授发起,北京大学赵世瑜教授参与召集。

＊　本文原载于《民族艺术》2015年第1期。

一、据俗成礼

据俗成礼,是本次会议讨论较多的话题,主要是指俗对礼的影响,一般以民俗礼制化的形式呈现出来,多位与会专家以不同的角度及个案对此作了探讨。

南开大学教授常建华,以《家礼》为例分析了俗对礼的影响。一般认为《家礼》是朱熹根据儒家传统礼仪所制定,而常建华认为《家礼》还吸收了许多俗的成分。例如,按照《礼记》规定,士以上建庙祭祖,庶人祭于寝,但唐宋时期真正建家庙祭祖的只是个别高官而已,朱熹老家福建的士大夫和老百姓多采用家祠和墓祠,并借助寺院祭祖,深受佛教的影响。因此,祠祭祖先是一种民俗行为,一开始并不是公认的制度,但朱熹肯定了这一民间做法,据此制定了祠堂祭祖的礼仪并收入《家礼》之中,祠祭遂逐渐成为后世公认的礼制。可见,朱熹制定《家礼》,是受到福建民俗影响,同时又对福建地域社会产生作用,并影响了宋以后宗族社会的形成。他据此指出,民俗反映民众的日常生活,属于社会层次。而作为礼仪的民俗,则受到国家、意识形态以及社会精英的强大影响,这在中国传统社会中尤为如此。不过,地方社会也不是完全被动地接受来自国家与精英阶层的影响,习俗也会对士大夫乃至国家产生一定的影响,经改造后被纳入礼制。正是这样一种关系,使得礼与俗成为了解国家与社会的中介、连接国家与社会的桥梁。

北京大学教授罗志田,就如何从地方"俗"的层面来理解制度"礼"的问题进行讨论。他首先反思了西方学界将中国的

"地方"（职役）视为"在地精英"的学术取向，认为如果这些在中国古代社会中排在"下九流"靠后的人都算是精英，那么古代中国简直就是一个充满精英的社会，而这并不符合实际。因此，他认为我们需要贴近民俗、贴近地方，才能正确理解中国，理解作为制度的礼。在他看来，礼是以制度、条文的形式出现的，是一种理想的面对未来的设计，而俗则是实际生活的情形，是社会现实，不能只根据条文说历史。对礼与俗的理解也是如此，比如《周礼》对乡官做了整齐划一的制度性规定，而后世具体实施起来并不能"整齐划一"，而是"大率"如此。从地方的角度出发，俗可以超越礼，俗胜于制，礼据俗而定。

山东大学教授刘宗迪，探讨了作为俗的神话传说对《尚书·尧典》编纂的影响。他认为，《尚书》中的《尧典》标榜尧舜禅让盛事，对儒家政治伦理和历史编纂具有重要的意义，但它并非真实的历史，而是战国时期儒家知识分子按照创世神话的叙事逻辑，将一些来自原始神话和口头传统的事件、人物杂糅熔炼而成的神话"创世纪"。因此，一向被视为儒家经典的《尧典》，其实是取材于民间口头传统，即俗的方面。《尧典》成书的战国初期，正处于从口头传统向书写传统过渡的时期，此时口头传统余响犹在，同时历史编纂意识已经觉醒，但神话叙事的情节结构仍作为文化无意识，引导着人们对历史的叙述，塑造着人们的历史记忆。

二、礼化为俗

礼化为俗，即国家礼制如何深入民间、为民间所吸收、转化为民俗的问题，也就是在礼制民俗化过程中礼对俗的影响。

厦门大学教授郑振满，以福建莆田为例，探讨了明代国家里社制度演变为民间神庙的过程。明朝初年，朝廷在乡村祭祀方面制定了一套礼仪规范，规定每里设一社坛、一厉坛，每年前者拜两次、后者拜三次。除此之外，不允许民间建神庙、神像以及奉祀杂神，其他民间宗教祭祀、迎神赛会活动等也一概禁止。自明中叶以来，这套礼制发生了很大的变化，里社祭祀活动逐渐为迎神赛会所取代。为了躲避官府对淫祀的打击，民间以社的名义来建神庙，打着祭社的旗号，在庙里拜各种各样的神明。在地方社会，社、庙并存的村落构成了"境"，七个相关联的庙联合起来构成一个"七境"，即一个仪式共同体，一直发展到今天，莆田一共有 153 个"七境"，成为民间祭祀活动的主体。所以，我们今天在莆田所看到的神庙祭祀的民俗现象，追根溯源是由明代国家里社制度演变而来，中间结合了民间祭祀的各种传统。

厦门大学教授刘永华，对闽西四堡祭拜"无祀"这一民俗现象所展现的礼制民俗化过程进行分析。当地每村村口外，都有一个或多个形似坟墓的厉坛，民间称之为"无祀"，并在每年立夏或者中元时加以祭拜。从源头上看，此习俗与明初礼制的推行密切相关。洪武三年，朝廷依据《礼记》《仪礼》等设立对厉坛祭祀的基本原则，也就是将祭厉礼制化，尔后又按照每里设一个厉坛的原则在全国乡村推行，因此乡村有了祭厉的行为。在这一礼制下行的过程中，祭厉被老百姓根据自己的需要加以改造，主要表现在：一是原来一里设一乡厉坛，但清朝乾嘉以来各村开始自建厉坛，有的还不止建一个；二是祭祀厉坛礼仪发生了变化，乡厉坛的祭祀原本需要里长主祭，将城隍神请到厉坛来，寓意在阴间也有一套类似于阳间的官府监督管理地方的秩序安排。然而，在民间的仪式实践中，做主祭的往往不是里长，而是那些"多子多福"的人。民间使用福的理念取代了官府在阴间监督的理念，实现了礼向俗的转化。

欧亚大学教授王琛发，论述了明朝礼仪对南洋华人民俗及认同的影响。南洋华人由于没有政府保护，对内对外必须强化共同意识以求生存和发展，故奉行明朝礼仪传统，以明末遗民的名义在各地缔结社会网络。由此可见，礼制即使没有朝廷的规范或主导，也可以在持续的具体实践中久而成俗，为民众所自发追随。观察南洋华人的"民俗"，尤其是婚丧、节日以及敬神祭祖的活动，会发现其来源多为中国明末盛行的"礼制"与"习俗"的互相结合，可以回到中国的礼制文献与地方风俗记载中去发现其据以实践的渊源。南洋华人社会其实是以延续明朝礼仪传统的方式，表达强烈的中华文化认同。这一发现，对于反思学界对南洋社会的一些看法（如移民社会、化外认同等）具有重要的启发意义。

三、礼俗共处

近年来，社会史研究因提倡"自下而上"看问题，将研究旨趣从以往学界强调国家与社会、礼与俗的二元对立，转向"理解二者如何共同建构一个地方社会，如何共享一种文化"①。本次会议上，部分学者围绕这一主题开展了讨论。

① 赵世瑜：《小历史与大历史：区域社会史的理念、方法与实践》，生活·读书·新知三联书店 2006 年版，第 27 页。

北京大学教授赵世瑜，以山西太原晋祠为例，探讨了礼与俗如何在同一空间中共处，共同成为建构地方文化象征的过程。他指出，晋祠中有两个很重要的庙，一为叔虞祠，一为圣母殿。宋太宗攻下太原时，晋祠中的叔虞祠就被确立为祭祀的主神，到宋真宗时，叔虞祠因地震损坏又加以重修，足见宋代对祭祀叔虞的重视。从北宋中期开始，晋祠祭祀主神由唐叔虞变为民间赛社的水神昭济圣母，并受到皇帝册封。此后，兴起于民间的圣母祭祀日益兴旺，而礼制确定的唐叔虞却少人祭祀，乃至于祠宇破败不堪。宋末以来，民间但知圣母，而不知有叔虞。到明代，圣母甚至被附会成唐叔虞的母亲，出现了礼俗整合的趋势。尽管圣母被赐封、被士大夫改造，但民间仍然把她当成水神来看待，而且其功能也是多元的，包括求子、修祠堂等许多跟祭祀没有关系的方面。代表国家礼制的叔虞祠的消退与民间祭祀圣母的礼制化，以及两者的合流，展示了礼与俗在同一空间中共享资源，并成为地方重要文化象征的过程。

中山大学教授刘志伟，通过赤湾天后庙对礼俗共存进行论述。赤湾天后庙在明代并没有进入祭典，主要是民间祭祀，但受到官方重视，因为明朝初年以后使节出使东南亚，都要在此做一个特殊的祭祀仪式。而且嘉靖年间，明朝军队在附近打仗胜利后也要到庙里庆祝，因此该庙被视为符合礼制的"官庙"。至清代海禁时期，因平南王尚可喜的船队在天后庙附近做生意，出钱把庙修得特别大，于是被列入官方祀典，成了真正的官庙。这一过程是历史学家通过文献所能见到的，但还缺了一块，即老百姓究竟是如何进行庙祭的。通过对晚近天后庙重建落成仪式的调查，我们可以看到历史背后所隐藏的信息，即礼与俗在同一空间中和谐地发生着，一边是正殿门外非常官方化的典礼仪式，一边是老百姓在殿里关起门来举行民间化的祭祀仪式。每到晚上，官方礼仪停止，庙内就成为民间祭祀习俗的世界。可见，仅仅凭借文献记载将某个庙理解为官或民、大传统或小传统、礼或俗等，是很不深入的。因此，历史学家通过向民俗学者学习，能更加深入地理解文献背后的意义。

湖南大学教授肖永明，对中国传统书院文化空间中的礼俗共处现象予以分析。他指出，书院一般被认为是充满儒家气息的文化空间，体现出儒家的价值理念和精神追求，而事实上，在书院空间中也有俗文化的存在，反映出社会大众的世俗生活追求。书院空间中的礼俗共处，主要体现为两点：一是书院建筑布局，既体现了儒家追求怡情养性、环境幽静的价值理想，同时也渗入民间重视风水以趋利避害、获取功名利禄的世俗思想；二是书院祭祀，一方面以儒家先圣、先师、先贤等为主要对象，但又包括世俗中与功名利禄相连的一些神明，如文昌帝君、魁星、关帝等。对于这一情形，一些儒家学者进行了批判，但仍难以改变现状；另一些儒家人士则试图对礼俗文化进行调和，消解两者的对立；而对更多的士人而言，礼与俗虽分属不同的文化层次，但在他们的观念世界中却兼而有之，和谐共处。由此可知，书院并非理想中的儒家文化空间，作为社会空间的组成部分，它也受到俗文化的深刻影响，使其文化空间具有多层次性和复杂性。

四、礼俗冲突

与会部分学者结合古今历史演变中的具体情形，剖析了礼俗互动过程中出现的礼俗冲突等问题,颇具启发意义。

文化部民族民间文艺发展中心主任李松,以传统节日为切入点,分析近百年来礼俗互动中出现的"纠结"。第一,在时间安排方面,作为国家时间制度安排的节日,即礼制化的节日,与作为老百姓生活组成部分的节日之间,也存在不协调的状态。第二,在实践方面,节日中官方化的礼仪及其背后的政治隐喻、价值导向,与老百姓的民俗行为及其观念取向之间,也存在着张力。第三,在节日志书写方面,文化部受国家委托编写节日志,类似于古代国家对礼的整理和书写,需要分门别类,条理化、制度化,而节日的实际形态却是复杂多样、杂糅并存的。这样,在书写节日志的过程中,就出现了一个制度上或者说书面上的"礼"与实际生活中的"俗"之间的矛盾纠结。这些都体现出中国节日中礼俗互动存在的现实问题,促使我们进一步去思考如何使两者的互动变得更为和谐。

中国人民大学教授赵旭东,从社会文化转型的角度,对礼俗在价值上的分离问题作了剖析。礼仪和习俗的结合,背后存在一个互惠的逻辑,是"循环社会"的典型特色,礼俗和谐在"循环社会"中特别明显和突出。比如在某些乡村地区,有这样一种交往习俗:所有进村上香的人都要留下香油钱,然后这个钱会在别村的另一个礼仪场合再返回去,交往年复一年,形成一种循环关系,并通过仪式活动来强化这种关系。然而当下社会发生了很大变化,从"循环社会"转变为"枝权社会",在加速人与人分离的同时,也导致了文化观念的变迁。过去民间社会树立起来的价值规范的"礼"的层面,在今天日益受到挑战。例如,读书的必要性在以前被看作天经地义、无可厚非的,读书是讲礼的表现,为民间所认同,如今却相反,礼俗结合这样一种文化价值观念被打破了。可以说,在当代"枝权社会"中,原先与"循环社会"水乳交融的礼俗互动在价值上出现了极大的分离趋势。

中山大学教授刘晓春,以客家山歌为例,讨论了民俗从口传身授到进入书面系统的过程中,在整个国家话语里所呈现的雅俗冲突及转化问题。客家山歌原是民间传唱,被明清时期文献记载后,呈现雅俗不同的面相:一方面它被视为"国风"之遗韵,作为一种在中原地区消失的高雅传统而被文人发现和记录;另一方面,随着国家对客家地区的开发和教化的推广,山歌因为包含有大量情爱成分,又被看成"娇态淫声"。在日常生活中,为士绅阶层所不齿的山歌,却是乡民宣泄情感的重要途径。在五四新文化运动中,客家山歌被进一步发现,而评价依然是雅俗各异。时至21世纪,随着非物质文化遗产保护制度的推行,客家山歌在国家话语中发生了巨大变革,从反映男女情爱的"下流歌曲",变成珍贵的民族文化遗产,从地方性传统成为一种公共性共享的传统。然而在这种价值转换的背后,却是客家民间"好歌"传统的弱化与半专业创作的强化。客家山歌在国家话语中的雅俗转换,实际上是一个随时代变迁而不断建构发明的过程,对于我们反思非遗制度与文化遗产保护的关系具有重要的意义。

五、礼俗运用

礼与俗,既是一对学术分析的工具,同时也是生活中形成的概念。因此,从生活角度对礼俗观念的建构、运用和反思,也成为本次会议集中讨论的问题。

　　山东大学教授张士闪，从"地方"的角度，对礼俗概念的建构与表达运用情形予以分析。他认为，地方感是民众以自我为中心，对周围空间与族群边界的想象。如在鲁中洼子村，传统上将其东部山区村民贬称为"山精""老山里"，将北部平原村民贬称为"北孙""老北孙"，仿佛只有自己代表了"正统"，周围都是荒诞不经的"蛮夷"。这种"礼""俗"二分的世界认知模式，正是基于乡民地方感建构的基础之上的。但民众在地方生活实践中，如婚礼、丧礼、分家、盖房上梁等村落或跨村落的交往场合，却又普遍遵循着一套礼仪规范，即民间所谓的"老礼"。什么是"礼"？民众自有一套理解，如"心""性""道""教""公""私""义""利""王""霸""理""礼""事""功""天命""道德"等，这些词语通过与地方生活实践的结合，获得了富有弹性的理解和运用。在民众的理解中，"礼"要从"俗"，"俗"须合"礼"，礼与俗在生活中是合二为一的。他据此认为，从"地方"的视角来看，礼和俗是民众为理解和操持地方生活而发明、运用的一套概念或者话语，被人们运用于不同的情境。众多"地方"组成的中国，其社会历史的展开其实也是礼与俗逐渐化合的过程，中华民族正是因为有着一个全社会参与的礼俗互动实践，才能够成为一个长期统一的社会，并不断地焕发出生机活力。国家的礼仪一体化追求与地方的生活多元化趋势，乃是理解中华文明源远流长不坠不断的重要维度。

　　山东大学教授刘铁梁，从叙事的角度，对礼俗的表达问题进行探讨。以往口头传统研究中有一个非常大的局限，就是比较注重对那些已经非常稳定的故事、传说、神话的"完形"类文本的研究，相对忽视对生活交往中的个人叙事和集体叙事的研究。个人叙事和集体叙事本来没有清晰的界限，但在讨论的时候需要这样一种分析工具：个人叙事以讲述现实的经历为主，体现个人的态度、情感，贴近生活，往往就是生活交往中的语言游戏；集体叙事则讲述集体的历史记忆，具有模式化与仪式化的特征，体现集体意志。两者呈现一俗、一礼的表达倾向，两者的交互回响，共同建构起地方社会乃至国家统一生活秩序的意义。

北京大学教授高丙中，对文化礼俗观的运用进行反思，并提倡以文化的生活方式观取代之。他认为，长期以来中国文化是以礼俗来分的，只有那些上层的够得上"礼"的才被视为文化，而与之相参照的、下层的就是"俗"。在当代社会中，礼俗不再是原来传统的礼俗，但礼俗观却延续下来并成为一种政治逻辑，并指导着社会的运行，民间文化往往在礼俗二分的结构中被割裂或转换，或礼或俗。而文化的生活方式观也需要一个参照物，以突显生活方式作为一种文化的存在，但两者之间不一定是高低等级关系。他以贵州侗族为例，认为按照文化的礼俗观来看，其朴素的生活方式并不符合主流社会标准，而被视为落后的、应该改变的，但是以文化的生活方式观加以审视，对比城市中交通拥堵、环境污染等现状，侗族的生活方式却是环保的、先进的。他据此认为，以生活方式观来反思文化，反思社会，或许能给我们更多的启发。

礼俗互动，作为理解中国的重要视角，在本次会议得到了多层次、多角度的讨论。显然，这一问题本身是极为复杂的，需要多学科的参与和持续深入的研讨。就本次会议而论，历史学者主要通过个案，从礼俗的时间维度进行讨论，而民俗学者更擅长从空间结构予以共时性的观察分析，双方具有很强的互补性,彼此深受启发。事实上,多位历史学者的讨论明显借鉴了民俗学田野作业的方法,注重从现实发现问题,去理解礼俗发展的时间脉络,体现出以空间理解时间的研究旨趣。而民俗学者的讨论也不乏对时间维度的把握,与对于长时段的人地互动关系的考量。这样一种交叉互补的研究趋势,得益于不同学科之间的相互学习、取长补短,可能代表了未来学术发展的重要趋势。

西南族群研究

《倮倮安氏纪功碑》刻立时间考释[*]

  《倮倮安氏纪功碑》，又称《萨连安氏宗祠碑》，因内容涉及明朝初年川南民族地区的开发而引起学界关注，一度成为探讨明初四川民族史和移民史的重要资料。长期以来，学界对该碑刻立的时间存在不同意见，不过大都认为它是明代之物。通过辨析前人观点和考订史料，本文认为该碑应刻立于清代，并就刻碑的原因及史料价值问题进行了分析和讨论。

一、《倮倮安氏纪功碑》简况

  《倮倮安氏纪功碑》最早由法国人亚陆讷（M. le commandant d'Ollone）于 1907 年在四川迷易（今攀枝花市米易县）萨连安氏土司衙署内发现，经雷柏茹（capitaine Lepage）译成法文。1910 年，亚陆讷以"Stèle de Sa Lien, Constitution des grands Fiefs Lolos"为题，将访碑经过、碑文及原碑拓片一同发

  * 本文原载于《文献》2017 年第 5 期，系教育部人文社会科学研究青年基金项目"明清屯堡社会变迁研究——以四川冕宁为中心"（13YJC770035）、中国博士后科学基金第 53 批面上资助项目"明清屯堡社会变迁研究——以四川冕宁为中心"（2013M531583）的系列成果之一。

表在《亚洲学报》(*Journal Asiatique*)第十编第十六卷上。抗日
战争时期，该文被中国学者陆翔以《〈猡猡安氏纪功碑〉探访
记》为题加以翻译和注释，并收录进开明书店出版的《国闻译
证》第一册(齐鲁大学国学研究所丛刊之二)中。① 从此，该碑
逐渐引起我国学界的重视，但原碑一直下落不明。直到 20 世
纪 80 年代初，米易县文管部门才在萨连中学一水沟边发现该
碑，可惜当时已断为两截。为避免进一步的破坏，1982 年在六
江流域民族综合考察队李绍明等专家的建议下，该碑被移交米
易县档案馆保存。② 是时，李绍明先生对碑文进行了抄录和校
对，并就该碑的相关情况向当地人士做了调查。因当地传说该
碑先是立于安氏宗祠之内，后才被转移到安氏土司衙署，故陆
翔所译《猡猡安氏纪功碑》也被后人称为《萨连安氏宗祠
碑》。③ 为避免民族歧视，论者将"猡猡"改为"倮倮"④，故该碑
又多以《倮倮安氏纪功碑》之名见于相关论著中。本文即沿用
了这一名称。为便于讨论，兹将碑文全录如下。

---

① 参见[法]亚陆讷：《〈猡猡安氏纪功碑〉探访记》，陆翔译：《国闻
译证》第 1 册，开明书店本，第 1—15 页。

② 参见李绍明：《米易县萨连土千户调查记》，李绍明、童恩正主编：
《六江流域民族综合科学考察报告》，中国西南民族研究学会，1983 年，第
156—162 页。该文修改后复以《傣族北上入川的实例——米易萨连土司
的几个问题》为题发表在《西南民族学院学报》(哲学社会科学版)1984 年
第 3 期，内容与原文基本相同。

③ 参见马云喜：《〈安氏土司纪功碑〉简介》，《渡口日报》1983 年 7
月 26 日。

④ 民族史学界普遍认为，自元代以来"罗罗"一词成为我国西南地
区彝族的统称。这一称谓在元明清时期的文献中有多种写法，如"猡猡"
"猓猓""猓㑩""猡猺"等。后人为摒弃其中的贬义，多去犬旁或改单人旁，
作"罗罗""倮倮"等，皆指今彝族。

永受皇恩。

天子有道，守在四夷，明主复兴，化来重译，深沐圣恩须传后效。予自姓阿，名汪呼，字维德，生于元之至正十九年十月十五日子时，占籍云南大理人氏。因元朝暴虐，生灵不安，民殷国富而不存恤，智能之士思得明君。天从人愿，吾大明太祖高皇帝应瑞新兴，御驾亲率，雄师一出，元虏闻风而逃。扫平中外之流寇，创成一统之天下。

土游击刀佩于洪武二年随同颍国公傅、黔国公沐三载平定云南获功，奉命改赐姓陶，名承恩，管理景东，世袭知府事。予父与彼有莫逆之交，亲送陶承恩赴任，被留景东，子女交婚，共成骨肉，情深意厚，相助为理。

嗣以四川所属建昌一带地方草寇扰攘，多年不息，文武会题，圣上降旨，仍差颍国公傅率师扫荡，奉差催督各路土司发兵随师征讨。景东土知府陶承恩亲领家兵九千前赴征剿。途中染病难行，所有统带家兵，请予带往前征。予弟兄叔侄四人受此重任，不辞劳苦，愿与国家效犬马之劳，当即接受兵权，复蒙颍国公傅给予剿虏劄副各一道。

统兵随前锋总兵陈万策前行，至武定府元谋县，弟侄与亲族七人分兵六千，两路围攻，前出南仓、盐井，予自领亲族三人、家兵三千，跟随大师，直抵叛倮月鲁巢穴，困守三载，予侄阿普卜由后路左冲右击，大破贼寨，活擒倮王月鲁。

其人头大如斗，眼似铜铃，手如嫩竹，脚似女脚，捆绑投颍国公傅爵前，当蒙总兵官陈万策与予载册头功。月鲁夜静服毒而亡，斩首奏献。

月鲁之长子名月平者，其先逃奔盐井喇吗地方为婿。

阿混泥、阿混散带兵冲击，擒解赴川献捷。

承颍国公傅、蜀主殿下暨叙功会题，奉旨安立五卫八所，设官招民，赍赏剖赐，予世袭会川卫守御司迷易所正千户印务，自放百户八名，改兵为民，婚娶耕种，各守界限。

二弟阿混泥为喇吗正长官司，所辖九处马头，远制南仓地方。三弟阿混散为土游击，分驻腾充卫、大侯州，统束威远、镇远二州，并辖三处长官司。侄阿普卜威镇凉山，留守建昌卫所，世袭宣慰司。

又蒙颍国公傅赏剖酬功各亲族弟侄土巡捕百户等官，阿吴、阿骇、阿刀胜、阿雷、阿混东、阿散、阿文、阿武、贾云俸等九人分土安插，各领所部兵丁，开垦田地，办纳粮差，表笺站马，逐项自纳。其迷易地方，东至龙舟山顶，南至金沙江界，西至打冲河界，北至可郎、德昌界。

予弟兄叔侄十二人赴京朝觐，叩受圣恩敕予更为安姓，赐名伏成，所有弟兄叔侄，一例更为安姓，各名加御赏金皮敕书一道。

约束盐井五所土舍，并辖昌州，威龙、普济、乌喇、倮果、帕定等处。控制东夷，操练亲兵，防范各隘，歼殄蛮倮，予弟兄叔侄遵依分管地方，奏辞圣上，各回部落，抚恤下民，看守封疆，乐享升平。其各属地方，每年上纳规例金子、马匹，帮贴朝觐表文之资。

承传后世，尔诸子孙相继为官者，当思一脉渊源，其田地业产，各属地方，乃系皇恩分驻留守，凡我子孙，苦乐同受，毋得以强欺弱，务体吾祖宗创业之艰难，须念部落之劳苦，省刑薄税，宽以待人，远支近房，勿外同宗，谨守斯言，诚为我幸，须至传家记者。

洪武廿五年五月朔五日，诸弟兄子侄同会，传于祀祖堂，用渺石碑，永传后世。同立。①

由上可知，碑文主要记载了元末明初刀姓（后改陶姓）土司帮助明朝平定云南以及阿姓土司（后改安姓）帮助明朝征服川南两事。后者为全碑重点，意在说明四川米易、建昌（今西昌）等地安姓土司是如何从云南来到当地并成为土司的过程。因此，该碑成为探讨明代川南土司制度、土司族属等问题的重要资料。

二、《倮倮安氏纪功碑》刻立时间辨析

关于《倮倮安氏纪功碑》刻立于何时这一问题，学界历来分歧较大，主要有"洪武说""建文说""正统以后说""明中叶说""明后期说""明代说"六种观点。② 其中，除"正统以后说"

---

① ［法］亚陆讷：《〈猡猡安氏纪功碑〉探访记》，陆翔译：《国闻译证》第 1 册，开明书店本，第 8—11 页。

② 主张"洪武说""建文说""正统以后说""明中叶说"的学者分别为亚陆讷、陆翔、何耀华、李绍明，参见李绍明《米易县萨莲土千户调查记》《傣族北上入川的实例——米易萨连土司的几个问题》二文。"明后期说"，见四川省地方志编纂委员会编：《四川省志·文物志》下册，四川人民出版社 1999 年版，第 753 页。另有部分书籍并没有指出该碑具体刻何时，只是笼统地认为其刻立于明代，是为"明代说"，见四川省民族研究所编：《四川少数民族》，四川民族出版社 1958 年版，第 94 页；万世祥编：《凉山彝族自治州概况》，四川民族出版社 1985 年版，第 25 页；《当代四川》丛书编辑部编：《当代凉山》，巴蜀书社 1992 年版，第 22 页；四川省地方志编纂委员会编：《四川省志·民族志》，四川人民出版社 2000 年版，第 505 页；《凉山彝族自治州概况》编写组、《凉山彝族自治州概况》修订本编写组编：《凉山彝族自治州概况》，民族出版社 2009 年版，第 34 页；等等。

言辞含糊（不好断定下限）外，其他各说都一致认为该碑刻立于明代。而本文认为此碑应刻立于清代，理由主要有以下两点。

第一点，根据碑文自述可知，此碑是由迷易安姓正千户家族所刻立。但揆诸史实，明代迷易守御千户所（以下简称"迷易所"）只有土官副千户，而无土官正千户，且土官阿姓，后改贤姓，而非安姓。至清代，安姓才成为迷易所土千户，故安姓以"正千户"名义刻碑应在清代，而非明代。

关于迷易所土官设置问题，李绍明先生认为，明代迷易所设有一正一副两位土千户，正土千户为安姓，副土千户为贤姓。① 但仔细考订史料，明代迷易所只有贤姓土官副千户，并无安姓土官正千户。兹将相关情况考订如下。

据万历《四川土夷考》记载，会川卫迷易千户所："土官姓贤，远祖阿骇原籍云南景东府僰夷头目，因本处无田，带领夷民前来迷易趁田住种，洪武十六年随军征进东川、芒部二府，杀贼有功，归附赴京，钦授迷易所世袭副千户。二世祖阿哀袭职，后除汉官一员到所公同管事，办纳秋粮、铺陈、驿马。后改为迷易长官司，改除副长官。永乐元年复设为所，进贡马匹，钦准仍袭副千户，子孙世袭不绝。今土官贤承爵住所城外，兵马单弱，地方东至本卫并建昌威龙司，南抵卫属黎溪州二里红卜苴僰夷界，西通盐井卫右所地方，北接建昌普济州界。"②

---

① 参见李绍明：《傣族北上入川的实例——米易萨连土司的几个问题》，《西南民族学院学报》（哲学社会科学版）1984 年第 3 期。

② （明）谭希思：《四川土夷考》，《四库全书存目丛书·史部》第 255 册，齐鲁书社 1996 年版，第 473—474 页。此外，曹学佺《蜀中广记》卷三四、顾炎武《天下郡国利病书》、顾祖禹《读史方舆纪要》卷七四等，皆有类似记载。

可知,明初迷易所只设有土官副千户一名,其远祖阿骇是从云南景东府迁到迷易耕种的僰夷头目,后因帮助明朝大军征讨,被授予迷易所世袭副千户。民族史学界认为,"僰夷"又作"百夷""摆夷"等,即今傣族。可知,明代迷易所土官副千户属于傣族土官。阿骇之后,二世祖阿哀袭职,虽中途职务有所变更,但不久又恢复原职,直到万历年间子孙仍世袭不绝。此外,《明宣宗实录》也有关于其二世祖阿哀的记载,宣德九年(1434)正月"戊戌,四川会川卫迷易守御千户所故土官副千户阿哀弟阿你等来朝贡马"①,足以证明《四川土夷考》记载非虚。阿哀之后,仍有迷易所阿姓土官见诸史册。据《明英宗实录》记载,正统十一年(1446)五月,"四川迷易守御千户所土官千户阿衰等贡马,赐彩币表里等物有差"②。可见,从洪武至正统年间,迷易所土官副千户一直保持着阿姓。明中叶,阿姓改为贤姓。嘉靖年间,张时彻在其《芝园集》中便已记载有两位迷易所贤姓土官,一位是已经致仕的土官贤麒,另一位是在任的土官贤宗仁。③ 可知,最迟在嘉靖年间阿姓土官已改为贤姓。如前所载,此后的万历年间,又有土官贤承爵袭职。整理以上信息,可见一条残缺但较为连贯的土官世袭脉络:

阿骇(洪武)——阿哀(洪武、永乐)——阿衰(正统)

---

① 《明宣宗实录》卷一〇八,宣德九年春正月戊戌条,"中研院"历史语言研究所,1962 年,第 2413 页。

② 《明英宗实录》卷一四一,正统十一年五月乙酉条,"中研院"历史语言研究所,1962 年,第 2794 页。

③ 参见(明)张时彻:《芝园集》别集奏议卷三《克平马罗番贼疏》,明嘉靖刻本。

……贤麒(嘉靖)——贤宗仁(嘉靖)——贤承爵(万历)

由此可知,明初至明后期只有贤姓一脉担任迷易所土官副千户,而无安姓担任迷易所土官正千户。那么,李绍明先生何以认为明代迷易所有一正一副两位土官千户呢?他指出:"文献记载,迷易千户所确有安、贤二姓土司,安氏土司系迷易守御千户所正千户,原为阿姓,《明实录·正统朝》即记正统十一年有米易守御千户所土官千户名阿衰者。道光《土司纪要》、道光《宁远府志》、同治《会理州志》均记该安氏土司历史甚详。至于贤氏土司系迷易守御千户所副千户,于此,《明史·四川土司传》、《四川土夷考》、《天下郡国利病书》等皆有记录。"①

在笔者看来,上述论断存在不少问题。第一,如果说明代米易千户所确实有一正一副两位土官的话,为何《四川土夷考》《蜀中广记》《天下郡国利病书》《读史方舆纪要》《明史》等明清书籍偏偏只有明代贤姓土官副千户的记载,却无明代安姓土官正千户的记录呢?副职尚有记载,正职反无记录,这不合常理。第二,《明英宗实录》记载的迷易守御千户所土官千户阿衰(李文写作"阿衷")②,为何偏偏被认为是安姓土官,而不

---

① 李绍明:《傣族北上入川的实例——米易萨连土司的几个问题》,《西南民族学院学报》(哲学社会科学版)1984年第3期。

② 关于正统十一年(1446)记载的迷易守御千户所土官千户的名称,因《明实录》版本不同而记载有异。国立北平图书馆藏红格抄本记作"阿衰",而广方言馆本、抱经楼本记作"阿衷"。因为宣德九年(1434)迷易所有"故土官副千户阿衰",表明他在宣德九年就已不再担任土官职务,所以正德十一年(1516)的土官当为"阿衰",而非"阿衷"。台校勘本即以红格本"阿衰"为是。参见黄彰健:《明英宗实录校勘记》上册,"中研院"历史语言研究所,1962年,第417页。

是贤姓土官？而且为何一定是正千户？假设这一说法成立，那么为何整个明代只有这一条材料记载米易所有安姓土官正千户，而再也没有其他任何材料证明他的存在呢？第三，道光《土司纪要》、嘉庆《宁远府志》和同治《会理州志》确实有迷易所安姓土千户的记载，但只是记载了自康熙四十九年以来的历史，并没有提到他们在明代的情况，更没有说安姓土千户官职是从明朝延续下来的。接下来，笔者将对以上疑问展开具体的分析和讨论。

　　首先，正统年间的"迷易守御千户所土官千户"是否就等于"正千户"呢？本文不以为然。理由是，"土官千户"内涵不固定，既可能是土官正千户，也可能是土官副千户。正如明代的"卫指挥"一样，其既可指"卫指挥使"，也可指"卫指挥佥事""卫指挥同知"，统称"卫指挥"。同理，"土官千户"未必就是"土官正千户"，也可能是"土官副千户"。而且在明代史料中，"土官副千户"被笼统地称为"土官千户"的例子并不少见。在此可试举几例说明，《明英宗实录》卷二〇一、卷二〇五、卷二八六记载的四川盐井卫"土官副千户剌茸白"，在同书卷八二中亦称"土官千户剌茸白"。[①]《明宣宗实录》卷四、卷五所记云南腾冲守御千户所"土官千户张铭"，在同书卷六、卷七中被记作"腾冲守御千户所土官副千户"。[②]《明宣宗实录》卷一

---

　　①　《明英宗实录》卷二〇一，景泰二年二月己亥条，第4315页；卷二〇五，景泰二年六月丁丑条，第4399页；卷二八六，天顺二年春正月癸未条，第6131页；卷八二，正统六年八月壬申条，"中研院"历史语言研究所，1962年，第1638页。

　　②　《明宣宗实录》卷四，洪熙元年七月乙未条，第119页；卷五，洪熙元年闰七月壬子条，第145页；卷六七，宣德五年六月戊子条，"中研院"历史语言研究所，1962年，第1583页。

〇记载的"四川盐井卫土官千户阿抄"，同书卷五六又称其为
"四川盐井卫故土官副千户阿抄"。① 《明英宗实录》卷三〇〇
所记四川盐井卫"土官千户卜阿佐"，在同书卷三〇一中又被
称为"土官副千户卜阿佐"。② 张时彻的《芝园集》卷一记载有
迷易千户所"土官副千户贤麒"，同书卷三又称其为"土官千户
贤麒"。③ 可见，在明代官方文献中，"土官副千户"被简称为
"土官千户"的例子不少，因此不可见到"土官千户"字样便认
为一定就是"土官正千户"，而必须结合语境和其他材料进行
综合判断。如前所证，其他明清文献都只有明代迷易所贤姓土
官副千户的记载，结合这一背景，本文认为《明英宗实录》中的
"四川迷易守御千户所土官千户阿衰"，实际上是土官副千户，
而不是土官正千户。

　　其次，李绍明先生认为正统年间的土官千户阿衰是安姓土
官，这点与史实也不相符。上文已证，阿衰实为土官副千户，自
然当属贤姓土官，而非安姓。此外，从建昌、迷易等地土官改姓
的历史情况看，阿衰也应该属于贤姓。理由是，建昌及其附近
地区在洪武年间就已经有安姓土官的记载，如洪武四年有罗罗

---

　　① 《明宣宗实录》卷一〇，洪熙元年冬十月乙未条，第 293 页；卷五
六，宣德四年秋七月辛亥条，"中研院"历史语言研究所，1962 年，第
1330 页。
　　② 《明英宗实录》卷三〇〇，天顺三年二月辛酉条，第 6365 页；卷三
〇一，天顺三年三月庚寅条，"中研院"历史语言研究所，1962 年，第
6387 页。
　　③ （明）张时彻：《芝园集》别集奏议卷一《建昌马罗疏》、卷三《克平
马罗番贼疏》，明嘉靖刻本。

斯宣慰使安普卜之孙安配率众归附明朝①；洪武五年有罗罗斯宣慰使安定归附②。洪武十六年任建昌卫土指挥使的安配进京朝贡③。洪武二十一年正月，建昌府故土官安思政妻师克等来朝贡马④。同年二月，又有德昌府土官知府安住贡马⑤。又碑文记迷易安姓始迁祖安伏成（阿汪呼）是建昌安普卜之叔，足见这一带安姓人的祖先早在洪武年间就已改安姓，那么正统时的"阿衰"就不可能是安姓土官。相反，贤姓土官至明代中期才改为贤姓，"阿衰"在改姓之前，故当属于贤姓祖先才是。

　　综上可知，正统年间的迷易所"土官千户阿衰"实际上属于贤姓土官副千户，而非"安姓土官正千户"。辨明这一问题，便可知有明一代，迷易所只有贤姓土官副千户，而无安姓土官正千户。换言之，明代迷易所没有土官正千户一职，迷易安姓也没有在当地担任过土官。试问，明代人怎么会把一个当时并不存在的"正千户"官名刻在碑上呢？因此，该碑不可能是明代所刻。

　　那么，安姓是何时当上迷易所土千户的呢？弄清这一问

---

①　参见（明）曹学佺：《蜀中广记》卷三四，《景印文渊阁四库全书》第 349 册，台湾商务印书馆 1986 年版，第 434 页。

②　参见《明太祖实录》卷七三，洪武五年三月壬申条，"中研院"历史语言研究所，1962 年，第 1339 页。

③　参见《明太祖实录》卷一五二，洪武十六年二月丙申条，"中研院"历史语言研究所，1962 年，第 2387 页。

④　参见《明太祖实录》卷一八八，洪武二十一年正月乙巳条，"中研院"历史语言研究所，1962 年，第 2817 页。

⑤　参见《明太祖实录》卷一八八，洪武二十一年二月癸酉条，"中研院"历史语言研究所，1962 年，第 2828 页。

题，便能大致框定《俫俫安氏纪功碑》刻立的时间。据《清史稿》记载："迷易土千户，其先安文，康熙四十九年，归附，授职。"①雍正《四川通志》又记载："迷易土千户安世禄于康熙四十九年归诚授职，颁给土千户印信一颗，号纸一张。"②两说相歧，不知孰是，抑或安文即世禄，但至少可以肯定，直到清朝康熙四十九年（1710），安姓才当上迷易所土千户。继安世禄之后，又有其子安瑞鸣（亦作"安瑞明"）在乾隆二十七年承袭，"以故四川建昌道属迷易所土千户安世禄子瑞鸣，袭职"③。此后，又有安瑞图、安国泰承袭，至嘉庆年间被改土归流，同治年间承袭的安天佑只保留了土司名号而已。"迷易所土千户安天佑，其先安文于康熙四十九年投诚授职，颁给印信号纸，历传安瑞明、安瑞图、安国泰承袭，于嘉庆十九年追缴印信号纸，改土归流，今袭职名。"④综上所述，安姓在清朝康熙年间才当上迷易所土千户，取代了明代贤姓土官。这一变故，当与明清地方势力的消长变化有关。据万历《四川土夷考》记载，明代迷易所原有八百户"僰蛮"（傣族）。嘉靖年间，迷易所附近的马罗西番（藏族）势力壮大，不断对周边进行侵扰，贤姓土官势力由此衰落。⑤ 至

---

① 《清史稿》卷五一三《土司传二·四川》，中华书局 1977 年版，第14240 页。

② 雍正《四川通志》卷一九《土司·建昌道辖》，《景印文渊阁四库全书》第 560 册，台湾商务印书馆 1986 年版，第 115 页。

③ 《清高宗实录》卷六六三，乾隆二十七年闰五月辛巳条，中华书局1987 年版，第 418 页。

④ 同治《会理州志》卷七《土司》，清同治九年（1870）刻本。

⑤ 参见（明）张时彻：《芝园集》别集奏议卷一《建昌马罗疏》，明嘉靖刻本。

万历年间,贤承爵继任时已"兵马单弱"①。入清后,康熙二十七年会川营阿所发动叛乱,迷易、黎溪、红卜苴等傣族土司亦叛服无常。② 故康熙四十九年,清朝在招抚这一带土司时立了彝族安姓为迷易所土千户③,取代了势力衰微的傣族贤姓土官。④ 从以上职官变动情况可知,迷易安姓以千户名义刻立《傈傈安氏纪功碑》只可能在清代,而不可能在明代。

第二点,碑文中的"留守建昌卫所,世袭宣慰司"这一信息同样可以证明该碑并非刻立于明代,而是清代。

碑文提到"侄阿普卜威镇凉山,留守建昌卫所,世袭宣慰司",但明代建昌安氏从未世袭宣慰司一职,而是世袭建昌卫

---

① (明)谭希思:《四川土夷考》,《四库全书存目丛书·史部》第255册,齐鲁书社1996年版,第474页。

② 参见雍正《四川通志》卷一八下《边防·建昌道属》,《景印文渊阁四库全书》第560册,台湾商务印书馆1986年版,第56页。

③ 关于迷易所安姓土千户的族属问题,学界颇有争议。据亚陆讷在20世纪初的调查显示,迷易所安姓土千户为"罗罗"(见《〈猡猡安氏纪功碑〉探访记》)。至今,米易安姓人的族别仍多为彝族。而李绍明1982年在米易调查时,从安氏后人安承宗口中得知,"安、贤二姓原是一家,后才分开",又因贤姓为傣族,便推测安姓也是傣族;又因《纪功碑》记载建昌安氏与迷易安氏同族,于是进一步得出建昌安姓土司也是傣族的结论(见《傣族北上入川的实例——米易萨连土司的几个问题》)。相比之下,安姓为傣族之说建立在晚近对个别人的访谈基础之上,而没有较早的资料可以证明,故不可信。关于这点,何耀华先生早有论述,可参见氏著《四川迷易萨连〈傈傈安氏纪功碑〉质疑》(《文史》1982年第15辑)一文。因此,笔者认为,清代迷易所安姓土千户实际上应为彝族,而非傣族。

④ 迷易贤姓傣族土司被取代后,其所辖傣族百姓或迁回云南原籍,或融入当地彝族、汉族当中。至1990年人口普查时,米易县傣族只有36人,分布在撒连、丙谷、垭口、宁华等乡镇。参见四川省米易县《米易民族志》编写领导小组编:《米易民族志》,1992年,第116—117页。

指挥使。洪武十五年，建昌卫设立。① 次年，阿普卜之孙安配已任建昌卫指挥使。② 至洪武二十五年三月，安配以建昌卫指挥使致仕③。五月，建昌卫月鲁帖木儿之乱爆发，平定后"安氏世袭指挥使，不给印，置其居于城东郭外里许"④。安配以后，该职传六代至安忠⑤，其间有四代人统治比较稳定，"查安氏世职以来，安华、安仁、安夷、安忠四世相承，谓夷犹多慑服"⑥。至安忠承袭时，已到了明朝嘉靖末年，职务仍为"建昌卫土官指挥使"⑦。安忠以后，连续出现好几代土官缺少子嗣的现象，土官之妻与安氏土舍为争夺建昌卫土官指挥史一职多有矛盾，一度引起地方动乱。"配六世孙安忠无后，妻凤氏管指挥使事。凤氏死，族人安登继袭，复无子，妻瞿氏管事，以族人世隆嗣。世隆复无子，继妻禄氏管事。禄死，以族侄安崇业嗣。崇

---

① 参见《明太祖实录》卷一四一，洪武十五年正月丁亥条，"中研院"历史语言研究所，1962 年，第 2224 页。

② 参见《明太祖实录》卷一五二，洪武十六年二月丙申条，"中研院"历史语言研究所，1962 年，第 2387 页。

③ 《明太祖实录》卷二一七，洪武二十五年三月己丑条，"中研院"历史语言研究所，1962 年，第 3189 页。

④ 《明史》卷三一一《四川土司传一》，中华书局 1974 年版，第8018—8019 页。

⑤ 参见（明）曹学佺：《蜀中广记》卷三四《边防纪第四·上川南道》，《景印文渊阁四库全书》第 349 册，台湾商务印书馆 1986 年版，第434 页。

⑥ （清）顾炎武：《天下郡国利病书》，《四库全书存目丛书·史部》第 172 册，齐鲁书社 1996 年版，第 118 页。

⑦ （明）张时彻：《芝园集》别集奏议卷三《克平马罗番贼疏》，明嘉靖刻本。

业与禄氏不相能,因养那固为假子,其奴禄祈从臾构难,岁仇杀。"①文中安世隆为"建昌卫土官指挥史"②,于万历三十六年身故。可见到了万历后期,建昌安氏仍为土指挥使。这一职务直到南明永历政权时期依然为安氏所承袭。永历六年(顺治九年,1652)的《施田崇祀碑记》记载,建昌卫有"土官指挥使安嚕柏"③;永历十年的《修古塔记》也有记载"土官指挥安嚕柏、安泰宁"④。直至顺治十六年,清军攻下大渡河以南地区,安泰宁才归附清朝。⑤

综上,建昌安氏在明代从未世袭宣慰司,而是世袭建昌卫指挥使这一官职。据载,建昌安氏土官"所属有四十八马站,大头吐蕃、僰人子、白夷、么些、佬鹿、倮罗、鞑靼、回纥诸种散居山谷间。北至大渡,南及金沙江,东抵乌蒙,西讫盐井,延袤千余里。以昌州、普济、威龙三州长官隶之,有把事四人,世辖其众,皆节制于四川行都指挥使司。西南土官,安氏殆为称首"⑥,足见其在明代之显赫。因此,该碑绝非明代所刻,因为当时人不可能弄错如此重要且是正在承袭着的官职。

---

① 《明史》卷三一一《四川土司传一》,中华书局 1974 年版,第 8019 页。

② (明)钱楷:《按蜀疏草》卷九《题参建南失事官员疏》,清抄本。

③ 《施田崇祀碑记》,凉山彝族自治州文物管理所、凉山彝族自治州博物馆编著:《凉山历史碑刻注评》,文物出版社 2011 年版,第 88 页。

④ 《修古塔记》,凉山彝族自治州文物管理所、凉山彝族自治州博物馆编著:《凉山历史碑刻注评》,文物出版社 2011 年版,第 91 页。

⑤ 参见《清史稿》卷五一三《土司传二·四川》,中华书局 1977 年版,第 14236 页。

⑥ 《明史》卷三一一《四川土司传一》,中华书局 1974 年版,第 8019 页。

　　相反，就笔者所见，认为建昌安氏在明代世袭宣慰司的说法恰恰都是清代才开始出现的。例如，清嘉庆《宁远府志》记载："河东长官司安玉枝，系云南人。明时随征月鲁帖木儿，留守建昌，授宣慰司。"①又如清道光《西昌县志略》记载："河东长官司安正隆，其先自元迄明世袭建昌宣慰司。"②再如清咸丰《邛嶲野录》记载："护理河东女长官司安玉枝系沙骂阿磨基之女、武安龄之妻，其先自元迄明世袭四川建昌宣慰司。"③这些说法，与碑文"偙阿普卜威镇凉山，留守建昌卫所，世袭宣慰司"如出一辙。为何清代建昌安氏会被误认为是元明世袭宣慰司呢？这与安氏在清初被授予的官职以及后人对这一官职的理解有关。

　　顺治十六年，安泰宁归顺清朝后被授予"河东宣慰司"。安泰宁死后，其子安承爵继承。承爵死后，其妻瞿氏代为管理印务。至雍正六年改土归流，安承爵之女安凤英承袭，由"河西宣慰司"改授"河西长官司"。④此后有安世兴、安世裔、安玉枝、安正隆、安平康等袭职。⑤由于时隔久远，清人对明朝之事记忆模糊，又因建昌安氏在清初担任过宣慰司，所以误以为这

---

① 嘉庆《宁远府志》卷二四《土司志》，清嘉庆年间修、1960 年油印本。

② 道光《西昌县志略》卷二《土司》，《四川大学图书馆藏珍稀四川地方志丛刊》第 5 册，巴蜀书社 2009 年版，第 41 页。

③ 咸丰《邛嶲野录》卷七三《西南夷类·土司》，《中国地方志集成·四川府县志辑》第 68 册，巴蜀书社 1992 年版，第 759 页。

④ 参见（清）王先谦：《东华录·雍正十二》，《续修四库全书》第 371 册，上海古籍出版社 2002 年版，第 282 页。

⑤ 参见道光《西昌县志略》卷二《土司》，《四川大学图书馆藏珍稀四川地方志丛刊》第 5 册，巴蜀书社 2009 年版，第 41 页。

一官职是从明朝传下来的。安平康的墓志铭（刻于同治十三年）正好反映出这一点："自其远祖普卜公于元至元十六年以师随征以来建，封镇国上将军，留守于此，世袭职官，统辖部落，历元迄明，至我朝授宣慰司原职。"①"至我朝授宣慰司原职"，说明安氏子孙知道祖先曾在清初担任过宣慰司，但认为这一官职是"原职"，即原来就有的职务。换言之，即他们误以为宣慰司这一职务是从元明时期传下来的。

综上所述，建昌安氏在明代从未世袭宣慰司，而是世袭建昌卫指挥使。明代安氏族人不可能弄错这个当时正在承袭的重要官职。相反，清代安氏对明朝的记忆模糊，已不清楚其在明代的官职，且又受到清初承担过宣慰司这一经历的影响，才会误以为元明世袭宣慰司，直到清初。换言之，元明"世袭宣慰司"这一说法是清代才出现的。因此，该碑的刻立也就不应在明代，而应当在清代。

三、清代刻立《倮倮安氏纪功碑》的原因及史料价值

上文已辨明《倮倮安氏纪功碑》并非明代之物，而是清代所刻。那么，清代迷易安氏为何要伪造一通明代碑刻，这对其有何意义？结合碑刻内容和明清迷易土官变动情况来看，本文

---

① （清）叶廷植：《诰授武显将军安公墓志铭》，《民族问题五种丛书》四川省编辑组编：《四川彝族历史调查资料、档案资料选编》，四川省社会科学院出版社1987年版，第104页。

认为有两个原因不容忽视。第一，伪造该碑有增补明代安氏历史的意图。由前可知，明代迷易所土官为贤姓，而并非安姓，故《四川土夷考》《蜀中广记》《天下郡国利病书》《读史方舆纪要》等书记载明代贤姓历史较详，却无安姓的记载。清乾隆年间编撰的《皇清职贡图》虽提到"迷易所土千户安氏，本滇之景东府摆夷种也"①，但弄错了迷易安氏的祖籍。据道光《土司纪要》记载，建昌安氏始迁祖安普卜"原籍云南大理府人"②。此外，同治三年所刻的建昌土司安平康的墓志铭也记载"其先滇南之大理人也"③，而迷易安氏始迁祖安伏成与建昌安普卜为叔侄关系，所以祖籍同为云南大理，而非云南景东。可见，诸书要么对明代迷易安氏缺载，要么记载有误。而《倮倮安氏纪功碑》以祖先安伏成的口吻详细叙述了安姓人如何从云南大理定居迷易、建昌等地的历史。姑且不论这段历史是否真实，但就伪造碑刻这一事件本身而言，可以起到补充明代安姓历史的作用。第二，通过伪造碑刻将安氏编造成明代迷易所土官正千户，不但可为其明代土酋的真实身份遮羞，而且权势凌驾于文献记载的贤姓土官副千户之上，为其清代统治当地的合法性作了阐释，有利于巩固其统治权威。

　　既然《倮倮安氏纪功碑》为清人伪造的明代碑刻，那么我

　　①　（清）傅恒等撰：《皇清职贡图》卷六《会川营辖迷易普龙寺等处摆夷妇》，《景印文渊阁四库全书》第 594 册，台湾商务印书馆 1986 年版，第 609 页。

　　②　转引自李绍明：《李绍明民族学文选》，成都出版社 1995 年版，第 334 页。

　　③　（清）叶廷植：《诰授武显将军安公墓志铭》，《民族问题五种丛书》四川省编辑组编：《四川彝族历史调查资料、档案资料选编》，四川省社会科学院出版社 1987 年版，第 104 页。

们对其史料价值问题也就有必要作进一步讨论。关于该碑的
史料价值,此前学界大体有三种意见:第一种是基本否定,如方
国瑜先生认为,"迷易土署刻石所载,其土长自景东迁来,所说
有本,惟此碑文为后人伪作,所说事迹多不可信"①;胡庆钧、何
耀华认为,该碑"谬误百出,兹不取"②。第二种是辩证看待,如
李绍明认为,该碑"有不正确之处,但不失为一项极可珍贵的
史料"③。第三种是基本肯定,如唐嘉弘认为,"碑文中对于安
氏土司的源流及民俗学均有宝贵的资料"④;杜玉亭认为,该碑
"具体史实叙述颇详","记载也比较具体"⑤。在笔者看来,前
人因对此碑的年代判断存在较为严重的失误,故对其史料价值
的评价也就难免有不当、不全之处。经考辨后,本文认为可从
以下两点来认识此碑的史料价值。

　　第一,该碑在研究明史方面的价值不高。该碑刻于清代而
冒为明碑,其中所叙述的明代历史谬误不少。经何耀华考证,
该碑不合史实的地方达十余处之多,以至于何氏感叹说:"令
人不可置信之点,几乎涉及该碑记述的所有史事。"⑥尽管也有

　　① 方国瑜:《彝族史稿》,四川民族出版社 1984 年版,第 526 页。
　　② 胡庆钧、何耀华:《元初未设过罗罗斯土官宣慰使吗? ——与杜
玉亭同志商榷》,《民族研究》1980 年第 5 期。
　　③ 李绍明:《元罗罗宣慰司之后为河东长官司说质疑》,《李绍明民
族学文选》,成都出版社 1995 年版,第 337 页。
　　④ 唐嘉弘:《凉山土司族属考》,四川大学学报编辑部、四川大学历
史系编:《四川地方史研究专集》,四川人民出版社 1980 年版,第 121 页。
　　⑤ 杜玉亭:《元代罗罗斯土官宣慰使研究》,《民族研究》1982 年第
2 期。
　　⑥ 何耀华:《四川迷易萨连〈倮倮安氏纪功碑〉质疑》,《文史》第 15
辑,1982 年。

李绍明等学者提出了不同意见，认为碑中部分记载符合明代史实，但该碑仍有许多地方难以辨别真伪。更为重要的是，以晚出材料来研究早期历史具有一定的风险。这些因素决定了该碑在研究明代历史方面，价值有限。

第二，该碑是研究清代社会史的重要资料。碑刻造伪在历史上并不少见，我们也不能因为某碑是伪碑就完全否定其作为史料的价值。因为作伪本身也隐含了历史，如果我们能把造伪的相关情况考辨出来，则能发现其背后真实的历史。关于这点，陈寅恪先生早有精辟的阐释："以中国今日之考据学，已足辨别古书之真伪。然真伪者，不过相对问题，而最要在能审定伪材料之时代及作者，而利用之。盖伪材料亦有时与真材料同一可贵。如某种伪材料，若径认为其所依托之时代及作者之真产物，固不可也。但能考出其作伪时代及作者，即据以说明此时代及作者之思想，则变为一真材料矣。"①从这个角度而言，《倮倮安氏纪功碑》虽为清人所伪造，但亦有其独特的史料价值。通过对该碑刻立时间的考辨，我们可以发现，清人造伪背后所隐藏的地方社会的诸多细节，包括清代彝族安姓取代傣族贤姓成为迷易土司的现象；安姓成为土司后通过碑刻造伪增补其明代历史和巩固其清代统治权威的心态；等等。而这些社会细节在正史当中常常被忽视。因此，该碑在研究清代社会史和补充正史记载不足方面，具有较高的史料价值。

---

①　陈寅恪：《冯友兰中国哲学史上册审查报告》，陈美延编：《陈寅恪集·金明馆丛稿二编》，生活·读书·新知三联书店 2001 年版，第 280 页。

清代四川世袭土目考论[*]

世袭土目是清代在土司制度方面推行的一项新举措,以四川最多。清代四川世袭土目共 68 家。世袭土目制度一方面采用土目世袭的方式延续了土司制度下因俗而治的传统,另一方面又限制了地方势力,体现了清政府对土司制度的发展与创新。

一、关于清代四川世袭土目的记述

土目有三种含义:一是指没有经过国家授职的土酋,即土人之头目;二是指帮助土司进行内部管理的头目,即土司之佐官;三是指土司中最末的一个等级,具有世袭的性质。第三种土目即为世袭土目,是清代才出现的。①

＊ 本文原载于《历史档案》2015 年第 3 期,系教育部人文社会科学研究青年基金项目"明清屯堡社会变迁研究——以四川冕宁为中心"(13YJC770035)、中国博士后科学基金第 53 批面上资助项目"明清屯堡社会变迁研究——以四川冕宁为中心"(2013M531583)的系列成果之一。
① 参见李世愉:《清代土司制度考论》,中国社会科学出版社 1998 年版,第 172—175 页。另见李世愉:《试论土目内涵的演变及其在土司制度中的地位和作用》,《民族研究》1987 年第 3 期。

《清史稿·土司传二》记载四川地区有世袭土目 67 家,包括:

(1)成绵龙茂道松潘镇辖:羊峒踏藏寨、阿按寨、挖药寨、押顿寨、中岔寨、郎寨、竹自寨、臧咱寨、东拜王亚寨、达弄恶坝寨、香咱寨、咨马寨、八顿寨,共 13 土目。康熙四十二年(1703)归附,授土目。以上各土司,皆颁有号纸。

(2)建昌道建昌镇辖。河东长官司管:利扼、上芍果、阿史、纽姑、上沈渣、下芍果、上热水、小凉山、慕西、又利呃、阿史、者加,共 12 土目。阿都正长官司管:歪歪溪、咱古、乔山南、大河西,共 4 土目。阿都副长官司管:小凉山马希、大梁山拖觉、阿乃、又阿史、结呃、派乃、者腻、那科、那俄、哈乃过、又阿驴,共 11 土目。沙骂宣抚司管:那多、扼乌、咱烈山、撒凹沟、结觉,共 5 土目。河西宣抚司管:啰慕、芍果、咱堡、沙沟,共 4 土目。邛部宣抚司管:腻乃、阿谷、苏呷、咱户、慕虐、阿苏、滥田坝、普雄、黑保、大疏山,共 10 土目。古柏树土千户管:阿撒、禄马六槽,共 2 土目。左所土千户管:莘苴芦土目。冕宁县靖远营、泸宁营属:瓦都、木术凹、瓦尾、七儿堡、耳挖沟,共 5 土目。以上各土司,皆颁印信号纸。

李世愉《清代土司制度考论》一书提到清代世袭土目有三种来源,其中两种便是参考《清史稿》对四川土目的记载而得出:一是新招抚的土酋被直接授予土目,有号纸;一是获罪土司降为土目,亦有号纸。他认为,对于新招抚的少数民族头目,由于其原辖区过小,清政府在授职时有直接授予土目者,如羊峒踏藏寨、阿按寨、挖药寨等便是如此。《清史稿》所列四川 49 个土目中,除瓦都、木术凹、瓦尾、耳挖沟 4 土目属降职外,其他均属直接授为土目者,即实授者。①

　　可见,《清史稿》等对清代四川世袭土目已有关注。据笔者见到的资料显示,仍有一些相关问题值得注意:第一,关于清代四川世袭土目数量,《清史稿》记载为 67 家,《清代土司制度考论》记载为 49 家,实际数量是多少,还需进一步考证。第二,四川世袭土目除瓦都、木术凹、瓦尾、耳挖沟 4 家外,其余是否为直接授予,是否有号纸? 第三,获罪土司降授土目(如瓦都、木术凹、瓦尾、耳挖沟),是否有号纸? 就笔者所知,目前仅《清史稿校注》对清代四川土目有过个别考订,但未能解决上述三问题。② 而其他关于中国土司、土目及《清史稿》的研究论著虽多涉及四川土司、土目,但很少注意到上面的问题。以下对清代四川世袭土目的数量、来源及号纸情况进行考证,以求教于方家。

二、清代四川世袭土目数量、来源及号纸情况详考

　　《清史稿·土司传二》记载有四川成绵龙茂道松潘镇所管辖的世袭土目情况,如"阿按寨土目,系西番种类。其先六笑他,康熙四十二年,归附,授土目",又如"押顿寨土目,系西番种类。其先拈争笑,康熙四十二年,归附,授土目"。其余羊峒

---

① 参见李世愉:《清代土司制度考论》,中国社会科学出版社 1998 年版,第 172—175 页。

② 参见朱重圣主编:《清史稿校注》第 15 册,台湾商务印书馆 1999 年版,第 11773—11812 页。

踏藏寨土目、挖药寨土目、中岔寨土目、郎寨土目、竹自土目、臧咱寨土目、东拜王亚寨土目、达弄恶坝寨土目、香咱寨土目、咨马寨土目、八顿寨土目，也被记载为"康熙四十二年，归附，授土目"，而且这13家"皆颁有号纸"。《清代土司制度考论》以这部分记载为例，认为除瓦都、木术凹、瓦尾、耳挖沟4家土目外，四川其余土目皆为归顺时直接授予，领有号纸。那么事实是否如此呢？

据雍正《四川通志》记载："上羊峒阿按寨土百户六笑他于康熙四十二年归诚，授职，颁给土百户号纸一张，无印信，住牧之地曰阿按寨。"①同卷又记载："押顿寨土百户拈争笑于康熙四十二年归诚，授职，颁给土百户号纸一张，无印信，住牧之地曰押顿寨。"其余羊峒踏藏、挖药等11寨也是康熙四十二年归诚、授职。其中，咨马寨授土千户；羊峒踏藏寨、挖药寨、中岔寨、郎寨、竹自、臧咱寨、东拜王亚寨、达弄恶坝寨、香咱寨、八顿寨授土百户，而且都"无印信"。此外，《清文献通考》亦有与此相同的记载。②

可见，以上13家并非在康熙四十二年归顺时直接被授予土目，而是被授予土千户、土百户之职，因此才领有号纸。但后来不知何故，这13家被降为土目，嘉庆《大清一统志》对此记载："……漳腊营，设游击驻防。嘉庆十五年，改设参将，今辖土千户三：曰寒盼，曰商巴，曰祈命。土目十三：曰羊峒踏藏，曰阿按，曰挖药，曰押顿，曰中岔，曰郎寨，曰竹自，曰臧咱，曰东拜

---

①　雍正《四川通志》卷一九《土司·松茂道辖》，清雍正十三年（1735）刻本。

②　参见《清文献通考》卷二八六《舆地考》，《景印文渊阁四库全书》第638册，台湾商务印书馆1986年版，第473页。

王亚,曰达弄恶坝,曰香咱,曰咨骂,曰八顿,共十六寨。"①因此,《清史稿》记载上述13家为"土目"其实也没错,但这是来的事情了,并非康熙四十二年归顺时被直接授予。《清代土司制度考论》一书因受《清史稿》误导,才认为此13家在归顺时直接被授予土目,领有号纸,并将此情况推及除瓦都、木术凹、瓦尾、耳挖沟4家以外的四川所有世袭土目。那么,四川其他世袭土目是否属于直接授予,领有号纸的情况呢? 以下将按照前述各世袭土目顺序逐个考证。

1. 河东长官司所辖土目

河东长官司管辖有:利扼、上芍果、阿史、纽姑、上沈渣、下芍果、上热水、小凉山、慕西、又利呃、阿史、者加12土目。据嘉庆《四川通志》记载,利扼、上芍果、阿史、纽姑、上沈渣、下芍果、上热水、小凉山慕西8家于康熙四十九年归诚,分别被授予安抚司、土千户、土百户等不同等级的土司,后来改为土目,土司号纸印信呈缴,因此被降为土目后实际上无号纸。

此外,"又利呃土目一名,其先攘拉唎于雍正六年投诚,无印信号纸,历今并未袭替。阿史土目三名,其先唎迫、莺哥、未咻于雍正六年投诚,无印信号纸,历今并未袭替。者加土目一名,其先噜过于雍正六年投诚,无印信号纸,历今并未袭替"②。

综上可知,小凉山慕西实为1土目,并非《清史稿》所言分别为小凉山、慕西两土目;阿史土目实际上有4家,并非只有两家,因此四川世袭土目的实际数量并非67,而是68。在河东长

---

① 嘉庆《大清一统志》卷四一九《松潘直隶厅》,四部丛刊续编景旧抄本。

② 嘉庆《四川通志》卷九七《武备志·土司二》,清嘉庆二十一年(1816)刻本。

官司所属土目中，利掘、上芍果、阿史、纽姑、上沈渣、下芍果、上热水、小凉山慕西是由土司降为土目，无号纸；又利呃、阿史（咧迫、莺哥、未吽）、者加被直接授予土目，无号纸。

2. 阿都正长官司所辖土目

阿都正长官司管辖有：歪歪溪（亦作"歪溪"）、咱古、乔山南、大河西4土目。据雍正《四川通志》记载，歪溪、咱古、乔山南3土目"俱于康熙四十九年归诚，题准授职颁给，各有印信号纸，其印信号纸俱经先后追缴送部讫"①。可见歪溪、咱古、乔山南3家是土司降为土目，印信号纸被追缴，因此无号纸。而大河西土目为归顺时直接被授予土目，无号纸。②

3. 阿都副长官司所辖土目

阿都副长官司管辖有：小凉山马希、大梁山拖觉、阿乃、又阿史、结呃、派乃、者腻、那科、那俄、哈乃过、又阿驴11土目。据雍正、嘉庆《四川通志》记载，阿都副长官司所管11土目中，小凉山马希、大梁山拖觉、阿乃3家是由土司降为土目③，印信号纸被追缴④，因此无号纸。又阿史、结呃、派乃、者腻、那科、那俄、哈乃过、又阿驴8家是被直接授予土目，无号纸。

4. 沙骂宣抚司所辖土目

沙骂宣抚司管辖：那多、扼乌、咱烈山、撒凹沟、结觉5土

---

① 雍正《四川通志》卷一九《土司·革职土司衔名并粮马数目》，清雍正十三年（1735）刻本。

② 参见嘉庆《四川通志》卷七《武备志·土司二》，清嘉庆二十一年（1816）刻本。

③ 参见嘉庆《四川通志》卷九七《武备志·土司二》，清嘉庆二十一年（1816）刻本。

④ 参见雍正《四川通志》卷一九《土司·革职土司衔名并粮马数目》，清雍正十三年（1735）刻本。

目。据嘉庆《四川通志》记载,沙骂宣抚司所管 5 家土目中,那多、扼乌、咱烈山、撒凹沟 4 家是由土司降为土目,无号纸。结觉是被直接授予土目,无号纸。①

5. 河西宣抚司(后改河西土千总)所辖土目

河西宣抚司管辖:啰慕、芍果、咱堡、沙沟 4 土目。嘉庆《四川通志》记载:"凉山有啰慕土目脚花、芍果土目坡咱特议、咱堡土目老虎助助、沙沟土目脚咮。"②其他相关史料也只是较为笼统地记载了四土目的名称,而没有明言其来历,因此这四家土目来源及有无印信号纸等问题难以考证。③

6. 邛部宣抚司所辖土目

邛部宣抚司管辖:腻乃、阿谷、苏呷、咱户、慕虐、阿苏、濫田坝、普雄、黑保、大疏山 10 土目。据嘉庆《四川通志》记载,邛部宣抚司所管 10 家土目都是由土司降为土目,因印信号纸上缴而无号纸。④

7. 古柏树土千户属、左所土千户所辖土目

古柏树土千户管辖有阿撒、禄马六槽 2 土目,左所土千户管辖苹苴芦土目。嘉庆《四川通志》、道光《会理州志》等资料都只是简单记载了三土目的名称,因此其来源及印信号纸等问题难于考证。

---

①　参见嘉庆《四川通志》卷九七《武备志·土司二》,清嘉庆二十一年(1816)刻本。

②　嘉庆《四川通志》卷九七《武备志·土司二》,清嘉庆二十一年(1816)刻本。

③　关于这四家土目的史料见于道光《西昌县志》、民国《西昌县志》等,但都未提及其来历和印信号纸问题。

④　参见嘉庆《四川通志》卷九七《武备志·土司二》,清嘉庆二十一年(1816)刻本。

8.冕宁县靖远营、泸宁营所辖土目

　　冕宁县有瓦都、木术凹、瓦尾、七儿堡、耳挖沟 5 土目。《清史稿·土司传二》记载:"瓦都土目,其先安承裔,康熙四十九年,归附,授职。木术凹土目,其先那咱,康熙四十九年,归附,授职。瓦尾土目,其先泸沽,康熙四十九年,归附,授职。瓦都、木术凹、瓦尾三土司,皆于雍正五年,因征三渡水獐狫违误运粮参革,其部落户口仍设土目管束(以上冕宁县靖远营属)。七儿堡土目,原设土司,康熙四十九年,归附,授职。雍正五年,降土目,管有耳挖沟土目(冕宁县泸宁营属)。"据此,瓦都、木术凹、瓦尾、七儿堡原为土司,后降为土目;耳挖沟土目情况不详。乾隆《四川通志》则记载,瓦都、木术凹、瓦尾、耳挖沟原为土司,后降为土目;《清代土司制度考论》采纳的即是此说。① 应该说,《四川通志》的记载和《清代土司制度考论》的判断是正确的,瓦都、木术凹、瓦尾、耳挖沟 4 家土目确实是由土司降职而来,冕宁县清代档案对此有详细记载:"再查宁番卫原有安抚司一员安承裔,管辖土百户十一员:摆占田百户大咱、坝显百户沙家、白路百户倪姑、虚郎百户济布、河西百户那姑,系猡猓苗裔。耳挖沟百户达安、皮罗百户七儿、三渡水百户顺都、水墨岩百户韩雅、瓦尾百户卢沽、大木凹百户那咱,系獐狫苗裔。于康熙四十九年奉旨招抚番蛮等事案内,闻风开报户口,率领部落投诚授职,认贡杂粮,各领印信号纸,原属营员管辖。"② 可

---

　　①　参见李世愉:《清代土司制度考论》,中国社会科学出版社 1998年版,第 172—175 页。

　　②　《乾隆四十二年八月冕宁县清册》,《民族问题五种丛书》四川省编辑组编:《四川彝族历史调查资料、档案资料选编》,四川省社会科学院出版社 1987 年版,第 244 页。

见，瓦都、木术凹、瓦尾、耳挖沟 4 家原为安抚司、土百户，领有
印信号纸，后来才降为土目。尽管如此，《清史稿》记载七儿堡
土目也是由土司降为土目这一说法是否正确，李世愉却未作解
释。实际上，七儿堡土目并非由土司降为土目，而是被直接授
予土目。雍正五年，四川宁番卫（后改"冕宁县"。）三渡水两岸
土司所管部落因汉人开矿引起纠纷而叛乱，瓦都安抚司、木术
凹土百户、瓦尾土百户、耳挖沟土百户因延误军粮被降为土目。
相反，七儿堡土酋穆别因帮助官兵征剿有功，被授予土目，"七
儿堡土目一名叱儿，由祖穆别于雍正五年征剿三渡水，踩踏路
径勤劳有功，赏给土目"①。

此外，《清代土司制度考论》认为，不论是土司降为土目，
还是直接授予土目，都有号纸。瓦都、木术凹、瓦尾、耳挖沟四
土目是由土司降职而成，七儿堡（亦作"叱儿堡"）土目为直接
授予，那么他们有号纸吗？据冕宁县清代档案记载："瓦都土
目一名安朝佐，由祖安承裔于康熙四十九年投诚授职，领有印
信号纸。雍正五年因征三渡水獏狫，违误军粮参革，追缴印信
号纸在案。其部落户口仍令该参员后嗣为土目。……木术凹
土目一名鄢成贵……追缴印信号纸在案……瓦尾土目一名卢
朝佐……追缴印信号纸在案……耳挖沟土目一名达朝德……
追缴印信号纸在案……"②可见，瓦都、木术凹、瓦尾、耳挖沟四

---

① 《乾隆四十二年八月冕宁县清册》，《民族问题五种丛书》四川省
编辑组编：《四川彝族历史调查资料、档案资料选编》，四川省社会科学院
出版社 1987 年版，第 249 页。

② 《乾隆四十二年八月冕宁县清册》，《民族问题五种丛书》四川省
编辑组编：《四川彝族历史调查资料、档案资料选编》，四川省社会科学院
出版社 1987 年版，第 248—249 页。

家土司降为土目时，印信号纸已被追缴。因此，四家土目并无号纸。其后承袭者，只领有委牌而已。"瓦都土目一名安佐朝，现年四十九岁，于嘉庆二十三年承袭，领有委牌，现在供职。木术凹土目一名鄢成贵，现年五十岁，于嘉庆二十年承袭，领有委牌，现在供职。瓦尾土目一名卢成光，现年三十四岁，于道光十四年承袭，领有委牌，现在供职。耳挖沟土目一名达朝德，现年四十八岁，于道光五年承袭，领有委牌，现在供职。"① 被直接授予的七儿堡土目也是如此，"叱儿堡土目一名穆怀玉，现年三十五岁，于道光十三年承袭，领有委牌，现在供职"②。除号纸外，这五家土目也无印信。道光七年十二月，冕宁县吏房书办王德芳因土目无印信，不便管理，请求县官颁给各土目戳记，获得批准。③ 次年二月初五日，上述五家土目领到戳记。④ 可见，冕宁县靖远营、泸宁营所辖五土目，无论是由土司降职而来，还是直接授予土目，都没有号纸、印信。

---

① 《乾隆四十二年八月冕宁县清册》，《民族问题五种丛书》四川省编辑组编：《四川彝族历史调查资料、档案资料选编》，四川省社会科学院出版社 1987 年版，第 251—252 页。

② 《乾隆四十二年八月冕宁县清册》，《民族问题五种丛书》四川省编辑组编：《四川彝族历史调查资料、档案资料选编》，四川省社会科学院出版社 1987 年版，第 252 页。

③ 参见《道光七年十二月十二日冕宁县吏房书办王德芳禀》，《民族问题五种丛书》四川省编辑组编：《四川彝族历史调查资料、档案资料选编》，四川省社会科学院出版社 1987 年版，第 250 页。

④ 参见《道光八年二月初五日土目鄢成贵领状》《道光八年二月初五日土目叱儿领状》，《民族问题五种丛书》四川省编辑组编：《四川彝族历史调查资料、档案资料选编》，四川省社会科学院出版社 1987 年版，第 250—251 页。

三、对相关问题的总结与回应

世袭土目是清代在土司制度方面推行的一项新举措,以四川最多。《清史稿》《清代土司制度考论》对此都有论述,但错误颇多。

首先,关于清代四川世袭土目的数量,《清史稿》记载为67家,《清代土司制度考论》记载为49家,两者皆误。《清代土司制度考论》没有详列各土目名称,只记总数为49家,但通过本文列出《清史稿》所记各世袭土目名称,可知其脱漏较多。然而,《清史稿》所记也并非完全正确,如河东长官司所属小凉山、慕西两土目,实为1土目;阿史土目实际上有4家,并非两家。因此,清代四川世袭土目实际数量并非67家,而是68家。

其次,《清史稿》记载四川成绵龙茂道松潘镇所属羊峒踏藏寨、阿按寨、挖药寨等13家土目为康熙四十二年归顺时直接授予,领有号纸。《清代土司制度考论》以这部分记载为例,认为除瓦都、木术凹、瓦尾、耳挖沟4家土目属土司降职外,四川其余土目皆为归顺时直接授予;不论土司降为土目,还是直接授予土目,皆有号纸。然而通过上文考证,二说皆误。现将订正后的清代四川世袭土目情况详列如下:

(1)属土司降职的土目:羊峒踏藏寨、阿按寨、挖药寨、押顿寨、中岔寨、郎寨、竹自寨、臧咱寨、东拜王亚寨、达弄恶坝寨、香咱寨、咨马寨、八顿寨;利扼、上芍果、阿史(乌贵)、纽姑、上沈渣、下芍果、上热水、小凉山慕西;歪溪、咱古、乔山南;小凉山马希、大梁山拖觉、阿乃;那多、扼乌、咱烈山、撒凹沟;腻乃、阿谷、苏呷、咱户、慕虐、阿苏、滥田坝、普雄、黑保、大疏山；瓦都、木术凹、瓦尾、耳挖沟。

（2）属直接授予的土目：又利呃、阿史（唰迫）、阿史（莺哥）、阿史（未吽）、者加；大河西；又阿史、结呃、派乃、者腻、那科、那俄、哈乃过、又阿驴；结觉；七儿堡。

（3）情况不详者：啰慕、芍果、咱堡、沙沟；阿撒、禄马六槽；荜苴芦。

可见，在四川 68 家世袭土目当中，45 家是由土司降职而来，16 家是直接授予，另有 7 家记载不详，难以考证。而且以上各世袭土目，凡可考者，不论其来源如何，均无号纸。

综上可知，世袭土目制度是清代为加强对西南地区统治而采取的一项新措施。它一方面采用土目世袭的方式延续了土司制度下因俗而治的传统；另一方面为防止地方势力过大，不论土目来源如何，通常不给号纸印信。这一设计体现出清代对土司制度的发展与创新。

清代彝族名称考[*]

彝族是中国境内古老的少数民族之一，主要分布在川、滇、黔、桂四省区。关于何时开始用"彝"称呼彝族这一问题，学界主要有两种观点：第一，认为用"彝"称呼彝族最早见于清嘉庆年间王谟所编《汉唐地理书钞》①；第二，用"彝"取代"夷"是中华人民共和国成立后所创②。那么，如何认识上述两种观点？本文以清代档案为中心，拟对此问题进行考论，以求教于方家。

* 本文原载于《历史档案》2017 年第 3 期，系教育部人文社会科学研究青年基金项目"明清屯堡社会变迁研究——以四川冕宁为中心"（13YJC770035）、山东大学基本科研业务费资助项目（人文社会科学青年团队项目）"民间宗教中的女性角色研究"（IFYT15015）的系列成果之一。

① 参见易谋远：《论"昆"和"尼"是彝族的古代两大族称》，《贵州民族研究》1998 年第 1 期。

② 主要论著参见中国科学院民族研究所、云南少数民族社会历史调查组编：《彝族简史（初稿）》，1963 年，第 14 页；方国瑜：《彝族史稿》，四川民族出版社 1984 年版，第 3 页；《彝族简史》编写组：《彝族简史》，云南人民出版社 1987 年版，第 30 页；易谋远：《论"昆"和"尼"是彝族的古代两大族称》，《贵州民族研究》1998 年第 1 期；［美］斯蒂文·郝瑞：《田野中的族群关系与民族认同——中国西南彝族社区考察研究》，巴莫阿依、曲木铁西译，广西人民出版社 2000 年版，第 1 页；阿伍：《彝族的族称》，《贵州民族研究》2003 年第 2 期；等等。此外，相当多的辞典类书籍也都援引该说法，此不赘列。

一、元、明及清初文献所见彝族称谓

由于学界对彝族起源的认识有所不同①，所以对文献中记载的彝族名称的认定也不同，但相关研究表明，元代以前均无用"彝"相称的情况②。据方国瑜研究，尽管元代常用"蛮夷"一类模糊、笼统的字眼称呼彝族，但"罗罗"逐渐成为元代官方对彝族较正式的称谓。③

明初，在征服西南过程中，常以"蛮夷"泛称川、滇、黔彝族。④ 随着明统治的确立，明代继承了元代以"罗罗"称彝族的传统，"东川、芒部诸夷，种类虽异，而其始皆出于罗罗，厥后子姓蕃衍，各立疆场，乃异其名曰东川、乌撒、乌蒙、芒部、禄肇、水西，无事则互起争端，有事则相为救援"⑤。如《明实录》载，洪武二十一年（1388）叛乱的云南越州、罗雄州，"部属俱罗罗种"⑥。

---

① 关于彝族起源主要有康藏说、氐羌说、本土说、东来说、元谋猿人说、昆夷和早期蜀人说等不同观点，相关总结参见易某远：《20世纪彝学研究的回顾》，《中国民族研究年鉴·2002》，民族出版社2003年版，第139—151页。

② 参见蒙默：《凉山地区古代民族资料汇编》，四川民族出版社1978年版；阿伍：《彝族的族称》，《贵州民族研究》2003年第2期。

③ 参见方国瑜：《彝族史稿》，四川民族出版社1984年版，第154页。

④ 参见《明太祖实录》卷一四○，洪武十四年十二月辛未、十二月庚辰条，"中研院"历史语言研究所，1962年，第2213、2215页。

⑤ 《明太祖实录》卷一九二，洪武二十一年七月丁酉条，"中研院"历史语言研究所，1962年，第2889—2890页。

⑥ 《明太祖实录》卷一九三，洪武二十一年九月癸巳条，"中研院"历史语言研究所，1962年，第2906页。

正统二年（1437）五月，四川会川卫"罗罗"反叛。① 景泰元年（1450），地方官员在贵州水西勒索，"以致激变罗罗，聚众十万有余"②。成化年间，贵州"白岁罗"起而反叛。③

明中后期，除"罗罗"外，官方文献多以"夷罗（猓）"称西南彝族。如《明英宗实录》记载，贵州水西阿忽、阿堆、阿五、阿体、加纳、阿遣"六家所管人民俱系夷罗"④。成化十七年（1481），四川官员报告说，雅、黎二州以及越嶲一带"番汉杂处，夷罗纵横"⑤。正德元年（1506），云南官员称，"寻甸一府，民皆夷罗"⑥。其他称云、贵、川彝族为"夷罗（猓）"的例子相当多，恕不赘举。

清初，官方仍以"罗罗"（保保）称呼彝族。如顺治十六年（1659）贵州巡抚的奏疏称："自贵阳而西，猓猓为伙，而黑猓猓为悍……"⑦康熙十三年（1674），吴三桂派彝族将领陆道清攻打长沙，江西总督奏报称："吴逆伪将军二人，率猓猓数千，来

①　参见《明英宗实录》卷三〇，正统二年五月丁巳条，"中研院"历史语言研究所，1962年，第606页。

②　《明英宗实录》卷一八八，景泰元年闰正月辛亥条，"中研院"历史语言研究所，1962年，第3826页。

③　参见《明宪宗实录》卷一九八，成化十五年十二月丁卯条，"中研院"历史语言研究所，1962年，第3479页。

④　《明英宗实录》卷一九五，景泰元年八月壬申条，"中研院"历史语言研究所，1962年，第4109页。

⑤　《明宪宗实录》卷二一九，成化十七年九月甲申条，"中研院"历史语言研究所，1962年，第3789页。

⑥　《明武宗实录》卷二〇，正德元年十二月壬申条，"中研院"历史语言研究所，1962年，第587页。

⑦　《清世祖实录》卷一二六，顺治十六年五月壬午条，中华书局1985年版，第978页。

犯长沙。"①此外,也常用"苗"相称,如康熙三年,吴三桂的奏疏称贵州水西彝族安坤等部为"逆苗""苗人"②。康熙五十年,川陕总督鄂海称四川建昌至东川一带彝族聚居区"尽系深山,世居苗人"③。

综上可知,元代以前官方文献记载的彝族称谓较散乱,但无以"彝"相称的现象;元代及其以后,"罗罗"(罗猓、猓猓)或者其变体"夷罗(猓)"成为官方对彝族较为固定的称谓。此外,"蛮夷""苗"等模糊的字眼也常被用来称呼彝族。尽管如此,直到清初,史料鲜有出现用"彝"来称呼彝族的情况。

二、康雍年间档案中彝族称谓用字的变化

早在康熙年间,官方档案已用"彝"来泛称西南少数民族。康熙二十一年,云贵总督蔡毓荣上疏"请禁民人及土司携藏兵器,并不许汉人将铅、硝、硫磺,贷与彝人"④。这一说法并非针对彝族,"彝人"泛指云贵各少数民族,但这至少表明官方已开始用"彝"取代含有歧视色彩的"夷"。

---

① 《清圣祖实录》卷四九,康熙十三年九月壬戌条,中华书局 1985 年版,第 644 页。

② 《清圣祖实录》卷一二,康熙三年闰六月丁卯条,中华书局 1985 年版,第 188 页。

③ 《清圣祖实录》卷二五七,康熙五十二年十一月己巳条,中华书局 1985 年版,第 542 页。

④ 《清圣祖实录》卷一〇六,康熙二十一年十二月壬午条,中华书局 1985 年版,第 80 页。

　　雍正年间，彝族称谓用字发生巨大变化，表现在"彝"字被广泛用以称呼西南彝族。如雍正四年（1726）三月，四川冕山营糯咀管束的部民金格等抢劫地方，川陕总督岳钟琪在奏疏中呈请惩处，否则"恐致诸彝观望"①。糯咀为四川乾县（今属四川凉山彝族自治州喜德县）土千户，下辖土百户六名（小相岭、阿得桥、五马山、意咱罗、竹路、沈喳），"均系猡猓苗裔"②，他们皆为彝族土司，此时已被岳钟琪称为"诸彝"。"彝"与"彝"在古代互通，指宗庙祭祀所用的礼器③，其意义不同于带有歧视和贬义色彩的"夷"。可见，明确用"彝"称呼彝族至少在雍正年间便已出现。

　　又如雍正四年十月，岳钟琪的奏疏再次提道："如上下沈喳、阿羊、阿迫等处彝人向来不驯，倘有助恶之处，即分兵进剿。"④此处的"上下沈喳"，据上文可知为彝族沈喳土司部落。另据档案记载，阿羊也是彝族部落⑤，他们均被官方称为"彝人"。再如雍正七年，四川建昌镇总兵赵儒在奏疏中写道："臣思大小凉山各种黑骨头以毡为衣，以苦荞为食，秉性强悍，不事

---

　　①　中国第一历史档案馆选编：《清代皇帝御批彝事珍档》，四川民族出版社 2000 年版，第 33 页。

　　②　《民族问题五种丛书》四川省编辑组编：《四川彝族历史调查资料、档案资料选编》，四川省社会科学院出版社 1987 年版，第 244 页。

　　③　参见王力等编：《古汉语常用字字典》，商务印书馆 2005 年版，第 453 页。

　　④　中国第一历史档案馆选编：《清代皇帝御批彝事珍档》，四川民族出版社 2000 年版，第 59 页。

　　⑤　参见中国第一历史档案馆选编：《清代皇帝御批彝事珍档》，四川民族出版社 2000 年版，第 15 页。

产业,不知汉语,地方之广阔约计数千里,彝众之繁多不下数十万。"①其已明确把大小凉山之彝族称为"彝众"。

除四川彝族外,云贵彝族在雍正年间同样被官方以"彝"相称。云南昭通(清代改土归流前称"乌蒙")介于云贵之间,是彝族聚居区。据雍正七年的档案记载,当年八月有客民被抢,而总兵刘起元滥用职权,"混将各寨头人逐日拷打追比,以致彝民衔怨,情不能甘"②,随后发生暴乱,"二十五日,乌蒙彝众趁街期围困府城,甚是危急"③。档案中已明确用"彝民""彝众"相称。雍正八年,昭通彝族头目禄鼎坤反叛,清廷在为被捕者录口供时,同样使用的是"彝"字,"禄鼎坤在河口与他儿子禄万福及头人段良伯等商量造反,及至到京,蒙皇上放了参将,赏了银子,才写家书二封,叫我交与他儿子、兄弟,叫彝人莫要反"④;"彝人原是抢掳劫杀惯的,听说反,好不喜欢"⑤。

雍正年间,以"彝"称川滇黔彝族的情况,不仅出现在总督、巡抚、总兵等清廷要员的奏疏当中,而且在地方衙门档案中也是如此。在此仅以清代四川冕宁县衙门档案为例加以证明。冕宁县位于今凉山彝族自治州西北部,境内有汉、彝、藏等民

①　中国第一历史档案馆编:《雍正朝汉文朱批奏折汇编》第14册,江苏古籍出版社1990年版,第417页。

②　中国第一历史档案馆选编:《清代皇帝御批彝事珍档》,四川民族出版社2000年版,第178页。

③　中国第一历史档案馆选编:《清代皇帝御批彝事珍档》,四川民族出版社2000年版,第178页。

④　中国第一历史档案馆选编:《清代皇帝御批彝事珍档》,四川民族出版社2000年版,第240页。

⑤　中国第一历史档案馆选编:《清代皇帝御批彝事珍档》,四川民族出版社2000年版,第242页。

族。据冕宁县衙门档案记载,康熙末年,官府已用"彝"来泛称当地非汉民族。① 至雍正年间,用"彝"称彝族已常态化。如雍正六年的一份档案记载,冕宁县家奴阿天在替主人阿泰服役的过程中,被越西租呷阿必掳去。档案称阿泰为"彝主""彝民",称租呷阿必为"越西彝人"②。又如雍正十二年,冕宁县威志与普雄(属越西县)三他因婚姻嫁妆发生纠纷,威志和三他在各自的状纸中都自称"彝民"③,而越西厅和冕宁县的往来文书也是用"彝民""彝妇"字样来称呼他们。④ 雍正十二年,冕宁县巴姑村哩加状告靖远营下老虎地方哟唎绑架人口,其状纸自称为"彝民",称哟唎为"贼彝"⑤。诸如此类的情况在雍正冕宁档案中记载很多。

雍正年间,不论是清廷要员的奏疏,还是地方衙门的档案,已普遍使用具有褒义色彩的"彝"来称呼彝族,反映出官方态度出现了不同于以往的微妙变化。但带有贬义色彩的"夷"字并没有明令废除,在档案材料中仍可见到它的使用。

三、乾隆至清末彝族称谓用字情况

雍正年间,"彝"与"夷"在特殊语境下皆用以称呼彝族。

---

① 参见清代冕宁县衙门档案,档案号:1-29、34、37,冕宁县档案馆藏。

② 清代冕宁县衙门档案,档案号:16-35,冕宁县档案馆藏。

③ 《民族问题五种丛书》四川省编辑组编:《四川彝族历史调查资料、档案资料选编》,四川省社会科学院出版社1987年版,第302页。

④ 参见清代冕宁县衙门档案,档案号:6-67,冕宁县档案馆藏。

⑤ 清代冕宁县衙门档案,档案号:2-35,冕宁县档案馆藏。

然而,从乾隆朝开始直至清覆灭,"彝"字的使用迅速消失,几乎完全被"夷"所取代。《清代皇帝御批彝事珍档》记载乾隆至宣统年间与彝族相关档案材料近200件,所反映的彝族称谓非常复杂,常用的有"猓夷""黑白夷""夷猓""凉山生番""猓民"等。其中,称"猓夷"者46件,称"黑白夷"者21件,称"凉山生番"者21件,称"夷猓"者11件,称"猓民"者6件。尽管如此,只要以"Yi"音称之,皆写作"夷",而不用"彝"。为显示这一变化,兹将部分《清代皇帝御批彝事珍档》中所见彝族用字情况列表如下:

表1 《清代皇帝御批彝事珍档》中所见彝族用字情况(部分)

朝代	彝族称谓用字	所属地域
乾隆	黑白夷猓、猓夷、夷猓、夷人、夷民	云南东川,四川清溪、建昌、永宁,贵州威宁、毕节
嘉庆	猓夷、凉山夷人、凉山野夷、黑夷	贵州镇远、大定,四川马边、越西、雷波
道光	猓夷、凉山野夷、黑白夷人	云南邓川,四川建昌、越西、峨边、马边等
咸丰	—	—
同治	—	—
光绪	猓夷、黑白夷、黑夷、白夷	四川马边、雷波、西昌、冕宁、越嶲等
宣统	猓夷、黑夷、黑白悍夷、黑白夷	四川西昌、会理、昭觉等

由表1可知,乾隆朝以来,在清廷要员呈给皇帝的奏疏中已难以见到用"彝"称呼彝族的情况,几乎清一色地用"夷"

相称。

此外,地方档案的情况也是如此。仍以冕宁县衙门档案为例,从乾隆至光绪朝档案中各选取一例加以详细说明。冕宁县靖远营深入彝族腹心地区,周边彝寨众多,乾隆二十九年(1764)的一份档案在称其管辖的彝族村落时便使用的是"夷"字,"敝府随将本营所属周围界址接壤情形,猓夷数目,相应开单移送"①。冕宁县彝族土司安成裔管辖有彝族寨落五处,嘉庆二十年(1815)的一份档案对此记载:"所管猓夷寨落五处:瓦都营、坝显堡、和尚堡、凹古脚、厦拉。"②道光三十年(1850)二月,冕宁县沙坝汉民刘天福家遭抢掠,其状纸声称遭到"贼匪无名猓夷"入室打劫。③ 再如,落乌(亦作"噜乌")是冕宁等地有名的黑彝家支,咸丰九年(1859)的一份禀状称其为"猓夷"④。此外,同治二年(1863),冕宁黑彝在禀状中自称"黑夷"⑤。最后,光绪四年(1878)的一份状纸控告落乌黑彝抄抢冕宁县平安场,使用的也正是"夷"字,"昨夜落乌一支黑夷黑卜,督率猓夷一百余人黉夜抄抢"⑥。由以上案例可知,从乾隆

① 《民族问题五种丛书》四川省编辑组编:《四川彝族历史调查资料、档案资料选编》,四川省社会科学院出版社1987年版,第234页。

② 《民族问题五种丛书》四川省编辑组编:《四川彝族历史调查资料、档案资料选编》,四川省社会科学院出版社1987年版,第248页。

③ 参见《民族问题五种丛书》四川省编辑组编:《四川彝族历史调查资料、档案资料选编》,四川省社会科学院出版社1987年版,第325页。

④ 《民族问题五种丛书》四川省编辑组编:《四川彝族历史调查资料、档案资料选编》,四川省社会科学院出版社1987年版,第239页。

⑤ 《民族问题五种丛书》四川省编辑组编:《四川彝族历史调查资料、档案资料选编》,四川省社会科学院出版社1987年版,第239页。

⑥ 《民族问题五种丛书》四川省编辑组编:《四川彝族历史调查资料、档案资料选编》,四川省社会科学院出版社1987年版,第301页。

朝至清末，地方档案在称彝族时，皆用"夷"，而不用"彝"。

四、清代档案中彝族称谓用字变化的原因

彝族称谓用字在清代经历了两大转变。第一个转变是以往历代皆没有用"彝"称彝族，而康雍时期却开始出现并逐渐普及。第二个转变是从乾隆朝开始又回到原点，"夷"几乎完全取代"彝"，用以称呼包括彝族在内的西南少数民族。这两大转变与清代的国情和最高统治者的治国理念变化有关。

首先，分析第一个转变原因。满洲统治者以少数民族身份逐鹿中原，一统天下。但其统治的合法性在清初相当长一段时期内并不为汉族知识分子所认可，其中尤以黄宗羲、王夫之、顾炎武、吕留良等一批明遗民为甚。他们以"华夷之别"作为反清的重要思想，强调"裔不谋夏，夷不乱华"，否认满洲统治的合法性。直到雍正年间，汉人对满洲统治合法性的挑战依然不绝，"曾静投书"一案便是明证。雍正六年，湖南生员曾静投书川陕总督岳钟琪，策动其叛乱，第一条理由便是"华夷之分大于君臣之伦"①，强调华夏是文化和地理上的中心，而四夷处于文化和地理上的边缘，呈现上下高低之别，因此汉人能统治四夷，而不可向其称臣，从而否认满洲统治中国的合法性。可以说，"夷"作为文化落后和在地理上处于边缘的异族的代名词，是汉人借以否认满洲统治中国合法性的核心字眼。因此，康雍

---

① 参见郭成康、林铁钧：《清朝文字狱》，群众出版社1990年版，第159页。

两朝统治者对"夷"及其隐喻的边缘性、文化落后、非正统的含义颇为忌讳。尤其是雍正帝,曾极力反驳"夷"被视为文化落后的看法,并认为满洲尊崇和学习汉文化,是汉文化的捍卫者和继承者,与汉人在文化上已无差别,以此为统治中国的合法性辩护。① 为消除人们对"夷"固有的偏见,康雍两朝倾向于用"彝"替换含有贬义色彩的"夷",来指称非汉民族。而"彝"是中国古代的一种祭祀礼器,讲究祭祀礼仪是文明和正统的象征,这种寓意正是满洲统治者所希望和需要的。在这一大背景下,用"彝"称彝族的情况才逐渐在康雍两朝官方档案中普及开来,乃至影响到民间的用法。

其次,分析第二个转变的原因。为何从乾隆朝开始却又用"夷"而不用"彝"呢?这主要是因为乾隆帝与康雍两朝皇帝治国理念不同。关于这点,美国历史学家柯娇燕(Pamela K. Crossley)曾依据雍正帝和乾隆帝对曾静案的不同态度和处理措施,分析了两位满洲最高统治者治国理念的不同。她认为,雍正帝秉持汉化之论,将满洲能统治中国的原因归于是汉化的结果。② 换言之,雍正帝在曾静一案上力图扮演汉族文化继承者及儒家卫道士的形象,以博得汉族官僚集团及知识分子对满洲统治的认同。相反,乾隆帝对这一充满汉化和道德进化的观点不以为然,认为并非满洲受汉化影响才统治中国,而是受命

---

① 参见《大义觉迷录》,《清史资料》第 4 辑,中华书局 1983 年版,第 4、22 页。

② Crossley, Pamela Kyle, *A Translucent Mirror: History and Identity in Qing Imperial Ideology I*, Berkeley: University of California Press, 1999, p. 260.

于天①，所以乾隆帝并不以身为满洲为耻。② 柯娇燕认为，乾隆帝的思想反映出满洲自我认同的强化，这恰恰是导致雍正帝和乾隆帝在曾静一案上态度分歧的根源。此外，罗友枝（Evelyn S. Rawski）更进一步指出："清朝的政治模式并不是民族国家，其所要建构的也不是单一族群的认同意识，而是包容满、汉、蒙、藏等异质文化共同存在于一个松散、人格化的清朝帝国，将各族的政治精英吸纳进清朝的统治集团之中，以维持一个多元文化的世界观。"③可见，雍正帝与乾隆帝的统治理念区别主要在于前者以汉化来论证自身统治的合法性，而后者强调以多元文化策略来治理国家。

柯娇燕、罗友枝的研究为理解雍乾时期彝族称谓用字的骤变提供了思想背景。雍正帝以汉化论作为满洲统治合法性的依据，并试图通过改用"彝"字来消除人们对"夷"的固有偏见。而在乾隆帝看来，满洲统治中国的合法性受命于天，无须以强调汉化来贬低其他民族的文化。相反，要巩固中国大一统的局面，必须承认和尊重多民族的文化特质，而不是回避和强调汉化。因此，"夷"并不可耻，亦无须刻意迎合汉人而以"彝"代"夷"，来为非汉族的历史和文化遮羞。彝族称谓用字的骤变，

---

① Crossley, Pamela Kyle, *A Translucent Mirror*: *History and Identity in Qing Imperial Ideology I*, Berkeley: University of California Press, 1999, p. 260.

② Crossley, Pamela Kyle, *A Translucent Mirror*: *History and Identity in Qing Imperial Ideology I*, Berkeley: University of California Press, 1999, p. 261.

③ ［美］史景迁：《雍正王朝之大义觉迷》，温洽溢、吴家恒译，广西师范大学出版社 2011 年版，第 263 页。

从侧面反映出雍乾时期清朝最高统治者民族心理和统治理念的变化。

综上所述,康熙以前的文献绝少用"彝"称呼彝族。康熙年间,出现用"彝"笼统称呼西南少数民族的现象;雍正年间,配合着具体的语境,档案中已经常使用"彝"来称呼彝族。产生这一现象的原因在于最高统治者以汉化论为满族统治的合法性辩护,欲消除人们对"夷"的固有偏见,而改用"彝"字。乾隆及其以后,随着满洲统治者自我意识的强化和多元统治理念的形成,以"彝"代"夷"已无必要,为尊崇多民族文化和实践多元治理理念,反而需要强调"夷"这一不同于汉族的文化特质,故又回归"夷"字的使用。可见,早在雍正年间,"彝"已经被明确用来称呼彝族,但这一现象持续的时间比较短暂,所以后人对这段历史知之甚少。又因1949年10月后,"彝"作为彝族法定族称用字深入人心,以致后人多误以为用"彝"称彝族是1949年10月以后才出现的现象。

明代湘西社会变迁与边墙角色转换[*]

    湘西边墙号称"南方长城",早已引起诸多学者的关注。关于明代湘西边墙的研究,主要可以分为几种类型:一是对边墙(通常结合营哨一起讨论)修筑时间、地点、范围进行考证①;二是对边墙进行静态的评价,如军事镇压、民族封锁、经略西南等②;三是将明清两朝边墙体制作比较性的研究③。而本文的

---

    * 本文原载于纳日碧力戈、龙宇晓主编:《中国山地民族研究集刊》2016 年第 1 期,社会科学文献出版社 2016 年版,第 141—150 页。系山东大学基本科研业务费资助项目(人文社会科学青年团队项目)"民间宗教中的女性角色研究"(IFYT15015)的阶段性成果。

    ① 吴善淙:《中国南部长城——苗疆边墙》,《民族论坛》2000 年第 3 期;伍新福:《明代湘黔边"苗疆"堡哨"边墙"考》,《中南民族大学学报》(人文社会科学版)2003 年第 2 期。

    ② 石邦彦:《苗疆边墙试析》,《吉首大学学报》(社会科学版)1990 年第 1 期;姚金泉:《略论明清边墙碉卡对湘西苗族社会的影响》,《云南民族学院学报》(哲学社会科学版)2001 年第 2 期;苏利嫦:《苗疆边墙设置及其与明王朝经营西南的关系》,《贵阳学院学报》(社会科学版)2009 年第 3 期;吴曦云、吴厚生、吴善淙:《苗疆边墙——南方长城历史及民俗文化揭秘》,中央民族大学出版社 2009 年版。

    ③ 张应强:《边墙兴废与明清苗疆社会》,《中山大学学报》(社会科学版)2001 年第 2 期;邹珺:《湘西明清边墙的修筑及其历史价值》,《怀化学院学报》2007 年第 10 期。

主旨在于从明代边墙内外社会变迁的角度，来考察边墙在不同时期所扮演的角色及其呈现出来的意义。不论是出于军事还是经济的目的，本文希望说明的是，边墙作为人类活动的产物，其所扮演的角色和体现的意义不是一成不变的，而是随着社会的变迁而变化的，要用一种动态的眼光来理解边墙。

一、明初至中叶的地方动乱 与边墙的防御作用

湘西边墙位于今天湖南省西部花垣、凤凰、吉首三县市境内，是明代建立起来的一道军事性建筑。其在明代的分布范围主要在镇溪军民千户所、筸子坪和五寨长官司辖地内。其中，镇溪军民千户所是在洪武年间从卢溪县分立而来的。上述三地东邻卢溪县，北邻永顺、保靖二宣慰司，西靠腊尔山苗区，南与麻阳县接界。边墙自北而南，贯穿一所二司之地，将腊尔山苗区与卢溪、麻阳民县分开。首先，我们需要了解明王朝在上述地区建立边墙的背景是什么，其最初的作用和意义何在，以便于问题的展开。

（一）明初里甲赋役过重与苗民的反抗斗争

关于明初上述地区的社会状况，文献记载甚少，但还是有少量资料记载了卢溪县一带苗民的反抗斗争。明初湘西一带苗民起事，主要是发生在卢溪县的西北部地区，与反抗里甲赋役有关。明兴，卢溪县编户五十八里，人户颇多，其中就包含了

大量的苗人户口。① 但由于苗民生产技术落后,里甲赋役繁重,因而起而反抗。"(洪武)十四年,镇筸治古答意苗首乱,命总兵官杨仲名率师征剿,寻就招抚。"②这很可能就是因反抗里甲赋役而起。洪武二十八年,苗民又因赋役过重而起事。"洪武初,有不服造册者,该县主簿孙应龙以举孝廉来任,入洞招抚各夷,渠首恳称有司衙门赋役重大,我苗土地俱系刀耕火种,难以应当,方才作耗,乞为奏闻,另设衙门管束,务使差徭轻减,孙应龙带领渠首杨二等赴京奏设镇溪军民千户所治,将该县原纳钱粮一万三千有零,奏除一万石。"③很明显,苗民因为赋役过重,才起而反抗。其结果,一方面使赋役负担得以减轻;另一方面则摆脱了卢溪县的管辖,另立卫所管理,完成了由县治到军治的转换。"二十八年,苗有不服造册者倡乱,卢溪县主簿孙应龙入洞招谕,领苗长杨二赴奏,准轻赋,另给重赏发回。卢始割上五都蛮民分为十里,置镇溪军民千户所,隶辰州卫。"④其过程是调江西建昌守御千户所正千户段文、乌撒卫副千户陈牙、泸州卫副千户宋贵为所官,于镇溪设所,将卢溪县上五都地方一百二十四苗寨分为十里,令渠首杨二充百夫长,将畸零苗户一百三十二名编充土军护守城池、印信。⑤ 经过一番秩序重

---

① 参见乾隆《泸溪县志》卷九《户口》,清乾隆二十年(1755)刻本。

② (清)顾炎武:《天下郡国利病书》,《四库全书存目丛书·史部》第 172 册,齐鲁书社 1996 年版,第 386 页。

③ (清)顾炎武:《天下郡国利病书》,《四库全书存目丛书·史部》第 172 册,齐鲁书社 1996 年版,第 384 页。

④ (清)顾炎武:《天下郡国利病书》,《四库全书存目丛书·史部》第 172 册,齐鲁书社 1996 年版,第 386 页。

⑤ 参见(清)顾炎武:《天下郡国利病书》,《四库全书存目丛书·史部》第 172 册,齐鲁书社 1996 年版,第 386 页。

建,地方社会渐趋稳定。

由此可见,明初动乱起因于赋役过重,苗民不堪而反抗。围绕着赋役整顿而来的由县治到军治的秩序调整,在一定程度上取得了效果。但这样一种地方秩序格局并没有维持多久。伴随着土司权力的膨胀,所官权威遭到土司挑战,土司在地方上的作为成为引发"苗乱"的主要原因,营哨、边墙便是在这样的社会背景下建立起来的。

（二）土司煽惑、压迫与苗民反抗

洪武二十八年建立的镇溪军民千户所,与北面的永顺、保靖二宣慰司接壤,东临卢溪、麻阳二县,南为筸子坪和五寨长官司,西与腊尔山苗区相连,形势孤悬。因"国初畏伐,颇贡常赋",收到了一定的效果,但不久便产生了问题。"后管理土官征调冒爵,秩过掌所,致所官法令难行,兼各下乡淫索所民,遂多黠纵,始称难治,常贡因寝。"①即土司势力膨胀,权势超过所官,不服其法令,并且经常压迫苗民(所民),以致苗民不断反抗。另外,土司对所官权威的挑战,还表现在对所地的争夺上,"下四里颇遵汉法,纳粮当差,但与永顺连壤接争,委勘经百余年乃结"②。此外,土司为扩张势力而纠结苗民彼此争斗不休,对地方社会造成很大的动荡。"独上六里苗民阳顺阴逆,叛服不常,与保靖司接界,地方却系永顺担承。永欲籍报保仇,动辄唆苗攻保,保屡招抚,苗又反复难驯。后来永保互有构借,为边

---

① (清)顾炎武:《天下郡国利病书》,《四库全书存目丛书·史部》第 172 册,齐鲁书社 1996 年版,第 385 页。

② (清)顾炎武:《天下郡国利病书》,《四库全书存目丛书·史部》第 172 册,齐鲁书社 1996 年版,第 385 页。

境忧。"①可见,土司权势膨胀对明初的地方秩序格局形成挑战,土司引苗为乱,或者虐苗而乱,成为洪武以后地方社会动乱的根源。先后有永乐五年、十二年镇筸苗乱;宣德六年镇筸苗龙三、白大虫等乱;正德七年湖贵苗龙麻羊、龙江西之乱;次年平息后,在乾州设守备,兼制土官,弹压边境,局势渐渐转好。但不久,驻官便遭到土司的再次挑战。"旋因土官谋削去控制敕命,致守备权轻,诸土相抗,辄暗纠报私,养成黠悍,横噬三边,酿至嘉靖中年,苗果大叛。"②从嘉靖十五年始,湖贵交界地区苗民不断反抗。十五年,铜仁苗吴柳苟乱;十八年,镇筸苗龙母叟乱;二十一年,龙母叟、龙求儿与贵苗合乱;二十三年,筸子坪苗乱,毁土官田兴爵公署;三十年,筸子坪苗龙许保纠贵苗复乱。③ 嘉靖年间的大动乱多是土司相构和虐苗而导致的,比如,嘉靖二十三年土官田兴爵公署被毁,即因其淫虐,遭到苗民反抗。"二十三年十月,先是筸子坪土官田兴爵系辰州狱,诸苗以其地主,贿脱归事之。兴爵大淫虐以逞,苗怨怒,毁其公署以叛,蔓引镇溪苗亦叛。"④正是在这样的背景下,宣德年间动乱平息后,总兵萧授始设二十四堡,将苗民环绕其中;嘉靖三十一年,张岳又设十三哨御苗;同一时期,麻阳参将孙贤筑边

---

① (清)顾炎武:《天下郡国利病书》,《四库全书存目丛书·史部》第 172 册,齐鲁书社 1996 年版,第 385 页。

② (清)顾炎武:《天下郡国利病书》,《四库全书存目丛书·史部》第 172 册,齐鲁书社 1996 年版,第 387 页。

③ 参见(清)顾炎武:《天下郡国利病书》,《四库全书存目丛书·史部》第 172 册,齐鲁书社 1996 年版,第 386—389 页。

④ (清)顾炎武:《天下郡国利病书》,《四库全书存目丛书·史部》第 172 册,齐鲁书社 1996 年版,第 388 页。

墙七十里防苗。至此,建立起营哨、边墙相互配合的边防机制。

由此可见,明初至中叶,湘西"苗乱"的主要原因先是起于反抗过重的里甲赋役,后继于土司不法煽惑和苗民反抗土司压迫。这一时期,最突出的社会现象是苗民反抗,动辄牵累周边;相反,却很少有汉人向苗区移动。在此背景下建立起来的边墙、营哨主要体现出军事防御的意义,即将"苗乱"圈禁在边墙以外,从而保障边墙内的社会安定。

二、由"防御"到"进攻":明中叶后流民进入与边墙角色转换

随着嘉靖时期连年动乱的平定,营哨和边墙成为一道划分苗汉族群的标志性建筑。如果说,明初以来,营哨、边墙的修建是为了将"苗乱"圈禁其中,起防御作用的话,那么嘉靖以后,边墙更多地体现出一种由内(汉区)而外(苗区)的进攻姿态,成为一道汉民向苗区扩张的保护墙。这一意义的转换,是伴随着边墙外大量流民的到来而实现的。嘉靖以后,边墙内外的社会联系以及由此引发的动乱更多地与流民有关,土司作为诱发社会动乱的因素相对来说减少了。

(一)明中叶后湘西社会变化的突出表现:流民进山与地方冲突不断

嘉靖以后,大量流民、商人向湘西山区移动,其原因如下:一是流民迫于生计自发向山区移动,"……镇筸苗巢俱系麻

阳、辰溪、卢溪、沅陵及附近隔省流民,或躲避粮差,或脱罪亡命,寄寓于此,实蕃有徒"①。以邻界的卢溪县为例,明初编户五十八里,至万历年间缩为十二里,大量民户逃往五寨地区。②二是由土司招抚而来,"设哨之初,专以捍蔽辰、麻、沅、卢州县,某营哨地,惟五寨司土民、筸子司苗民而已。间有客民生理,犹未甚伙也。因五寨、筸子土官招集流民垦耕,而吾民富而商者,贫而流徙者,环哨插居,渐以成聚"③。三是由沿边驻官招抚实边而来,"今欲修设旧关,控扼要害,地广人稀,事势不易。惟有招抚流亡……则一十三哨之兵可以渐省,而湖北之民可更生矣"④。此外,商人为获利亦纷纷向山区移动。

流民、商人进入湘西山区引起当地社会的不稳定,成为明中叶后湘西社会动荡不安的重要因素。其负面影响如下:一是流民为逃避赋役而私越边墙和哨堡,投入苗地开垦,与苗争夺土地,参与当地的仇杀,加剧了社会的不安定。"哨民败群者已能为害,又有逃避差徭、负罪逃奴,投入熟苗寨种地分租,因熟苗以通生苗,望为窟穴,久则引生熟苗出劫,又或帮其寨苗仇杀。如近有木里寨半熟半生之苗,流民投住数十家,因苗寨结仇,为他苗掳去……"⑤二是流民中的罪犯逃亡山区,通过贿赂

---

① (清)顾炎武:《天下郡国利病书》,《四库全书存目丛书·史部》第 172 册,齐鲁书社 1996 年版,第 413 页。

② 参见乾隆《泸溪县志》卷九《户口》,乾隆二十年(1755)刻本。

③ (清)顾炎武:《天下郡国利病书》,《四库全书存目丛书·史部》第 172 册,齐鲁书社 1996 年版,第 399 页。

④ (清)顾炎武:《天下郡国利病书》,《四库全书存目丛书·史部》第 172 册,齐鲁书社 1996 年版,第 391 页。

⑤ (清)顾炎武:《天下郡国利病书》,《四库全书存目丛书·史部》第 172 册,齐鲁书社 1996 年版,第 393 页。

哨官,充当打手。"哨官需索常规,往往充以放债工匠游食之
人。外此,则多武冈、新化、邵阳等处犯罪逃亡者,游惰坐食,则
不可执戈。流人非上著,则战不力而易噪。"①这给地方社会带
来潜在的危险。三是流民勾引苗民骚扰沿边州县。"生苗田
地须人耕种,彼等相率投附,名曰趁土聊生,实则为苗向导。"②
四是流民引诱苗民捉人取赎,从中牟利,危害地方。"向来此
中生苗凡掳去人口,不加杀戮,且养膳之,以待取赎,时常劫掠,
盖借此为一利窦也。流民习知其故,奸黠者遂独缚茅寮一间,
逼近生苗出入必由之路,觇知苗出,故将家口行立近傍,诱其捉
掳,然后举火自焚寮上苫盖茅草,肤愬附近营哨,谓被焚掠。哨
守官军恐致上闻贻累,相沿遮掩,私共率银付伊取赎。使仅以
一二赎回人口,而八九匿润私囊。然则,是百姓受苗之害,而流
民得苗之利也。"③五是流民当中某些有产者,通过各种手段牟
取利益,造成地方不稳定。"其中有豪猾险健之徒,交结哨官,
把持乡社,既放债以折兵粮矣,又使子弟冒兵而耗不役之饷。
既逼债以致兵穷矣,又唆各兵讨饷而发大难之端。甚至私买熟
苗之粮,公行冒领,交通生苗之货,外启窥伺。又或欺凌贫弱,
准折妻子,致无告者挺身以投夷,怀仇者纠苗而释憾。凡勾苗
内劫,非射利则泄忿,此豪民实开之衅也。"④此外,某些商人为

　　①　(清)顾炎武:《天下郡国利病书》,《四库全书存目丛书·史部》
第 172 册,齐鲁书社 1996 年版,第 396 页。

　　②　(清)顾炎武:《天下郡国利病书》,《四库全书存目丛书·史部》
第 172 册,齐鲁书社 1996 年版,第 413 页。

　　③　(清)顾炎武:《天下郡国利病书》,《四库全书存目丛书·史部》
第 172 册,齐鲁书社 1996 年版,第 413 页。

　　④　(清)顾炎武:《天下郡国利病书》,《四库全书存目丛书·史部》
第 172 册,齐鲁书社 1996 年版,第 399 页。

牟利欺诈亦引起摩擦。"照得鱼盐布匹，我之所有，而苗之所资，乃射利之徒往往私贩前货，冒禁获利，踪迹诡秘，出入难稽，一与争竞，遂酿衅孽。"①

由此可见，明中叶后，湘西社会与此前相比最突出的变化就在于大量流民和商人进入山区，并由此引发社会矛盾和冲突。为此，官方如何应对？采取了什么措施？其效果如何？流民进入湘西事实上赋予了边墙何种意义？

（二）流民越边垦殖与边墙意义转换

流民特点总的来说有二：一是人数众多，二是流动性很强，是造成社会不安定的因素。面对流民蜂拥而至的状况，官方抱有两种心态：一是想将其纳入国家管理体制之内，使其由"无籍"之徒变为"有籍"之人，即将其固定在土地上，削弱其流动性，从而减少社会动荡的隐患；二是流民往往因赋役过重、破产而逃亡，流民编户、安插更主要的意义还在于可以获得大量的赋税收入。这两种心态归结到湘西这一特殊的环境当中，意义重大：既可以借流民实边，增强边防实力，又可以取其赋税用于边务。可谓一举两得之计。因此，官方解决流民的主要办法便是将其安插在边墙和营哨之内。"访闻各哨土甚膏腴，溪洞之水足资灌溉。合无行令各哨细查该哨附近居民，不论土著流寓，悉听籍名，照各州县立保甲之法，一甲五户，一户若干丁，联为乡兵。空闲地土，任其自议开垦，各分畛塍，创结茅芦；十年以内，虽有丰收，亦免科其粮税。每岁终，哨官造册开报乡丁某

---

① （清）顾炎武：《天下郡国利病书》，《四库全书存目丛书·史部》第 172 册，齐鲁书社 1996 年版，第 392 页。

某,垦田若干,申抚夷官,止为稽核,以杜争冒。"①

但这样的构想只是官方的一厢情愿。流民逃亡的主要原因在于逃避赋役,自然不愿意再承担任何的义务。因此,他们宁可冒险偷越边墙投入苗区进行垦种,也不愿意再成为国家控制下的编民。这样的冒险精神,往往使得流民在官方眼中是不安分之人。官方对不愿安插的流民主要采取三种措施:

首先,对那些私自越边的流民采取禁止偷越和严厉处罚的政策。"除以前元有民寨外,不许流民于近苗远哨地方从新创房居住。不遵者,守哨官验明烧毁,尽数驱逐","敢新投苗寨者,被擒以谋叛论"。②

其次,对那些愿意回籍而不愿安插的流民,则遣回原籍当差。"其思汉愿回者,听告守哨官押解本道,发州县递回原籍当差;行李货物不许官兵侵动,违者依抢夺律问罪。"③

最后,严行保甲法,防止沿边州县民人留宿前往越边投苗的流民。"仍行辰、麻、沅、卢州县行保甲法,将附苗民村挨门造册,时相觉察。有久出不归者,呈官查稽。纵容户口投苗者,事发连坐。远方流民从本保甲经过寄宿者,亦要诘问来历,如系投苗,即扭住送官。"④

----

① (清)顾炎武:《天下郡国利病书》,《四库全书存目丛书·史部》第 172 册,齐鲁书社 1996 年版,第 392 页。

② (清)顾炎武:《天下郡国利病书》,《四库全书存目丛书·史部》第 172 册,齐鲁书社 1996 年版,第 393 页。

③ (清)顾炎武:《天下郡国利病书》,《四库全书存目丛书·史部》第 172 册,齐鲁书社 1996 年版,第 393 页。

④ (清)顾炎武:《天下郡国利病书》,《四库全书存目丛书·史部》第 172 册,齐鲁书社 1996 年版,第 393 页。

虽然，官方对不愿安插而私投苗区垦种的流民实行严厉的政策，但事实上，流民越边垦种禁而不止，官方难以有效控制流民活动。如上所述，流民越边成为这一时期最突出的社会现象，这使得边墙的意义随之发生变化。到明万历四十五年前后，湖北分守道蔡复一复修边墙一道，从王会营到喜鹊营，共计三百六十余里。此次修边与其说是出于防苗，毋宁说是王朝用以应对新形势的一种举措。这一构想不仅是要防御苗民越过边墙骚扰沿边州县，更重要的是将大量流民等所开垦出来的土地，连同哨堡一块划在边墙以内，呈现一种向苗区扩张的姿态，并希望借此割断苗民与流民等往来所形成的复杂社会关系网络。这一战略设想，直到清初再次倡议修边时都还延续着。康熙五十年，湖广总督鄂海倡议修复边墙便是要切断流民与苗民之间的往来。"今本部院会议题请筑砌边墙，无非分别边界，不使奸民出入勾引，以致苗人被诱误为犯法之至意。"①并且，他倡议将明中后期以来流民越过营哨、边墙开垦出来的田土，划归在新的边墙构想之内，从而呈现向苗区扩张的态势。"照得镇筸地方旧有边墙，本部院奉旨会同抚院、提督会看墙基，原期照旧修筑，与尔民苗分别内外，以安边民之至意。今会看边墙一带，旧日墙基系在民地之内，墙基之外，尚有内地民人耕种之田地甚多，或十余里及二三十里不等，远在边墙之外。今若照当日三百八十里之旧基筑墙，则民人田地反在边墙之外，致有顽苗伏草捉人，偷窃之患。若依民人田亩界线周围筑墙，而重山深涧之中，高低曲折不一，难于筑造。今本部院会议，将旧日游巡塘汛兵丁移于民人田亩之外，与苗交界之处设立塘汛驻

---

① （清）鄂海：《抚苗录》，（台北）广文书局1978年版，第32—33页。

扎。即以今移之塘汛为界,嗣后内地奸民不得擅出塘汛,深入苗巢,勾引生事,在外之苗人亦不许擅入民地,使苗、民分别,各安界限,以杜衅端。"①

由此可见,大量流民于明中叶以后进入湘西山区,并越过营哨、边墙开垦土地,规模不小,如上所言,甚有越过边墙二三十里者。因此,边墙内外的景象与此前相比,呈现出极大的反差,即汉民以边墙为基地向边外的推移,由此引起的摩擦也成为地方动乱的主要诱因。可见明中叶后,边墙更多地呈现出一种由"防御"到"进攻"的姿态。

三、结论与启示：在社会变迁中理解边墙

记得人类学家施坚雅教授在谈论地理空间与人类活动关系时,曾这样说:"在某种意义上,我们可以把地文亚区与大区设想为以土地为基础的社会经济体系的'自然'容器——一种'空'的容器,只有在其空间为中国人的聚落所'充满'时,才能实现其模塑并整合人类间的交互影响的潜力。"他举例说:"而满洲的很多地方,是否'适于'中国式的农业,要直到该世纪末,当中国的拓荒者开辟了森林,布置好田园以后,才逐渐清楚起来。"②在此,施氏是要告诫我们必须把地理空间放在人类历史活动中加以理解,否则单纯的地理空间是没有意义的。这一

①　(清)鄂海:《抚苗录》,(台北)广文书局1978年版,第35—36页。

②　[美]施坚雅主编:《中华帝国晚期的城市》,叶光庭等译,陈桥驿校,中华书局2000年版,第12—13页。

思路,对我们理解地理空间中的建筑也是十分有益的。就本文来说,边墙是不动的地标,但人是活的,社会是变化的。明中叶以前,湘西社会呈现的突出现象是苗民反抗里甲赋役和土司的压迫,动辄向汉区移动,累及周边,因而这一时期,无论是营哨还是边墙的修建,主要体现出防御的意义;明中叶以后,大量流民到来并越过边墙活动,把边墙当作一道向外活动和推进的基线,进可攻,退可守。因此,边墙呈现向外扩张的姿态。我们可以看到边墙的意义不在于其本身,而在于其存在的社会,是人赋予的。一旦社会发生了变化,其所体现的价值和意义也随之产生了变化。因此,我们绝不可以简单地将边墙理解为一道僵硬的军事堡垒,而是要从其存在的社会入手,才能对其有更加深刻的理解。

清代湘西蛊婆的记载及其作用[*]

　　巫蛊是湘西地区最为著名的神秘文化之一,著名专家学者凌纯声、芮逸夫,石启贵、沈从文等在各自的名著中都有对它的描述。[①] 近年来,学界对湘西巫蛊文化做了许多研究,总结起来主要包括以下四类:一是对蛊文化流行的成因进行分析[②];二是对蛊婆的悲剧命运及原因加以反思和批判[③];三是分析蛊

　　* 本文原载于纳日碧力戈、龙宇晓主编:《中国山地民族研究集刊》2016 年第 2 期,社会科学文献出版社 2017 年版,第 161—172 页。系山东大学基本科研业务费资助项目(人文社会科学青年团队项目)"民间宗教中的女性角色研究"(IFYT15015)的阶段性成果。

　　① 参见凌纯声、芮逸夫:《湘西苗族调查报告》,民族出版社 2003 年版,第 147—149 页;石启贵:《湘西苗族实地调查报告》,湖南人民出版社 1986 年版,第 565—570 页;沈从文:《沈从文别集·凤凰集·湘西·凤凰》,岳麓书社 1992 年版,第 192—195 页。
　　② 参见陆群、谭必友:《湘西苗族巫蛊信仰生成之剖析》,《怀化师专学报》2001 年第 3 期;吴玉宝、麻友世:《湘西苗族地区蛊的流行原因》,《怀化学院学报》2013 年第 8 期。
　　③ 参见陆群:《湘西蛊婆:一生一世的冤屈》,《民族论坛》2006 年第 3 期;姚莉苹、胡晨:《论沈从文笔下的湘西蛊婆形象》,《当代文坛》2009 年第 6 期;胡铂:《湘西苗族"蛊婆"的悲剧意蕴探析》,《长春教育学院学报》2015 年第 9 期。

文化对社区与族群的意义①;四是对蛊文化在当下的开发利用进行探讨②。从总体上看,以上成果主要是基于对田野调查资料的分析,而较少从文献角度对湘西巫蛊文化加以探讨。事实上,清代就有较多记载湘西蛊婆的文献。那么,当时的文献是如何记载蛊婆的?为何要记载,有何目的及作用?本文拟对此进行探讨。不当之处,请方家批评指正。

一、清代文献对湘西蛊婆的记载

蛊,在湘西地区又叫作"草鬼"或"青草鬼",主要流行于当地苗族社会。刻于乾隆十年(1745)的《永顺县志》对此记载:

> 永顺隶楚极边,土人、汉人、苗民杂处。土人十分之四,汉人三分,苗民亦仅三分。汉人居此,俗与内地同。苗性悍野,贪而多疑,蓄发垂髻,两耳带圈,出入佩刀携枪,祀青草鬼。③

---

① 参见陈心林:《潭溪地区蛊文化的民间叙事与族群认同》,《云南社会科学》2011年第6期;陈寒非:《巫蛊、信仰与秩序的形成——以湘西M乡"中蛊"现象为例》,《广西民族研究》2015年第3期。

② 参见赵玉燕:《旅游环境下巫蛊文化的变异——以湘西凤凰山江苗族旅游开发为例》,《广西民族大学学报》(哲学社会科学版)2007年第6期;万秦、许雷鸣:《民俗旅游视角下的湘西巫蛊文化开发研究》,《农村经济与科技》2010年第4期;赵玉燕:《旅游吸引物符号建构的人类学解析——以"神秘湘西""神秘文化"为例》,《广西民族研究》2011年第2期。

③ 乾隆《永顺县志》卷四《风土志·习俗》,清乾隆十年(1745)刻本。

　　由上可知,清代湘西永顺的民族构成包括土家族、汉族和苗族,其中以土家族为主体。在风俗习惯方面,汉族与内地相同,而苗族则喜祀"青草鬼"。与此相似的记载,还可见于乾隆二十八年(1763)《永顺府志》、乾隆五十八年(1793)《永顺县志》等地方志书。值得注意的是,祀"青草鬼"之俗不独见于湘西,与之相邻的贵州铜仁在明代就有关于这一习俗的明确记录。嘉靖《贵州通志》记载,铜仁土司地区"俗重山鬼,每年有把忌,饮食衣服、喜怒哀乐亦多避忌,号为青草鬼"①。可知,巫蛊习俗在湘西附近早已有之,但因开发较晚,所以文献对其记载的时间也较晚,而且早期文献记载多不详细,往往只见"青草鬼"之名,却不见其具体的情形。目前所见,对湘西巫蛊加以详细记录的最早文献是成书于乾隆二十三年(1758)的《楚南苗志》。是书卷五《放草鬼》记载:

　　　　苗人有草鬼之术,能施放杀人,亦犹岭南诸处之造畜蛊毒也。但蛊之毒尝见他说,聚诸蛊为之,而草鬼乃法术,则熟于心而应于口与手者。访之苗中,凡习此术多系苗妇,而苗人亦间有之。其未经传授之先,必令吃血,终身不漏教者姓名,然后教之练习。练习既精,或草或纸或食物,对之说咒画符,令□□之或潜置他处,令人践触之,即中其毒[而]病。腹痛黄痹,腹中胀满,似有物焉,饮食不能进,速则十余日,迟亦奄奄二三月必毙,但云施放之时不能择人,非必有仇怨者始中之,亦其人运蹇时衰自及之耳。迨

---

　　①　嘉靖《贵州通志》卷三《风俗·铜仁府》,明嘉靖刻本。

中毒之后，苗人以鸡子、木梳等卦占之，或访系某苗某妇所害，即捉拿枷禁，勒其解救，亦有能解者。如不可解，则杀放草鬼之人，病者乃得愈，其被杀之亲属不敢置一词。倘杀后，病仍不愈，则云非其人所致，即需倒偿骨价矣。至习学之后，若不毒人，则必毒杀牲畜、竹木，否则为累，非致自杀其身不已也。此术苗疆在在皆有，虽地方官严切禁谕之，其如私相授受，踪迹甚秘，百户、苗头难于觉察，骤难馨除耳。①

通过对比可以看出，《楚南苗志》对湘西苗族巫蛊的记载颇为详细。从中可知，"草鬼"即蛊，是一种法术，与岭南等地的蛊毒有所不同。在湘西，习蛊与放蛊者多以苗族女性为主。其蛊术通过秘密传授而得，可以施放于人，致人生病，若不及时救治则能致人死亡。解救之法是通过占卜或访查找到施蛊者并让其解除蛊术，或杀施蛊者，病人也能得救。如被杀后病人得愈，则施蛊者亲属甘心承认。否则，病人家属需赔偿被杀一方人命钱，才得善罢甘休。习蛊者若不对人放蛊，就必须对牲畜、草木施放，否则会难受到极点乃至自杀。巫蛊之俗遍布苗疆，虽然清代地方官下令禁止，但由于民间秘密传授，难以根绝。这就是至今仍在湘西民间盛传的"放蛊"，由于放蛊之人多是苗族女性，所以称"蛊婆"或"草鬼婆"。

除以上文献外，光绪续修《乾州厅志》对湘西蛊婆的记载也颇为详细，是志卷七《苗防上·巫蛊》写道：

---

① 　乾隆《楚南苗志》卷五《放草鬼》，清乾隆二十三年（1758）刻本。

　　苗妇能巫蛊杀人,名曰"放草鬼",遇有仇怨嫌隙者放之,放于外则虫蛇食五体,放于内则食五脏。被放之人,或痛楚难堪,或形神萧索,或风鸣于皮肤,或气胀于胸堂,皆致人于死之术也。将死前一月,必见放蛊人之生魂背面来送物,谓之"催药"。病家如不能治,不一月人即死矣! 闻其法,不论男妇皆可学,必秘设一坛,以小瓦罐注水,养细虾数枚,或置暗室床下土中,或置远山僻径石下。人得其瓦罐焚之,放蛊之人亦必死矣! 放蛊时,有能伸一指放者,能戟二指放者,能骈三指、四指放者。一、二指尚属易治,三指则难治,四指则不能治矣! 苗人畏蛊,不学其法,惟苗妇暗习之。嘉庆以前,苗得放蛊之妇则杀之;嘉庆以后,苗不敢杀妇,则卖于民间,民间亦渐得其法。黠者遂挟术以取利,虽前经传中丞严示禁止,此风不少衰也。惟在贤司牧时加惩创,庶此辈稍知畏惧耳。①

　　仔细阅读上述记载不难发现,光绪《乾州厅志》对湘西苗族蛊婆养蛊、施蛊细节做了进一步的补充。具体而言,蛊婆养蛊需用一小瓦罐养细虾数只,放在屋内床下或山上偏僻之处,如果瓦罐被人发现和焚烧,蛊婆也会因此丧命。蛊婆可以伸出一、二、三、四不同数量的手指进行放蛊,伸出一根指头所放出来的蛊最容易解除,而伸出四指后放出的蛊则不能解除。放蛊这一习俗屡禁不止,直至清末仍在湘西地区盛行。

　　由上可知,湘西巫蛊之俗在《楚南苗志》和《乾州厅志》当

---

　　① 光绪《乾州厅志》卷七《苗防上·巫蛊》,清同治十一年(1872)修、光绪三年(1877)续修本。

中都有比较详细的记载。综合两书的信息,我们可以了解到清
代湘西苗族蛊婆如何学蛊、养蛊、放蛊、解蛊等内容。尽管如
此,两书记载仍有不足之处,即缺乏对蛊婆形象的具体描述。
宣统《永绥厅志》则对此有较多的补充。是志卷六《苗峒》
记载:

> 素闻苗疆蛊患,几于谈虎变色,到任初即有告蛊之案。
> 会详加考之,以记于篇,莅官者其慎焉。真蛊妇目如朱砂,
> 肚腹臂背均有红绿青黄纹路,无者即假。真蛊妇家无有毫
> 厘硃(蛛)丝网,每日又须置水一盆于堂屋,将所放之蛊虫
> 吐出,入水盆食水,无者即假。真蛊妇平日又必在山中,或
> 放竹篙在云中为龙斗,或放斗篷在天上作鸟舞,无者即假。
> 如有以上各异,杀之后剖开其腹,必有蛊虫在内,则为真
> 蛊。真蛊妇害人,百日心死,若病经年,即非受蛊。此勋再
> 三考求,得之禀词,考之舆论而皆合者。有父母斯民之责
> 者,其慎之慎之哉![1]

以上文字是清末湖南永绥厅(即今湘西花垣县)同知董鸿
勋所作,对蛊婆的形象进行了细致的刻画,并提出辨别真假蛊
婆的四条标准。第一,真蛊婆眼睛发红,身体有黄绿青三色纹
路。第二,真蛊婆家中无蜘蛛网,而且有供蛊虫食水的器皿。
第三,真蛊婆能在山中做法,使竹篙、斗篷等物在天上舞动。第
四,真蛊婆体内有蛊虫,剖开其腹部可见。此外,蛊婆放蛊害
人,三月内被害者必死,如果长期生病不死,就不是中蛊。以上

---

[1] 宣统《永绥厅志》卷六《苗峒》,宣统元年(1909)铅印本。

各条描述得如此详细，是因董鸿勋刚到任不久就遇到蛊案，没有这方面的经验，因此查阅了相关的蛊案案卷后加以总结而得出，并能与民间传闻相印证。

综上观之，清代乾隆年间开始，《永顺县志》《楚南苗志》《永顺府志》等开始大量出现关于苗族蛊婆的记载。直至清末，地方官对蛊婆之记载不绝于书，从而使得有文字记录的湘西蛊婆传说变得逐渐丰富起来，为今天我们研究湘西巫蛊文化提供了重要的资料。

二、清代文献记载蛊婆的目的与作用

为何湘西地区自乾隆年间开始大量出现关于蛊婆的文字记载？此后又何以屡记不绝？记载蛊婆之事有何目的，能起到什么作用？这些问题可从以下两点加以理解。

（一）宣扬教化、禁止习染

长期以来，湘西苗族地区由于环境险恶而开发缓慢。在清代以前，以腊尔山为中心的生苗区皆属于不受控制的化外之地，而沿边苗族地区则由土卫所、土司兼管，与中央王朝保持着不稳定的羁縻关系。自清代以来，这一局面有了极大的改变。雍正年间，土卫所、土司地区纷纷改县，设立流官管理，而生苗区也通过武力征伐被纳入中央王朝的直接统治之下。清朝在湘西苗族最为集中的区域建立起乾州（今吉首市）、凤凰（今凤凰县）、永绥（今花垣县）三厅，是为著名的"苗疆三厅"。苗疆初辟，在政治、经济等各方面与汉族地区都有较大的差异，尤其是在民俗民风方面的差异极为明显。例如，苗民有捉人抵偿还债务之俗：

> 苗人偶有夙怨未释及旧逋未清，途遇其人之父兄、族党、亲友、邻居即拿归寨中，以长木岐尾者为枷，谓之"碓马枷"，将人颈置岐处，以横木为拴，拘禁之，然后告于人曰：吾拿某者所以抵某人某事也。故谓之"抵事"。①

又有因捉人抵债不遂等原因而酿成大的冲突和械斗，称"打冤家"：

> 苗人偶遇争竞不平，深仇夙怨，欲拿人抵事，骤难即得而怨不可释，则有所谓"打冤家"者，即定例所云穴斗也。②

此外，苗民之间因各种问题还有偷窃下签、刺人泄愤、放火之俗。这些风俗习惯都是苗族地区没有进入中央王朝直接统治之前所形成的，是苗族社会无权威中心的典型表现。因为没有一个强有力的地方权威的存在，苗族社会的松散性特征比较突出，各个寨落、家族之间经常发生冲突、械斗和报复行动。由于地方权威的缺失，苗民之间的大小纠纷往往也是通过在神明面前吃血赌咒——神判的方法加以裁决：

> 苗人事件排解及命案倒偿骨价之后，必凭神发誓，然

---

① 乾隆《楚南苗志》卷四《拿人抵事》，清乾隆二十三年（1758）刻本。
② 乾隆《楚南苗志》卷四《打冤家》，清乾隆二十三年（1758）刻本。

后可免翻悔。其讦告不明之事,亦必誓于神焉,谓之"开庙吃血"。①

以上这些苗族风俗传统与占统治地位的儒家文化传统格格不入,因此清朝在苗疆建立起直接统治后,地方官皆以宣扬教化为己任,试图对与清朝法律和汉文化传统相悖的地方陋习加以禁止。蛊,在地方官看来就属于一种陋习,常常引发苗族社会内部的矛盾冲突。例如,在乾隆四年,就有鸦苏寨苗民与池河营苗民因为放蛊而发生纠纷:

> 五月二十八日,鸦苏寨苗龙老课等诬赖池河营苗人暗放草鬼,统领盘若等寨苗龙柳某等围住龙老化房屋放枪,打死龙老养、龙老猓二命。②

可见,蛊婆放蛊与以上各项皆属陋习,而且为国家律令所禁止。因此,《楚南苗志》将放蛊、拿人抵事、打冤家等项都加以明确记载,希望能引起地方官的注意,对苗民加以教化,以达到移风易俗的目的。而乾隆以后,湘西苗疆地方官也大都注意对蛊婆放蛊之事加以记录,提倡对此加以严禁。譬如,光绪《乾州厅志》在记载蛊婆时就明言"惟在贤司牧时加惩创,庶此辈稍知畏惧耳"。宣统《永绥厅志》亦告诫后来的地方官对蛊婆放蛊之事要加以谨慎处理,"有父母斯民之责者,其慎之慎

---

① 乾隆《楚南苗志》卷四《开庙吃血》,清乾隆二十三年(1758)刻本。
② 乾隆《楚南苗志》卷三《苗人总叙下·附前抚都院冯公原奏及奉准部文》,清乾隆二十三年(1758)刻本。

之哉"。

由此可见,宣扬教化,禁止巫蛊之风在苗疆的流传,是乾隆以后湘西地方文献记载蛊婆之俗的重要目的之一,并希望以此告诫后来的地方官以消除巫蛊为开化边民的重任。

(二)民族区隔、建构秩序

虽然雍正以来湘西苗疆得以开辟,但在早期,汉苗之间的交往仍然受到官方的限制。例如,在婚姻方面,自清初以来屡有规定禁止汉苗通婚,甚至直到雍正五年,湘西保靖县同知傅敏仍向朝廷奏请禁止民苗结亲,认为"民以苗为窟穴,苗以民为耳目,民娶苗妇生子,肖其外家,虏杀拒捕,视为常事"①。因此,地方官极力区隔汉苗之间的交往。但事实上,民族间的互动并不以政策为转移,湘西汉苗结亲、商贸屡禁不止,由此也带来了许多的社会问题。例如,在经济方面,大量汉民开始涌入湘西,向苗族和土家族购买土地,土著土地流失现象比较严重。乾隆二十年,永顺知府骆为香便提道:

> 窃照府属山多田少,当土司时不许买与汉民,一应田土皆为土苗耕食。自改流分设郡县,与内地一体,在永客户以及贸易人等,始各买产落籍。迨雍正八年,钦奉世宗宪皇帝上谕,令土民首报田地,仍按各属秋粮原数派征,每亩仅输银厘数至分余而止。旋又设立学校,取进文武童生,此皆圣朝加惠土民之旷典。讵邻封外郡民人因此地粮轻产贱,且可冒考,嗣随倚亲托故,陆续前来,构产入籍。

① 光绪《湖南通志》卷八四《武备志七》,清光绪十一年(1885)刻本。

土苗愚蠢,易于诱哄,遂尔共相买卖……将来田土日蹙,且土苗止知耕种,别无艺业,亦从不出外生理……若再任谋买田土,则土苗生齿日繁,将来势必难以资生,深为可虑。①

由于土地流失严重,客商进入苗区做生意,亦经常遭到苗民的劫掠,"行商贸易亦须结伴,遇夜投宿汛旁旅店,加意堤防,以保无虞"②。在婚俗方面,随着汉苗交往的频繁,汉苗结亲日多,而且汉苗通奸或苗民设局捉奸勒索之事也层出不穷:

> 至适人后,或有外客调戏,则本夫及亲族、寨邻俱可捉奸,拘以碓马枷,必得数十金厌其欲,乃得释去,更有奸滑之苗,故使厥妇献媚,迨其人偶一失检,即假此索骗者,皆谓之"吃钱"。同寨贺其获利,不以为羞。③

可见,自湘西苗疆开辟以来,汉苗在交往日益频繁的同时,汉苗之间的矛盾、冲突也日益严重。在此背景下,阻止民苗交往,将两者区隔开来,不失为维持地方秩序的一个办法。

如何阻止汉民进入苗区呢?对蛊婆放蛊的记载和宣扬便是一个途径。蛊婆秘习蛊术,能放蛊致人生病或死亡,而且不容易解救,因此进入苗区做生意,或者调戏苗族女性等行为,需

---

① 乾隆《永顺府志》卷一一《檄示·禁汉人买地土详》,清乾隆二十八年(1763)刻本。

② 乾隆《楚南苗志》卷四《装塘坐草缚人勒赎》,清乾隆二十三年(1758)刻本。

③ 乾隆《楚南苗志》卷四《局骗》,清乾隆二十三年(1758)刻本。

要冒"中蛊"的极大风险。就此而言，对蛊婆放蛊之事加以记载和宣传，可警示那些试图潜入苗区的汉民。或许正是这个原因，乾隆年间湘西各地方志，如《永顺县志》《楚南苗志》《永顺府志》等开始普遍出现关于苗族蛊婆放蛊的记载。可以说，蛊婆传说在乾隆年间被凸显并非偶然，其背后有着深刻的社会因素。

尽管如此，汉苗间的交往并没有被阻止，反而因为清朝政策的推动而得到了加深。乾隆二十九年，经礼部尚书陈宏谋奏请，湘西苗疆民苗结亲的禁令被打破：

> 湖南省所属未剃发之苗人与民人结亲，俱照民俗以礼婚配，须凭媒妁写立婚书，仍报明地方官立案稽查。如有奸拐、贩卖、嫁妻、逐婿等事，悉照民例治罪。其商贾客民未经入籍苗疆，踪迹无定者，概不许与苗民结亲。如有私相连结滋事者，按例治罪。失察之地方官，照例议处。①

可见，除了奸拐、贩卖、嫁妻等特殊情况外，湘西苗疆汉苗结亲不再受政策限制。因此，汉苗结亲变得日益普遍。然而，随之而来的汉苗矛盾和冲突也不断增加，最终引发了历史上空前规模的乾嘉苗民大起义。

> 自乾隆二十九年弛苗民结亲之禁，客土二民均得与苗人互为姻娅，因之奸民出入，逐渐设计盘剥，将苗疆地亩侵占错处，是以苗众转致失业，贫苦无度者日多，一经石三保

---

① （清）薛允升：《读例存疑》卷一二《户律婚姻之二》，清光绪刊本。

与石柳邓等假托疯癫，倡言烧杀客民，夺回田地，穷苗闻风，无不攘臂相从。启衅之端，实由于此。①

在统治者看来，汉苗往来盘根错节，奸弊丛生，最终导致了"苗乱"的爆发。因此，乾嘉苗民起义善后措施的第一条就是要划清界限，区隔汉苗。

旧例汉民原不准擅入苗地，自乾隆二十九年，以苗人向化日久，准与内地民姻娅往来，始弛其禁。立法之始，原以苗性顽梗，不妨令其声息相通，渐资化导，而日久弊生，汉奸出入，始则以贸易而利其财，继则因账债而占其地，是以积念相仇，猝然烧杀起事。今欲杜争竞之端，惟先严汉苗之界。②

鉴于乾嘉苗民起义的残酷教训，此后清朝在湘西苗疆施行屯政，通过大修边墙、广立碉卡等措施，试图将汉苗分别圈禁于边墙内外。③ 为配合这种思路，地方文献对苗族蛊婆的记载亦愈加详细和夸张，试图构建出一个邪恶、恐怖的巫蛊形象，以吓唬那些试图进入苗区的汉民。关于这点，通过对照乾嘉苗民起义前后的相关记载可知一二。例如，乾隆《楚南苗志》记载："但云施放之时不能择人，非必有仇怨者始中之，亦其人运蹇时衰自及之耳。"这说明蛊婆不一定专门针对仇家而放蛊。而

①　（清）鄂辉：《平苗纪略》卷三〇，清嘉庆武英殿活字本。
②　（清）鄂辉：《平苗纪略》卷三〇，清嘉庆武英殿活字本。
③　参见伍新福：《试论清代"屯政"对湘西苗族社会发展的影响》，《民族研究》1983 年第 3 期。

光绪《乾州厅志》的记载则与此相反，"苗妇能巫蛊杀人，名曰
'放草鬼'，遇有仇怨嫌隙者放之"，放蛊成了蛊婆专门针对仇
家所放。而乾嘉以后，湘西苗民深受屯政压迫，汉苗间的嫌隙
颇深，导致其受累的汉民无形中变成了"仇家"。通过书写的
转换，官府将汉民暗示成最容易遭到苗族蛊婆毒害的对象，从
而将苗疆描述成一个处处充满危险的神秘地带，以吓唬汉民，
使其不敢前往苗区，从而确保地方秩序不会再度因汉苗交往而
遭到破坏，以免重蹈乾嘉苗民起义的覆辙。这种做法也确实奏
效，比如，清末永绥同知董鸿勋"素闻苗疆蛊患，几于谈虎变
色"①，说明湘西苗族蛊婆放蛊已被外界视为极端神秘、恐怖之
事，闻之不寒而栗，更遑论进入苗区"以身试法"。

三、结语

近年来，随着民间文化的复兴，湘西巫蛊文化研究呈现出
繁荣的趋势。民族学、人类学学者深入田野，通过个案性的研
究，将蛊置于微观社会结构当中加以探讨；而文学研究者则从
"歧视—妖魔化"角度对蛊婆命运的成因加以批判。这些讨论
都极大地推动了湘西巫蛊文化的研究走向深入。而本文则从
文献学和历史学的角度出发，对清代湘西蛊婆形象的文化建构
及社会功能做了探讨。

窃以为，地方志是记载一个地区历史的重要资料，内容的

---

①　宣统《永绥厅志》卷六《地理门·苗峒》，清宣统元年（1909）铅
印本。

采摘、编纂并不是一种偶然，其背后反映了编纂者选择该内容的原因和意图。而不论古今，方志编纂的目的主要有二：一是服务于当时的地方治理，二是提供给后世可资借鉴的经验。因此，清代文献对蛊婆的各种记载，需要回到文献所产生的时代背景当中加以理解。换言之，清代文献所记载的蛊婆故事及传说需要置于清代湘西苗疆开发、发展与变迁的脉络中加以解读，才能获得正确的理解。就此而言，要读懂关于清代蛊婆的记载，就必须从历史学的角度出发加以探讨。纵观湘西历史，清代是其开发和社会转型最为剧烈的时期，苗区与汉区的关系随着社会变化和政策调整，大致呈现"封闭（雍正以前）—开放（雍乾）—封闭（嘉庆以后）"的趋势。蛊婆传说开始大量出现，是在雍乾开放期。这一时期官方主要是希望通过汉苗交流达到潜移默化、移风易俗的目的，"立法之始，原以苗性顽梗，不妨令其声息相通，渐资化导"，地方官更是以此为重任。此时将蛊婆传说采入地方志，主要是为了将其作为反面教材加以禁止，对苗疆陋俗加以化导。随着乾嘉苗民起义的爆发，湘西汉苗关系变得紧张，民族区隔成为此后统治者巩固苗疆秩序的主要思路，蛊婆传说被地方志作为制造恐怖氛围、恐吓汉民进入苗区的典型素材，对地方秩序的建构起到推波助澜的作用。由此，湘西苗疆蛊婆放蛊日益为外界所知晓，成了与"赶尸"齐名的文化标签。

运河社会研究

明清时期京鲁运河的盗贼及其防治[*]

盗贼，即小偷和强盗的统称。中国历史上盗贼活跃，特别是明清时期，绿林大盗、响马渠魁、江洋大盗等形形色色的盗贼在各地出没无常，对民众日常生活、地方社会秩序和王朝国家统治造成很大的影响，故时人十分注重对盗贼的防范和治理，而当今学界也非常重视明清时期的盗贼问题，形成了不少有分量的学术成果。

根据环境的不同，明清时期的盗贼大致可分为陆地盗贼和水域盗贼两类。在陆地盗贼研究方面，成果颇为丰富。陈春声、黄志繁考察了明代粤东、赣南山区的盗贼①，黄永则讨论了明代北京盗贼的来源、表现及防治措施②。清代在四川地区白昼抢夺、夜间偷盗的啯噜引起了学界的广泛关注，张力、秦和

* 本文原载于《民俗研究》2021 年第 6 期，转载于中国人民大学《复印报刊资料（明清史）》2022 年第 3 期，系山东省社会科学规划研究项目"明清京津冀鲁地区运河盗匪研究"（19CLSJ09）的阶段性成果。

① 参见陈春声：《猺人、蜑人、山贼与土人——〈正德兴宁志〉所见之明代韩江中上游族群关系》，《中山大学学报》（社会科学版）2013 年第 4 期；黄志繁：《"贼""民"之间：12—18 世纪赣南地域社会》，生活·读书·新知三联书店 2006 年版。

② 参见黄永：《明代北京的盗贼及其防御与惩治》，中国明史学会编：《明史研究》第 11 辑，黄山书社 2010 年版，第 128—140 页。

平、常建华、吴善中等学者对啯噜的起源、成因、演变以及治理等问题作了深入探讨。① 而活跃于清代河南、直隶、山东等地劫杀行旅的老瓜贼亦得到了学界的讨论，常建华、岳爱华、王莉瑛、黄治国对老瓜贼的出现、活动地域以及治理手段作了深入研究。② 此外，还有陈宝良、王赛时考察了明清时期北京、山东的响马盗贼。③

　　在水域盗贼研究方面，成果亦多，但颇不平衡。所谓水域盗贼，即活跃于江、河、湖、海的盗贼。其中以明清海盗的研究最为瞩目，相关成果也最为丰富。不论是整体性的明清海盗研究，抑或是分时段的、区域性的海盗研究，在中外学界都获得了

---

① 清代啯噜研究成果相当丰富，主要包括张力：《啯噜初探》，《社会科学研究》1980 年第 2 期；胡昭曦：《"啯噜"考析》，《四川史学会史学论文集》，四川人民出版社 1982 年版；戴玄之：《啯噜子》，《中国秘密宗教与秘密会社》（下），台湾商务印书馆 1990 年版；秦和平：《川江航运与啯噜消长关系之研究》，《社会科学研究》2000 年第 1 期；常建华：《清代啯噜新研》，《清代的国家与社会研究》，人民出版社 2006 年版，第 197—230 页；吴善中：《清初移民四川与啯噜的产生和蔓延》，《清史研究》2011 年第 1 期；龚义龙：《清代巴蜀"啯噜"始源探析》，《陕西理工学院学报》（社会科学版）2011 年第 2 期；梁勇：《啯噜与地方社会的治理——以重庆为例》，《社会科学研究》2013 年第 1 期。
② 关于清代老瓜贼的研究，可参见常建华：《清代治理"老瓜贼"问题初探》，《南开学报》1997 年第 3 期；常建华：《清朝治理"老瓜贼"问题续探》，《南开学报》2009 年第 5 期；岳爱华、王莉瑛：《清朝初期老瓜贼问题探赜》，《山西师大学报》（社会科学版）2010 年第 4 期；黄治国：《康乾时期的老瓜贼及朝廷的整治措施》，《信阳师范学院学报》（哲学社会科学版）2011 年第 2 期。
③ 参见陈宝良：《"行路难"：明清商人行走江湖之险恶及其应对》，朱诚如、徐凯主编《明清论丛》第 16 辑，故宫出版社 2016 年版，第 19 页；王赛时：《明清时期的山东响马》，《中华武术》1995 年第 3 期。

极大的实践。相关成果十分丰富,在此难以展开论述,具体情况可参见季士家、黄秀蓉、张代春、许淑贞、张雅娟、安乐博(Robert Antony)、余康力(Patrick Connolly)等中外学者所作的细致梳理。①

　　与明清陆地盗贼以及海盗的研究相比,学界对明清时期活跃于江河、湖泊的盗贼关注较少,相关成果相对较少。在明清湖盗研究方面,仅有数篇文章专门探讨晚清的太湖盗匪。对明清江河盗贼的讨论,则常常散见于一些有关盗贼的论著当中,而专门就此主题作深入梳理和研究的主要有日本学者松浦章和中国学者王日根、曹斌。② 翻阅相关论著不难发现,部分明清江河盗贼研究成果都涉及运河盗贼,但多以探讨南方地区

---

　　① 参见季士家:《近八十年来清代海盗史研究状况述评》,《学海》1994 年第 5 期;黄秀蓉:《近二十年明代海盗史研究综述》,《历史教学问题》2006 年第 1 期;张代春:《30 年来清代广东海盗研究综述》,《广州航海高等专科学校学报》2010 年第 2 期;许淑贞:《近二十年清代海盗研究综述》,陈峰主编:《中国经济与社会史评论(2011 年卷)》,中国社会科学出版社 2012 年版,第 286—300 页;张雅娟:《近五十年来清代嘉庆年间海盗问题的研究》,《中国史研究动态》2012 年第 2 期;安乐博、余康力:《中国明清海盗研究回顾——以英文论著为中心》,李庆新主编:《海洋史研究》第 12 辑,社会科学文献出版社 2018 年版,第 339—354 页。

　　② 参见[日]松浦章:《清代江南内河的水运》,《清史研究》2001 年第 1 期;[日]松浦章:《清代内河水运史研究》,董科译,江苏人民出版社 2010 年版;[日]松浦章:《明代内陆河运的盗贼:河盗、湖盗、江贼》,《地方文化研究》2019 年第 4 期;王日根、曹斌:《明清时期江河盗贼的基本来源探析》,《学习与探索》2012 年第 7 期;王日根、曹斌:《由雍正洞庭抢米案看官府河盗治理的制度困境》,《井冈山大学学报》(社会科学版)2014 年第 1 期;王日根、曹斌:《明清商书文献中的运河航路秩序》,《中原文化研究》2014 年第 6 期;王日根、曹斌:《明清河海盗的生成及其治理研究》,厦门大学出版社 2016 年版。

(如江南)的运河盗贼为主,而对于北方地区(如北京、山东)的运河盗贼往往是轻描淡写,一笔带过。

综上可知,目前学界对北方地区运河盗贼的研究十分薄弱。这与明清北京、山东运河在整个京杭大运河中的地位相比,极不相称。明清时期京鲁运河北连京师,南通江苏、河南等地,每年商旅络绎,舟楫如梭,运河沿线的盗贼亦非常活跃,常有偷窃、抢劫往来船只的情形。窃以为,京鲁运河盗贼研究的缺位,不论对于明清盗贼研究抑或是明清运河社会研究来说,无疑都是重大的缺憾。有鉴于此,本文尝试对明清时期京鲁运河盗贼的作案情形、生成原因和防治措施加以讨论,希望对相关研究有所助益。

一、明清京鲁运河盗贼的作案情形

明清京鲁运河,即明清时期流经京师①和山东两省的大运河,从北往南依次包括六段。(1)大通河,又称通惠河、里河,起点为北京,终点为通州。(2)白河,又称北运河、潞河,起点为通州,终点为天津,沿途主要经过南营、张家湾、漷县、萧家林(属香河)、河西务(属武清)等地。(3)卫水,又称南运河、卫河,起点为天津,终点为临清,沿途主要经过杨柳青、静海县城、沧州城、南皮县城、桑园、德州城、故城县城、武城县城、油坊(属清河)等地。(4)会通河,又称闸河、泉河,起点为临清,终

---

① 明清时期的京师,即明代的北直隶,清代称直隶,包括今天的北京市、天津市、河北省大部分地区以及河南省小部分地区。

点为济宁之枣林,沿途主要经过魏家湾、七级、张秋、安山、靳家口、袁家口、开河驿、长沟、济宁、石佛闸、鲁桥等地。(5)南阳四湖,从鱼台县南阳镇往南,依次有南阳、独山、昭阳、微山四湖。(6)泇运河,起点为微山湖东侧之夏镇,终点为峄县台庄,沿途主要经过韩庄、德胜闸、丁庙等地。大运河过台庄后,即出山东,入江苏境内。

明清两代多有盗贼出没于以上运河沿线地区,他们偷抢运河船只,甚至杀伤人命,对运河航运秩序造成了很大的影响。归纳起来,其作案情形主要有以下三类。

（一）偷抢粮船

粮船,是指通过运河将各地粮食漕运至京的船只。明代粮船主要是漕船和白粮船,运军驾驶漕船运送漕粮,民户驾驶白粮船运送白粮。此外,天津至通州水浅时,漕运粮食需换体型较小的拨船（亦称"剥船""驳船"）转运,故拨船也属于粮船的一种。清初,白粮改由漕船运输,此后再说起粮船,主要指的就是漕船和拨船。

明清两代修浚运河主要就是为了运粮进京,每年都有数量庞大的粮船从京鲁运河经过,成为盗贼偷抢的主要对象之一。明景泰六年(1455),近京运河沿线有盗贼出没,劫粮船、杀运军,"沿漕河,盗贼横甚,漕军为有杀掠者"①。嘉靖三十二年(1553),有盗贼李自名等在济宁等地,"剽卤漕粮船只,杀伤运军"②。万

①　《明英宗实录》卷二五八,废帝郕戾王附录第七十六,景泰六年九月庚子条,"中研院"历史语言研究所,1962 年,第 5551 页。

②　《明世宗实录》卷四〇一,嘉靖三十二年八月丙戌条,"中研院"历史语言研究所,1962 年,第 7028 页。

历十六年（1588）春，有盗贼在石佛闸劫掠粮船，"戊戌，至石佛，盗劫运舟，杀一人，伤一人"①。崇祯三年（1630），萧家林至张家湾运河沿线居民与拨船船户串通盗窃粮船漕米，"又沿途有萧家林、潞县马头、张家湾等处地方，惯贼藏米之家与船户通同作弊，其来久矣"②。崇祯五年四月三十日，大伙盗贼在河西务丁家庄抢劫南京应天卫粮船，打死两人，重伤一人，抢去白银七百五十余两、衣服若干，放火烧毁该帮粮船一只、米五百六十余石。③

　　清代，盗贼偷抢京鲁运河粮船的现象也比较突出。顺治七年（1650）末，峄县有数千山贼至德胜闸抢劫江南粮船。④ 乾隆四十一年（1776）七月初五日深夜，有盗贼在油坊镇打劫常州府白粮帮旗丁王益周粮船，将副丁王本周等打伤。⑤ 乾隆五十四年七月二十日，湖南漕帮在通州南营停泊休息，半夜有数十名盗贼潜入旗丁李九粮船偷窃，盗去大钱八千有零。同船李士俊之子李得荣发现喊捕，被盗贼打落水中淹死。⑥ 乾隆五十九年五月初八深夜，浙江湖州帮粮船在济宁师庄闸等待开闸，有盗贼数人潜入运丁朱绣兰粮船偷窃，被发觉后用刀威胁事主，

---

①　（明）杨承鲲：《碣石编》卷二《北征记》，明万历刻本。

②　（明）毕自严：《度支奏议》云南司卷四《捉获船户插和漕粮疏》，明崇祯刻本。

③　参见（明）毕自严：《度支奏议》云南司卷一五《题运弁耿秉孝被盗劫杀疏》，明崇祯刻本。

④　参见康熙《峄县志》卷二《兵燮》，清康熙二十四年（1685）刻本。

⑤　参见《清高宗实录》卷一〇一三，乾隆四十一年七月乙酉条，中华书局1986年版，第592页。

⑥　参见《清高宗实录》卷一三三五，乾隆五十四年七月己酉条，中华书局1986年版，第1096页。

抢去衣服、银两、布匹等物。① 咸丰元年（1851），有粮船旗丁在武清县安平地方被盗贼抢掠。② 光绪九年（1883），北运河有船户偷盗驳船漕米。"近来剥船户偷漏之风，益无忌惮，每船动辄偷窃数十石之多，甚至偷窃后弃船逃走。"③光绪二十二年四月，有盗贼在通州码头抢劫浙江省漕粮押运委员吴君杰船只，枪伤水手，抢去衣物。④ 光绪二十五年六月，有盗贼数人在武清县境抢劫江苏省第二十七起漕粮押运委员沈某船只，劫去银两、衣物。同月，还有江苏省第四十七起漕粮押运委员金某在天津被盗贼打劫。同月，又有盗贼在天津抢劫浙江省第三十六起漕粮押运委员朱某船只，抢去银物，并枪伤事主。⑤

（二）偷抢官船

官船，是指文武官员乘坐的船只。大运河是明清时期南北交通的大动脉，很多官员外出（包括公干、返乡、采办等）都选择走运河水路，因此每年也会有大量的官船从京鲁运河通过，成为盗贼觊觎和偷抢的另一重要目标。

盗贼在京鲁运河抢劫官船的现象早在明初就已出现。永乐十九年（1421），嘉兴通判陈原佑、黔阳县丞翁良兴以及阁臣

---

① 参见《清高宗实录》卷一四五三，乾隆五十九年五月丙午条，中华书局 1986 年版，第 1365 页。

② 参见《清文宗实录》卷四八，咸丰元年十一月癸酉条，中华书局 1987 年版，第 651 页。

③ 《清德宗实录》卷一六五，光绪九年六月丁卯条，中华书局 1987 年版，第 314—315 页。

④ 参见《北通州近闻》，《申报》1896 年 5 月 31 日。

⑤ 参见《古潞近闻》，《申报》1899 年 7 月 19 日；《古潞近闻》，《申报》1899 年 7 月 24 日。

文敏亲属文义、文让一同乘船进京，在东昌府境内被盗贼抢劫。[①] 嘉靖元年（1522）七月，有盗贼在通州与香河之间抢劫南京进贡内臣船只，抢去行李等物。[②] 嘉靖八年四五月间，国子监祭酒陆深从北京坐船南下，从桑园至七级闸，一路有盗贼骚扰。[③] 嘉靖二十二年（1543）前后，东平安山至济宁长沟之间有成群盗贼在运河沿线抢劫官民船只，"闻安山、长沟上下盗贼百数为群，白日行劫，官商船经过，如履虎尾"[④]。万历初年，运河大盗陶文、赵三等在七级闸抢劫千户安国官船，抢去官银一千九百余两。[⑤] 万历二十七年（1599），有盗匪在漷县盗劫刑部官员熊履初船只并杀伤其家属。[⑥] 崇祯元年（1628），广德州州判某某走运河水路运送颜料银进京，行至济宁附近遭遇盗贼，被抢去官银。[⑦]

清代也有不少盗贼在京鲁运河偷抢官船的现象。清初，湖盗周魁轩盘踞东平湖、安山湖，伺机劫掠运河船只。顺治五年（1648），济宁道按察司佥事李时从临清护漕归来，至安山时，

---

① 参见（明）朱国祯：《涌幢小品》卷九《文敏子弟》，明天启二年（1622）刻本。

② 参见（明）张原：《玉坡奏议》卷二《弭盗疏》，《景印文渊阁四库全书》第429册，台湾商务印书馆1986年版，第369页。

③ 参见（明）陆深：《俨山外集》卷九《南迁日记》，明嘉靖陆楫刻本。

④ （明）吴鹏：《飞鸿亭集》卷一二《董东江》，明万历吴惟贞刻本。

⑤ 参见（明）瞿九思：《万历武功录》卷一《闸河贼陶文列传》，明万历刻本。

⑥ 参见《明神宗实录》卷三四〇，万历二十七年十月丙申条，"中研院"历史语言研究所，1962年，第6316页。

⑦ 参见乾隆《广德直隶州志》卷三六《人物志》，清乾隆五十九年（1794）刊本。

被周魁轩等人劫船杀害。① 顺治八年闰二月十二日,峄县盗贼数千骑将寇徐州,行至该县德胜闸时遇见朝廷采办丝绸的龙衣船,于是大掠而归。② 道光十九年(1839)七月,广东候补盐运司知事左增谟押运银两进京,行至通州地方泊船休息时,被盗贼劫去官银。③ 咸丰三年(1853),官员郭维键从直隶调任湖北,船至天津时被盗贼打劫,"至天津,骤遇贼船,被掠一空"④。光绪十七年(1891)三月二十七日夜,有袁开诚等十八人在滕县西湾地方抢劫山东运河道耆安船只,打伤役夫三人,击落耆安上门牙一颗,抢去官银一千两以及衣服等物。⑤ 光绪二十一年十一月,临清官府的一艘解银船在开往天津途中遭遇盗贼抢劫。官方开枪抵御,打死盗贼七人,打伤盗贼数十人。⑥

(三)偷抢民船

民船是指民间船只,主要包括运输乘客的客船和运送货物的货船(亦称"商船")。明清时期,不光运送粮食、官员外出多走运河水路,就连普通民众的出行也是如此。尤其在京鲁运河上,常有民船搭载着应试的学子、做生意的商人、赶集的百姓等

---

① 参见咸丰《济宁直隶州志》卷一之三《大事志》,清咸丰九年(1859)刻本。

② 参见康熙《峄县志》卷二《兵燹》,康熙二十四年(1685)刻本。

③ 参见《清宣宗实录》卷三二四,清道光十九年七月己酉条,中华书局1986年版,第1089页。

④ 光绪《资州直隶州志》卷一八《人物志》,清光绪二年(1876)刻本。

⑤ 参见(清)朱寿朋:《东华续录》卷一〇三,光绪十七年五月丁丑条,宣统元年(1909)上海集成图书公司本。

⑥ 参见《解银被劫》,《申报》1896年1月14日。

各色人物,货船运送着小麦、大米、红枣、生姜、布匹、绸缎等各种货物。

京鲁运河上民船往来频繁,也是盗贼作案的重要对象。早在洪武年间,即有苏州卫卒扮作盗贼,趁夜在河西务抢劫客船。"苏州卫卒十余人驾舟运饷,泊河西务,夜劫客舟。"① 永乐初,有名为泰邦的商人乘船进京贸易,在张家湾被盗贼王甲、王乙抢劫杀害。② 成化年间,商人眭敖、眭祥父子从北方运货南下,至临清时,有盗贼扮成佣工,受雇上船,准备在途中杀人越货,结果被二者发现并解雇。③ 弘治元年(1488)三月二十六日,有盗贼在萧家林运河边上抢劫木筏。④ 弘治年间,江苏泰兴人张黼之父病逝于京,黼扶柩回籍,船至济宁时遭遇盗贼。⑤ 嘉靖二十年(1541),天津运河有船户借贩盐为名趁机抢劫,"天津沿运河皆屯所,曩无司庾之人,时有奸人驾舟假名贩盐,乘闲攘劫"⑥。嘉靖三十年,盗贼裹挟饥民在鲁桥镇尾随官员陈茂礼眷属船只,"已,复围家属船于鲁桥,茂礼夜令人伪为盗,谬趋

---

① 崇祯《江阴县志》卷六《伊蒿子传后序》,明崇祯十三年(1640)刻本。

② 参见(明)王圻:《续文献通考》卷八三《节义考》,明万历三十年(1602)松江府刻本。

③ 参见(明)韩邦奇:《苑洛集》卷四《大明冯翊眭公墓志铭》,明嘉靖三十一年(1552)刻本。

④ 参见朴元熇校注:《崔溥漂海录校注》卷三,上海书店出版社2013年版,第121页。

⑤ 参见嘉庆《重修泰兴县志》卷七《举孝子张黼疏》,清嘉庆十八年(1813)刻本。

⑥ 民国《天津县新志》卷一八《吏政一》,民国二十七年(1938)刻本。

商舶者,贼亦随之,乃解"①。万历二十一年(1593),有客船在安山、靳家闸、开河驿、袁家口、双庙等处被打劫。② 万历三十二年,有盗贼聚党于微山湖中,驾船驶入滕县运河,抢劫商船,"在于鱼沛湖内,忽入漕河,白昼将载姜船只程客截住、捆缚,劫去财物"③。

清代,盗贼偷抢京鲁运河民船的事件仍不时发生。顺治元年,峄县生员郑闳中一家乘船至微山湖避难,遭遇盗贼伏击,其妻邵氏遇害。④ 乾隆五十一年(1786),湖南善化人黄士对乘舟沿运河游历,行至武城,被盗贼打劫。⑤ 次年六月十八日,盗贼十余人在静海县曹家堤地方打劫山东学政刘权之眷船,砍伤水手二名,将家眷惊吓落水,抢去白银二十余两、洋钱十个。⑥ 乾隆五十三年四月十八日夜,江苏布政使奇丰额家眷船只在台庄丁庙停泊,有盗贼数人上船偷窃,偷去白银三百两、耳挖一枝、豆瓣金簪一对以及腰刀等物。⑦ 嘉庆十九年(1814)八月二十五日深夜,盗贼赵五等人在德州高官厂偷窃原礼部侍郎钱樾船

---

① 光绪《慈溪县志》卷二八《列传五》,清光绪二十五年(1899)刻本。

② 参见(明)郑汝璧:《由庚堂集》卷二五《参冲灾有司并议就近调补疏》,明万历刻本。

③ (明)黄克缵:《数马集》卷二《谨报水贼聚散情形疏》,清刻本。

④ 参见康熙《峄县志》卷四《人物志》,清康熙二十四年(1685)刻本。

⑤ 参见光绪《善化县志》卷二三《人物一》,清光绪三年(1877)刻本。

⑥ 参见《吏部尚书绰克托等为遵旨严议静海盗劫官船一案失职官员处分事奏折》,中国第一历史档案馆:《乾隆年间运河官眷船只遭劫案》,《历史档案》2002年第2期。

⑦ 参见《山东巡抚长麟为江苏藩司奇丰额眷船被窃查参疏防官员事奏折》,中国第一历史档案馆:《乾隆年间运河官眷船只遭劫案》,《历史档案》2002年第2期。

只，被发现后将事主控制，抢去银两、衣服等物。① 道光十四年
（1834）十月初五，十余名盗贼在故城县二望地方抢劫广东贡
生刘光桐船只，砍伤其家人，劫去纹银四百两、铜钱十余串以及
手钏、布匹等物。② 咸丰三年（1853），有南皮、盐山两县生员、
童生从天津应试返回，船至沧州时遭遇盗贼打劫。③ 咸丰四年
三月，金乡县盗贼窜至南阳湖，抢劫运河商船数十艘，以湖为
巢，伺机作案。知县陈应元带领水勇驾舟缉捕盗贼，水路肃
清。④ 咸丰十一年闰二月，桑园镇有粮船水手昼伏夜出，抢劫
客船，"闻多粮船水手，白日藏在河堤内，晚即行劫客船，可虑
之至"⑤。光绪十三年八月，有盗贼在北运河打劫两艘货船，
"上月杪，有舫船二艘在某处被劫，货物财帛散失一空"⑥。光
绪二十三年三月某日夜晚，有盗贼在香河县运河码头抢劫大
城、文安两县客船，抢得前者津钱一百余吊、后者津钱五十余
吊。⑦ 光绪二十八年某日，天津人刘所从清河县油坊镇乘船回
津，至沧州祁家沿码头附近，有盗贼六人假扮乘客，持枪抢劫，

---

① 参见（清）那彦成：《那文毅公奏议》卷四九《初任直隶总督奏
议》，清道光十四年（1834）刻本。

② 参见《清宣宗实录》卷二六一，道光十四年十二月壬辰条，第
974 页。

③ 参见民国《沧县志》卷八《文献志二》，民国二十二年（1933）铅
印本。

④ 参见民国《济宁直隶州续志》卷八《陈公祠》，民国十六年（1927）
铅印本。

⑤ （清）王钟霖：《王钟霖日记》，清咸丰抄本。

⑥ 参见《帝都载笔》，《申报》1887 年 11 月 2 日。

⑦ 参见《茬苻不靖》，《申报》1897 年 5 月 17 日；《盗案类志》，《申
报》1897 年 5 月 21 日。

将船中行李抢劫一空。①

二、京鲁运河盗贼生成的原因

通过梳理可知,明清时期京鲁运河盗贼活动频繁,盗案迭出。导致京鲁运河盗贼生成的原因很多,概括起来,可分为直接原因和间接原因两方面。

（一）直接原因

本文所谓的直接原因,是指导致盗贼作案的具体因素。由上可知,明清时期京鲁运河沿线盗贼偷劫现象非常突出。而盗贼的身份复杂,来源广泛,包括漕运军丁、粮船水手、粮船短纤乃至寻常百姓都有沦落为盗贼,偷抢运河船只的现象。而不同群体的处境不一,导致他们作案的直接原因也有所不同。

1.漕运军丁为盗主要与其负担过大有关

明清时期,漕运军丁是承运漕粮的主力,明代称"运军",清代称"运丁"或"旗丁",故本文以"漕运军丁"合称之。为维系漕运运转,明清两代对漕运军丁给予一定的生活保障,如发给行粮、月粮、补贴,拨给屯田耕种,准许携带部分私货售卖等。

尽管如此,漕运军丁运粮负担依然不轻。首先,运粮距离

---

① 参见《中外近事·本埠·沿河抢劫》,《大公报》（天津）1902 年 6 月 27 日。

远,耗费时间长,加之航运条件有限,漕运军丁差役繁重,辛苦异常。明大学士丘浚就曾指出:"今之漕卒比之宋人,其劳百倍。"①其次,漕运军丁经济窘迫。一方面,月粮拖欠严重,"有预给半年者,有经年不给者",又有运官克扣,"所谓月粮、行粮者,半与其帅共之"②,"(漕运)关系甚大,经费本无不敷,而运丁恣行不法者,皆由官弁剥削所致"③,导致其收入减少。另一方面,漕运军丁开支很大。途中遇浅转运需多花银两,"军船到彼俱雇民船起剥,每米百石,远者要银三四两,近者二两八九钱"④。物价上涨会导致开支增加,"旗丁运费本有应得之项,惟定在数十百年之前。今物价数倍,费用不敷"⑤。此外,各种陋规也增加了开支。明代"运官有剥削,衙门有支费,洪闸有需索,到仓有经营"⑥。清代"弁丁有水次之苦,有过淮之苦,有抵通之苦"⑦。总之,明清漕运军丁经济上入不敷出,多破产

① (明)丘浚:《大学衍义补》卷三四《制国用》,《景印文渊阁四库全书》第712册,台湾商务印书馆1986年版,第426页。

② (明)王世贞:《弇州史料》卷二七《刘大夏传》,明万历四十二年(1614)刻本。

③ 《清世宗实录》卷二〇,雍正二年五月甲辰条,中华书局1985年版,第318页。

④ (明)陈子龙辑:《明经世文编》卷一七〇《攒运粮储疏》,明崇祯平露堂刻本。

⑤ 《清史稿》卷三二四《管斡贞附蒋兆奎传》,中华书局1977年版,第10850页。

⑥ (明)陈子龙辑:《明经世文编》卷三四三《乞优恤运士以实漕政疏》,明崇祯平露堂刻本。

⑦ (清)贺长龄编:《清经世文编》卷四六《漕弊疏》,清光绪十二年(1886)思补楼重校本。

者,"江南军士多因漕运破家"①。

概言之,明清漕运军丁差役繁重、入不敷出,甚至破产,负担过大。这是导致部分军丁在运粮途中偷窃、抢劫的直接原因。

2. 粮船水手为盗主要与收入低下有关

明清时期,同漕运军丁一样,粮船水手出运过程中也面临各种困难,劳动艰苦,而其收入比军丁更低。据崇祯五年(1632)记载,水手往返运输一次仅仅得银三两,如以最低六个月时间计算,每天最多得钱六十文左右,不足以糊口。因此常有在船偷窃的行为,"今所号为水手者,皆沿途顾募无籍贫民耳。往回与值三两,得钱之后,往往逃去,及其在船之时,复多方凌辱旗甲,鼠窃狗偷,甚受其累"②。

明清时期还有运弁克扣粮船水手工钱的现象,导致其收入减少,引发报复性的偷抢。例如,崇祯年间应天卫指挥耿秉孝船只在河西务丁家庄遭劫③,后来查明,抢劫者正是受雇的漕粮水手,因工钱遭到耿秉孝的克扣而抢劫。"揆其劫杀根因,咸称本官克减所致。今武清县见获强贼陈二、傅二供称应天卫水手姚益、王二与杭州卫帮内水手刘三等十五人,俱系各卫水手。"④可见,粮船水手收入较低,是导致其沦为盗贼的直接

---

① (明)刘大夏:《刘忠宣公遗集》文集卷一《乞休疏》,清光绪元年(1875)刘乙燃刻本。

② (明)毕自严:《度支奏议》云南司卷一五《覆台臣谢三宾陈设漕镇利病疏》,明崇祯刻本。

③ 参见(明)毕自严:《度支奏议》云南司卷一五《题运弁耿秉孝被盗劫杀疏》,明崇祯刻本。

④ (明)毕自严:《度支奏议》云南司卷一六《复议漕粮劫盗失事官员疏》,明崇祯刻本。

原因。

3. 粮船短纤为盗主要与生计窘迫有关

粮船短纤主要见于清代记载，是在运河沿线被粮船临时雇用拉纤之人。由于京鲁运河水浅闸多，故其沿线短纤人数较多，常有偷抢粮船的情况，原因主要与其生计有关。

首先，粮船短纤多为贫苦无业之人，主要靠出卖体力为生。其次，粮船短纤收入很低。据研究，乾隆五年（1740）以前，雇一名短纤拉纤一里的价格约为一文钱，日行尚不过二三十里，每日所挣仅二三十文，不足以糊口。嘉庆初，雇价增至每夫每里五至七文，短纤日挣不过一二百文，而此时物价飞涨，收入勉强糊口。① 最后，短纤主要在粮船重运北上时受雇，回空时很少被雇用，工作极不稳定。

总的来看，清代短纤生计窘迫，故有部分人白天拉纤，晚上偷抢。如前所述，乾隆年间常州帮王益周粮船遭到抢劫，作案者正是短纤段老四等人，因为贫苦而萌生抢劫念头。刘权之眷船在静海县曹家堤被抢劫，作案者也是短纤，因无人雇佣拉纤兼之中途所带银钱用尽，故起意合伙抢劫。奇丰额眷船在台庄丁庙被抢，也是因为短纤"缺少盘费"。可见，粮船短纤为盗主要是被生计所迫。

4. 寻常百姓为盗主要与荒年饥寒有关

寻常百姓，比如农民、小贩、手工业者等，通常安分守己，这是京鲁运河沿线社会的常态。但在灾害连年、青黄不接的情况下，沿河地区也有贫困百姓因饥寒交迫而沦为盗贼。例如，前

---

① 参见龙圣：《清代大运河沿线的粮船短纤》，《光明日报》2020 年 12 月 28 日。

文提到嘉靖年间,陆深从北京坐船南下,一路有盗贼骚扰。其实这些盗贼正是为饥饿所迫者,"盖饥氏屡来窥伺,将来甚可虑也"①。嘉靖年间,徐州、济宁间有民人相聚为盗,抢掠行舟,也是因为饥寒所迫,"本非有不轨异谋,第以饥寒迫切,无以为生,故不得已而相与,苟旦夕之活而为之"②。顺治初,山东大旱,有饥民为盗,企图抢劫粮船。"山东旱灾,连年赤地,去岁运河无寇,已自百方艰阻。今者饥民四塞,动辄数万,弱者为强食,壮者聚山林,渠魁一呼,云合响应,传闻以为破闸断坝,阻绝粮艘。"③光绪二十五年(1899)秋冬时节,青黄不接,百姓饥寒交迫,遂有在北运河抢劫船只之举。"盖以入秋以来,雨泽过少,二麦未经播种,盗贼因以繁兴。明春青黄不接,想更甚于今日。"④

（二）间接原因

本文所谓的间接原因,是指间接引起盗贼在京鲁运河沿线偷抢船只的原因。这些原因的存在不以盗贼的意志为转移,但可诱发其作案或为其创造作案的有利条件。

1.京鲁运河沿线繁荣富庶易招引盗贼

明清京鲁运河沿线地区商业繁荣、经济发达。兹举数例如表1。

---

① （明）陆深:《俨山外集》卷九《南迁日记》,明嘉靖陆楫刻本。
② （明）姜宝:《姜凤阿文集》卷二《时政论》,明万历刻本。
③ （清）陆世仪:《论学酬答》卷二《答王登善漕河问》,小石山房丛书本。
④ 《光绪二十五年十二月二十六二十七日京报全录》,《申报》1900年2月15日。

表 1　明清京鲁运河沿线地区经济情况

地点	经济状况	文献出处
通州	各省商贾辐辏，杂粮客货等项均赖运河民船以资转运	《申报》1896 年 12 月 5 日
张家湾	居民繁多，商贾凑集	《明经世文编》卷二八三
天津	商贾辐辏，米粮行店不下数百家	《李文忠公奏稿》卷七九
杨柳青	市廛闹热，户口数万，皆沿河而居	《壶天录》卷下
沧州	沧州西关，列市骈阗，旅帆络绎	《辛卯侍行记》卷一
聊城	商贾辐辏，素称饶裕之区	《东华续录》咸丰四年三月
张秋	五方商贾辐辏，物阜齿繁	道光《东阿县志》卷二
济宁	水路通衢，商贾辐辏	万历《兖州府志》卷二六
鲁桥	居民杂稠，商贾辏集，本部一大镇也	《治河全书》卷七
台庄	商贾辐凑，阛阓栉比，亦徐兖间一都会也	光绪《峄县志》卷二四

　　不难看出，明清时期京鲁运河沿线人口稠密、商业发达、经济繁荣，多富庶之地，有较为充裕的钱物可资偷抢，故容易招引盗贼。比如，"天津为著名富庶之区，贼所注意"①，又如"（济宁）天下无事为商贾货财之所辏。设有不虞，则草泽之雄，耽耽思据之"②。这些富庶地区容易招来盗贼，那么其附近的运

---

① 《光绪十八年九月初八日京报全录》，《申报》1892 年 11 月 5 日。
② 道光《济宁直隶州志》卷四之一《建制志》，清咸丰九年（1859）刻本。

河船只遭到偷抢的概率也就更大,从而形成一种间接影响的关系。

2.京鲁运河沿线交通发达易招引盗贼

明清京鲁运河沿线地区往往既有水路之便,又有陆路之利,水陆交汇,四通八达。如表2所示,通州、张家湾、河西务、天津等地,交通条件都非常优越。

表2　明清京鲁运河沿线地区交通状况

地点	交通状况	文献出处
通州	地当冲要,水旱码头,水路较旱路尤为繁盛	《申报》1893 年 10 月 18 日
张家湾	为潞河下流,南北水陆要会	《日下旧闻考》卷一一〇
河西务	该处系京津来往通衢	《申报》1882 年 7 月 10 日
天津	向为南北来往通衢	《大公报》(天津)1903 年 1 月 2 日
沧州	水陆之冲,宾旅络绎	万历《彰德府续志》卷中
德州	当水陆之冲,舳橹相接,车骑交驰	乾隆《德州志》卷七
临清	该州地当孔道,水陆交冲	《申报》1872 年 7 月 24 日
聊城	南接济兖,北连德景,漕河所经要冲之地	嘉靖《山东通志》卷七
济宁	济宁当水陆交冲、舟车会聚之地,往来如织	道光《济宁直隶州志》卷二之六

发达的交通条件有利于盗贼作案后逃跑,部分盗贼也正是看中这点而选择在京鲁运河沿线的城市、市镇以及乡村作案。

比如，东平、汶上"地当南北要冲，盗贼渊薮"①；"临清州为河路通衢，毗连直境，马贼、盐枭多出没，捕务倍关紧要"②；聊城"界连直省，水陆交冲，素为盐枭、马贼出没之区"③；台庄，"水陆交冲，具与江南徐海处处毗连，盗贼、盐枭出没靡常"④。京鲁运河沿线便利的交通容易招引盗贼，也间接影响到运河船只航行的安全。

3.京鲁运河沿线社会复杂易滋生和藏匿盗贼

京鲁运河沿线社会环境复杂，尤以通州、天津、德州、临清等城市最为明显。比如，"通州水陆交冲，五方杂处"⑤；"惟津郡五方杂处，良莠不齐"⑥。沧州，"风俗鸷悍，旗兵与民错杂处，夙号难治"⑦。"德州当水陆之冲，五方杂糅"⑧；临清，"此地五方走集，四民杂处"⑨。"东昌为漕河咽领，民杂五方，多商贾，自昔为齐赵鲁卫走集之郊"⑩，"济宁五方杂处之区，大半外

①　（明）郑汝璧：《由庚堂集》卷二五《参冲灾有司并议就近调补疏》，明万历刻本。

②　《光绪二十一年二月初四日京报全录》，《申报》1895 年 3 月 18 日。

③　《光绪六年十二月二十六日二十七日京报全录》，《申报》1881 年 2 月 22 日。

④　《光绪二十一年七月二十六日京报全录》，《申报》1895 年 9 月 24 日。

⑤　《添设邮局》，《申报》1899 年 2 月 24 日。

⑥　《中外近事·本埠》，《大公报》（天津）1902 年 8 月 31 日。

⑦　（清）鲁九皋：《山木居士外集》卷四《直隶天津府沧州知州徐公行状》，清乾隆四十七年（1782）刻本。

⑧　道光《济南府志》卷一三《风俗》，清道光二十年（1840）刻本。

⑨　康熙《临清州志·序》，清康熙十三年（1674）刻本。

⑩　（清）万斯同：《明史》卷八〇《地理志二》，清抄本。

方人氏"①。此外,沿河市镇环境亦比较复杂。比如,"张秋在河上,五方杂居,风俗不纯,仰机利而华侈"②。

京鲁运河沿线外来人口多,人员流动频繁,习俗风气各异,社会环境复杂。像这样五方杂处之地,鱼龙混杂,良莠不齐,最易滋生和藏匿盗贼。"通州、天津二处之人,五方杂处,易于容留匪类"③;"天津五方杂处,奸宄易于混迹"④;"聊城四方人民杂处,多盗贼"⑤。总之,京鲁运河沿线复杂的社会环境容易滋生和藏匿盗贼,影响运河船只行船安全。

三、对京鲁运河盗贼的防治

盗贼偷抢京鲁运河船只,阻碍行旅出行,延缓漕粮运输,破坏漕运秩序,影响社会稳定和国家统治。有鉴于此,明清时期采取了一系列的防治措施对付盗贼。

(一)防盗措施

防盗措施,即预防盗贼所采取的各种办法,概括起来主要

---

①　咸丰《济宁直隶州志》卷三之四《食货四》,清咸丰九年(1859)刻本。

②　(清)顾炎武:《肇域志》卷一六,清抄本。

③　(清)王先谦:《东华录》雍正七年正月戊午条,清光绪十年(1884)长沙王氏刻本。

④　《雪津雪浪》,《申报》1902年12月14日。

⑤　(清)官修:《八旗通志》卷二三七《人物志一一七》,《景印文渊阁四库全书》第668册,台湾商务印书馆1986年版,第680页。

包括两点：一是从源头上防止盗匪生成，二是防御盗匪的侵扰。

（1）广为招抚。京鲁运河盗贼来源广泛，饥民、贫民都有被迫为盗的情况。为防止他们演变为盗贼，明清时期采取了广为招抚的策略。例如，崇祯末，山东大饥，为防止饥民为盗，漕运总督张国维在济宁设厂施粥，加以招抚，"遂设粥厂十余处，分布远近，命官董其事，所全活者以百万计"①。咸丰初年，京鲁运河漕运受阻，通州码头装卸工失业，为防止其沦为盗贼，朝廷下令将之募为乡勇。"游民负米为生，一经失业，难保不流而为匪，致滋事端……将该处无业游民择其年力强壮，可充技勇者酌量收录，作为团练，随时操演，既足以资捍御，并可消患未萌。"②

（2）船户登记。京鲁运河沿线有不少船户，明清时期曾采取过登记注册的办法，以防止船户为盗。例如，明嘉靖年间天津有船户借贩盐为名，伺机抢劫。浙江西安县人王玑曾任官天津，下令对船户进行登记，并于船尾两侧各画一鸟类，作为标记。如有船户偷抢，官兵根据事主提供的船尾标记即可快速锁定目标："玑籍其船户，使船尾各绘一禽，以为识，有行劫者指船禽赴愬，盗不得脱，河道肃清。"③为防止沿河船户为盗，清代对北运河沿线的驳船船户也采取了登记注册的办法。④

（3）昼行夜停。为提高成功率和安全性，盗贼多选择夜晚偷抢运河船只。故白天行船比较安全，夜晚盗贼活跃，对行驶

① （清）张岱：《石匮书后集》卷四〇《张国维列传》，清抄本。

② 《清文宗实录》卷一〇五，咸丰三年九月壬子条，中华书局1987年版，第595页。

③ 民国《天津县新志》卷一八《吏政一》，民国二十七年（1938）刻本。

④ 参见《津河盗案》，《申报》1879年11月27日。

在荒郊野外的船只尤为不利。如前所述,光绪十三年(1887)
八月,就有两艘船只在北运河夜行时被盗贼打劫。因此,官府
一般要求民船白天行驶,夜晚选择人多的码头停泊,以防盗贼。
比如,上述船主失事后报官,官府又继续敦促船户行旅昼行夜
停,以防被抢。"报官后,由官派拨炮艇十数号沿河来往梭巡,
并由该管各官晓谕客商船户人等,来往行船,日落即行
停泊。"①

(4)河中停泊。昼行夜停是一种理想状态,未必能尽行遵
守。比如,会通河多闸,船只需排队过闸,有时过闸时间较晚,
又不能停留闸下,须继续行船,故出现船只夜行至荒无人烟之
地,找不到合适码头休息的情况,此时有经验的船户或雇主会
选择将船停在运河中间,以防盗贼。明人祁彪佳就曾采取过这
一防盗措施,"午后乘风过戴家庙闸,为东平州地,数十里无人
烟,夜泊中流,令诸舟皆静守,不令盗贼至泊处,亦水次防御一
策也"②。

(5)设兵巡防。明清时期曾在京鲁运河沿线设兵巡逻,防
御盗贼。如弘治五年(1492)下令在通州至临清运河沿线要害
处设堡,召集附近军民开店买卖,安泊行旅,拨卫所官军百名或
金选民壮百名守御。③ 万历三年(1575)又在天津至武清运河
河段设置兵船,沿河巡逻,以防盗贼。"增巡河哨船。宜置八
桨船六只,每船用兵十名,分布巡哨,一遇有贼,并力齐棹,与岸

---

① 《帝都载笔》,《申报》1887 年 11 月 2 日。

② (明)祁彪佳:《祁忠敏公日记·归南快录》,民国二十六年(1937)
铅印本。

③ 参见《明孝宗实录》卷六七,弘治五年九月己巳朔条,"中研院"历
史语言研究所,1962 年,第 1276 页。

上巡缉互为声援。"①雍正六年（1728）下令在京鲁运河沿线修建墩台，每处拨兵五名，以防沿河盗贼，并护送差使催趱漕船。②

（6）配备武器。明清时期曾给粮船官兵配备一定的武器，以防御盗贼。正德六年（1511），刘六和刘七等在北直、山东起义，盗贼乘机偷抢，京鲁运河沿线漕运受阻，为防义军及盗贼滋扰，明朝决定给南方粮船配发武器，每船给盔甲十副、弓箭五副、枪刀五件、铁铳五把。沿途停泊时，运官领军登陆，持兵刃操练，以威慑盗贼，使之不敢靠近粮船。③天启二年（1622），山东徐鸿儒领导白莲教起事，运河沿线盗贼生发，抢劫粮船，漕运受阻。明朝准许南方粮船官兵顺带兵器北上，至北京入库储藏，以防盗贼抢劫。④清代乾隆中叶，为防止粮船被抢，朝廷允许粮船千总各带鸟枪一杆，以威慑盗贼。⑤

（7）抽军护运。为防止盗贼抢劫粮船，正德六年（1511），兵部尚书何鉴奏准从漕运十二把总部下，每船选精卒一人，在山东、北直隶等处运河沿线驻扎，保护粮船、商旅。正德七年

---

① （清）傅泽洪：《行水金鉴》卷一二一《运河水》，《景印文渊阁四库全书》第 582 册，台湾商务印书馆 1986 年版，第 39 页。

② 参见乾隆《夏津县志》卷二《建置志》，清乾隆六年（1741）刻本；乾隆《武城县志》卷六《武备》，清乾隆十五年（1750）刻本；光绪《峄县志》卷一一《军政》，清光绪三十年（1904）刻本。

③ 参见（明）张学颜：《万历会计录》卷三五《漕粮额数》，明万历刻本。

④ 参见（明）林熙春：《林忠宣公全集·城南书庄草》卷一，清康熙八年（1669）刻、乾隆五十七年（1792）补刻本。

⑤ 参见《清高宗实录》卷五六〇，乾隆二十三年四月壬戌条，中华书局 1986 年版，第 98 页。

(1512)三月,提督都御史陆完等奏请调拨官军六千人分驻山东运河沿线济宁、安山、安平、东昌等地,防备盗贼,保护粮运。兵部认为这一建议分散兵力,不足抵御,故按照尚书何鉴的建议,从运船一万二千余艘当中抽调运卒,每艘出兵一人,由领运把总统领,在山东、北直隶运河沿线防御盗匪,护送粮船。①

(二)治盗措施

治盗措施,即捕治盗贼的各种办法,是事后的惩戒措施。明清时期捕治京鲁运河盗贼的手段主要有两种。

(1)设官捕盗。为惩戒盗贼,维护运河航运治安,明清时期在京鲁运河沿线设置了大量官兵,负责捕捉盗贼。其类型分专管官员、兼管官员两种。

首先,明清时期在京鲁运河沿线设有专门管理河道的官员,负责率领兵役在运河沿线缉捕盗匪。其中最高官员为河道总督。隆庆四年(1570)设河道总督,驻徐州,总督北直、山东、河南、南直四省军务,遇有盗匪生发,则调四省兵捕盗。② 清代亦设河道总督,有治理运河、沿河防捕盗匪之责。比如顺治初年,四方盗贼生发,漕舟难行。河道总督杨方兴令运河沿线十里置一台,三十里建一城,守望相助,粮运得以畅通。③

明清时期在河道总督之下设有管河通判、管河县丞等基层官员,分布于运河沿线,专门负责管理河道、缉捕盗贼。这些官员在京鲁运河沿线亦多有设置。正德十三年(1518),北运河

---

① 参见《明武宗实录》卷八五,正德七年三月戊午条,"中研院"历史语言研究所,1962年,第1832页。

② 参见(明)万恭:《治水筌蹄》卷上,明万历张文奇重刊本。

③ 参见(清)吴熊光:《伊江笔录》下编,清广雅书局刻本。

沿线盗贼生发，明朝添设顺天府通判一名，驻河西务，负责治河、捕盗、理讼。① 明代兖州府设有管河通判一名（驻张秋），管理运河、缉捕盗贼等。隆庆六年（1572）常山县人詹汝询就曾"授兖州通判，总理漕运河道，专缉地方盗贼，驻札（扎）张秋镇，兼管城池"②。万历十五年（1587），顺天府管河通判驻杨村，专管河道、巡盐、捕盗。③ 清乾隆三十年（1765）曾令河间同知、天津同知、沧州通判、务关同知、泊河通判、杨村通判，各按本管河岸，从粮船入境始至回空止，沿河缉捕盗贼。④

其次，除专管运河官员外，明清京鲁运河沿线地方文武官员（如州县官、巡检，卫所武官、绿营官弁等）也有协助缉捕运河盗贼的责任。比如，明天顺年间，黄县人张辉任清河知县，"时多盗，辉禁缉甚严，百姓赖以相安"⑤。顺治七年（1650），南皮知县何中举亦曾设法缉捕盗贼，"集乡勇，置马匹器械，操练精锐，获不悛者，立加重刑，遂帖然"⑥。又如，明代在河西务置巡检司，设巡检一名、弓兵五名，负责沿河缉捕盗贼。⑦ 清代，河西务仍置巡检司，设巡检一名（后由驿丞兼任），弓兵十

---

① 参见《明武宗实录》卷一六五，明正德十三年八月戊寅条，"中研院"历史语言研究所，1962 年，第 3196 页。

② 万历《常山县志》卷一〇《选举表》，明万历刻、顺治十七年（1660）递修本。

③ 参见万历《顺天府志》卷二《营建志》，明万历刻本。

④ 参见《清高宗实录》卷九三六，乾隆三十八年六月己丑朔条，中华书局 1986 年版，第 594 页。

⑤ 光绪《广平府志》卷四四，清光绪二十年（1894）刻本。

⑥ 光绪《重修天津府志》卷四〇《宦绩》，清光绪二十五年（1899）刻本。

⑦ 参见万历《顺天府志》卷三《食货志》、卷四《政事志》，明万历刻本。

名,有沿河缉捕盗贼之责。①

　　明清时期还针对地方文武官员捕盗情况制定了奖惩措施。一方面,为提高捕盗积极性,对捕盗有成效者给予奖励。隆庆四年(1570)规定,捕官获强盗一名至五名,奖给花红;获强盗六名以上者,除花红外,加奖励牌匾;获强盗十名以上并获巨盗窝主者,奖励如前外,记功提拔。② 嘉庆六年(1801)奏准,直隶河间府、天津府沿河武职官弁沿河缉捕盗贼者,如能破获粮船被盗大案者,分别议叙。③ 另一方面,为落实捕盗责任,对缉捕不力的官员给予处罚。成化十年(1474)规定盗贼生发,地方官隐匿不报,缉捕不力:文官降级或罢黜,武官或停俸,或坐罪,或坐重罪。④ 乾隆二十三年(1758)规定粮船过境,地方文武官员防捕盗贼不力者限时缉捕,降级调用。⑤ 嘉庆六年规定,直隶河间府、天津府沿河武职官员,于粮船往返期间在所管河岸范围内缉捕盗贼,如有粮船被偷盗等事,降一级留任。⑥

　　(2)按律治罪。明清时期制定有律法惩治盗贼,按律治罪也是治理京鲁运河盗贼的重要一环。

　　《大明律》对偷窃的惩处分三大类:第一,窃盗已行而未得

---

　　① 参见光绪《武清县志》卷五《田赋志下》,清抄本。

　　② 参见(明)万恭:《治水筌蹄》卷上,明万历张文奇重刊本。

　　③ 参见(清)昆冈等纂:《钦定大清会典事例》卷六二一《绿营处分例·漕运》,清光绪二十五年(1899)石印本。

　　④ 参见《明宪宗实录》卷一二八,成化十年五月戊戌条,"中研院"历史语言研究所,1962年,第2439—2440页。

　　⑤ 参见《清高宗实录》卷五六〇,乾隆二十三年四月壬戌条,中华书局1986年版,第98页。

　　⑥ 参见(清)昆冈等纂:《钦定大清会典事例》卷六二一《绿营处分例·漕运》,清光绪二十五年(1899)石印本。

财，不论首从，笞五十。第二，窃盗得财，据得之多寡论处，一贯以下杖六十，一贯至十贯杖七十，往上最高为一百二十贯杖一百，流三千里。若系初犯，右前臂刺"窃盗"两字。如系再次犯案，左前臂刺字如前。如系三犯，绞。第三，军人为盗，得财、未得财者与上同，但免刺字。

《大明律》对抢劫的惩治分白昼抢夺和强盗两类。二者都是用暴力夺取他人财物，但程度不同，人少而无凶器视为抢夺，人多而有凶器算作强盗。白昼抢夺，按律：第一，凡白昼抢夺，不论首从，杖一百，徒三年，赃重者加窃盗罪二等。第二，白昼抢夺且伤人，为主者，斩。为从者，各减一等，右前臂刺"抢夺"两字。第三，若因失火及行船遭风遇浅而乘机抢夺他人财物及拆毁船只者，罪与上同。

强盗，按律：第一，凡强盗已行而未得财，不论首从，杖一百，流三千里。第二，强盗得财，不分首从，皆斩。第三，若窃盗临时有拒捕及杀伤人者，不论首从，皆斩。因盗而奸者，罪同。共盗之人，不曾助力，不知拒捕杀伤及奸情者，以窃盗论。第四，被发觉后弃财逃走，事主追逐因而拒捕者，按罪人拒捕律论。①

《大清律例》亦按以上三方面惩处盗贼，但量刑略有不同，限于篇幅，此不赘述。② 此外，因漕粮是"天庾正供"，关系匪浅，故清代对偷抢粮船者还有专门的惩处规定。

---

① 以上对偷窃、白昼抢夺、强盗的处罚规定，俱见（明）刘惟谦：《大明律》卷一八《刑律一贼盗》，日本景明洪武刊本。

② 参见（清）三泰：《大清律例》卷二三《刑律·盗贼上》、卷二四《刑律·盗贼中》，《景印文渊阁四库全书》第 672 册，台湾商务印书馆 1986 年版，第 708—745 页。

抢劫粮船财物。康熙五十年（1711）规定，强盗行劫粮船者，枭首示众。① 嘉庆八年（1803）亦规定，行劫漕船之盗犯，法无可贷者，斩决枭示。②

偷窃粮船漕米。其惩处分"常人偷盗"和"监守自盗"两类。常人偷盗，指无漕粮运输、管理责任之人盗窃漕粮。清代规定："凡漕运粮米，常人盗一百二十石入己者，发边远充军。入己数满六百石者，拟绞监候。"③监守自盗，指有漕粮运输、管理责任的人（如领运官、押运官、旗丁、水手、代役船户、驳船船户等）盗窃漕粮。清初规定：监守自盗漕粮六十石者，"发边远充军"。监守自盗"满六百石者，拟斩监候"。④ 乾隆四十五年（1780）规定，旗丁盗卖漕粮正米，从重改发黑龙江给披甲人为奴。⑤ 嘉庆十二年（1807）规定，代役船户偷窃漕粮，改发极边足四千里充当苦差。两年后又规定，船户将漕粮偷食、偷卖、掺和沙土在一百石以下者，发极边烟瘴充军。船户听从主使偷食、偷卖，杖一百，徒三年。船户知情盗卖，杖一百，徒三年。乾隆四十二年规定，拨船船户起意盗卖漕粮，拟绞。听从盗卖漕粮，拟流从重，改发伊犁给额鲁特为奴。嘉庆六年规定，拨船船

① 参见（清）昆冈等纂：《钦定大清会典事例》卷七八五《刑律贼盗强盗三》，清光绪二十五年（1899）石印本。

② 参见（清）昆冈等纂：《钦定大清会典事例》卷七八四《刑律贼盗强盗二》，清光绪二十五年（1899）石印本。

③ （清）三泰：《大清律例》卷二三《常人盗仓库钱粮》，《景印文渊阁四库全书》第 672 册，台湾商务印书馆 1986 年版，第 719 页。

④ （清）三泰：《大清律例》卷二三《监守自盗仓库钱粮》，《景印文渊阁四库全书》第 672 册，台湾商务印书馆 1986 年版，第 716 页。

⑤ 参见（清）福趾：《户部漕运全书》卷八一《侵盗折乾》，光绪刻本。本注正文以下所引资料出处与此处相同，不再一一注出，特此说明。

户盗卖漕粮一百石以上者,绞监候。为从及知情盗卖者,杖一百,流三千里。盗卖一百石以下者,发极边四千里充当苦差,面刺"盗卖官粮""烟瘴改发"字样。各犯均先于犯事地方枷号一月,日满发配。此外,嘉庆十五年规定,偷窃漕米六次、在一百石以下者,发极边烟瘴充军。为从者,杖一百,徒五年。

四、余论

明清京鲁运河盗贼来源广泛、活动频繁,官方和民间采取了一系列措施防治盗贼,对于维护运河航路秩序的稳定产生了一定的作用。然而,明清两代京鲁运河盗贼一直未能根绝,防治运河盗贼始终是京鲁沿河地方的一项难题。反观清代康雍乾时期活跃于直隶、山东等地的老瓜贼,经过一番整治后逐渐消失了,老瓜贼的治理取得了显著效果。[1] 同样是在京鲁地区,为何运河盗贼却治而不止? 其原因主要有以下三点。

(一)流动性强

与陆地盗贼相比,水域盗贼的流动性更强,加之京鲁运河水路相连,环境复杂,盗贼沿河作案,具有很强的流动性。从诸多案例来看,不少京鲁运河盗贼常常是跨省、跨府、跨县活动,作案后流窜各地,防不胜防。水域盗贼的流动性特点对官民防盗治盗造成了很大的困难。

---

[1] 参见常建华:《清代治理"老瓜贼"问题初探》,《南开学报》1997年第 3 期。

（二）治理懈怠

明清时期固然采取了不少措施防治京鲁运河盗贼，但是要始终贯彻落实却并非易事，治理懈怠的情况在所难免。比如，京鲁沿河州县官员在治理运河盗贼方面常有推诿而不作为的现象，"直隶、山东运河交接各州县，犬牙相错，彼此混淆，遇有命盗等案，互相推诿"①。甚至还有捕役与盗贼串通扰害，比如道光年间南丰人刘煜"守东昌，地多盗，而捕役率与盗通"②。可见，治理懈怠也是影响京鲁运河盗贼防治效果的重要因素。

（三）盗源难除

京鲁运河每年都有大量的粮船、官船、民船经过，运河及其沿线地区充斥着运弁军丁、水手纤夫、渔民船户、贩夫走卒、贫民流民等形形色色的人物，人员极为复杂。而这些人都有可能沦落为盗贼，危害京鲁运河船只的安全。虽然明清时期采取了各种对策，但并没有从根本上解决不同人群所面临的生活困境，由此也就不可能有效阻断京鲁运河盗贼的生成。

---

① 《清世宗实录》卷一三九，雍正十二年正月癸卯条，中华书局 1985 年版，第 767 页。

② 同治《建昌府志》卷八《人物志》，清同治十一年（1872）刻本。

嘉兴网船会的形成与演变[*]

嘉兴网船会，亦称"刘王庙会"，是晚清、民国以来嘉兴江、浙、沪各地渔民、船民等为纪念"上天王刘猛将"而自发形成的民间集会。网船会以嘉兴王江泾镇连四荡（今作"莲泗荡"）刘王庙为中心，每年正月、清明前后、八月、腊月举行。届时，各地渔民、船民提前数日赴会，从连四荡往西至王江泾镇大约十里的水面上布满了成千上万艘大大小小的船只，其中以打鱼的丝网船最多，故称"网船会"。嘉兴网船会曾盛极一时，后因20世纪五六十年代刘王庙被拆除而停办。改革开放后，刘王庙及网船会渐次恢复，网船会于2007年、2011年分别被列入省级（浙江省）、国家级（第三批）非物质文化遗产名录。① 随着网船会的复兴，相关研究成果日益增多，对我们了解网船会的发展概貌、活动流程、艺术形式等具有重要

---

* 本文原载于王加华主编：《节日研究》第17辑，山东大学出版社2021年版，第51—75页，系山东省社会科学规划研究项目"明清京津冀鲁地区运河盗匪研究"（19CLSJ09）的阶段性成果。

① 参见袁瑾、陈宏伟编著：《江南网船会》，浙江摄影出版社2015年版，"序言"。

的意义。① 然而,学界对船家在连四荡聚集的传统、连四荡刘
王庙的历史、网船会迎神赛会的形式和变化等方面仍缺乏深入
的探讨。有鉴于此,本文主要对网船会形成和演变的历史脉络
加以梳理,并就与之相关的刘猛将信仰略作讨论。

一、船只候检与聚会传统

嘉兴王江泾连四荡刘王庙的网船会,在晚清、民国时期异
常兴盛,是江南地区最著名的庙会之一。其举办的地点王江
泾、连四荡,在明清时期即有记载。

王江泾,位于浙江省的北部,是今嘉兴市秀洲区下的一个

---

① 相关研究主要有俞晓燕:《一个庙会的复兴与再定义——对嘉兴
网船会的民俗志研究》,北京师范大学硕士学位论文,2009 年;文敏:《"网
船会"的集结》,《书城》2009 年第 6 期;耿俪泖、吴桂潮:《江南网船会:流
淌着的运河民俗》,《长三角》2010 年第 5 期;于能:《江南网船会:流淌着
的运河民俗》,《浙江画报》2011 年第 5 期;于能、吴桂潮:《江南网船会:流
淌着的运河民俗》,《浙江画报》2011 年第 5 期;张帮人:《网船会:庶民的
节日》,《大江周刊》2011 年第 5 期;俞忠民:《江南网船会流淌着的运河民
俗》,《大视野》2011 年第 10 期;吴桂潮:《江南网船会:流淌着的运河民俗
文化》,《文化交流》2012 年第 3 期;吴桂潮、朱维达、吴采莲:《网船会:江
南渔民的水上庙会》,《长三角》2012 年第 4 期;仲美文:《传承三百年的水
上庙会:网船会》,《中国国家地理》2013 年第 3 期;徐昱:《水上庙会"江南
网船会"》,《浙江画报》2015 年第 5 期;袁瑾、陈宏伟编著:《江南网船会》,
浙江摄影出版社 2015 年版;王娟:《嘉兴莲泗荡网船会的民俗文化传承与
保护研究》,《嘉兴学院学报》2016 年第 2 期;林莉君:《网船会》,《浙江艺
术职业学院学报》2018 年第 3 期;胡双喜、于彪:《传统民俗"江南网船会"
的现代文化意义探析》,《农村经济与科技》2018 年第 21 期;顾希佳、袁瑾
主编:《网船会》,光明日报出版社 2019 年版;等等。

镇。该镇北与江苏盛泽毗邻,南与嘉兴市区相连。据元代岑士贵的《税暑亭记》显示,宋元时期王江泾即设有市。① 元代,王江泾属嘉兴县,不但有市,而且还设巡检司,专事缉捕。② 明初,王江泾本属嘉兴府嘉兴县,但该府政繁事冗,却只设三县,不能有效治理,故宣德五年(1430)大理卿胡概奏准在该府"增设县治,建官分理",于是王江泾所在的区域从嘉兴县中析出,置秀水县。③ 县分永乐、思贤等乡。王江泾位于秀水县北部,属永乐乡。④ 因有京杭大运河从其境穿过,王江泾的丝绸业在明代获得了很大发展,成为江南五大市镇之一(余四为盛泽、震泽、濮院、双林)。"王江泾镇,在县北三十里永乐乡,旧有王氏、江氏所居,因以名镇。镇南尽秀水县界,北据吴江县界,俗最刁顽,多织绸,收丝缩之利,居者可七千余家,不务耕绩,多儒登贤书者,数有之。"⑤

连四荡,今作"莲泗荡",由西向东依次由陶家、文泉、庙前、桥北四荡组成。连四荡位于王江泾以东,二者由铁店港连接。铁店港西接王江泾,东接连四荡中的陶家荡。明代及清初文献均未提到"连四荡"这个名称,但对这个地方却有涉及。

---

① 参见万历《秀水县志》卷九《遗文·税暑亭记》,明万历二十四年(1596)修、民国十四年(1925)铅字重刊本。

② 参见至元《嘉禾志》卷七《徼巡》,《景印文渊阁四库全书》第491册,台湾商务印书馆1986年版,第62页。

③ 参见《明宣宗实录》卷六四,宣德五年三月戊辰条,"中研院"历史语言研究所,1962年,第1522页。

④ 参见万历《秀水县志》卷一《市镇》,明万历二十四年(1596)修、民国十四年(1925)铅字重刊本。

⑤ 万历《秀水县志》卷一《市镇》,明万历二十四年(1596)修、民国十四年(1925)铅字重刊本。

据万历《秀水县志》记载,秀水县思贤乡有思贤荡,该荡对附近区域起到很大的灌溉作用。其中,有淡沧溪港,长九百三十丈,水从北运河来,入思贤荡,灌田三十四顷。又有彰陵港,长七百一十二丈,水从思贤荡来,入闻家湖,灌田三十二顷。又有急水港,长八百二十三丈,水从思贤荡来,入北高荡,灌田二十一顷。又白龙港,长四百五十丈,水从思贤荡来,从杨树港去,灌田十一顷。①康熙《秀水县志》亦将其载入其中。清末唐佩金撰《闻川志稿》时提道:"陶家荡、连四荡今颇著称,而郡邑旧志皆未载,莫知乾隆以前之旧名,阅康熙中《秀水县志·塘堰门》有云:'淡沧溪从运河来,思贤荡去。急水港从思贤荡来,北高荡去。'始知二荡于国初统号思贤也。"②可见,当时人仍然知道淡沧溪、急水港的具体位置,并确定与之相连的思贤荡即后来陶家等荡的统称。只是他们误以为这是清初的称谓,其实早在明代就已经用思贤荡称呼后来连四荡的主体部分了。

在确定了明清时期王江泾、连四荡这两个重要地点后,接下来我们再对此处举办的刘王庙、网船会做进一步的讨论。晚清、民国时期的网船会以连四荡的刘王庙(位于连四荡中的庙前荡的北侧岸边)为中心,从刘王庙出会,西行至王江泾后再返回刘王庙。届时,浙江、江苏、上海各地很多渔民、船民纷纷聚集在连四荡至王江泾的水域岸边,参加赛会。王江泾和连四荡这两个地方在明代和清初文献中均有记载,然而,连四荡的刘王庙和网船会却寂寂无闻。明代弘治《嘉兴府志》、正德《嘉

---

① 参见万历《秀水县志》卷一《乡都》,明万历二十四年(1596)修、民国十四年(1925)铅字重刊本。

② 康熙《秀水县志》卷一《塘堰》,清康熙二十四年(1685)刻本。

兴府志补》、嘉靖《嘉兴府图记》、万历《嘉兴府志》、万历《秀水
县志》和清康熙《秀水县志》，均没有连四荡刘王庙和网船会的
记载。从康熙《秀水县志》绘制的地图来看，当时思贤荡附近
有一片湖泽，岸边并没有刘王庙。

此外，从明代到清中叶的情形来看，当时也不太具备迎神
赛会的条件。明宣德五年分置秀水县后，王江泾发展成市镇，
然因与江苏吴江交界，"俗最刁顽"，故设巡检司负责缉捕盗
匪、维护治安。① 清初以来，王江泾仍设巡检司捕盗，至雍正三
年（1725）撤销。② 王江泾的地理位置很特殊，往东经过铁店
港、连四荡可通嘉善、上海等地，往南可通嘉兴、杭州，这些地方
每年春季都有大量粮船经过王江泾运河北运，所以王江泾巡检
司的一项重要任务就是稽查粮船是否夹带走私，包括私盐、火
药等。此外，渔民、船民因有舟楫之便，参与走私亦是常事，甚
至有些发展成为"湖盗""河盗"一类的武装势力，是巡检司稽
查的重点。而在检查船只过程中，巡检司弓兵又常以缉捕私盐
为名，搜刮经过运河的各类船只："市设巡检司，司有弓兵十数
辈，名为巡盐，实则摽掠，小船经运河中者无不被其患。"③ 粮
船、渔船、民船对王江泾巡检司的搜刮心存忌惮，避之不及，自
然也难以形成后来从连四荡至王江泾运河一带的赛会活动。
而且船只迎神赛会容易滋生事端，阻塞河道，耽误漕运，从官方
角度而言，也不太可能在春季漕运繁忙之际允许和支持民间在

---

① 参见万历《秀水县志》卷一《市镇》，明万历二十四年（1596）修、民
国十四年（1925）铅字重刊本。

② 参见《重修秀水县志》，《古镇》，民国九年（1920）稿本。

③ 万历《秀水县志》卷一《市镇》，明万历二十四年（1596）修、民国十
四年（1925）铅字重刊本。

漕渠沿线进行赛会活动。

　　然而，也正是因为王江泾设有巡检司稽查，各类船只需排队等候，依次检查通过，故每年春季粮船北运时，有大量船只都停泊在王江泾以东铁店港至连四荡较开阔的水域候检。由于漕粮是"天庚正供"，故粮船先检先行，其次才轮到渔船和民船。又因粮船数量较多，渔民、船民需等候时间较长，这便为他们提供了聚集的机会。渔民、船民这些水上人群，以船为家，常年四处漂泊，难得有机会聚在一起，因此他们正好利用候检的时机相聚。这样一来，便为水上人之间的联姻创造了条件。①候检期间被迫聚集等候，原本只发生在少数经过此地的渔船、民船身上，但它为水上人提供了聚会和谈婚论嫁的机会，影响逐渐传播开去。慢慢地，周边越来越多的水上人也主动前往当地聚集。可以说，聚会和谈婚论嫁成为他们最初一段时间前往当地聚集的主要目的，这点在当地人的记忆中有比较明确的体现：

　　　　这会的发源和"刘王"的历史，据大家晓得，远在洪杨（洪秀全、杨秀清，笔者注）之前即已有峰行。当时规模很小，原系使一向散处在水上的船家，借此有一个欢聚的机会，同时并可作为双方儿女联姻的机会。②

---

　　①　尽管历史上水上人与岸居者之间也不乏通婚的情况，但由于他们各自的生活方式和文化习俗有着较大的差异，因此水上人与岸上居民联姻事实上存在一定的困难，这导致水上人之间通婚成为常态。参见赵世瑜：《唐传奇〈柳毅传〉的历史人类学解读》，《民俗研究》2021 年第 1 期。

　　②　《嘉兴网船会盛况犹昔——参加船只万艘以上 与会人数近二十万》，《新闻报》1949 年 4 月 4 日。

从这个记忆来看，远在太平天国运动发生之前（咸同之前），就有水上人来此聚集，最初规模很小，目的主要是聚会和解决子女的婚姻问题。这个诉求实际上直到晚清、民国时期网船会期间仍一以贯之。清末王江泾文人唐佩金作《刘王庙》一诗，提到"箫鼓送迎神，风光正好春，相逢云水处，解佩定何人？"①其中，"相逢云水处，解佩定何人"一句明显反映的是渔民、船民等水上人聚在一起解决婚姻的问题。这种看法并非只是局外人（镇上居民）的一面之词，就连水上人自己也是这样认为的。1935年，某位记者采访前来参加网船会的一船家，船家的回答与唐佩金诗中所反映的一致：

> 记者挤出人群中，下船向船家访问。据答，网船会每年举行一次，江浙两省船帮均来参加，船家参加此会之习惯，因平日各自东西，晤面机会极少，虽系亲戚亦复如此，借此会期内可互相过访，或说亲拜堂，或集会还钱等事，迨此两日会期一过，各船家又复东西分离，各谋生活云云。②

此外，民国时期还有其他一些报道也提到水上人利用网船会来解决婚姻困境的诉求。

> 嘉兴王江泾于每年春季必有迎赛网船会之举……江

---

① （清）唐佩金：《闻川缀旧诗》卷一《刘王庙》，清宣统三年（1911）铅印本。

② 《网船连樯八九里 王江泾镇江浙渔帮赛会 官厅禁止迎赛 临时取销》，《时报》1935年4月11日。

浙两省船帮渔家,每年借此迎赛网船会以相晤面,船民中
有订婚者,均于此两日内行之,而平日各自西东,殊少晤
见也。①

　　终年依水上生活的船家,他们迎网船会,一方面是借
佛集会,因为他们平时各自东西东,一年中晤面的时机很
少,每年齐集于迎网船会。虽然时间只有短短的两天,他
们却要借此会期互叙离愫,或看亲订婚。②

综上所述,本文认为明代至清乾隆年间王江泾设巡检司稽
查船只,导致水上人聚集在水域较开阔的连四荡附近,他们借
此与亲友会面、谈婚论嫁,早已形成一种传统,但为保证春季运
河漕运顺畅,早期并没有形成大型的迎神赛会活动。乾隆元年
之后,虽然裁撤了巡检司,但只要漕运仍在,对迎神赛会依然有
限制作用。而且,就文献记载而言,晚清以前也看不到连四荡
刘王庙的身影,自然也不可能形成以该庙为中心的网船会
活动。

二、刘王庙的修建与晚清、民国的网船会

（一）刘王庙的修建

连四荡刘王庙是何时形成的? 这个问题对于了解当地网

---

① 《纪念刘琦　王江泾　迎赛网船会》,《时报》1936 年 3 月 30 日。
② 资一:《记迎赛网船会》,《大公报》(上海)1937 年 4 月 12 日。

船会的形成至关重要。清末唐佩金所撰《闻川志稿》记载：

> 刘王庙。一在西方庵侧，乾隆中迁瑞华庵之西北，经乱毁。一在连四荡东北滨。①

据此，王江泾似有两座刘王庙，一座在西方庵旁边，于乾隆中叶迁至瑞华庵的西北。其建庙时间不晚于乾隆时期。然而，这个庙很值得怀疑，一是因为早期文献并无该庙的记载；二是唐佩金另有《闻川辍旧诗》也提到刘王庙，所记与《闻川志稿》相似，却只提连四荡的刘王庙，而未论及乾隆中叶由西方庵旁迁至瑞华庵西北的这座庙宇。②《闻川志稿》于宣统三年铅印出版，《闻川辍旧诗》也在这一年由作者整理完成，是其撰志稿时不便编入又不忍舍弃而自己收藏的部分。③ 公开示人者提及该镇很早便有刘王庙，而私藏自赏者却不提，其中缘由颇耐人寻味。这似有地方文人试图将家乡文化往前推进之意，所以公开示人者要把历史讲得早一些，而私藏自赏者则无此必要。因此，前一个刘王庙的记载实际上并不可靠。如果乾隆及其以前王江泾就有这样一座庙宇，为何在同时期的材料中却毫无记载？

后一个刘王庙，即连四荡的刘王庙建于何时？王水指出：

---

① （清）唐佩金：《闻川志稿》卷二《祠庙（寺观附）》，清宣统三年（1911）铅印本。

② 参见（清）唐佩金：《闻川辍旧诗》卷二《刘王庙》，清宣统三年（1911）铅印本。

③ 参见（清）唐佩金：《闻川辍旧诗》卷一《自序》，清宣统三年（1911）铅印本。

"王江泾方志《闻川志稿》(唐佩金撰,刊于宣统三年)记载,刘猛将祭祀起源于明代,咸丰三年建庙。"①陈宏伟亦认为:"据嘉兴王江泾方志《闻川志稿》的记载,这一带刘猛将祭祀起源于明代,清咸丰三年在莲泗荡建庙。"②此外,王娟也指出:"地方志《闻川志稿》记载莲泗荡清咸丰三年建刘王庙,西方庵侧刘王庙毁于太平天国时期。"③从前文笔者所引《闻川志稿》来看,它只讲连四荡边上有一座刘王庙,却没有说这座庙宇建于咸丰三年,也没有讲当地刘猛将祭祀起源于明代。另外,王娟的文章附有参考文献,其所用《闻川志稿》乃《中国地方志集成·乡镇志专辑》所收录,笔者通阅该志,亦未见其他部分有关于当地刘猛将祭祀起源于明以及咸丰三年建连四荡刘王庙的记载。不知此二说何据。

从以上分析可以看出,目前尚无可靠的史料具体指出该庙修建的年代。不过,我们可以从王江泾当地历史发展的脉络和部分间接史料对此问题加以讨论。

王江泾是明清时期江南的重要市镇,以产销纺织品著称,在明代市内便有七千多家,人丁兴旺、商业发达,可谓名副其实的江南巨镇。清初经过一段时期的恢复,该镇仍然延续了明代的繁荣。至清咸同年间,太平天国运动爆发,王江泾与运动中

---

① 王水:《从田神向水神转变的刘猛将——嘉兴莲泗荡刘王庙会调查》,上海民间文艺家协会、上海民俗学会编:《中国民间文化——民间稻作文化研究》,学林出版社1993年版,第115页。

② 袁瑾、陈宏伟编著:《江南网船会》,浙江摄影出版社2015年版,第13页。

③ 王娟:《嘉兴莲泗荡网船会的民俗文化传承与保护研究》,《嘉兴学院学报》2016年第3期。

心南京距离不远，加之商业发达，该镇成为各种势力争夺的对象。在战争影响下，王江泾商业遭到很大破坏，人口损失十分严重，战后经济萧条、人烟稀少，从此一蹶不振。这点在晚清时期很多文人笔下都有体现。例如，咸丰九年中举的杨象济（字利叔）家，自清初杨佐桥定居王江泾以来已有两百余年，在当地颇有名望。其家在太平天国运动期间被付之一炬，事后其子媳双亡，家道中落，已不复当年局面。

> 窃职先八世祖佐桥于国朝著籍秀水之王江泾已阅二百余年，世以任恤称于里党，而先祖母节孝，郑氏推假赒贫，一遵祖德。经庚申兵燹以来，屋庐全烬，职橐笔遨游，借资薪水，自两年秋，儿子生员庆宪夫妇双亡，未遗子息，而职年将就衰，亦无后望。①

王江泾还有很多家族与杨氏的遭遇类似，他们大都在战乱中遭到重创，这使得该镇元气大伤，从整体上走向衰落。即便是到了清末，经过半个多世纪的发展，王江泾也远未能恢复到之前的繁盛局面。

> 苏浙接壤处，南秀水，北吴江，有市集曰王江泾。发逆蹂躏甚，华屋尽丘墟。五十年来，规复不及半。盖地当塘路之要冲，故其遭劫为特巨。②

---

① 杨象济：《置产赡族呈》，《申报》1876 年 8 月 10 日。
② （清）佚名：《梵门绮语录》卷一《王江泾瑞华庵小宝》，（清）虫天子辑：《香艳丛书》，清宣统铅印本，第 2944 页。

咸丰兵燹,尽付一炬,同治初,故老殚力招徕,迄今五十余年才三百家,不及盛时二十分之一。[①]

从"规复不及半"可以看出,清末王江泾整体上的恢复程度不到之前的一半。尤其是人口方面,明代该镇有七千多家,经过明清之际的战乱及清初以来的恢复,至太平天国运动爆发之前仍有六千多家,人口虽不及明代鼎盛时期,但基本依然延续了之前的局面。太平天国运动之后,该镇人口损失巨大,经过半个多世纪的发展,到清末民初也只有三百家,不及此前人口的二十分之一。

由此可见,太平天国运动后该镇面临比较严峻的人口问题。故同治初年,当地士绅极力招徕人口,以图发展。但即便如此,当地人口也相当稀少。以至于光绪十二三年又不得不"招宁、绍、温、台客民垦荒"[②],将其安插在接战港(今铁店港)一带。

笔者认为,在人烟稀少的背景下,太平天国运动后也有部分的水上人被地方士绅招到当地。尽管这些水上人长期从事渔业,不善于种地,但在当时的情况下,招徕他们对于该镇有利。只要稍微留意一下王江泾太平天国运动前后的经济情况便会明白这一点。该镇自明代以来便以产销纺织品而著称,其产品主要通过京杭运河输送到山东临清,再转运到北方各地。由于咸同之际战乱的影响,运河时而通畅、时而阻滞,该镇原有

---

① 宣统《闻川志稿》卷一《地理志·沿革》,清宣统三年(1911)铅印本。

② (清)唐佩金:《闻川缀旧诗》卷二《万寿桥》《中丽桥》《尚德桥》,清宣统三年(1911)铅印本。

的长程贸易模式受到很大的影响，并最终随着其人口的大量流失而崩溃。因此，战后该镇不仅存在人口稀少的问题，而且还面临着经济转型的问题。该镇素以工商业见长，在战后进行长程贸易已不再现实的情况下，通过短途贸易来恢复经济仍不失为一条可行之路。水上人——渔民、船民在这方面有其优势，他们善使舟船，有运输之能，既可将本地产品运出，又可将外地物资运回，有助于该镇经济的恢复。这正是地方士绅招徕部分水上人的原因。

与此同时，由于水上人与镇上居民之间在文化和生活习惯方面有较大差异，他们并不像其他客民（农民）那样能够在离该镇较近的地方"结茅而居"，垦荒种田，而是被安置在离镇上有一定距离的近水区域，这样更符合其长期在水上生活的习惯，同时也有利于他们从渔业向半渔半农的生产形态过渡。从后来的情形来看，水上人非常崇拜刘猛将，将之视为保护神，这应当有一个相当长的传统。故笔者认为，之前不见于记载而于晚清时期开始频频出现在文献中的那座连四荡刘王庙，正是战后被招徕安置在当地水边的水上人所建。

以上看法也并非全然无据。据载，咸丰十年（1860）王江泾镇遭到洗劫，官署、民房及庙宇皆付之一炬，唯有瑞华庵幸存。"王江泾镇遭兵燹，市廛民舍、衙廨庙宇，焚毁一空。后虽次第起造，不到从前十分之二三。惟是庵为乱前物。"[1]后来，某年就有无锡某渔民来参加刘王庙会，因其子女较多，难以养活，于是把叫作小宝的女儿舍入瑞华庵。镇上居民对小宝很照

---

① （清）佚名：《梵门绮语录》卷一《王江泾瑞华庵小宝》，（清）虫天子辑：《香艳丛书》，清宣统铅印本，第 2945 页。

顾,教她读书识字,结果这一渔家女子变得很有才华。

　　小宝本无锡渔家女。王江泾镇,每年于二三月间,例赛猛将会,俗称"网船会"。凡寻常之渔船,克期云集,多至千计,顾其作俑不可得而知。某年某渔船赴会到此,因子息多,艰于字养,乃以最幼之女舍身于瑞华庵,即小宝也。时只三四岁耳,住持尼故与郡中某绅夫人善,岁时入城,必与小宝偕,且信宿焉。某绅家女公子辈,莫不深通文墨,小宝熏陶久,由识字而读书,十数年来,学且与诸女公子俱进。所读之书,或借观也,或竟索归也。性本颖悟,复以潜心研究,则所造竟在诸女公子上矣。①

　　从早期文献来看,未见王江泾有刘王庙和网船会的记载。至 1860 年遭到洗劫后,除了华瑞庵,该镇所有庙宇都已焚毁,后逐步建造了少量庙宇。结果,某年便有无锡渔民来参加刘王庙会,并把女儿舍入华瑞庵。可见,刘王庙是在战后修建起来的,其修建年代不应早于 1860 年(咸丰十年)。同时,这个故事也说明,战后该镇并不排斥水上人,反而对水上人持包容和接纳的态度。故其招徕水上人帮助恢复经济也并非没有可能,如此,连四荡的刘王庙自当是这些崇拜刘猛将的水上人所建。直到今天,在莲泗荡刘王庙旁边的民主村老人当中仍流传着一种说法,即徐长汇、王家浜(今民主村所属的两个片区)当地的村民、渔民以前组织有"四社会",刘王庙就是由这些村民、渔

---

　　①　(清)佚名:《梵门绮语录》卷一《王江泾瑞华庵小宝》,(清)虫天子辑:《香艳丛书》,清宣统铅印本,第 2945 页。

民管理的。① 这也证明,刘王庙的修建与上岸的水上人有着密切的关系。

(二)晚清、民国的网船会

如前述所,由于船只通过王江泾巡检司需排队候检,周边水上人早在太平天国运动前就已形成每年春季聚集在连四荡水域会友、定亲的传统,当战后部分上岸的水上人在荡边建起刘王庙后,那些同样崇拜刘猛将的水上人除每年春季仍旧来连四荡会友、定亲外,自然也要去庙里拜神、娱神,由此而形成刘王庙会,即网船会。

由于咸同以后,京杭运河北段已不通航,江南一带漕粮改由海船从海上运输,故春季在王江泾连四荡水域举办网船会并不影响漕粮北运,也就不至于遭到地方官的反对。相反,从战后当地的情形来看,举办庙会能吸引周边各府州县之人前来王江泾消费,促进当地经济发展。因此,如无特殊原因,不论是地方官还是该镇民众,大都支持这一庙会。每年只要它如期举行,镇上做生意的居民就有一笔可观的收入。这也正是网船会在连四荡兴起的原因。

就笔者目前所见,最早记载连四荡网船会的资料是1885年4月10日《申报》刊载的《禾中近事》一文:

> 连四荡有刘王庙,素号灵应,凡操舟为业者,每年封印、开印时齐往拈香,及届赛会之期又各醵赀然放烟火,招

①　参见朱梁峰、陈苏:《民间社团:狂欢的主角》,《嘉兴日报》2012年4月6日。

集梨园,盖若辈以一年利市皆以祀神之虔否卜之,故不惜浪掷金钱也。今年自本月二十一日起至二十三日止,循例赛会,兴高采烈,不为雨丝风片所阻也。①

由上述记载可以看出,参加连四荡网船会的主体是"操舟为业者",即水上人。会讯有三:开印(正月二十)、清明庙会(清明前后)、封印(腊月二十)。庙会期间,通常会燃放烟花、酬神演戏,其中清明庙会还要迎神赛会。实际上,除这三次庙会外,连四荡网船会还包括每年农历八月十三的刘王诞。1886年《点石斋画报·网船会》对此记载颇详:

嘉兴北乡连四荡,普佑上天王刘猛将庙为网船帮香火主,亦犹泛海者之崇奉天后也。浮家泛宅之流平日烧香、许愿来往如梭,以故该庙香烟独盛。八月十三日为刘王诞期,远近赴会者扁舟巨舰不下四五千艘,自王江泾长虹桥至庙前十余里内排泊如鳞。②

刘王诞这天举办的网船会有远近大小船只四五千艘,浩浩荡荡地分布在王江泾长虹桥至连四荡刘王庙前的水域,可以看出晚清时期连四荡网船会已有不小的规模。实际上,刘王诞这天的船只还不是最多的,最多的是每年明清前后的网船会,据宣统三年(1911)的《闻川辍旧诗》记载:

① 《禾中近事》,《申报》1885年4月10日。
② 子琳:《网船会》,《点石斋画报》1886年第91期。

> 刘王庙,在连四荡滨……每年正月二十日为开印,八月十四日为诞辰,届期凡江浙之渔船咸集荡中,以数万计,演剧献牲,岁以为例。至二、三月之交,船之集多于前数,谓网船会。①

可以看出,赶清明网船会的船只比赶刘王诞网船会的船只还要多,而此时(清末)江浙一带来赶刘王诞网船会的船只已有数万,赶清明网船会的船只数量则更多。

民国时期,连四荡刘王庙仍举办网船会,各地来赶会的船只很多,分布在连四荡至长虹桥之间十余里的水面上,看上去非常壮观。刘王庙中挤满了进香的信众,香火十分旺盛。王江泾镇上尤其是长虹桥一带,观会者人山人海,商家生意兴隆,尤其是有赛会的时候,更是人声鼎沸,热闹非凡,呈现一派繁荣的景象。这些在民国时期的诸多记载中都有体现。

1916年,《申报》报道说:"嘉兴王江泾镇比联之连四荡地方有刘王庙者,一般船帮中人最为崇信,每届阴历正月二十日为该庙开印之期,各帮船户纷纷咸集,多至千有余艘。"②1920年修毕的《重修秀水县志》记载,网船会期间,赶会的船只众多,镇上生意兴隆,"泾人借以谋利,颇有益商市,而一时烟波画船、衣香鬓影、辄荡漾其间,亦韵事也"③。1927年,《新闻报》报道:"嘉兴王江泾区连四荡之刘王庙,香火素盛,向例每年清明前后,迎赛神会一次,各处船只,不远千里而来,巨舰盈

---

① (清)唐佩金:《闻川缀旧诗》卷一《刘王庙》,清宣统三年(1911)铅印本。

② 《地方通信·杭州》,《申报》1916年2月24日。

③ 民国《重修秀水县志》,《刘王庙》,民国九年(1920)稿本。

千累万,绵亘至十余里之长。"①

　　据记载,1934 年以前,连四荡网船会人数最多时有二十多万,"一年一度的'连泗荡'香会,往常原是热闹非常的。据说:'那香会最盛的一年,香客驾船前往朝拜的,几乎要达到二十万以上,就单论上海方面,每年驾船赴会的,也要达到数千号船;再加着江、浙内地的其他各处,凡是船家,都要去进香祈福'"②。

　　1934 年的网船会也颇为壮观。这年农历二月二十六、二十七、二十八三天(公历 4 月 9、10、11 日),连四荡刘王庙举办庙会,并且有赛会活动,吸引了大量的人前往参观。加之,这年苏州至嘉兴的公路通车,所以来赶会的人特别多。"出会的正日那一天,携着'元宝香烛',穿着'红衫',摇着'橹'和'桨',前来赶会的船儿,一共有一方数千号以上,这成绩,在近数年来,可也要算'极好'了。"③"因是江浙两省人士前往观赛者达十余万人之多,长虹桥块船只之多,为从来所未有"④,"本县王江泾镇,因迎赛刘王庙会,观众累万"⑤。由此来看,当年春季有一万多船只前来赶会,参加庙会的香客、观众等加起来达到了十几万人。二十六日下午两点多,王江泾镇东的长虹桥上挤

----

①　《刘王庙停止迎赛神会》,《新闻报》1927 年 4 月 18 日。

②　碧玉:《连泗荡的庙会——长虹畔挤死多人 菩萨有灵欤?》,《社会日报》1934 年 4 月 21 日。

③　碧玉:《连泗荡的庙会——长虹畔挤死多人 菩萨有灵欤?》,《社会日报》1934 年 4 月 21 日。

④　《嘉兴竞赛刘王会 长虹桥上发生惨剧 观众拥倒伤亡竟达百余名》,《大公报》(天津)1934 年 4 月 5 日。

⑤　《王江泾赛会踏毙十三人 尸首面目模糊》,《民报》1934 年 4 月 11 日。

满了观看赛会的人,突然有人起哄说刘王菩萨将到,于是人群涌动,彼此推挤,最终酿成严重的踩踏死亡事故。

> 废历二十六日上午安然渡过,下午长虹桥上一带观者塞途,拥挤不堪,当时有基干队士出动维持,幸未肇祸。至二时余,乡人饭罢,聚集益多,且盛传菩萨将到,于是前呼后拥,桥狭人众,基干队人少,维持为难,而观众中老妪、小孩、妇人居多,且长虹桥桥高数十丈,而此拥彼推,妇孺力小,遂被挨倒,于是惨剧发生,因是前推后倒,更来者更因地上有人,亦为绊倒在上,故人与人之间,积压地上至十余层之高,人潮蜂拥,更形紧张,于是相率逃命,而被压在最下之数层,竟气绝身死。①

在这场事故中,当场死亡者十二人(男女各六人)。二十七日,又有六人因重伤不治而死亡。其余伤者没有确切统计,大约有百人之多。

1935 年,连四荡在 4 月 9、10 日两天举办网船会。原本打算本年继续赛会,但因上一年赛会过程中出现了严重的事故,当地政府事前发布告禁止庙会期间进行赛会活动。"嘉兴县政府鉴于去年长虹桥惨剧之前车可鉴,事前布告严禁。"②因此,这年赶会的船只数量比上一年有所下降,但仍有五千多只,浩浩荡荡地分布在连四荡至王江泾一带,"江浙两省上海、吴

---

① 《嘉兴竞赛刘王会 长虹桥上发生惨剧 观众拥倒伤亡竟达百余名》,《大公报》(天津)1934 年 4 月 15 日。

② 《网船连橹八九里 王江泾镇江浙渔帮赛会 官厅禁止迎赛 临时取销》,《时报》1935 年 4 月 11 日。

淞、苏州、无锡、杭州、嘉兴、湖州等外海及内河船帮,大小船只五千余艘,会集于去年曾肇空前踏毙二十三人巨祸之王江泾长虹桥连四荡一带,停泊长达九里"①。而且,上海船帮的部分船只不顾禁令,赶在正日头一天提前举行了赛会活动,结果观者如云。"八日,上海船帮有一部分迎赛至镇,有高脚人,大旗帜,并表演各项技术,观者甚众,记者于下午二时乘舟返王江泾,斯时长虹桥上人山人海,参加者达十万人之众。"②上海帮的提前赛会使得当地人士措手不及,为避免其他船只纷纷效仿,他们在八日晚上与江浙等其他船帮进行了紧急磋商,决定次日的网船会仍然举办,但不进行赛会活动。"故王江泾地方人士八日夜与江浙各地网船各帮领袖会商于刘王庙,结果网船盛会仍如期举行,惟不沿途迎赛。"③尽管如此,这年的网船会还是很热闹,刘王庙中香火旺盛,收入不菲。"刘王庙前,爆竹声锣声,不绝于耳,红男绿女,来自远道者,络绎于途,庙内香烛之盛,实所罕见,会期内两日收入,数达万金。"④此外,庙会期间王江泾镇上的生意也不错。"王江泾镇上商市,每年靠此两日会期内收入盈余,可维持一年之开销,临时商店亦增设不少,莫不利市三倍,其中尤以无锡惠泉山泥佛,最受

---

①　《网船连樯八九里 王江泾镇江浙渔帮赛会 官厅禁止迎赛 临时取销》,《时报》1935 年 4 月 11 日。

②　《网船连樯八九里 王江泾镇江浙渔帮赛会 官厅禁止迎赛 临时取销》,《时报》1935 年 4 月 11 日。

③　《网船连樯八九里 王江泾镇江浙渔帮赛会 官厅禁止迎赛 临时取销》,《时报》1935 年 4 月 11 日。

④　《网船连樯八九里 王江泾镇江浙渔帮赛会 官厅禁止迎赛 临时取销》,《时报》1935 年 4 月 11 日。

人欢迎。"①

1936 年，连四荡网船会于 3 月 28、29 日两天举办，经当地政府批准可以赛会，因此各地前来赶会的人非常踊跃，人数达到了二十多万，使得这年的网船会格外热闹。"嘉兴王江泾于每年春季必有迎赛网船会之举，此次于廿八、廿九两日举办，事前经嘉兴县府核准迎赛、参加迎赛者达万余人，到上海吴淞外海及江浙两省船户达二十余万人。"②"一年一度的王江泾连四荡刘王会，今年上月二十八日、二十九日两天热烈的迎赛了，上海吴淞外海船帮和江浙两省苏州、无锡、常州、杭州、嘉兴、嘉善、平湖、泗安、广德等地的内河船帮，都齐集在王江泾与连四荡一带，望不见边际的大荡，大小船只盈万的停泊着，人数达二十万人，横贯着的苏嘉铁路，看会的人站立得都像蚂蚁一般，赛会的情形、热闹得很。"③

此外，还有报道称，这次网船会的人数超过了三十万。"嘉善船帮之网船会，一年一度，情况极盛，今年于三月二十八、二十九两日，在连四荡举行，与会者不下三十万人。"④不论孰是孰非，总之，这次网船会的规模是相当大的了。这些来自各地的船只，大小、种类不一，都按照一定的区域，有秩序地停泊在连四荡一带至王江泾一带。"每年的清明节前，一班船户就推出了代表，在刘王神像前求签询问何日出会，一到日期到临，上海浦东、吴江的盛泽与嘉兴六县的大小船只，都先三数日

---

① 《网船连樯八九里 王江泾镇江浙渔帮赛会 官厅禁止迎赛 临时取销》，《时报》1935 年 4 月 11 日。

② 《纪念刘琦 王江泾 迎赛网船会》，《时报》1936 年 3 月 30 日。

③ 谁信：《盛极一时之嘉兴刘王会》，《小日报》1936 年 4 月 4 日。

④ 嘉人：《嘉善之网船会》，《金钢钻》1936 年 4 月 8 日。

开到,大至大嶹山船的驳船和货船,小至虾蜢式的划子船,无不应有尽有,各式俱全,不啻开一船的展览会(轮船除外)。他们中间分开来有上海帮,嘉兴、盛泽等船帮。停泊都有一定位置,不得妄自扰动,如上海帮底船,依次排列的停在连四荡内,嘉兴帮停在王江泾关帝庙前,盛泽帮停在关帝庙不远的长虹桥一带,民船何止千数百只。"①

各地船只到达后,船家先去刘王庙里祭祀刘猛将,去时拿着猪头等供品,庙里非常拥挤,常常连放供品的地方都没有,于是简单祭拜后就拿出来了。庙里进香的人很多,均由庙祝代为操作,并根据进香者的情况索取不同的费用,庙会期间香火旺盛,收入不菲。在庙里拜过后,船家就回到船上进行祭祀,同时请太保先生来唱赞神歌:"那刘王庙里,焚香点烛,顶礼膜拜的尽是船家夫妇儿女,人是拥进拥出,肩摩接踵,声音嘈杂,震耳欲聋,船夫头顶着木桶,里面是盛着猪头三牲,因没有地方可摆放,兜回了圈子出来算了,大家都是如此的。香烛由庙祝代插点,就得化钱,衣服华丽点,就索价一元左右,衣服朴素的,几角钱亦行了,那时是庙中全年收获期,收入很丰富的。凡是船到后,大船主就联合请位赞神先生,在船中的一只船上,祭拜刘王木主,那赞神歌的先生,是叫做太保先生。"②

这次网船会,县里特别派人参加,调查是否有迷信色彩。"县政府对于迎赛刘王会,派了民政科李科员并调集乡镇事务员六七人,前往调查研究这个会中含的迷信成分是怎样,是否是劳民伤财。"当地为证明赛会的合理性,以便政府批准赛会

---

① 伯阳:《连四荡的网船会》,《世界晨报》1936年6月7日。

② 伯阳:《连四荡的网船会》,《世界晨报》1936年6月7日。

活动，于是将明朝在这一带抗击倭寇的历史搬了出来，作为赛会的理由。明代，俞大猷等人曾在王江泾镇东的铁店港大败倭寇，故民间也称该港为"接战港"，结果当地以纪念"戚继光"尽忠报国、在接战港取得抗倭大捷作为赛会动机，呈报给了地方政府，并以此作为赛会的口号："那个地方有个'接战港'有三里长，从王江泾通至甸上，从前明朝时候戚继光抵御倭寇，就在那里接战，当时人也死得很多，后来人民纪念御倭寇壮举，把那条河港取名'接战港'。我们去这个地方顾名思义，正有值得纪念的深意在里头。听说他们地方上呈准县府的理由，虽是把这段有民族意义戚继光抵御倭寇的事实，拉作迎赛这个刘王庙网船会动机，所以这次迎赛刘王会，就把'尽忠报国'四字来标榜，借'戚继光抵御倭寇'的功绩，移作'刘王菩萨'所做的功事，实在滑稽得很……这次迎赛刘王会，地方组织管理会，两会里所标榜着，第一天写着'敬刘王的也该尽忠报国'，第二天写着'刘王是尽忠报国的伟人'，张冠李戴，他们把戚继光的功绩来借用，借来标榜，作为唯一好口号。"①

"张冠李戴"的做法表面上看起来很滑稽，但这种"被发明的传统"对于发展当地经济来说至关重要。"泾镇商号，有'终年营业，不如三日会汛'之定论，其盛况亦可想见矣。"②因此也是不得不为之，"现在谈到迎赛刘王会，因为这个会是江浙闻名的，地方上要想出张冠李戴的方法来准迎，原来也有意思在里头，因为一年一度的刘王会，可以繁荣王江泾的市面，这两天会期里各商店可以靠此增加营业，而刘王庙在迷信上的收入，

① 谁信：《盛极一时之嘉兴刘王会》，《小日报》1936 年 4 月 4 日。

② 嘉人：《嘉善之网船会》，《金钢钻》1936 年 4 月 8 日。

数量更有可观,所以赛刘王会可以繁荣王江泾市面,也有这层意思在里头"①。

1937年,连四荡网船会于4月7、8两日举行。有七八千艘来自浙江嘉兴、湖州、杭州,江苏苏州、无锡,上海等地的船只参加。其中,上海的船帮中有用轮船来烧香的。庙会期间,苏嘉之间的火车、货车、客车、轮船、民船里都坐满了携带元宝香烛、往王江泾去的善男信女。到了王江泾,放眼看去,连四荡里长虹桥畔,桅杆如林,上面悬挂着各色花旗,十九是崭新的,尤其是每个桅杆上都悬着崭新的国旗。在接战港以东广阔的荡面上,船只都很自由地走着各自的路。"有的载着穿着红衣服的'犯人',打锣打鼓的在水面上氽,那声响从水面传送过来,有的在船舱里向外悬挂着很长的纸码,像是在接财神,斋土地那样的,也在桌子上供奉着猪头,高烧红烛;香的气味,随送到邻舟,有的船头上插着宝盖,船舱上盖着绣花的罩子,装饰得像古图画中的游船。"②至刘王庙跟前,朝里望过去,"庙里人山人海,拥挤得不可开交。庙里香烛鼎盛,庙东用砖头砌成的大香炉库,俨如一间房屋,香投入'库'里焚烧,灰已堆得高如小丘了"③。7日黎明时,猛将出会,会长五六里,轰动了成千成万的观众。8日傍晚,赛会结束,各船陆续离去。

1947年的连四荡网船会,会期比往届都长,从农历二月二十至闰二月初十日止。这次庙会,不但有江苏吴江、苏州、溧阳,浙江杭州,上海崇明、浦东等地的船只,还有来自安徽巢湖

---

① 谁信:《盛极一时之嘉兴刘王会》,《小日报》1936年4月4日。

② 资一:《记迎赛网船会》,《大公报》(上海)1937年4月12日。

③ 资一:《记迎赛网船会》,《大公报》(上海)1937年4月12日。

的船只,其总数达万艘以上①,参会人数大约有三十五万。② 刘
王庙里,异常热闹,抽签的人很多,庙里的十多只签筒没有闲下
来的时候,周围都是抽签的人,力气小的根本挤不进去。有趁
机揽生意的,一张辟邪灵符要两千元(法币),一张解签的经要
五百元(法币)。庙里供台上摆满了香客进贡的红烧猪头,堆
在一起,高得快要接近屋梁。③ 据事后统计,这些红烧猪头共
有十八万三千多个,庙的外面还四百多个做买卖的临时摊
位。④ 那些晚到的香客,从正门外边挤不进去,有的就给管事
的四千元小费,设法从其他渠道进去祭拜刘王。正日当天的赛
会活动也热闹非凡,爆竹之声响彻云霄,整个仪仗队有数千人
之多。庙会期间,王江泾镇上的生意也非常火爆,每家商店每
天的营业额都在数百万(法币)以上,利市百倍。⑤

　　1948 年,连四荡刘王庙于农历三月初一、二、三日(公历
4 月 9、10、11 日)举办网船会,赶会的远近香客近五十万,刘王
庙里比上一年更加热闹,香客向庙里贡献的猪头约有二十二万
个,比上一年增加了五分之一。由于猪头太多,只能堆在一旁,
想要将猪头献上神座的,还得缴纳十万至三十万元(法币)的

---

　　① 　参见红:《王江泾的刘王会:渔村通讯》,《水产月刊》1947 年(复
刊 2)第 2 期。
　　② 　参见《嘉兴陋俗 刘王会浪费五千亿》,《大公报》(上海)1948 年 4
月 27 日。
　　③ 　参见红:《王江泾的刘王会:渔村通讯》,《水产月刊》1947 年(复
刊 2)第 2 期。
　　④ 　参见《嘉兴陋俗 刘王会浪费五千亿》,《大公报》(上海)1948 年 4
月 27 日。
　　⑤ 　参见红:《王江泾的刘王会:渔村通讯》,《水产月刊》1947 年(复
刊 2)第 2 期。

香金。由于刘王庙历年来香火旺盛,今年管庙的特意给刘王定制了一顶新的纱帽,这顶富丽堂皇的纱帽价值黄金六两。庙的周围,有做生意的临时摊位三百多个,这些摊位都是每年正月就提前租好的,租金根据摊位位置的好坏而定,从二石至十石不等。虽然赶庙会的人很多,但各摊位生意却很冷淡,因此摊位数量比去年减少了一百多个。这次迎会因为在战乱期间,庙头曾为此大伤脑筋,后来花了三亿元(法币)的代价,终于大迎而特迎。直到过了农历三月初三,各船只才陆续从连四荡离去。即便那时,也还有大船八百余艘、轮船二十四艘,以及数不清的小网船和民船。其中,上海帮的船最多。此外,有三艘船来自汉口,一艘船来自北方的青岛,一艘船来自南方的香港。①这次庙会期间,由于人数很多,也引起了一场事故。初二这天上午十一点多钟,正当人们熙熙攘攘地走在王江泾镇上的一座木桥上时,该桥突然垮塌,有二十多人跌入水中被淹死或压死。②

　　1949年,连四荡网船会照旧举办,会期是农历三月初三至初五。由于战事封锁了长江,来参加这次网船会的仅有江南的船只。即便如此,到会的船只也有一万多艘,参会人数近二十万,在规模上并没有比以往逊色多少。从王江泾到连四荡这十里的河面上,一路塞满了船只,每一艘船都竖起一根桅杆,上面悬挂着五彩缤纷的旗帜,站在长虹桥上望去,十分壮观。在三天会期当中,船户们除了一批一批地涌向刘王庙去供三牲、烧

　　①　参见《嘉兴陋俗 刘王会浪费五千亿》,《大公报》(上海)1948年4月27日。
　　②　参见《禾网船会发生惨事 木桥中断淹死二十余人》,《水产月刊》1948年(复刊3)第4期。

香燃烛外,还要行会,在此过程中表演才艺,其中最惊心动魄的
莫过于"臂香"和站刀板。臂香表演者用铁钩子穿进前臂的皮
上,钩子下面系绳索,绳索下面挂上花盆或数十斤重的铁香炉。
表演时,前臂往前伸直,将花盆或铁香炉提起来。此时钩子将
臂肉拖得往下坠,而表演的人却一点也没有痛苦的感觉。站刀
板,即在一块木板上架起两把刀,刀锋朝上,表演者赤脚站在刀
锋上面,手中捧香,而其脚底一点也不会受伤。这些精彩而又
惊险的表演,吸引了附近大量民众前往观看。①

三、从"水陆赛会"到"陆上赛会"

如上所述,连四荡刘王庙由部分上岸的水上人建于 1860
年之后。周边水上人有每年春季来连四荡水域聚会、定亲的传
统,且信奉刘猛将,将之视为保护神,认为其主宰水上人的安全
和财富,故围绕该庙形成了网船会。一般情况下,网船会每年
都有迎神赛会活动,如果对其早期至现在的情况进行梳理,不
难发现网船会的赛会活动经历了一个从"水陆赛会"到"陆上
赛会"的转变。

(一)水陆赛会

就笔者目前所见,最早记载连四荡网船会赛会活动的资料
是 1885 年 4 月 10 日《申报》刊载的《禾中近事》一文:

---

① 参见张勉:《嘉兴网船会盛况犹昔》,《新闻报》1949 年 4 月 4 日。

> 连四荡有刘王庙……每年封印、开印时齐往拈香,及届赛会之期又各酿赀然放烟火,招集梨园,盖若辈以一年利市皆以祀神之虔否卜之,故不惜浪掷金钱也。今年自本月二十一日起至二十三日止,循例赛会,兴高采烈,不为雨丝风片所阻也。①

上文提到开印、清明、封印三次庙会,其中清明网船会有赛会活动。但具体如何迎神赛会,该文只是说"循例赛会",并没有详细记载。其实,除清明赛会外,每年农历八月十三的刘王诞也有赛会。1886 年《点石斋画报·网船会》对刘王诞赛会的情况记载颇详:

> 嘉兴北乡连四荡……八月十三日为刘王诞期……是日奉神登舟挨荡巡行,午后回宫,俗名为网船会云。②

可以看出,刘王诞这天网船会的赛会方式是在当天早上"奉神登舟挨荡巡行,午后回宫"。很明显,在出会前,会众先将连四荡刘王庙中的神像迎接到舟中,然后再驾船从水路出发,一路前行,至王江泾镇上的长虹桥,再原路折返,最后将神像重新安置于庙内。除文字外,《点石斋画报·网船会》一文还配有图画,画面直观展示出刘王诞这天赛会的情景:在广阔的湖面上,一艘大船载着刘猛将的神像,打着"上天王""护国吉祥王"的旗号,行驶在最后;大船的前面有五艘小船为其鸣

---

① 《禾中近事》,《申报》1885 年 4 月 10 日。
② 子琳:《网船会》,《点石斋画报》1886 年第 91 期。

锣开道;其余船只则密密麻麻地分布在荡的两边,船头摆满了各种祭品,船上的人都跪着迎接刘猛将神像的到来。① 可见,刘王诞这天整个赛会活动只有半天时间,走的是水路,其水上赛会的特点十分显著。

除刘王诞赛会外,连四荡刘王庙每年清明庙会期间也举办赛会活动,而且其规模比刘王诞赛会更大。1886 年 4 月 2 日的《申报》对当年的刘王庙清明赛会情况进行过报道:

> 王江泾镇落乡地名连四荡有刘王庙,即祀典中之刘猛将军也。该处乡民及各处网船等集资,于二十日为始,迎赛刘王胜会数日,遍巡各乡村毕后始回殿,其名俗呼谓网船会,亦循历年向例也。②

此外,1895 年 4 月 16 日的《申报》也有本年度连四荡刘王庙清明赛会的报道:

> 连四荡刘王庙供奉刘王。乡民及远近各网船供奉极虔,自初五日起赛会三日,周历各村,各村皆传班演戏,或奏清音,或陈酒醴,迎事回殿,远近各网船到者约有数千艘,极一时之盛事。③

这两条资料记载,连四荡刘王庙清明迎赛刘王的方式是

---

① 参见子琳:《网船会》,《点石斋画报》1886 年第 91 期。
② 《鸳水春声》,《申报》1886 年 4 月 2 日。
③ 《倾脂河畔泛舟记》,《申报》1895 年 4 月 16 日。

"遍巡各乡村""周历各村",显然是陆上赛会,与刘王诞水上赛会的形式有很大的不同。为何同一时期同一庙宇神祇的赛会,相差如此之大?这颇让人难以理解。事实上,这种巨大差异主要是由于文献记载不全面所造成的,1893年4月27日的《申报》对连四荡刘王庙清明赛会的记载就比较全面,可帮助我们深入理解当时的赛会形式。该报道如下:

> 连四荡刘王庙,经乡民及网船帮迎赛刘王胜会,廿五日至王江泾镇,廿六日由镇起马绕至各乡村氓,巷女结伴纵观者有如水如云之盛。①

由上可知,清明赛会两日,前一日由连四荡刘王庙出发至王江泾镇上,走的是水路,挨荡巡游。刘王神像在镇上停留一夜。次日,神像从镇上返回刘王庙,走的是陆路,巡游各村。1886年和1895年的清明赛会报道只笼统描述了返程的情况,因此看起来就像纯粹的陆上赛会一样,其实不然。刘王庙清明赛会采用水陆结合的方式进行,第一天出发走水路,第二天返回走陆路,这一点在后来的报道中也有体现。比如,1937年4月12日上海《大公报》便记载说:"网船会,是在昨(七日)今(八日)两天在嘉兴王江泾连四荡一带迎赛的,除了水上,还有陆上。"②

通过以上分析可以看出:早期连四荡刘王庙的清明赛会和刘王诞赛会,都必须走水路,只不过前者赛会两日,时间较长,回

---

① 《秀州杂录》,《申报》1893年4月27日。
② 资一:《记迎赛网船会》,《大公报》(上海)1937年4月12日。

程可以通过陆路仔细巡游。相反,刘王诞赛会仅一日,早上水路出发,午后就得水路返回,故有所不同。因此,我们可以称这一阶段的网船会赛会为"水陆赛会",其中水上巡游是其显著特点。

另外,值得注意的是,早期网船会赛会,不论是清明赛会还是刘王诞赛会,路线都是从连四荡的刘王庙出发至王江泾镇上,再返回刘王庙。其背后的巡游逻辑是值得思考的。如前所述,晚清以前有漕运时,假设在春季赛会则有碍运粮,官府必然禁止赛会。故早期连四荡虽有水上人聚集,但活动主要是聚会和谈婚论嫁,不大可能有诸如后来这样的游神赛会活动。晚清时期连四荡刘王庙建起来以后,兴起了网船会赛会活动,这是新生事物,此前在连四荡并无这一传统,故赛会的路线也是新生的。那到底怎么巡游? 应该从刘王庙出发朝东南西北哪个方向巡游,巡游多远? 这些都是需要人为设计的。从其早期实践来看,网船会从连四荡刘王庙出发往王江泾方向而不是往其他方向巡游,到底是为什么? 本文认为,这恰恰是因为连四荡的刘王庙是被镇上士绅招来的水上人所建,因为他们是"客",这个庙也是所谓的"客庙",是借人家的地盘而建的,故需要往镇上的方向游神赛会,去镇上"拜码头"。另外,对于该镇民众来说,他们也希望网船会往镇上出游,这样会给镇内商铺带来不少的收入。相反,假设是往其他地方巡游,赛会期间来镇上的信众、游客稀少,就会影响到镇内的生意。所以,早期网船会往王江泾镇上方向巡游并非偶然,其背后有着深刻的原因,它反映出战后当地人群结构的变化和经济发展的诉求。

(二)陆上赛会

早期连四荡刘王庙的赛会水陆结合,并且具有鲜明的水上赛会特色。但后来,其水上赛会的形式慢慢消失,最后基本上演变成了陆上赛会活动。

一方面,清末刘王诞赛会一日,早上水路出发、午后水路返回,是完全的水上赛会。这种水上赛会形式到了民国年间就慢慢消失了。比如,1927 年 4 月 18 日的《新闻报》报道说:"嘉兴王江泾区连四荡之刘王庙,香火素盛,向例每年清明前后,迎赛神会一次,各处船只,不远千里而来,巨舰盈千累万,绵亘至十余里之长。"①可以看出,此时连四荡网船会每年只在清明前后进行赛会,刘王诞期间已经不再赛会了。1936 年 6 月 7 日的《世界晨报》对此说得更加清楚:"到了秋天八月中或到九月初,船户又许多到连四荡刘王庙来烧香求福,但已没有清明那样兴致了,会是没有的。"②这说明此时农历八月十三日的刘王诞除了有人前来进香外,已经没有在水上迎神赛会的活动了。

另一方面,清末连四荡刘王庙清明赛会水陆并举,出发为水路、返程为陆路。后来,出发和返程都逐渐变成了陆路的形式。比如在 1947 年,连四荡刘王庙清明赛会出会时便是走的陆路:

> 当"刘王会"仪仗在踏上塘道时,爆竹之声响彻云霄,两旁伫立而观者,如潮水般的开始汹涌,穿衣裙的"犯人",如穿花的蝴蝶,出入于密集着的人群中,旌帜漫天,大纛旗高及十丈,临风招展。随后提炉队,高跷,肉身伞队,抬阁队等全队何止数千人。提炉队中收音机一面走一

① 《刘王庙停止迎赛神会》,《新闻报》1927 年 4 月 18 日。
② 伯阳:《连四荡的网船会》,《世界晨报》1936 年 6 月 7 日。

面播唱，诚为怪现象，真是"十八世纪的作风，二十世纪的配备"。更有妙龄女郎，朱颜玉貌，均服白色西装裤香港衫，黑墨眼镜，而纤纤之手臂下，扎上紧密的铁钩，下面悬着沉重的玻璃花篮，可说是残酷的怪镜头，还有美式配备的"打莲响"，穿白海军制服，手执黄铜响棒，用熟练的手技，边走边舞，奏出各种不同的音调，"台阁"上有小孩子，扭演各种戏剧，令人醒目，"荡湖船"由男女小丑所饰，姿态滑稽突梯，哼着特异的调调，这是渔民们唯一的"土风舞"。刘王出巡时，善男信女就开始膜拜，刘王的出巡，空暖轿有十乘之多，飞机二架，汽车一辆（当然是纸糊的），穿的是锦绣蟒袍，手指上戴的是赤金粗首饰，较目前的大官员出进阔绰多多。[1]

从这个记载来看，赛会队伍从庙里出来，通过塘道巡游，道路两边站满了观众。巡游队伍里，有人穿红衣扮演犯人，有人手执大旗，有人提炉[2]，有人踩高跷，有人手执锦绣伞，有人表演抬阁，有人扭着荡湖船的舞步等，整个仪仗队有数千人之多。走在队伍最后的是刘王神像，有轿子抬着，身上穿的是锦绣蟒袍，手指戴赤金首饰，此外还有十几乘空轿子以及纸飞机、纸汽车等。

据后来的调查显示，1947 年的这次刘王庙赛会的方式和具体路线是：

---

① 　红：《王江泾的刘王会：渔村通讯》，《水产月刊》1947 年（复刊 2）第 2 期。

② 　即上文所提到的"臂香"表演。

　　出会一般走旱路,从莲泗荡刘王庙出发到王江泾长虹桥的关阳庙,在那里过一夜,第二天返回,一共两天的时间。具体的路线如下:莲泗荡刘王庙—元通庵—三王庙—井田庙—木老太庙—关阳庙(宿山)—嵊泗石桥镇阳庙—莲泗荡民主村济阳庙—刘王庙。①

　　可以看出,1947年的巡游路线为陆路,从刘王庙出发,沿途经过陆上的多座庙宇,至王江泾镇长虹桥东侧的关阳庙(即关帝庙)过夜,次日再从关阳庙出发,沿途经过两座庙宇,返回刘王庙。这是那个时代通常的出巡路线,当然也有特殊情况,即遇到雨天,"刘王老爷要坐船到关阳庙,除了白无常跟老爷上船外,其他班口还是在旱路上走"②。可见,清末刘王庙清明赛会出发走水路的形式已经发生了变化,基本上改成了走陆路,已经感受不到水上赛会的特色。

　　据说,1947年是中华人民共和国成立前连四荡最后一次举办刘王庙清明赛会活动。此后到1958年为止,虽有庙会和进香活动,但一直没有迎神赛会。1986年,连四荡刘王庙得到重建。2003年,当地举办了首届江南网船会③,但仍然没有迎神赛会。直到2009年,赛会活动才得到恢复。据亲历者记载:

---

　　① 袁瑾、陈宏伟编著:《江南网船会》,浙江摄影出版社2015年版,第32页。

　　② 袁瑾、陈宏伟编著:《江南网船会》,浙江摄影出版社2015年版,第36页。

　　③ 参见袁瑾、陈宏伟编著:《江南网船会》,浙江摄影出版社2015年版,"序言"。

　　　　赶会的香客都在等待明天一早的"猛将出会"，一九
四九年以后这里还没有举办过"出会"，所以今年这台压
轴大戏引得万众瞩目。……翌日的"出会"定于凌晨五点
开场，天不亮就要从市区赶过来。……赶到民主村，早已
过了五点……我们没有赶上"猛将出会"开锣那一刻，"出
会"的旗幡仪仗和表演队伍已往邻村去了。……大约六
点半光景，"出会"的队伍回来了。①

　　截至 2018 年，这是连四荡刘王庙庙会恢复后唯一一次的
赛会活动。"2009 年举行了唯一一次，只在小范围游一圈就返
回了。"②由此可见，21 世纪以来首次恢复的刘王庙赛会活动，
仅持续了一个半小时，只在庙宇附近的村落简单游了一圈便返
回了，不论在出巡时间还是范围上都要远远逊色于以往的赛会
活动，而且此时的"猛将出会"在形式上已经完全是陆上出
巡了。

四、余论

　　长期以来，学界对江南刘猛将信仰作了较多的讨论，早期
人们研究这个神祇时，多关注其人物原型和"驱蝗"的功能，将
之与江南农民的农事生产联系在一起，尽管也偶有注意到渔民

---

　　①　文敏：《"网船会"的集结》，《书城》2009 年第 6 期。
　　②　胡双喜、于彪：《传统民俗"江南网船会"的现代文化意义探析》，
《农村经济与科技》2018 年第 21 期。

对猛将的崇拜,但主要还是将其作为"岸上人"的信仰来看待。① 在这个基础上,王水结合连四荡网船会的情况,提出刘猛将早期为护佑农业的"田神",后来才转变为船家信仰的"水神"。② 与之不同,滨岛敦俊在讨论江南刘猛将时,也注意到这个神前后性质的不同,但认为刘猛将与总管、李王、周孝子等神一样,早期与护佑水路有关,是一个受船家崇拜的水神,清代由于官府强制介入,驱蝗的说法才广泛流传开。③ 陈泳超的研究在时间层面上纠正了滨岛的看法,提出驱蝗的记载在明中后期即已有之。④ 尽管如此,滨岛认为刘猛将早期与水上人关系密切的观点仍具有很大的启发性。可以看出,学界在江南刘猛将信仰的起源上颇有争议。无怪乎赵世瑜会提出这样的问题:

---

① 参见[日]泽田瑞穗:《驱蝗神》,《中国の民间信仰》,工作舍 1982 年版;周正良:《驱蝗神刘猛将流变初探》,王栋、车锡伦、张海保主编:《民俗论丛》第 1 辑,南京大学出版社 1989 年版;车锡伦、周正良:《驱蝗神刘猛将的来历和流变》,上海民间文艺家协会:《中国民间文化(第五集)——稻作文化与民间信仰调查》,学林出版社 1992 年版,第 1—21 页;袁震:《苏州地区水稻生产中的信仰现象》,上海民间文艺家协会、上海民俗学会编:《中国民间文化——民间稻作文化研究》,学林出版社 1993 年版,第 101—111 页;吴滔、周中建:《刘猛将信仰与吴中稻作文化》,《农业考古》1998 年第 1 期。

② 参见王水:《从田神向水神转变的刘猛将——嘉兴莲泗荡刘王庙会调查》,上海民间文艺家协会、上海民俗学会编:《中国民间文化——民间稻作文化研究》,学林出版社 1993 年版,第 112—129 页。

③ 参见[日]滨岛敦俊:《明清江南农村社会与民间信仰》,朱海滨译,厦门大学出版社 2008 年版,第 54—55 页。

④ 参见陈泳超:《互文形塑:刘猛将传说形象的历史辨析》,《民族艺术》2020 年第 2 期。

"刘猛将是水上人的神？岸上人的神？还是他们共同的神？"①
他根据明清以来的部分记载和民间传说，提出了一个大胆的假
设，即"刘猛将是随着水上人上岸而上岸的，就像广东的金花
夫人、龙母，福建的妈祖一样"②。此外，他通过对洞庭东山刘
猛将信仰的考察，指出当地的猛将堂与水上人上岸之后建立的
村落有着对应的关系。尽管现在多数"抬猛将"是村落间走街
串巷，但农历六月间有些村落要坐船从水路去槎湾莳山寺举行
仪式，这或许体现了水上人与先上岸陆居的人群之间的
关系。③

　　就目前来看，要解决刘猛将在起源上的人群归属问题并非
易事。不过，有证据表明，水上人对这个神的传播有极大的推
动作用。我们不能肯定明清以来江南陆地上的刘猛将信仰都
是由水上人上岸所形成的，但的确有一些与此相关。本文所涉
及的嘉兴连四荡刘王庙及其网船会便是如此。特别是在"猛
将出会"的形式上，这个由水上人促成的活动早期水陆并举，
具有典型的水上出巡的特点，然而经过百余年的发展演变，已
经完全变成了陆上出巡，与文献记载以及现实中江南其他陆上
"抬猛将"活动的形式并无二致。如果我们承认江南各地水洼
成陆以及水上人上岸发展的历史有先有后，那么也有理由相

---

　　①　赵世瑜：《江南"低乡"究竟有何不同？——〈垂虹问俗〉读后》，
《民俗研究》2018年第3期。

　　②　赵世瑜：《江南"低乡"究竟有何不同？——〈垂虹问俗〉读后》，
《民俗研究》2018年第3期。

　　③　参见赵世瑜：《历史过程的"折叠"与"拉伸"——社的存续、变身
及其在中国史研究中的意义》，《清华大学学报》（哲学社会科学版）2020
年第2期。

信,连四荡刘王出巡方式的演变过程即江南某些岸上地区"抬猛将"习俗形成的一个缩影。此外,吴滔研究的吴江庄家圩猛将会,其出巡路线基本上也是在陆上举行的(除极少的接渡会用到船外),不过张舫澜在 20 世纪 80 年代初调查时,除提到陆上出会外,还提到有水上出会的形式①,这表明此处的猛将信仰其实也与水上人有着密切的关系,推测它与连四荡的网船会大致都经历过从水陆赛会到陆上赛会的转变。只是这个过程并没有在两篇文章中得到更多的讨论。尽管如此,这些片段仍然提醒我们,江南地区水上人上岸与刘猛将信仰形成之间的关系值得进一步探讨。

---

① 参见[日]佐藤仁史、吴滔、张舫澜、夏一红:《垂虹问俗——田野中的近现代江南社会与文化》,广东人民出版社 2018 年版,第 174—222 页。

清代大运河沿线的粮船短纤[*]

　　粮船短纤是清代大运河沿线以拉纤为生的劳动群体。清人丁显曾评价说："漕河全盛时，粮船之水手，河岸之纤夫，集镇之穷黎，借此为衣食者不啻数百万人。"[①]可见，短纤是大运河沿线的重要群体之一。在沿河地区，相比漕官、运丁、水手、商人等群体而言，短纤社会地位低下，往往被学界忽视，然而他们来源复杂、数量庞大、流动性强，对漕粮运输、经济发展和社会秩序等方面均产生了重大影响。深入考察短纤这一群体，有助于全面了解大运河及其沿线地区社会在清代的发展演变。

一、短纤的由来与数量

　　清代大运河北起北京，南达杭州，沿途主要经过直隶、山东、江苏、浙江四省，是当时南北间最繁忙的一条交通大动脉。每年，数千艘粮船从南往北将江浙、湖广、江西、山东等省的粮

---

　　* 本文原载于《光明日报》2020 年 12 月 28 日。

　　① （清）丁显：《请复河运刍言》，（清）葛士浚：《清经世文续编》卷四一《户政》，清光绪石印本。

食输送至京,供皇室、官员和军队等食用,形成年复一年的漕粮
运输通道。这些粮船由运弁、运丁押运,并长期雇有一定数量
的水手,在逆风逆水情况下挽舟前行。除长雇水手外,受运河
不同航段通航条件的限制,粮船还需临时雇用一些纤夫来满足
行船需要。例如,江苏瓜洲至淮安一带水网密集,运河穿越江
河之处较多,船只渡江进口需大量劳力牵拉方能快速前进,此
时长雇水手不敷使用,需临时增雇劳力拉纤。又如,粮船从江
苏淮安渡黄后直到山东台庄闸皆为逆行,且水势湍急,也必须
增雇劳力牵挽。再如,从台庄闸至北京的运河上设有很多水
闸,粮船过闸也要增雇纤夫牵引。此外,该运段从山东临清往
北至天津、通州一带,水浅淤积,粮船常遭浅阻,同样需要补充
纤力。概言之,粮船自进入瓜洲开始直到北京,一路皆需临时
雇募纤夫助运。在这种特殊需求的刺激下,一些生计无着的穷
苦百姓纷纷来到运河沿线地区等待雇用。他们从某一地点受
雇,牵船北上,然后折返南下,再重新受雇于后续到来的粮船,
因其拉纤的路程相对较短,故被称为"短纤"。

　　清代运河沿线的粮船短纤主要来自江苏、山东、直隶这三
个大运河穿过的省份,也有少部分来自河南境内。其具体数量
未有详细统计,我们仅能根据粮船数量略做估算。清代各省粮
船原有 10455 艘[1],每船沿途增雇纤夫少则 10 余名、多则四五
十名不等,平均大都在 20 名,若以平均数计算,早期粮船短纤
人数有 20 余万。至乾隆年间,粮船数量下降至 7600 余艘[2],

　　①　参见《清史稿》卷一二二《食货志三》,中华书局 1977 年版,第
3582 页。

　　②　参见(清)王庆云:《石渠余纪》卷四《纪漕船运军》,清光绪十六
年(1890)龙璋刻本。

若仍以平均数计算，短纤人数亦有 15 万左右。嘉庆十四年（1809），粮船实存 6242 艘①，此时短纤人数仍超过 10 万。嘉庆十八年（1813），阮元督运漕粮时所作《纤代赈》一诗提到"牵夫十万辈，岁岁相挽输"，这与本文的推算大致相符。道光以后漕粮逐渐改为海运，短纤失业者甚众，然滞留在运河沿线者仍有数万之多。

二、短纤的日常劳动

短纤以出卖体力为生，其日常劳动主要包括打闸、提溜、遇浅拉纤等。打闸，是指短纤牵引粮船上闸，"凡粮艘上闸，谓之打闸"②。清代，运河各闸上下水面的落差有 6—10 英尺③，启闸后河水急泄，对等待上闸的粮船造成冲击，故需短纤牵引方能稳定船体，待闸内水流平缓，再引船进入高水位河段。短纤打闸充满危险，清人沈兆沄的《惠济闸》云："三闸险如十八滩，惠济尤比上滩难。百夫绞挽凭长缆，辘轳失转心胆寒。"这生动再现了短纤牵船过惠济等闸的艰苦。清人施闰章的《天妃闸歌》亦云"挽舟泝浪似升天，千夫力尽舟不前"，同样体现出

---

① 参见《清史稿》卷一二二《食货志三》，中华书局 1977 年版，第 3582 页。

② （清）李绂：《穆堂类稿》别稿卷一七《记六·漕行日记一》，清道光十一年（1831）奉国堂刻本。

③ 参见［英］乔治·马戛尔尼、［英］约翰·巴罗：《马戛尔尼使团使华观感》，何高济、何毓宁译，商务印书馆、中国旅游出版社 2017 年版，第 418—419 页。

短纤挽舟上闸之苦。

除打闸外,短纤的另一重要工作为提溜,即在逆行水急处牵挽船只,防止"溜船"并加快行船速度,故又称为"提溜赶帮"。提溜时,短纤将纤绳的一头绑在桅杆上,和另一根绑在船头的绳子结起来。绳子上面结成许多活圈,短纤将活圈从头上套入,勒在胸部。为防止窒息,他们在绳圈上绑一块木板来减少绳子对胸部的压迫,然后在岸边排成一行,俯身牵拉,同时口中齐喊号子,以统一步伐和振奋精神。① 与此同时,各船船头还挂有一面铜锣,短纤也会根据锣声调整拉纤的步伐。提溜系逆水行舟,故短纤的劳动强度很大,特别是在涨水的情况下。雍正元年(1723),催漕官李绂从江苏泗水前往宿迁途中便遇上了大水,结果"用纤夫二十有三人而虚舟不前"②。

此外,短纤还有一项常见的劳动,即牵拉遇浅粮船。从山东临清到直隶通州,因补给少、蒸发快等,运河水位较浅,粮船搁浅比较常见,需短纤牵引方能前行。短纤"拉浅"通常是在陆上进行,但有时也在水中完成,"遇到水浅的地方,他们有时需要下水拖船,为免弄坏衣服,他们有时会脱去全身衣服"③。"拉浅"也是一项苦活儿,不但耗费的气力多,而且效果无法保证。道光九年(1829)六月,就有江西粮船在卫河与汶河交

---

① 参见[英]乔治·斯当东:《英使谒见乾隆纪实》,钱丽译,电子工业出版社2016年版,第281页。

② (清)李绂:《穆堂类稿》别稿卷一七《记六·漕行日记一》,清道光十一年(1831)奉国堂刻本。

③ [英]乔治·斯当东:《英使谒见乾隆纪实》,钱丽译,电子工业出版社2016年版,第204页。

汇的钳口草坝内搁浅,结果"用五六十人引缆,缆绝而船不行"①。

　　总的来看,短纤是清代运河社会中的最底层,其劳动是异常辛苦的。白天,他们或面临"雨中泥没骭,河水浩无边"②的环境,在湿滑的泥路上"欲进不得声嗷嗷,十百俯仰同桔槔"③地艰难跋涉,或陷入"当暑无笠盖,逢寒无袴襦"④的境地,经历高温和严寒的考验。到了晚上,短纤要么宿于岸边,饱受霜露之苦;要么通宵赶路,不得片刻休息。此外,"兵吏促行程,执朴相逐驱"⑤也是短纤常会遇到的情况。正是因为有了这些短纤的辛勤劳动,清代漕运才得以保持畅通。为保护纤夫群体,清廷曾下令将患病短纤送往地方上的普济堂或庵堂、道观救治,待痊愈后回籍,如身亡则葬于当地义冢。然而,短纤人数众多,"有时力衰尽,沟壑在路隅"⑥的悲惨情形仍时常可见。

---

　　①　(清)包世臣:《小倦游阁集》卷一七正集十七《闸河日记》,清小倦游阁钞本。

　　②　(清)孙枝蔚:《溉堂集》前集卷二《哀纤夫》,清康熙刻本。

　　③　(清)胡敬:《漕船牵夫行》,(清)张应昌辑:《诗铎》卷三,清同治八年(1869)秀芷堂刻本。

　　④　(清)阮元:《揅经室集》四集《诗》卷一〇《纤代赈》,四部丛刊景清道光本。

　　⑤　(清)阮元:《揅经室集》四集《诗》卷一〇《纤代赈》,四部丛刊景清道光本。

　　⑥　(清)阮元:《揅经室集》四集《诗》卷一〇《纤代赈》,四部丛刊景清道光本。

三、短纤的劳动收入

起初,短纤由粮船运丁自雇,雇价由双方协定,故短纤收入鲜有记载。后来,运河沿线部分兵役及无赖棍徒发展成中介,为运丁包揽短纤并趁机抬高雇价。因此,清廷在乾隆五年(1740)对雇价作了规定:提溜赶帮,每夫每里给制钱一文;打闸,每船用夫一名,给制钱一文。如有兵役等加派短纤、多索雇价者,枷号两月、杖一百。① 由此推之,乾隆五年以前短纤拉纤一里或打闸一次的收入应为一文左右。

乾隆五年后,包雇短纤的情况仍未能禁绝,同时,又有"催漕员弁,喜作威福,每遇滩坝湾曲之处,概令多加纤夫,稍不遂意,即痛责运丁"②情况发生。部分短纤借此居奇,动辄索银一二两方肯受雇。为此,乾隆十年(1745)规定短纤听运丁自雇,催漕员弁不得逼令多添,违者听巡漕御史查参。与此同时,清廷还对粮船从江苏仪征等地至淮安的短纤雇价作了规定,与此前相比,短纤雇价略有提高。乾隆三十年(1765),清廷又对部分河段雇价作了规定。至嘉庆初年,短纤雇价又有所提高。

清代短纤雇价虽逐步上涨,但短纤的收入却一直处于较低

---

① 参见(清)杨锡绂:《漕运则例纂》卷一三《粮运限期》,清乾隆刻本。
② 《清高宗实录》卷二四三,乾隆十年六月丁巳条,中华书局1986年版,第133页。

水平。顺治年间,人夫日挣四十文且不能饱腹。① 乾隆五年,短纤每夫每里才给钱一文,"日行尚不过二三十里"②,每天所挣仅有二三十文,连吃饱饭都成问题。乾隆十年和三十年,雇价升到每夫每里一文半至两文,短纤日挣三十至六十文,加上物价上涨等因素,勉强够一天食用之费。嘉庆初年,雇价增至每夫每里五至七文,短纤日挣一二百文。然而,此时"生齿日繁,诸物昂贵",就连天津的虾米也卖到了每斤一百二十五文,短纤日挣一二百文仍属相当微薄。

粮船短纤的大量存在保障了清代运河航运的畅通,推动了运河沿线社会经济的发展。道光以后漕粮逐步改为海运,沿河短纤生计日拙,其中一些经济特别窘困者铤而走险,沦为匪盗,对沿河社会秩序造成一定的影响。

---

① 参见黄冕堂:《中国历代物价问题考述》,齐鲁书社 2007 年版,第176 页。

② (清)贺长龄:《清经世文编》卷九八《工政四》,清光绪十二年(1886)思补楼重校本。

卫所军户研究

明初"月鲁帖木儿之乱"原因探析[*]

　　明洪武二十五年（1392），四川建昌卫指挥使月鲁帖木儿发动了一次空前的叛乱，《明史》记载："已而月鲁帖木儿反，合德昌、会川、迷易、柏兴、邛部并西番土军万余人，杀官军男妇二百余口，掠屯牛，烧营屋，劫军粮，率众攻城。"[①]这次反叛的参与者包括蒙古、西番、摩挲、罗罗等族，影响波及今四川凉山彝族自治州西昌、越西、冕宁、喜德、德昌、盐源、会理等地，史称"月鲁帖木儿之乱"。学界对这次叛乱早有关注，但许多论著要么只叙述叛乱过程，而未提叛乱原因[②]；要么将叛乱原因归

　　* 本文原载于《史学集刊》2016年第5期，系教育部人文社会科学研究青年基金项目"明清屯堡社会变迁研究——以四川冕宁为中心"（13YJC770035）、中国博士后科学基金第53批面上资助项目"明清屯堡社会变迁研究——以四川冕宁为中心"（2013M531583）的系列成果之一。

　　① 《明史》卷三一一《四川土司传一》，中华书局1974年版，第8017页。

　　② 参见徐铭：《明代凉山地区的民族关系》，《西南民族大学学报》（哲学社会科学版）1982年第2期；李绍明：《川滇边境纳日人的族别问题》，《社会科学研究》1983年第1期；何耀华、金钧：《关于元初罗罗斯土官宣慰使的设置问题》，《思想战线》1984年第6期；王德祥、罗仁贵：《川滇的蒙古人》，《中国民族》1991年第10期；蒋邦泽：《明初平定建昌月鲁帖木儿叛乱的前前后后》，《西昌师范高等专科学校学报》2001年第4期；察古尔汗：《蒙元时期人滇蒙古人管窥》，《内蒙古大学学报》（哲学社会科学版）

于月鲁帖木儿个人,认为明朝没有授予他符印,引发其叛乱[①],或者认为朝廷拒绝了他的留京请求,导致其叛乱。[②]这些解释都忽略了其他的叛乱参与者,将原因归于月鲁帖木儿一人,而且某些解释还存在史实错误。此外,也有的学者从政治、经济角度对这次叛乱的原因进行了分析[③],但仍然没有注意到不同叛乱阶层各自反叛的原因。因此,本文试图在详细考证的基础上,从不同阶层利益出发,对明初"月鲁帖木儿之乱"的原因进行多层次的探讨。

一、不满明朝给予的权利:月鲁帖木儿 反叛的个人原因

洪武二十五年的叛乱由月鲁帖木儿发起和推动,叛因与他

（接上页）2009 年第 6 期;曾现江:《论影响藏彝走廊地区纳系族群历史分化演进的蒙古族因素》,《四川民族学院学报》2011 年第 6 期。

　①　参见杜玉亭:《明四川行都司土司制度未因元制说》,《内蒙古社会科学》(文史哲版)1987 年第 6 期。杜氏认为,月鲁帖木儿等归顺明朝后没有被授予符印,但这一说法与史实不符,事见下文正文及注释。

　②　参见雷弟明、赖悦:《明初平定建昌卫月鲁帖木儿叛乱浅析》,《惠州学院学报》(社会科学版)2002 年第 5 期。该文认为,月鲁帖木儿因洪武十八年要求全家留在京城没有获准而心怀不满,回去以后便中断了对明朝的朝贡,并伺机发动了叛乱。笔者认为,这一解释不但不够全面、深入,而且还存在史实错误。月鲁帖木儿留京要求被拒绝后,并没有中断对明朝的朝贡,《明太祖实录》记载他至少在洪武二十年都还向明朝贡马,事见下文。

　③　参见冉春桃、范植清:《明洪武朝南方各族人民的反抗斗争》,《中南民族学院学报》(哲学社会科学版)1988 年第 4 期;李宗放:《明代四川蒙古族历史和演变略论》,《西南民族大学学报》(人文社科版)2004 年第 4 期;李宗放:《明代四川建昌地区的行政和军事建置及变化》,《西南民族大学学报》(人文社科版)2006 年第 10 期。

个人动机直接相关。那么,他为什么要选择发动这次叛乱呢?
要探知背后的原因,我们必须首先对月鲁帖木儿归顺明朝前后
的个人境遇进行深入分析。

通过元末明初的一系列征战,明太祖朱元璋在洪武十年左
右统一了中国绝大部分地区,而建昌等地所在的罗罗斯宣慰司
地区(元代隶属于云南),仍处在旧元势力统治之下。洪武十
四年,明朝大军在傅友德、蓝玉、沐英等带领下,兵分两路进征
云南:一路由胡海洋等率师五万从四川南下;一路从湖广西进。
同年十二月,傅友德大军在云南曲靖击败元朝梁王军队。十五
年,云南平定。① 同年正月,明朝在云贵置十四卫指挥使司,其
中包括建昌、东川、乌撒、普安、水西、乌蒙等地。② 云南平定
后,旧元各官为表示臣服,纷纷向明朝进贡。洪武十五年十月,
云南行省平章月鲁帖木儿等向明朝贡马一百八十匹,并缴元朝
所授符印。明朝对此颇为重视,"诏赐月鲁帖木儿袭衣靴袜,
家人绵布一百六十匹"③。两个月后,明朝又任命其为建昌卫
指挥使并给予额外优待,"赐以绮衣金带,月给三品俸赡其家。
土官例无俸,此特恩也"④。洪武十七年八月,明朝又"赐建昌

---

① 参见《明史》卷一二九《傅友德传》,中华书局 1974 年版,第
3802—3803 页。

② 参见《明太祖实录》卷一四一,洪武十五年正月丁亥条,"中研院"
历史语言研究所,1962 年,第 2224 页。

③ 《明太祖实录》卷一四九,洪武十五年十月壬寅条,"中研院"历史
语言研究所,1962 年,第 2353—2354 页。

④ 《明太祖实录》卷一五〇,洪武十五年十二月乙亥条,"中研院"历
史语言研究所,1962 年,第 2367 页。

卫指挥使月鲁帖木儿家属布绢百匹"①。可见,月鲁帖木儿归
顺后一度受到明朝的优待。尽管如此,他仍对所获权利不满,
主要原因如下：

首先,月鲁帖木儿虽被明朝任命为建昌卫指挥使,但实际
权力却掌握在同为指挥使的安配手中,原因在于安氏比月鲁帖
木儿归顺早,更受明朝的信任和重用。早在洪武四年,安配便
已归顺明朝。"洪武四年,镇国上将军罗罗斯宣慰使安普卜之
孙配率众归附,遂命以招安旁夷有功,授昭勇将军,子孙世
袭。"②而此时,罗罗斯其他地区仍为元朝势力控制,尚未归附。
次年,罗罗斯又陆续有安定归顺："壬申,啰啰斯宣慰安定来
朝,赐绮六匹,纱衣、葛衣各一袭,通事衣有差。"③此处的安定
与安配是否为一家,学界尚存争议。④ 但不可否认,安配、安定
是旧元罗罗斯地区最早归顺明朝的地方势力,因此格外受到明
朝器重和信任。平定云南后,安配即被任命为建昌卫指挥使。
"历代先圣赏有功、官有德,相传至今,凡有天下国家者,未尝
异此道而能服海内之民。朕统寰宇,务体前王之道,官德赏功。

---

　　①　《明太祖实录》卷一六四,洪武十七年八月丁酉条,"中研院"历史
语言研究所,1962 年,第 2537 页。

　　②　(明)曹学佺:《蜀中广记》卷三四,《景印文渊阁四库全书》第 591
册,台湾商务印书馆 1986 年版,第 434 页。

　　③　《明太祖实录》卷七三,洪武五年三月壬申条,"中研院"历史语言
研究所,1962 年,第 1339 页。

　　④　杜玉亭认为安配、安定不是一家,参见杜玉亭:《元代罗罗斯土官
的建置和评价问题》,《民族研究》1980 年第 1 期。胡庆钧、何耀华、金钧则
持相反意见,参见胡庆钧、何耀华:《元初未设过罗罗斯土官宣慰使
吗?——与杜玉亭同志商榷》,《民族研究》1980 年第 5 期;何耀华、金钧:
《关于元初罗罗斯土官宣慰使的设置问题》,《思想战线》1984 年第 6 期。

前宣慰安配建功有年,今勤劳于建昌地方,宣朕所以,可为至功矣! 特授建昌卫指挥使,右封印署事,尔兵曹速为施行,毋稽,往钦哉!"①"右封印署事"表明安氏不仅被授予官职,而且还掌握了建昌卫的实际权力。

相反,月鲁帖木儿虽也被任命为建昌卫指挥使,但没有掌握实权。"建昌之境,密迩四川,番汉同居,诸夷乐土,官守是方者必仁智之兼,义勇之备,方安诸种而世禄者也。前平章裕噜特穆尔祖世守斯土,传至裕噜特穆尔,军民怀泽已有年矣。曩者,朕命将西南经理其地,而裕噜特穆尔顺天地之革,命弗驱兵民以御敌,乃率僚属以归,格上下之鉴见,昭境内之民安,斯为至福矣! 尔兵曹具由中书,中书笔诰,授以昭勇将军建昌卫指挥使封印,仍统旧部,以报来诚,如敕无怠,往钦哉!"②这篇

---

① 《明太祖文集》卷三《建昌卫指挥使安配诰文》,《景印文渊阁四库全书》第1223册,台湾商务印书馆1986年版,第29页。

② 《明太祖文集》卷三《建昌卫指挥使裕噜特穆尔诰文》,《景印文渊阁四库全书》第1223册,台湾商务印书馆1986年版,第27页。杜玉亭认为月鲁帖木儿虽任建昌卫指挥使,但朝廷未颁授其符印;安配在洪武十六年归明,入朝后也未得到任何官职,只是此后多年因其"招安旁夷"有功,才被任命为建昌卫土指挥使,而且也不给符印。因此,明朝对土官政策不善,是导致月鲁帖木儿反叛的原因。参见杜玉亭:《明四川行都司土司制度未因元制说》,《内蒙古社会科学》(文史哲版)1987年第6期。从《明实录》以及明朝给月鲁帖木儿、安配的诰文等材料来看,杜氏说法有误。首先,安配在洪武四年便已归明,并非在洪武十六年。其次,杜氏认为月鲁帖木儿等归明后无符印,但诰文明确指出月鲁和安氏归顺后,明朝均授予"封印",只不过月鲁帖木儿叛乱后,朝廷为防止地方势力发展,才缴了安氏的印。此外,《明太祖实录》记载:洪武十六年二月,"建昌卫指挥使安配来朝,贡方物"。可见,安配在洪武十六年时已获建昌卫指挥使官职,并非因其后"招安旁夷",才被授予该职。参见《明太祖实录》卷一五二,洪武十六年二月丙申条,"中研院"历史语言研究所,1962年,第2387页。

诰文语气虽很委婉,但"顺天地之革,命弗驱兵民以御敌,乃率僚属以归"之句透露出月鲁帖木儿是在兵临城下的时刻才决意投降。尽管他也被授予建昌卫指挥使,但没有"署事",即不掌握建昌卫的实权。月鲁帖木儿在元朝为从一品的云南行省平章,比从二品的宣慰使安氏品级高①,但归顺明朝后权势反倒不如安氏大。《明实录》对此也有所反映,洪武十六年,安配、月鲁帖木儿一同进京献马,但月鲁帖木儿却被排在安配之后:"建昌卫指挥使安配、月鲁帖木耳等献马。诏赐绮帛钞锭有差。"②政治礼仪很讲究官员大小排序,一般不会随意颠倒顺序,由此可知,安配权势应在月鲁帖木儿之上。这恰恰是月鲁帖木儿的不满之处。明朝对此心知肚明,所以才破格每月给其三品俸禄③,希望可以从物质上加以笼络,但这种优待并不能使月鲁帖木儿满意。

除权力外,月鲁帖木儿在获取其他利益方面遭到挫折,令他大为不满。洪武十八年正月,他举家前往京城,请求留京享福,但未能获准。"赐建昌卫指挥使月鲁帖木儿文绮百匹、钞五百锭。时月鲁帖木儿举家入朝,请遣子入学,愿留其家于京师,上不许,厚赐遣还。"④洪武十五年,月鲁帖木儿等人归顺时仅贡马一百八十匹,但为了这次能够顺利留京养老,他带领手

---

① 参见《元史》卷九一《百官志七》,中华书局 1976 年版,第 2305、2308 页。

② 《明太祖实录》卷一五六,洪武十六年八月乙酉条,"中研院"历史语言研究所,1962 年,第 2425 页。

③ 《明太祖实录》卷一五○,洪武十五年十二月乙亥条,"中研院"历史语言研究所,1962 年,第 2367 页。

④ 《明太祖实录》卷一七○,洪武十八年正月丙子条,"中研院"历史语言研究所,1962 年,第 2584 页。

下一次性就贡马三百余匹,"建昌卫指挥使月鲁帖木儿、普定知府者额来朝,贡方物及马三百余匹,诏赐绮帛钞锭有差"①。可惜这一请求却遭到朝廷拒绝,使其大失所望。这一消极情绪也体现在他此后对朝廷贡马的数量上。洪武二十年,月鲁帖木儿再次入朝贡马,但数量却只有二十七匹,"建昌卫指挥使月鲁帖木儿等贡马二十七匹,诏赐绮帛纱锭"②,可见他对明朝态度有了明显的变化。

洪武二十五年三月,指挥使安配在退休之际带领手下多人进京贡马:"己丑,四川建昌卫致仕指挥安配等贡马,诏赐配及其把事五十三人白金文锦绮帛及钞有差。"③就在安配走后不到一个月的时间内,月鲁帖木儿乘机发动了叛乱,以打击其控制的卫所势力:"癸丑,建昌卫指挥使月鲁帖木儿、绎忽乐等叛,合德昌、会川、迷易、柏兴、卬部并西番土军杀官军男女二百余口,掠屯牛,烧营屋,劫军粮,率众万余攻城。"④此时,留守建昌卫的另一指挥使安定率兵将月鲁帖木儿等击退。不久,明朝才派蓝玉等率大军平乱。由此可见,月鲁帖木儿是有意选择掌握实权的安配不在地方之时发动叛乱。这点恰好从侧面反映出他与安氏之间的矛盾。而且,月鲁帖木儿叛乱后所打击的对象,也恰恰是安氏领导的建昌卫土军:"建昌土官月鲁帖木儿

---

① 《明太祖实录》卷一七〇,洪武十八年正月甲子条,"中研院"历史语言研究所,1962年,第2581页。

② 《明太祖实录》卷一八七,洪武二十年十二月壬申条,"中研院"历史语言研究所,1962年,第2808页。

③ 《明太祖实录》卷二一七,洪武二十五年三月己丑条,"中研院"历史语言研究所,1962年,第3189页。

④ 《明太祖实录》卷二一七,洪武二十五年四月癸丑条,"中研院"历史语言研究所,1962年,第3192页。

叛，纠合各处土著西番、麼些与土著官军大肆杀掠。"①可见，月
鲁帖木儿纠集的主要是当地西番、摩梭等族，与土官安氏掌握
的建昌卫土军相战。

综上，月鲁帖木儿归顺明朝后对权力和利益两方面都不满
意，而且与受到王朝重用的安氏之间矛盾、冲突很深，是其发动
叛乱的根本原因。

二、"控驭西番"：西番首领
因反抗王朝边略而乱

洪武二十五年的叛乱虽由月鲁帖木儿发起，但参与叛乱的
主要势力还包括西番土官领导的土兵。那么，西番首领及其部
众为何会响应月鲁帖木儿的号召，联合反叛明朝呢？本文认为
这一问题必须从明初建昌等地战略地位和王朝边略影响的角
度来进行理解。

建昌等地处于大渡河以南，金沙江以北，乌斯藏以东，可谓
"沟通川滇，西临番族"，地理位置十分重要，尤其是在控制西
边番部方面战略地位十分突出。关于这一点，我们可以从洪武
十五年十月的行政区划调整中看得非常清楚。如前所述，建昌
等地在元代归罗罗斯宣慰司管辖，隶属云南行省。② 洪武十五
年十月，即明朝征服云南刚刚九个月，就把这一地区从云南省

---

① （明）佚名：《秘阁元龟政要》卷一五，《四库全书存目丛书·史
部》第 13 册，齐鲁书社 1996 年版，第 804 页。

② 参见《元史》卷六一《地理志四》，中华书局 1976 年版，第
1471 页。

划入四川省:

> 壬辰,割云南建昌府所属建安、永宁、泸、礼、里、阔、邛部、苏八州,中、北社、泸沽三县,德昌府所属昌德、威笼、普济四州,会昌府所属武安、黎溪、永昌三县,俱隶四川布政使司。以会川千户所隶建昌卫,卫隶四川都指挥使司。①

可见,上述地区在民政和军政上都是从云南分离出来,被归并到四川。值得注意的是,为何云南刚刚平定,在行政区划上便要作出如此大的调整?有论者指出,月鲁帖木儿曾企图联合建昌、乌蒙、乌撒等云南土官与明朝对峙,将上述地区划归四川是为了粉碎其阴谋。②本文认为这一解释有一定道理,但并不全面。上述调整实际上还有防御西边番部的重要考虑。早在洪武二年四川尚处于明夏政权控制之时,川西藏区一带番部首领便已陆陆续续与明朝建立起联系。③朱元璋有恐势力强盛的番部与明夏势力联合,对明朝军队入川造成障碍,迫于形势不得不拉拢来朝的番部首领,与之建立起良好关系。洪武四年,明朝灭夏而据有四川,直接与川西番部接触,因此四川御番的重要性便凸显出来。但这一时期仅仅是大渡河以北地区归明朝控制,大渡河以南与藏区紧密相邻的建昌等地仍掌握在元

---

① 《明太祖实录》卷一四九,洪武十五年十月壬辰条,"中研院"历史语言研究所,1962 年,第 2350 页。

② 参见蒋邦泽:《明初平定建昌月鲁帖木儿叛乱的前前后后》,《西昌师范高等专科学校学报》2001 年第 4 期。

③ 参见尹伟先:《明代藏族史研究》,民族出版社 2000 年版,第205 页。

朝宗室手中,故而在对藏防线上形成一个缺口。因此,明朝在云南平定后立即着手将这一地区从云南改属四川,以便统一事权,形成一条从四川西北松潘往南至四川西南建昌等地的对藏完整防线。可见,在明初统治者眼中,建昌等地对明朝控制藏区番部有着十分重要的战略意义。

此外,元、明时期上述地区的西番势力也颇为强盛,尤其是建昌以北的苏州(即今冕宁县)。苏州,《元史》失载,但见于某些元代史料。柯劭忞《新元史》认为,苏州建于元初;杜玉亭先生通过考证认为,其建立当在元中期,但并没有指出苏州建立的具体原因和时间。① 笔者据其观点推测,苏州建立应在元中期泰定帝时期。据《元史》记载,泰定三年(1326)八月辛丑,"西番土官撒加布来献方物"②。致和元年(1328)三月己丑,"云南土官撒加布降,奉方物来献,置州一,以撒加布知州事,隶罗罗宣慰司,征其租赋"③。西番土官撒加布之地所设州,极有可能就是苏州。原因有二:一是罗罗斯宣慰司属州在元中期建立的只有这一个;二是苏州多番部,"苏州,吐蕃、罗罗杂居"④,与撒加布为西番土官的信息相一致。可见,元代苏州多番部,而且其势力也很强大。元文宗至顺元年(1330)四月,云南乌蒙土官禄余反叛,杀乌撒宣慰司官吏。⑤ 西番土官宣慰撒

---

① 参见杜玉亭:《元代罗罗斯史料辑考》,四川民族出版社 1979 年版,第 165—166 页。

② 《元史》卷三〇《泰定帝纪二》,中华书局 1976 年版,第 672 页。

③ 《元史》卷三〇《泰定帝纪二》,中华书局 1976 年版,第 686 页。

④ (元)刘应李原编,(元)詹友谅改编,郭声波整理:《大元混一方舆胜览》卷中《罗罗斯宣慰司》,四川大学出版社 2003 年版,第 461 页。

⑤ 参见《元史》卷三四《文宗纪三》,中华书局 1976 年版,第 756 页。

加布也跟着反叛,"罗罗斯权土官宣慰撒加伯(布)、阿漏土官阿剌、里州土官德益叛,附于禄余"①。六月,撒加布联合乌蒙兵万人进攻建昌(今西昌),在芦古驿(今冕宁县泸沽镇)被元军挫败。②撒加布不甘心失败,企图联合川西番部卷土重来。七月,"罗罗斯土官撒加伯(布)及阿陌土官阿剌、里州土官德益兵八千撤毁栈道,遣把事曹通潜结西番,欲据大渡河进寇建昌"③。元朝为此出兵千余,"直抵罗罗斯界,以控扼西番及诸蛮部"④。

由上可知,建昌等地西番势力强盛,而且在地理和历史上都与川西番部之间保持着十分紧密的关系,因此明初王朝对其高度重视,并强调要"控驭西番"。这点可以从苏州设卫过程中看得比较清楚。苏州在洪武十五年随云南一起进入明朝版图,为稳定统治秩序,明朝起初仍设立土州管理,以西番帕兀它为土官,统领其部众。随着西南统治的逐步稳定和防御西番战略的日益凸显,明朝开始将军事力量渐渐向苏州一带渗透。洪武二十一年十月,"置四川苏州卫指挥使司。初,以土官帕兀它为知州,抚其夷民。至是,命羽林右卫指挥佥事陈起领军至苏州,筑城置卫以镇之"⑤。明朝设苏州卫这一举措一方面是想通过军事力量来压制当地西番势力;另一方面是为了隔断苏州西番与藏区番部之间的联系,起到军事防御作用。西番土官

① 《元史》卷三四《文宗纪三》,中华书局 1976 年版,第 757 页。
② 参见《元史》卷三四《文宗纪三》,中华书局 1976 年版,第 759 页。
③ 《元史》卷三四《文宗纪三》,中华书局 1976 年版,第 763 页。
④ 《元史》卷三四《文宗纪三》,中华书局 1976 年版,第 764 页。
⑤ 《明太祖实录》卷一九四,洪武二十一年十月庚午条,"中研院"历史语言研究所,1962 年,第 2914 页。

帕兀它因此受到明朝的猜忌和压制,所以苏州设卫不久,他便响应相邻的建昌卫月鲁帖木儿的号召,带领西番土兵联合叛乱。而且藏区番部也暗中支持反叛,并在此后很长时间不向明朝朝贡,"后建昌酋月鲁帖木儿叛,长河西诸酋阴附之,失朝贡,太祖怒"①。

平定此次叛乱后,在"驭番"边略的指导下,明朝将苏州西番编入里甲系统,承担赋役,加深了对其势力的控制。"宁番卫,古苏州地……自洪武初年,土酋怕兀他从月鲁帖木儿作乱,总兵徐凯奉檄征剿后,罢州治,废土官,改为指挥使司。遂将环居西番编为四图,责令办纳苏州驿铺陈、站马、廪给、差役,使之知向王化,而以四千户所钤束之。"②而且,"控驭西番"在此后依然是明朝在建昌、苏州(宁番)等地治边的重要指导思想。例如,蓝玉平乱后在当地增加卫所,便是为了驭番。"玉因奏四川之境,地广山险,控扼西番,连岁蛮夷梗化,盖由军卫少而备御寡也。宜增置屯卫。"③尽管如此,卫所设立后,当地西番势力依然不小,所谓"番乱"还经常见诸记载。④

可见,明初王朝"驭番"边略的压制和防范,使建昌、苏州等地西番土官逐渐对明朝产生离心力,是导致其最终选择带领部众参与月鲁帖木儿叛乱的主要原因。

---

① 《明史》卷三三一《西域传三》,中华书局 1974 年版,第 8592 页。

② (明)谭希思:《四川土夷考》,《四库全书存目丛书·史部》第 255 册,齐鲁书社 1996 年版,第 470 页。

③ (明)孔方炤:《全边略记》卷七,《续修四库全书》第 738 册,上海古籍出版社 2002 年版,第 426 页。

④ 参见《明仁宗实录》卷四上,永乐二十二年十一月辛巳条,"中研院"历史语言研究所,1962 年,第 140 页。

三、以军占田：各族民众因土地丧失而叛

除月鲁帖木儿、西番土官帕兀它等地方上层人士因不同原因反叛外，各族民众愿意跟随地方首领参与叛乱，还与土地被卫所侵占、生存空间紧缩有关。

明初，王朝大军在征服西南过程中，打下一地便设卫驻守，为让士兵安心在地方扎根，朝廷设卫之初就规定先保证普通士兵占有卫所附近田土。例如，在建昌、苏州等地，"（洪武二十年）又令四川建昌卫附近田土，先尽军人，次与小旗、总旗、百户、千户、指挥屯种自给。其新立苏州、柏兴、会川、涪州等卫一体摽拨"①。据此可知，为保证军粮供给，明朝在建昌、苏州等地设卫之初便鼓励卫军对周边土地进行强占。因此，这一政策必然会引起当地各族民众的不满。就建昌、苏州等卫来看，卫治大都处于河谷平坦处，长期以来居住有罗罗、西番、摩挲等族

---

① （明）王圻：《续文献通考》卷一四《田赋考》，《四库全书存目丛书·史部》第 185 册，齐鲁书社 1996 年版，第 224 页。关于这一政策执行的时间，《大明会典》记载为洪武四年，参见《大明会典》卷二二〇《工部·二十二》，《续修四库全书》第 792 册，上海古籍出版社 2002 年版，第 414 页；《钦定续文献通考》记为洪武六年，参见（清）嵇璜：《钦定续文献通考》卷五《田赋考》，《景印文渊阁四库全书》第 626 册，台湾商务印书馆 1986 年版，第 130 页。可见，各种记载相当混乱。由前可知，洪武四年建昌等地尚未归附，并无卫所；建昌卫之设在洪武十五年，而苏州卫之设在洪武二十一年，因此洪武四年、六年的记载应当有误。相比之下，洪武二十年的记载较为可信。王毓铨先生的《明代的军屯》一文引用的便是洪武二十年的说法，但他没有注意到这条史料在各书中记载的不同。参见王毓铨：《明代的军屯》，《王毓铨史论集》下册，中华书局 2005 年版，第 994—995 页。

民众,如元代军屯便是利用当地爨(罗罗)、僰土军在河谷地区进行屯田;民屯也主要是由居住在河谷附近的非汉族群承担。从族群分布上看,建昌西北方向的河谷地区为罗罗落兰部的聚居区①;建昌附近居住有大量的摩挲人②;而苏州河谷地带更是西番人的聚居区。"国初,宁番土酋怕兀他从月鲁帖木儿为乱,我太祖命总兵徐凯征讨,遂废土改卫,止将环居西番编为四图,听我羁縻。"③可见,苏州卫(后改"宁番卫")环居者皆是西番。综上可知,王朝鼓励建昌、苏州等卫军占有卫所周边土地,难免会损害当地各族的既得利益。类似的现象在明初西南地区较为普遍,王毓铨先生就曾指出:明初,云贵、湖广、四川等少数民族地区屯地主要源自"夷田""夷地"。④

明初,卫所除了在屯田上侵占土著土地外,在城池修建方面也是如此。《明太祖实录》记载建昌卫:

> 右军都督佥事段阳琳奏:建昌卫故城周回仅七里,戍兵不过二千。近年开拓至十六里,已甃其西北,其东南濒溪未甃,为水冲激,用工甚艰。又所拓地多侵民田。若复兴工,恐军士不堪其劳,而民有失利之叹,乞罢之便。上曰:"开拓城池,所以设险守固,以安边民也;若地势不利,

---

① 参见《元史》卷六一《地理志四》,中华书局 1976 年版,第 1471—1472 页。

② 参见[意]马可·波罗:《马可波罗行纪》,冯承钧译,上海书店出版社 2001 年版,第 281—282 页。

③ (明)顾炎武:《天下郡国利病书》,《四库全书存目丛书·史部》第 172 册,齐鲁书社 1996 年版,第 118 页。

④ 参见王毓铨:《明代的军屯》,《王毓铨史论集》下册,中华书局 2005 年版,第 997 页。

损伤军民,是以所利人者害人也,其可乎? 琳所奏甚善,亟
罢之。"①

这一材料显示,建昌卫在扩建城池过程中,不仅侵占了大量的
民田,而且给卫所官军也带来较重负担,因此导致各族民众和
部分土军的不满。明太祖朱元璋也认为此事"害人",同意作
罢,只可惜为时已晚。欧阳琳上奏之事在洪武二十五年正月,
四月便爆发了"月鲁帖木儿之乱",可见当地民田被占、差役繁
重,积弊已久,尽管朱元璋批准作罢,但最终没来得及阻止当地
叛乱的发生。诚然,明初西南土地开发有限,当地非汉族群已
开垦的土地根本不够养活庞大的军队,因此卫所官兵自己也要
开垦新地屯种。尽管如此,明初卫所城池修建以及屯地的开
辟,不乏先将当地各族从自然资源优越的河谷驱除再加以开发
的情况。一些人因此被迫迁徙到卫所势力鞭长莫及的山区生
活,剩余未迁者则被编入国家管理系统,以提供赋役。② 因此,
当地各族也就有了文献记载的"生""熟"之别。这一变化过
程,实际上极大地压缩了当地民众原有的生存空间,在一定程
度上造成卫所与各族民众间的矛盾。

可见,普通民众参与"月鲁帖木儿之乱"主要是因为其土
地被占、生存空间紧缩。如此,我们便能理解为何建昌、苏州等
卫设立后不久,地方各族民众大多愿意响应月鲁帖木儿的号

---

① 《明太祖实录》卷二一五,洪武二十五年正月丙申条,"中研院"历
史语言研究所,1962 年,第 3171—3172 页。

② 四川盐井卫千户陶春的墓志铭对明初当地军屯开发的这一特点
有较为详细的记载,参见凉山彝族自治州博物馆、凉山彝族自治州文物管
理所编著:《凉山历史碑刻注评》,文物出版社 2011 年版,第 38 页。

召,参与叛乱。可以说,虽然"月鲁帖木儿之乱"是由地方上层
人物发动,但具有一定的群众基础。正是两者的有机结合,加
速了叛乱的发生。

四、结语

"月鲁帖木儿之乱"是明初大凉山地区一次重大的反叛事
件,其爆发原因主要包括三个方面:

第一,作为叛乱发起者,月鲁帖木儿一度受到明朝的优待
和笼络,但因他归顺明朝较晚,没有成为明朝任命的地方最有
地位和权势的土官,而是受制于先前地位及权势比他低的安
氏,这一心理落差导致他最终选择了叛乱。关于月鲁帖木儿和
安配归顺时间及权力大小问题,杜玉亭先生认为月鲁帖木儿归
顺明朝比安配早,权力也比安配大。安配是在"月鲁帖木儿之
乱"后才取代其地位,得到建昌卫土指挥使的头衔。① 但本文
提供的诸多明代材料及相关分析都说明,建昌安氏实际上比月
鲁帖木儿归顺要早,地位和权力也比月鲁帖木儿大,正是这一
缘故导致他不满,并最终选择发起打击安氏和反叛明朝的
行动。

第二,作为叛乱的重要力量,当地西番首领加入叛乱与明
初推行"控驭西番"边略以压制和防范西番势力有直接的关
系。大凉山地区西番的势力强大,且与川西番部之间关系密

---

① 参见杜玉亭:《元代罗罗斯土官宣慰使研究》,《民族研究》1982
年第 2 期。

切,对明朝形成威胁。尤其是在明朝消灭明夏政权、占有大渡河以北之后,四川与川西番部之间接触更为直接,因此明朝在征服云南后立即将大凉山地区划归四川以便统一调度,不久又增设卫所防范西番势力,这些举措损害了当地西番首领的利益,因此他们也响应了月鲁帖木儿的号召,加入叛乱。

第三,作为叛乱的主体,各部民因为土地被卫所侵占、生存空间紧缩而加入反叛的行列。在明初卫所体系设立的过程当中,为保障军粮供应,使王朝大军能够在边疆扎下根来,明朝在许多边远地区,如本文的建昌卫、宁番卫等推行了"以军占田"的措施。这一举措虽然能够缓解军队的补给问题,但实际上对地方民众的利益造成很大的损害。此外,诸如建昌卫城池的扩建等又进一步加剧了军民在土地问题上的矛盾,使得他们纷纷加入到反叛明朝的斗争中去。

综上可知,"月鲁帖木儿之乱"并不纯属个人问题,而是当地不同阶层为各自利益所驱动的一次共同反叛事件。

明清四川军户的发展与宗族建构[*]

——以冕宁胡家堡胡氏为个案

　　明末张献忠屠川导致四川人口锐减、经济衰败、社会残破,于是清初大量移民入川进行开发和重建,使得四川社会得以恢复和发展。这一过程业已成为学界共识。① 在此思路下,大多数人对清代四川社会历史的关注主要是从移民与社会重建这一视角出发的。例如,山田贤以云阳涂氏为例,探讨了涂氏自清中叶移民四川后形成宗族及建立社会网络的过程,并把其经历视为清代长江上游流域宗族形成的典范和

　　* 本文原载于《历史人类学学刊》2015 年第 2 期,系教育部人文社会科学研究青年基金项目"明清屯堡社会变迁研究——以四川冕宁为中心"(13YJC770035)、中国博士后科学基金第 53 批面上资助项目"明清屯堡社会变迁研究——以四川冕宁为中心"(2013M531583)的系列成果之一。

　　① 较具代表性的论著包括:[日]山田贤:《移住民の秩序:清代四川地域社会史研究》,名古屋大学出版会,1995 年;孙晓芬:《清代前期的移民填四川》,四川大学出版社 1997 年版;曹树基:《中国移民史》第 6 卷,福建人民出版社 1997 年版;刘正刚:《东渡西进:清代闽粤移民台湾与四川的比较》,江西高校出版社 2004 年版;孙晓芬:《明清的江西湖广人与四川》,四川大学出版社 2005 年版;陈世松:《大迁徙:湖广填四川历史解读》,四川人民出版社 2005 年版;梁勇:《移民、国家与地方权势:以清代巴县为例》,中华书局 2014 年版。

缩影。① 尽管如此,四川土著并非全都在明末清初的战乱中终结,有些依然延续到清代并形成宗族,这也是一个不可忽略的事实。那么,清代尚存的四川土著在明代的情形如何,对其入清后的发展有何影响? 他们在清代是怎样建构并形成宗族的? 有什么特点? 这些问题尚需检讨。因此,本文以四川冕宁县胡家堡胡氏为个案,探讨其在明代的发展和清代的宗族建构以及所呈现的地域特色。

　　本文中的胡家堡位于四川省凉山彝族自治州冕宁县先锋乡,是一个以胡姓为主的村落。村子坐南朝北,村后有胡氏祠堂——安定祠,村前为开阔的平坝。平坝往东数公里是自北向南流淌的安宁河,往西则一直伸入山区,山后是水流湍急的雅砻江支流——打冲河。胡家堡为冕宁胡氏的主要聚居点,其余族人散居县城以北的小堡和以西的高家碾、县南河边镇等处。胡氏所在的冕宁县于洪武十五年(1382)进入明朝版图,起初设苏州,隶属建昌土府,由土官管理。② 二十一年(1388)设苏州卫,由南京羽林右卫指挥金事陈起领军镇守③,汉族军事移民开始大量进入。二十五年(1392),明朝废苏州,设苏州卫军民指挥使司。④ 二十七年(1394),苏州卫改称宁番卫(隶属四

---

　　① 参见[日]山田贤:《移民的秩序——清代四川地域社会史研究》(曲建文译,中央编译出版社 2011 年版)一书的第二章《移民社会与地域精英——云阳涂氏的轨迹》。

　　② 参见《明太祖实录》卷一四三,洪武十五年三月己未条,“中研院”历史语言研究所,1962 年,第 2251 页。

　　③ 参见《明太祖实录》卷一九四,洪武二十一年十月条,“中研院”历史语言研究所,1962 年,第 2914 页。

　　④ 参见《明太祖实录》卷二一八,洪武二十五年六月条,“中研院”历史语言研究所,1962 年,第 3203 页。

川行都司）①，一直沿用到清初。清雍正六年（1728），宁番卫改为冕宁县②，相沿至今。

一、胡氏来历：灶户充军与驻守宁番卫

关于胡氏的来历，乾隆《胡氏宗谱》记载：

先宗籍本江南杨（扬）州府如皋县橘杠场第一都盐灶户，文定公之后裔也，自大明洪武年间奉旨设填四川剑（建）南五卫民版。胡氏祖公二人，自江南来，至泸沽分路，一下建昌，一上宁番，今居德昌胡家湾一支，委系江南本支也。入宁番卫之祖公，讳贵，于城北屯家焉，今宁城北门外所谓小堡者是也。③

据此可知，胡氏两祖先原为扬州府如皋县灶户，洪武年间来到四川"剑（建）南五卫"④。其中一人叫作胡贵，在宁番卫城北门外小堡定居，为冕宁胡氏一支的始迁祖。另一祖先名讳

---

① 参见《明一统志》卷七三《四川行都指挥使司》，《景印文渊阁四库全书》第 473 册，台湾商务印书馆 1986 年版，第 555 页。

② 参见咸丰《冕宁县志》卷二《舆地志·沿革》，《中国地方志集成·四川府县志辑》第 70 册，巴蜀书社 1992 年版，第 902 页。

③ 乾隆《胡氏宗谱·序》，清乾隆年间手抄本，冕宁县胡家堡藏。

④ "剑南"实为"建南"之讹。明初在大渡河以南的四川行都司设有建昌、建昌前、宁番、越巂、会川、盐井六卫。万历初年，建昌前卫并入建昌卫，"六卫"变为"五卫"，因此四川行都司地区也常常被称为"建南五卫"。特此说明。

不详,在建昌卫胡家湾定居。尽管《胡氏宗谱》撰于清乾隆年间,但对始迁祖原籍如皋的记载应当可信。万历年间胡氏子孙胡全礼曾做过湖广道州知州①,《道州志》记载"胡全礼,如皋人,三十三年任"②,可证明胡氏祖籍确为如皋。而且"橘杠场第一都盐灶户"之说与明代如皋情形亦相符合。如皋确实有"橘杠场",在官方文献中写作"掘港场"③,与丰利场、马塘场并称如皋三大盐场。据明嘉靖《重修如皋县志》记载,如皋按照东西南北分为沿海、安定、江宁、赤岸四乡,"一都"位于东边的沿海乡,而三大盐场在地理上均位于沿海乡④,可知"橘杠场第一都"之说有据。此外,明代沿海乡"橘杠场第一都"也的确存在灶户。据明嘉靖年间数据显示,如皋县有灶户六里,散居于四厢以及沿海、江宁诸乡⑤,说明沿海乡有灶户分布。而且明代丰利场盐课司、马塘场盐课司和掘港场盐课司,"俱在如皋县沿海乡一都"⑥,可知沿海乡掘港场一都确有灶户。因此,胡贵兄弟原为如皋灶户的记载应当不假。

　　值得注意的是,《胡氏宗谱》提到胡贵二人"奉旨设填四川

　　①　参见(明)胡全礼:《题逸士德轩许公夫人丁氏墓志铭》,凉山彝族自治州博物馆、凉山彝族自治州文物管理所编著:《凉山历史碑刻注评》,文物出版社2011年版,第58—59页。

　　②　嘉庆《道州志》卷四《职官》,清嘉庆二十五年(1820)刻本。

　　③　"掘"(jué)在冕宁方言中念"jú",故冕宁谱牒将"掘港场"写作"橘杠场",下文还有"菊岗场"也是因此所致。

　　④　参见嘉靖《重修如皋县志》卷五《官政·徭役》,《天一阁藏明代方志选刊续编》第10册,上海书店1990年版,第97页。

　　⑤　参见嘉靖《重修如皋县志》卷五《官政·徭役》,《天一阁藏明代方志选刊续编》第10册,上海书店1990年版,第97页。

　　⑥　嘉靖《惟扬志》卷九《盐政志》,《四库全书存目丛书·史部》第184册,齐鲁书社1996年版,第575页。

剑(建)南五卫民版",但结合其他材料判断,胡贵应为军户,而并非民户。理由如下:

第一,宁番卫为军民卫,设军民指挥使司,编有民户四里。① 而这四里民户皆为当地土官原管部落人口。"宁番卫……自洪武初年,土酋怕兀他从月鲁帖木儿作乱,总兵徐凯奉檄征剿后,罢州治,废土官,改为指挥使司。遂将环居西番编为四图,责令办纳苏州驿铺陈、站马、廪给、差役,使之知向王化,而以四千户所钤束之。"②胡贵原籍如皋,并非土官所管部落人口,故不应为民户。《胡氏宗谱》所谓填充"民版",不过是后人在清代已经改卫为县的语境下的说法而已。更为重要的是,胡贵安插的小堡为军堡,并非民堡,所以他不应为民户,而应为军户。小堡领军之官叫作陆輓,与胡贵同样来自如皋掘港场第一都。据小堡《陆氏族谱》记载:

> 第一世祖陆宁七,讳輓,原籍江南阳(扬)州府如膏(皋)县菊岗场第一都坝上所生人氏。永乐四年开辟宁番卫,奉钦命恩加世袭,率军而戍守之,遂乐土于此,监修北门城墙,现志陆輓可考。③

另据明代《武职选簿》记载,陆輓为宁番卫中中所副千户,

① 参见嘉靖《四川总志》卷一五《郡县制·四川行都司》,《北京图书馆古籍珍本丛刊》第 42 册,书目文献出版社 1996 年版,第 294 页。

② (明)谭希思:《四川土夷考》卷三《宁番卫图说》,《四库全书存目丛书·史部》第 255 册,齐鲁书社 1996 年版,第 470 页。

③ 康熙《陆氏族谱·世系》,康熙四十三年(1704)手抄本,冕宁县小堡藏。

其子陆衡于宣德五年(1430)五月袭职,于天顺七年(1463)十二月升正千户。[①] 陆轵死后,葬于小堡后山陆氏祖坟坝,墓丘尚存,至今子孙祭扫不绝。而陆轵领军监修宁番卫城北门城墙也确有其事。刻于永乐四年的《修北门题记》中就有陆轵之名。[②] 可见,他领军修墙一事非虚,只因年代久远,以至于陆氏子孙误把修墙的永乐四年(1406)当成了陆轵来到宁番卫的时间。由上可知,位于城北的小堡为军堡,由中中所千户陆氏领军驻扎,负责防守宁番卫城北门,地位十分重要。因此,胡贵定居小堡,非官即军,而《武职选簿》并无他的记载,所以他应为同籍武官陆轵所领之军,与陆氏一同驻守北门。这点在当地亦有传言可证。[③] 此外,直到清代,胡氏在城北城墙拐弯处仍有

① 参见中国第一历史档案馆、辽宁省档案馆编:《中国明朝档案总汇》第 58 册,广西师范大学出版社 2001 年版,第 47 页。

② 参见永乐四年《修北门题记》,四川省文物管理局编:《四川文物志》上册,巴蜀书社 2005 年版,第 400 页。该题记长 55 厘米、高 27 厘米,发现于冕宁县城墙北门门洞墙壁中,内容为:"大明国四川行都司宁番卫军民指挥使、怀远将军李信,明威将军陈亨、张英、宋□,从仕郎经历刘□□,武德将军王鼎□,武略将军唐凯、□□、余文□、卢□、□洪苟先□□、陆□、许子贤、王□□,提调官明威将军□□,武略将军赵□贵、昭信校尉阎敏、杨保,人匠阎二□□□□□□徐□镛。永乐四年正月吉日立。"尽管题名多有残缺,但对照《武职选簿》可知,参与此次修城的主要官员包括宁番卫指挥同知李信,指挥佥事陈亨、张英,卫镇抚唐凯、余文显,左所副千户卢钦,中中所副千户陆轵,中前所正千户许子贤,后所副千户赵得贵,昭信校尉阎敏等人。可见,陆轵确曾领军监修北门城墙。

③ 直到今天,冕宁县城内外老户仍记得一传闻:宁番卫城有步、方、陈、陆四姓武官分别率领家兵把守宁番卫城东、西、南、北四门。由于明初边疆初开,战事频繁,卫所武官率领同籍卫军征战驻守颇为常见,所以地方流传武官率领家兵守城之说也就不足为奇。参见陈兆远:《明代守宁番卫城的四个家族》,陈兆刚等主编:《陈氏敦伦堂——四川冕宁三分屯籍陈氏族谱》,2013 年,第 216 页。

公田一块①，这与胡贵戌守城北的信息也相符合。

　　第二，如皋在洪武年间确实有灶户充军之事，可从侧面印证胡氏的情况。据嘉靖《重修如皋县志》记载：

> 　　元至正年间，泰州白驹场人张士诚与弟士义、士德、士信作乱，陷泰州，据高邮城，称诚王。士信到如皋马塘场称兄假旨，濒海劫掠，人心彷徨，一无所归。有场守陆真集众与敌，亦为之强劫归降。此时民物萧条，皆为士诚所属。后士诚据苏松等处称吴王，浚如皋东南常平章河，通运道，以士信为丞相，专委政焉……乙巳年十月，左相国徐达、平章事常遇春合兵泰州攻士诚军，败之。遇春东筑海安镇，以绝士诚如皋、通州粮道。吴四年九月，太祖兵克平江，执士诚送金陵，还师取通州、如皋。士诚在舟中闭目不食，比至，上欲全之，士诚自缢死。皋民领士诚粮为浚河者，于洪武年咸以常平章归附间充军。②

　　由上可知，在元末明初张士诚部占据如皋期间，部分百姓曾帮助张部疏通如皋和通州之间的运粮河道。洪武年间，这些人也因此获罪充军。以上故事虽然晚出，但反映出的两个信息却是事实：一是元末明初如皋人投降张士诚之事。例如，安定乡人朱显忠就曾归附张士诚并帮其守松江，后来因率众投降，

---

① 参见乾隆《胡氏宗谱·胡氏家谱直书源流志》，清乾隆年间手抄本，冕宁县胡家堡藏。
② 嘉靖《重修如皋县志》卷六《杂志·事纪》，《天一阁藏明代方志选刊续编》第 10 册，上海书店 1990 年版，第 121—122 页。

被朱元璋授予官职。① 二是洪武年间如皋人多有充军的情况。比如,安定乡人孙四华,洪武初年曾充南京虎贲卫军,后因随沐英征云南有功,被授予贵州清平卫指挥使。② 上面的故事提到,如皋马塘场"场守"(盐场官员)陆真先是率众抵抗张士诚部,后又归降,可知投降并帮助张士诚的人当中不乏盐场官员及灶户。所以,明初如皋充军的人当中自然少不了灶户。结合这一背景可知,胡贵应为灶户充军,在洪武年间随同籍武官一起来到四川宁番卫镇守。

二、迁居分派与明代胡氏的发展

据乾隆六年(1741)胡氏谱序记载,胡贵定居宁番卫城北小堡,娶周氏,生子汉冲、汉明。汉冲生子朝宗、缵宗,汉明生子义宗、上宗。其中缵宗、义宗绝嗣,只有朝宗、上宗传续。以上胡氏祖先分别葬于城北阿北落、丹堤穴、三台穴三处。③ 朝宗生子堂,上宗生子铭、坤。胡堂迁卫南白鹿冲,创立胡家堡;胡坤迁居城西高家碾;胡铭生全仕、全德,皆无嗣。故此后胡氏一族分居胡家堡和高家碾两处,分别为胡堂、胡坤之后。胡家堡胡堂生子五人:全仁、全义、全礼、全智、全信,其中义、智、信三

---

① 参见嘉靖《重修如皋县志》卷八《人物·列传》,《天一阁藏明代方志选刊续编》第 10 册,上海书店 1990 年版,第 220—221 页。

② 参见嘉靖《重修如皋县志》卷八《人物·武勋》,《天一阁藏明代方志选刊续编》第 10 册,上海书店 1990 年版,第 209 页。

③ 参见同治《胡氏宗谱·宗谱原序》,清同治十年(1871)修、民国增补,手抄本,冕宁县胡家堡藏。

人绝嗣,仁、礼有后。全仁生希荣、希毕、希奭、希爕四子。全礼迁四川邛州,生希孔、希绘、希孟、希皋、若愚、若鲁、若僻、若嗲八子。① 高家碾胡坤生子全学,全学有献宇、献功二子,献功迁四川绵竹。自此,胡贵子孙分派胡家堡、高家碾和邛州、绵竹等地,分派世系可参见图1。

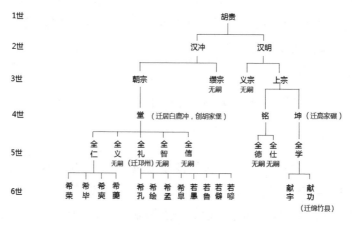

图 1 胡氏家族胡贵世系(1—6世)

值得注意的是,第一世胡贵为明初人,至第五世胡全礼时已到了明朝万历年间,而胡氏却只有五代,显然前几代的世系并不完整,中间当有脱漏。而且族中对胡坤一支的归属也颇有争议。

---

① 胡全礼八子分别取“希、若”为字辈与其宦游期间回原籍朝祖有关,“路过江南,回扬州朝祖,未携家谱,宗人疑二,未敢遽认,时值祠堂一角坏,犹未葺。全礼公慨捐三百金修理,宗人方信为实,镌碑于祠以志孝思,约后日子孙来相认者,以江南若字派取名,‘愚鲁僻嗲’四字为据,此希若之派有由来也”。参见乾隆《胡氏宗谱·序》,清乾隆年间手抄本,冕宁县胡家堡藏。

撰于乾隆六年(1741)的《宗谱原序》认为,缵宗、义宗无后,胡坤、胡铭为上宗之子①;而撰于乾隆二十三年(1758)的《序》认为,义宗、上宗无后,胡坤为缵宗之子。② 除此之外,两者所述世系大致相同。可知,胡氏从第一世到第三世间的代系必有错漏。这也说明,宁番卫军户早期在文化上没有太大的发展,留下的文字资料寥寥,以致后人难以完整追述前几代的世系。尽管如此,胡氏谱牒皆一致认为胡家堡是由胡堂所创。此外,胡堂之子胡全礼有史可证。所以,胡氏自胡堂以来的世系当有所据。

　　胡堂为何从城北小堡迁居卫南白鹿冲并开创胡家堡呢?这主要与明中后期四川行都司卫所疲弱和叛乱日益增多有关。明中期以前,四川行都司卫所齐备,地方秩序良好,正统至弘治年间的程敏政(1446—1499)就曾表示:"近者诸番又鲜出没之患,则建昌之为乐土也久矣。"③但自嘉靖以来,随着行都司卫所军伍逃亡和屯田抛荒日益严重,地方叛乱越来越频繁。"嘉靖元年(1522),西番反。镇守都督郑卿讨之不能克,自是岁恣入境"④,"三年(1524),打冲河两岁西番与哈哈口等处西番枝叶相连,桀骜生野,遂烧劫村屯,抢掠牛马、人口"⑤。打冲河,即今雅砻江的一段,位于宁番卫西,自北向南注入金沙江。打

---

① 参见同治《胡氏宗谱·宗谱原序》,清同治十年(1871)修、民国增补,手抄本,冕宁县胡家堡藏。

② 参见乾隆《胡氏宗谱·序》,清乾隆年间手抄本,冕宁县胡家堡藏。

③ (明)程敏政:《篁墩集》卷二五《送都阃萧君赴四川行都司序》,《景印文渊阁四库全书》第1252册,台湾商务印书馆1986年版,第437页。

④ (明)茅瑞征:《皇明象胥录》卷八《西番》,《四库禁毁书丛刊·史部》第1册,北京出版社1997年版,第670页。

⑤ (明)严从简著,余思黎点校:《殊域周咨录》卷一〇《西戎》,中华书局1993年版,第374页。

冲河两岸山区寨落众多，不受卫所约束，明中期以来常常进入安宁河河谷地带劫掠卫所村屯，"又查前贼俱系白宿瓦、阿都、阿尾、坝险等寨番夷，屡年劫害，巢穴在于麻科等一十六村寨，路通宁番卫地名白鹿冲"①。白宿瓦、阿都、阿尾、坝险、麻科等均是位于打冲河两岸山区的寨落，可知白鹿冲是这些山区人群进入宁番卫河谷的必经之地，胡堂在明中期迁居白鹿冲的主要原因是为了防守这一战略要地。而且"堡"是带有城墙的设置，一般设于险要或者关口处，起防御作用，"胡家堡"这一名称也说明胡堂迁居白鹿冲、开创胡家堡是为了守住这一交通要地。此外，胡贵迁居白鹿冲的另一原因与屯田开发有关。如前所述，胡贵是明初宁番卫中中所陆輆所领之军。而中中所的屯田就分布在白鹿冲一带②，明中期以来卫军逃散，屯田抛荒，需人顶种，所以胡贵迁居白鹿冲，一方面是为了增强宁番卫中中所在这一带的防守兵力，同时也是为了顶种中中所抛荒的屯田。

　　值得注意的是，胡氏在明代发展出现起色也正是从胡堂迁居白鹿冲开始的。迁居后的第二代胡全礼便走上仕途，据《胡氏宗谱》记载："礼公由岁荐出任阴山县知县，历贵州思南府，升授浙江怀安道。"③以上某些信息有资可证，但记载并不完全

<hr/>

① （明）钱桓：《按蜀疏草》卷九《题为举劾武职官员事》，清抄本。

② 参见《康熙五十二年普车等人诉状》，清代冕宁县衙门档案，档案号：1-41，冕宁县档案馆藏。由于本文使用的清代冕宁县衙门档案未整理出版，所以文中出现的档案题名均为作者根据档案记载的时间、人物和事件等信息拟定，而其后所标数字则为原档案号。特此说明。

③ 同治《胡氏宗谱·历代宗谱序（续纂）》，清同治十年（1871）修、民国增补，手抄本，冕宁县胡家堡藏。

准确。比如说,胡全礼的确是以贡生出仕,但并非出任阴山县知县,而是任太原县知县,《太原府志》记载万历年间有知县"胡全礼,选贡任,四川宁番卫人"①。在太原任职期间,胡全礼建有恒心仓一座,官厅两座。② 由于政绩卓著,升湖广道州知州:"胡全礼,四川宁番卫人,选贡,升湖广道州知州。实心行政,民怀吏畏,不愧循良。"③万历三十三年(1605),胡全礼赴任道州:"胡全礼,如皋人,三十三年任。"④三十七年(1609),他还以"奉训大夫知湖广道州"的身份为相邻的建昌卫许德轩夫妇撰有墓志铭一通。⑤ 万历末年,胡全礼又升任贵州思南府

---

① 乾隆《太原府志》卷三〇《职官》,《中国地方志集成·山西府县志辑》第 1 册,凤凰出版社 2005 年版,第 295 页。

② 雍正《重修太原县志》记载:"恒心仓,知县胡全礼建,今废。"同卷又记:"官厅,有二,一在西官道,一在晋祠镇,知县胡全礼建。"参见雍正《重修太原县志》卷五《城垣》,清雍正九年(1731)刻本。

③ 雍正《重修太原县志》卷七《职官》,清雍正九年(1731)刻本。相同记载亦见于道光《太原县志》卷六《职官》,《中国地方志集成·山西府县志辑》第 2 册,凤凰出版社 2005 年版,第 545 页。

④ 康熙《永州府志》卷九《秩官》,《中国地方志集成·湖南府县志辑》第 42 册,江苏古籍出版社 2002 年版,第 266 页。相同记载另见《道州志》卷四《职官》,清嘉庆二十五年(1820)刻本;道光《永州府志》卷一一下《职官表·道州》,《中国地方志集成·湖南府县志辑》第 44 册,江苏古籍出版社 2002 年版,第 86 页;光绪《道州志》卷四《职官》,《中国地方志集成·湖南府县志辑》第 48 册,江苏古籍出版社 2002 年版,第 76 页。

⑤ 参见(明)胡全礼:《题逸士德轩许公夫人丁氏墓志铭》,凉山彝族自治州博物馆、凉山彝族自治州文物管理所编著:《凉山历史碑刻注评》,文物出版社 2011 年版,第 58—59 页。是书在整理该墓志时将落款时间误为"万历乙酉"(万历十三年),但从墓志拓片可辨认出落款时间实为"万历己酉",即万历三十七年(1609)。特此说明。

同知。① 由于为官清廉，当地百姓在城南门外为他建有生祠一座，由进士敖荣题联："关节一毫无地入，清廉两字有天知。"②

由上可以想见，胡堂迁居白鹿冲后的家境应该不错，其子胡全礼才有良好的机会读书入仕。不过，明后期宁番卫屯堡时常遭到附近西番、罗罗等族的威胁，胡全礼最后也因此离开胡家堡，使得胡氏发展受到不小的影响。为了解胡氏的这一处境，我们有必要从宁番卫军民的矛盾冲突说起。明后期，宁番卫军民关系因为借债问题而变得十分紧张。万历年间，建昌兵备道蔡守愚就曾指出四川行都司宁番、建昌等卫军民借债问题的严重：

> 又自卫弁诸生以至屯卒荷戈之徒，往往交通给负，致令番夷益肆剽掠。③

可见，万历年间四川行都司各卫上自官员、下至屯军与"番夷"借账不还的情况较为普遍，常常引发其报复性的抢掠。事后，卫所官兵则以"夷乱"为由请大兵征剿，借此杀人灭口并乘机摆脱债务："及事决裂，则请大兵征剿，以掩盖其罪状，而

① 参见康熙《贵州通志》卷一三《职官》，《西南稀见方志文献》卷三九，兰州大学出版社 2003 年版，第 271 页。另见乾隆《贵州通志》卷一七《职官·思南府》，《中国地方志集成·贵州府县志辑》第 4 册，巴蜀书社 2006 年版，第 327 页。

② 道光《思南府续志》卷四《秩官门·职官》，《中国地方志集成·贵州府县志辑》第 46 册，巴蜀书社 2006 年版，第 151 页。需注意的是，该志记胡全礼为成都人，天启间任思南府婺川县知县，据前可知此记载有误。

③ （明）蔡献臣著，厦门市图书馆校注：《清白堂稿》卷一四《云南左布政使发吾蔡公墓志铭》，厦门大学出版社 2012 年版，第 716 页。

抹杀其债逋。"①然而,大兵征剿非但不能解决军民债务纠纷,事实上反而进一步扩大了债务危机,加剧了卫所官军与地方民众的仇恨。原因是,一方面,四川行都司官员以征剿和屯堡失事为名,向卫所武官和军人勒索赎罪钱,导致后者不得不与其他交好的地方民众借钱应付,结果事后一如既往,不但不还钱,而且又请兵征剿,以致债主无处说理,只好再以抢劫屯堡的方式讨回。

> 一开征,又收卫所罪赎,每一月、半月差人下卫,屯吏急迫,只得借番债打发,钱既入手,便属高阁,致屯官转相效尤。又营堡小小失事,不切责巡捕严迫,乃先问各员役罪赎,尽是穷军出办,亦如征屯故事,至熟番出劫者扬言:官要我钱,只得劫虏以偿之。②

另一方面,卫所官军利用大兵征剿的机会渔利,则进一步加剧了军民之间的冲突。例如,万历三十二年(1604),宁番卫白宿瓦等寨劫掠池栗屯、吴海屯等郭忠、陈仲芳等家,杀死军余范连二、林大棋,掳去男女十三口,原因就在于卫所官军借征剿之机渔利。

> 随蒙查得郭忠等被劫杀虏,因伊等家与白鹿冲贼巢相

---

① （明）蔡献臣著,厦门市图书馆校注:《清白堂稿》卷一四《云南左布政使发吾蔡公墓志铭》,厦门大学出版社 2012 年版,第 716 页。
② （明）钱桓:《按蜀疏草》卷九《巡按四川监察御史臣钱谨题为建南夷保出没梗道杀害官兵烧劫营堡谨据实上闻并查参失事官员以昭法纪以重边防事》,清抄本。

去止十余里，素与交好，夷闻兵进，将牲畜银物尽寄各屯，及
兵退，占悋不发起祸，又因恐延诸屯，请乞计议加兵进讨。①

可见，宁番卫军民在地方共同生活和交往，关系原本不错，
故放债之民在大兵征剿之前将财物尽寄附近官军屯堡中，不料
被其"趁火打劫"，才导致军民关系的破裂。

在债主看来，卫所官军不但背信弃义、借债不还，而且还请
兵征剿，使自己成为"替罪羊"，因此也搬来救兵——"生番野
夷"加以对抗和报复，于是便出现了所谓的"熟番熟夷"勾引
"生番野夷"烧抢卫所屯堡的局面。万历四十一年（1613），宁
番卫九十二屯遭难便因此而起。

　　白魁以熟夷住居宁番右所，亲人最多，且结阿都、瓦
尾、桐槽、热水等贼千百成群，若一擒此贼，则右所军民无
一存者，未可轻率。本道窃念九十二屯，皆此夷通贼残破。
白魁兄弟叔侄连结各寨番猡，屠戮一方军民，人人欲食其
肉而寝其皮。②

除债务纠纷外，诸如包军、占田等问题也是引发地方祸乱
的因由，蔡守愚曾感叹"诸生第毋包军、毋占屯、毋结夷、毋逋
负，亦可省本边十五之祸"③。所谓"诸生"，指的正是卫所官军

　　① （明）钱桓：《按蜀疏草》卷九《巡按四川监察御史臣钱谨题为举劾
武职官员事》，清抄本。

　　② （明）吴用先：《征蛮疏草》卷下《三报捷音疏》，明万历刻本。

　　③ （明）蔡献臣著，厦门市图书馆校注：《清白堂稿》卷一四《云南左
布政使发吾蔡公墓志铭》，厦门大学出版社2012年版，第718页。

子弟通过卫学获取功名者，他们往往利用自己的身份和家族背景主导地方事务，事发后也常常由其出面向朝廷请兵征剿。

由上可知，明后期宁番卫屯堡面临着相当严重的安全问题。胡家堡也不例外，前述万历三十二年（1604）烧抢屯堡的暴乱正是由胡家堡所在的白鹿冲附近的"番夷"发起，胡氏在当地受到的冲击可想而知。为维护屯堡的安全和利益，胡氏后来也同样请兵征剿。《胡氏宗谱》记载胡全礼：

> 大明诰封奉政大夫，因请大刀刘将军征蛮之故，恐夷人构仇，遂家于邛，后卒于邛，葬于邛州凤凰山吊耳嘴。①

"大刀刘将军"，指明代著名将领刘綖，因其"善舞刀，故世号刘大刀"②。刘綖确有率兵征剿过越嶲、宁番、建昌等地，事在万历四十年（1612）。"起原任四川总兵刘綖以原官镇守四川等处地方，仍命兵部勒限赴任，不得迟延取罪。时以建夷叛乱，四川巡按驰奏南蛮虐焰愈炽，乞特起大将，以奠封疆。"③经过一年多的征剿，越嶲、宁番等地抵抗的"番夷"寨落遭到重创：

> 乙丑，南蛮平。先是猓夷作叛，总兵官刘綖、监纪道参

---

① 同治《胡氏宗谱·宗谱原序》，清同治十年（1871）修、民国增补，手抄本，冕宁县胡家堡藏。

② （清）计六奇：《明季北略》卷一《刘杜二将军败绩》，中华书局1984年版，第12页。

③ 《明神宗实录》卷五〇一，万历四十年十一月辛亥条，"中研院"历史语言研究所，1966年，第9502页。

政王之机分兵八路亲督进剿,随克桐槽、沈渣,续攻阿都、厦卜、越北等险寨,大小五十六战,共斩获过三千三百二十六名颗,俘获被虏九百七十五名口、牛马羊二千八百四十二只、夷仗共一百五十八件,恶猓凶番巢穴一空。①

获胜后,刘绖将斩杀的抵抗者埋于越嶲卫天王山下,并刻碑"鲸鲵封处",以示震慑。② 雍正《四川通志》记载:"天王山,在越嶲卫北五里,《明志》:总兵刘绖戮夷首三千埋此,勒碑题曰'鲸鲵封处'。夷人至今畏之。"③可见,这次出兵杀戮过重,胡全礼因害怕遭到打击报复,才搬往四川邛州定居。

明中期胡堂迁居白鹿冲、开创胡家堡是明代胡氏发展的转折点。此后,胡全礼的读书入仕,更显示出胡氏从"武功继世"到"书香传家"的发展趋势。这一趋势虽因明后期频发的动乱和胡全礼的迁居而受到影响,但由此奠定的经济、文化基础却为入清后胡氏能较早进行宗族建设和发展成地方权势创造了条件。

---

① 《明神宗实录》卷五一六,万历四十二年正月乙丑条,"中研院"历史语言研究所,1966 年,第 9727 页。

② 关于此碑的刻立时间,雍正《四川通志》记载:"刘绖碑,在卫北五里天王山下,明万历二十五年,总兵刘绖征王大咱等,戮首三千葬此,题曰'鲸鲵封处'。至今蛮过碑下,凛然畏惧。"后《蜀碑记》等援引这一说法,皆误。参见雍正《四川通志》卷二七《古迹》,《景印文渊阁四库全书》第 560 册,台湾商务印书馆 1986 年版,第 494 页。

③ 雍正《四川通志》卷二四《山川中·越嶲卫》,《景印文渊阁四库全书》第 560 册,台湾商务印书馆 1986 年版,第 396 页。

三、清初胡氏的崛起与早期宗族建设

与许多四川土著不同，胡氏在明末清初的战乱中得以幸存。入清后，他们在已有的经济、文化基础上迅速发展，较早开始了宗族建设并成长为地方权势。

（一）明清更替中的胡氏

明末四川动荡不堪，尤以川中为甚。相比之下，偏处川南的宁番卫受影响较小，以至于多有四川其他地区的民人来此避乱。如重庆州人杨明便是如此，"明末张献忠之乱，六世祖考讳明避地宁番卫，生太高祖考讳星祚，至国朝定鼎后，仍反旧居"①。正因川中涂炭，邛州胡全礼之子胡若鲁又搬回宁番卫胡家堡：

> 兵燹后，邛业尽废，春燕归巢于林木，幸留若鲁公归宁，与胡家堡兄弟辈聚首。②

胡若鲁，字一唯。《胡氏宗谱》记载，胡若鲁"儒林特达，过目成诵"，因此在康熙元年（1662）做了建昌兵备道张元凯的幕僚。③

① （清）杨国桢：《忠武公年谱》，《续修四库全书》第557册，上海古籍出版社2002年版，第125页。
② 乾隆《胡氏宗谱·序》，清乾隆年间手抄本，冕宁县胡家堡藏。
③ 参见乾隆《胡氏宗谱·序》，清乾隆年间手抄本，冕宁县胡家堡藏。

张元凯是清初开辟川南的重要人物。顺治十七年（1660），清军攻下四川行都司地区，署建昌兵备道张元凯奏准保留五卫设置以及添设营汛兵马等事。次年（1661），大兵调征川东，凉山各寨落乘机反扑，被张元凯率兵讨平。① 康熙三年（1664），张元凯正式出任建昌兵备道，至康熙九年（1670）卸任。② 可见，康熙元年胡若鲁做张元凯幕僚在时间上是吻合的。更重要的是，胡、张二人是同乡关系：

> 张元凯，号龙门，重庆人，家邛，任建昌道。庚子岁，宁番卫大饥，捐千金赈济，买牛种遍给百姓，详请捐辛丑钱粮，建圣庙，买经书贮学宫，立程课士，至今五卫勒石纪之。元凯持己端方，待人谦让，士民奉为典型。③

张元凯本重庆人，但定居邛州，所以与胡若鲁算是同乡，或许正是这个原因使得胡若鲁被张元凯延为幕僚。顺治十七年，张元凯捐钱赈济宁番卫。次年，又在建昌五卫建立文庙、赠送书籍，订立学校章程并考核士子。胡若鲁也正因为被张元凯这一重要人物"举为西宾"而名噪一时，并开始了家族整顿和人才培养。

---

① 参见雍正《四川通志》卷一八下《边防·建昌道属》，《景印文渊阁四库全书》第 560 册，台湾商务印书馆 1986 年版，第 55—56 页。
② 参见乾隆《雅州府志》卷八《秩官》，《中国地方志集成·四川府县志辑》第 63 册，巴蜀书社 1992 年版，第 505 页。
③ 嘉庆《邛州直隶州志》卷三七《流寓》，《中国地方志集成·四川府县志辑》第 13 册，巴蜀书社 1992 年版，第 279 页。

名高五卫,才智赫然,大整家法,扶持合族子弟,诗书
继美,接踵增光,七世八世之间,子孙名宦,其得力于我若
鲁公之栽培者,难罄矣![^①]

在胡若鲁的栽培下,胡氏出了不少人才。例如,第七世胡
浚为夔州府奉节县教谕,胡潜任职冕山守御所,胡汲、胡源、胡
元鼎、胡元乡、胡沛、胡清、胡溢、胡湜、胡溶、胡沆、胡浩皆为庠
生。第八世胡其英任永宁县教谕[^②],胡其蕴为明威将军,胡其
琠、胡其琇、胡其琳为贡生,胡其芸、胡其藻、胡其芝、胡其璨、胡
其瓆、胡其琰、胡其琼为庠生。(见图2)此时的胡氏一族"比屋
而居,聚族而处,虽未大显门第,而或受禄皇家,或食饩王朝,或
游泮黉宫,或衡门逸士,卒无目不识丁之子"[^③]。

(二)以公产为基础的宗族建设

胡氏人才的培养,亦推动了宗族建设的进行。首先,康熙
三十年(1691),胡氏第七世子孙开始清理家族公产,计有公田
48石,旱地十余石,坐落在安家堡、詹家坎两处。关于以上两
项公产,胡氏并没有明说其具体来历,只简单说是世代相守的
祖业,但后来又提到要以"两项公田屯租"进行宗族建设,所以
这些田地很有可能是明代胡氏的屯田。那么,这些田土到底有

---

① 乾隆《胡氏宗谱·序》,清乾隆年间手抄本,冕宁县胡家堡藏。
② 参见同治《胡氏宗谱·历代祖宗分派排行房分列序》,清同治十
年(1871)修、民国增补,手抄本,冕宁县胡家堡藏。另见咸丰《冕宁县志》
卷七《人物·孝友》,《中国地方志集成·四川府县志辑》第70册,巴蜀书
社1992年版,第985页。
③ 乾隆《胡氏宗谱·序》,清乾隆年间手抄本,冕宁县胡家堡藏。

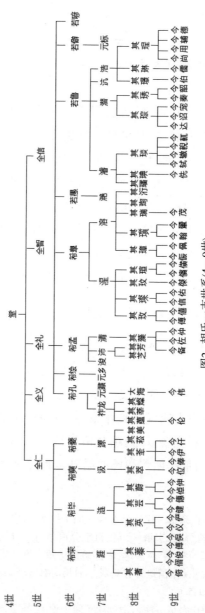

图2　胡氏一支世系(4—9世)

多大的面积？据康熙五十六年（1717）建昌卫宋慎记载，其家有军屯田一分，坐落官沟二处，共计种八石。[①] 按此计算，胡氏48石公田应为六分。若以四川成都等卫所各项屯田24亩为一分的标准计算[②]，胡氏48石公田为144亩（此数尚未包括旱地在内）。

其次是选举族长。在第七世子孙中，胡溶被选为首任族长，负责管理家族公产。"胡公，讳溶，字春水，皋公次子，庠生，当族长，管理公田四十八石，心平如衡，清如水。"[③]值得注意的是，胡氏此前并无族长之设。此时设立族长，主要是因为胡氏清理出大片公产田土需要管理。

最后，为继续培养人才，胡氏以公产设立义学，教育胡氏子弟：

> 康熙三十年间（辛未至辛巳），欲振家声，公设义学教子弟。夫设义学，必筹义学之所资，先辈缵承祖业，世守公田四十八石、旱地十余石，坐落安家堡、詹家坎二处。七世祖，讳浚、潜、□、□、□、浩等公议曰："全仁公曾孙，名其英，字襄六，文行兼优，继若鲁公志，而可齐家者也。立为义学师范，将公项田地一并附与收租，以作为义学之资。"自此义学一设，世代相传，诗书不替，子孙患无继述者乎？

---

① 参见（清）宋慎：《赞两宋慎田舍》，清康熙年间手抄本，西昌市穿心堡藏。

② 参见康熙《四川总志》卷一〇《贡赋》，清康熙十二年（1673）刻本。

③ 同治《胡氏宗谱·历代祖宗分派排行房分列序》，清同治十年（1871）修、民国增补，手抄本，冕宁县胡家堡藏。

由是众议初决，义学遂成。①

可见，虽然胡氏第七世的发展得益于胡若鲁个人之力，但这毕竟不是长久之计，所以第七世子孙获取功名后，便开始考虑如何能使胡氏一族发展得更加持久。这也是胡氏自第七世开始要清理公产、设立族长和以公产建义学的主要目的。义学以公产为基础，招佃收租作为运作经费，从而使子弟能得到良好的教育。胡氏义学建立之初，也确实起到了培养人才的作用："康熙四五十年间（辛巳至辛卯），英公任义学事，家学渊源，师第无旷职，大不负我若鲁公遗诲。一时师道尚尊，内外称之曰'襄六夫子'。"②

（三）胡氏的权势、关系网络与公产维系

有意思的是，据后来的数据显示：胡氏在康熙年间用以设立义学的 48 石公田和十余石旱地从未向政府登记纳税（具体内容详后）。胡氏公产何以长期不登记，又不被告发呢？这点与清初宁番卫的特殊情形以及胡氏的权势地位是密切相关的。

明代宁番卫旧有屯田"一千九百五分零一十一亩"，征收"粮一万一千四百三十三石"③。由于明后期屯军逃散以及清初战火、灾荒等，宁番卫屯田及税收十分混乱，上述数字已无实

①　乾隆《胡氏宗谱·胡氏家谱直书源流志》，清乾隆年间手抄本，冕宁县胡家堡藏。

②　乾隆《胡氏宗谱·胡氏家谱直书源流志》，清乾隆年间手抄本，冕宁县胡家堡藏。

③　（明）张学颜：《万历会计录》卷三八《屯田》，《续修四库全书》第833 册，上海古籍出版社 2002 年版，第 72 页。

际意义,以至于顺治十七年(1660)清朝接管后对其田土和赋税的登记不得不从零开始,"一原额税粮无;一条粮无;一地丁无;一饩粮无;一支剩截旷银两无"①。直到康熙六年(1667),随着抛荒田土的开垦,宁番卫才开始清丈土地和登记赋税,此后开垦出的抛荒屯田和新垦土地自首报纳。② 所以,当时的实际情况是,土地是否登记报税首先取决于田主自己。然而,清初宁番卫差役繁重,许多人因此不愿意登记纳税。尤其是康熙十二年(1673)至二十年(1681)的"三藩之乱"期间,"苦于吴逆叛乱之时,是时也,蛮夷四起,乘风变乱,三空四尽,九死一生,真所谓痛苦流离之际,田地荒芜,有业不敢承主"③。有田之人因差役繁重而不敢承认,老百姓有新垦土地自然更不愿去登记报税了。这一特殊情形促成了民间对土地和赋税登记的规避。因此,胡氏公产不登记纳税也就不足为奇了。然而,胡氏隐种的田土不少,为何却不被告发?胡氏凭什么能维系对这些土地的占有?这主要与胡氏在当地的势力及关系网络有关。

一方面,胡氏一族不但读书人多,且康熙年间第七世胡潜曾任职宁番卫冕山守御所,而冕山所千总就有管理土地和赋税之责。④ 这种关系为胡氏一族的公产田土躲避稽查提供了方便。另一方面,胡氏子孙在康熙年间还是当地有名的头人,权

---

① 《雍正三年四川宁番卫守御所奏销钱粮册》,清代冕宁县衙门档案,档案号:16-22,冕宁县档案馆藏。

② 参见《雍正三年四川宁番卫守御所奏销钱粮册》,清代冕宁县衙门档案,档案号:16-22,冕宁县档案馆藏。

③ 《雍正元年四月刘仕英诉状》,清代冕宁县衙门档案,档案号:263-133,冕宁县档案馆藏。

④ 参见《雍正三年四川宁番卫守御所奏销钱粮册》,清代冕宁县衙门档案,档案号:16-22,冕宁县档案馆藏。

势显赫。例如，康熙五十二年（1713），离胡家堡不远的南山营赵四、普车等人与赵家湾张应元、刘国贤等人发生田土纠纷，赵四等请来附近胡、戚、王三姓乡绅头人，"乡绅胡二爷、胡斋长、戚么爷、王斋长"①作证，结果胜诉。结案当日，赵四等人又请当地头人、乡耆到场见证，立字结案，包括：

> 头人：陈醇尹、孙鲁侯、□子贤、□耳揖、□廷□、胡天如、胡焕然、戚裕之、刘时雍、孙晋侯、陈廷琳、姜粹然。
>
> 乡耆：余君美、王佐、沈良凤、陈爱卿、道希尧、余洪姜、赵君选。②

　　据《胡氏族谱》记载，胡天如即胡氏第七世胡潜，"胡公讳潜，字天如，鲁公次子，任冕山守御所"③，即前述"乡绅胡二爷"。胡焕然即胡氏第八世胡其蔚，"胡公讳其蔚，字焕然，涟公三子，国学"④，即前述"胡斋长"。胡氏一族之中就有两人充当头人，据档案记载，地方上发生田土纠纷、命盗案件以及拨派夫役等，都由头人出面帮助官府处理，可见胡氏在当地颇有权势。值得注意的是，前述头人中的陈醇尹，是距离胡家堡不远的詹家冲人。陈氏子孙中，第七世陈佣（即陈醇尹）为贡生，陈

---

①　《康熙五十二年八月十五日四川冕山营泸沽哨移文》，清代冕宁县衙门档案，档案号：400-49，冕宁县档案馆藏。

②　《康熙五十二年赵四等人结状》，清代冕宁县衙门档案，档案号：1-38，冕宁县档案馆藏。

③　同治《胡氏宗谱·历代祖宗分派排行房分列序》，清同治十年（1871）修、民国增补，手抄本，冕宁县胡家堡藏。

④　同治《胡氏宗谱·历代祖宗分派排行房分列序》，清同治十年（1871）修、民国增补，手抄本，冕宁县胡家堡藏。

信为顺庆府西充县儒学训导,陈位为候选儒学训导。第八世陈廷彦、陈廷会为文生,陈廷柱、陈廷选、陈廷举为贡生,陈廷昭为廪生,陈廷用为武生。① 可知,陈氏也是当地大族。而且,陈氏与胡氏世代联姻。前述头人陈醇尹之妻就是胡家堡胡氏,"阳命顺治丁酉岁(1657)十二月十七日戌时,系胡家嘴生长人士"②;第八世陈廷柱之妻也是胡家堡胡氏,"妣胡氏,法名真静,阳命康熙三十八年己卯岁(1699)八月十七日卯时,系胡家嘴生长人士"③。第八世陈廷用之妻仍为胡氏,虽不知是否为胡家堡人,但康熙六十一年(1722)的一份档案记载,陈廷用曾前往胡家堡探亲,可见他与胡氏关系之密切。同一档案又提到,陈家还招有"夷人佃户",是大凉山著名的沈喳黑彝的一支,驻扎在詹家冲以南不远的天王庙,负责看守地方,听冕山营泸沽汛约束。而陈氏表亲袁氏又是泸沽汛的把总,陈家的黑彝佃户受其管束和指挥。④

可见,康熙中后期,胡氏子孙不但有读书人、地方官员,而且还充当头人,成为沟通官府和民间的重要中介,地方上的许多事务就是由胡氏出面解决,所以他们自然不会去揭穿族内公产未登记的情况。而且胡氏与同为地方权势的陈氏保持着密切联系,两者联姻所形成的权势网络延伸至官府、军队,亦为胡

---

① 参见道光《陈氏家乘·世系》,清道光六年(1826)手抄本,光绪十二年(1886)抄补,冕宁县山河村藏。

② 道光《陈氏家乘·世系》,清道光六年(1826)手抄本,光绪十二年(1886)抄补,冕宁县山河村藏。

③ 道光《陈氏家乘·世系》,清道光六年(1826)手抄本,光绪十二年(1886)抄补,冕宁县山河村藏。

④ 参见《康熙六十一年六月二十日宁番卫儒学生员陈廷用诉状》,清代冕宁县衙门档案,档案号:1-15,冕宁县档案馆藏。

氏隐占有大片未登记的公产田土提供了"保护伞"。

综上可知，偏居川南的胡氏一族并没有在明末清初的更替中消亡。相反，入清后，胡氏子孙凭借既有的经济、文化基础以及结成的地方关系网络，较为迅速地开始了人才培养和早期宗族建设，使得胡氏在清前期便已发展成地方较有权势的大族。

四、雍乾时期的公产纷争与建祠修谱

康熙末年以来，胡氏公产管理的弊端日渐暴露，加之受到雍正时期改卫为县、土地清丈、禁止夷汉交产等措施的影响，其公产日益消亡并引发了建祠修谱等一系列宗族活动。这些使得胡氏从表面上看仍不失为一地方大族，但因为丧失了宗族运作的基础，其衰落已不可避免。

（一）土地清丈与公产问题的凸显

康熙六十一年（1722），在义学教书的胡其英以恩贡进入国子监读书，成为胡氏子弟当中的佼佼者。雍正元年（1723），他即出任永宁县教谕。据《冕宁县志》记载："胡其英，幼失怙恃，与祖母相依，发愤力学，任永宁县教谕，乞假终养，备极孝慕。"①可知，他不仅勤奋好学，而且还是一位孝子。胡其英走上仕途原本是件好事，但给家族发展造成不小影响。"英公荣膺恩荐，不暇理馆，寅年进京，卯年出仕，倘召托钵人来，接管清

---

① 咸丰《冕宁县志》卷七《人物·孝友》，《中国地方志集成·四川府县志辑》第 70 册，巴蜀书社 1992 年版，第 985 页。

白,不亦美乎,而公未及虑也。于学无专师,于田留觇望,隐隐六祖遗风。"①可见,胡其英入仕后,胡氏宗族运作开始出现问题。一方面,义学缺乏专任教师。另一方面,胡其英虽已退出义学,但仍然霸占着义学公项田地收租之利。幸好同辈中有胡其琳在他赴任后不计得失,对子弟勤加培养,才使胡氏一族人才兴旺的局面勉强延续。

> 雍正年间(壬寅至戊申),义学虽荒而未荒,今字两辈子弟如云。英公进京,而又宦游,丢荒义学事。年年无人理说,而一族之中,人半衣衿,个个文墨,是又谁之力与?盖吾府君,讳其琳,字殿郎,若鲁公么房嫡孙也。敬承祖训,常体若鲁公之爱族者敬族,生平强恕而行,号曰"强恕斋",无外无内,一视同仁,门墙桃李,即异姓且勤栽培,况本家子弟。义田之利,虽富英公,而教学之苦,先君任之。②

由此可知,胡氏家族内部在雍正初年围绕义学公产问题已积累起较深的矛盾,但由于胡其英是家族子弟读书入仕的成功典范,族人或碍于情面不愿理说,才使得矛盾尚未激化。不过,接下来的四川土地清丈却导致这一潜藏的矛盾公开化。

自清初以来,四川在移民开发过程中的地权不清导致田土纠纷不断,为稳定社会秩序和增加税收,清政府于雍正六年

---

① 乾隆《胡氏宗谱·胡氏家谱直书源流志》,清乾隆年间手抄本,冕宁县胡家堡藏。
② 乾隆《胡氏宗谱·胡氏家谱直书源流志》,清乾隆年间手抄本,冕宁县胡家堡藏。

(1728)开始在四川地区进行大规模的土地清丈。① 这一活动的开展,正好为胡氏族人向胡其英讨取公产提供了契机。

> 雍正七年(己酉),自首田粮,凛遵法令,族人其瓒、其璟、其琇等公,见英公卸事,笑傲林间,无复教不倦之初心,兼之义田无粮,恐干国法,湮没宗功,遂向英公清田报粮。②

　　从以上描述来看,胡氏在清初控制的大片公产田地,实际上直到雍正朝清丈土地前都没有向政府登记纳税。雍正七年(1729),族人正好以"清田报粮"为借口,向胡其英讨回公产。不料,胡其英受其长子胡今仪唆使,串通詹恩贵冒充田主,吞去詹家坎公田 12 石,被其侄胡坦告发。不久,父子俩又捏称安家堡公田界内十余石公田为私田,最后只退出公田 22 石和旱地一所,交给老族长胡湮管理。对此,族人"尊敬夫子,只得隐忍不言"。此次公产丢失过半,族人以尊敬夫子为由不予追究只不过是个借口罢了,其背后似有难言之隐。结合上文可知,胡氏公产在此之前并未登记纳税,他们更多的是凭借权力网络维系着对大片田土的占有,所以这些所谓的公产田土很有可能是没有文字凭据的。因此,当胡其英卖掉公产后,胡氏族众无凭无据,故只好选择隐忍。

　　换一角度而言,正因这些土地没有登记纳税又无文据,所

---

　　①　参见梁勇:《清代四川的土地清丈与移民社会的发展》,《天府新论》2008 年第 3 期。
　　②　乾隆《胡氏宗谱·胡氏家谱直书源流志》,清乾隆年间手抄本,冕宁县胡家堡藏。

以佃户也有可能在这次清丈中把胡氏公产当成新垦土地登记，以占为己有。而且雍正六年，宁番卫改为冕宁县，冕山守御所被裁，县境事务统归于新设立的县衙管理，这意味着旧有的一套权力网络逐步被打破，胡氏也就失去了隐占田土的"保护伞"。或许正是基于这一考虑，胡氏族人下定决心要"清田报粮"，而胡其英则干脆把公产卖掉。至于他交出的剩余公产，胡氏是否有去登记纳税也不得而知。不过，接下来胡氏又接连发生田土纠纷，所以余下的公产仍有可能没有"清田报粮"。雍正九年（1731），胡今仪偷卖旱地二块给刘三鼎、涂吉，胡今偅偷卖二块给王遂、周德富。起初，两人坚称所卖旱地为其私地，后在众人压力下动摇，称如敢盟誓，则将旱地退还众人。此时，有胡其琰率众牵鸡犬赴地盟誓，但二人又耍赖不退。不过，胡其琰自己也有卖地二块给周姓、罗姓，同样声称是其私地。次年（1732），众人亦与他盟誓，他却以胡今仪、胡今偅卖地未退为由加以拒绝。

可见，直到四川土地清丈后，胡氏公项田地的产权实际上仍处于不清不楚的状态，以致族人把其妄说成私产倒卖的情况时有发生。因此有理由怀疑，在土地清丈推行后，胡氏公产仍然没有登记和纳税。这样一种情形为后来家族内部的公产纷争与宗族运作埋下了极大的隐患。

（二）假公济私与初创祠谱

雍正十二年（1734），胡湼年老，将族长之位传给族人胡其琰。胡其琰，字良玉，"颖异天生，经纶素裕，交游光宠"，因此被胡湼寄予厚望，"湼公曰：'良玉真良，授之族长，家政赖以增光。'遂立"。胡其琰于雍正十三年（1735）正式接手管理胡氏一族，刚上任便开始创建祠堂。

> 遂设法修祠堂，罢义学，停拜扫，大开博弈花厅，谕将
> 两项公田屯租修祠，凡属公项，一并听用。事专家督，莫敢
> 是非。①

胡氏祠堂包给马木匠修建，包括正房三间，厢房六间，雕花
龛子三架，花排楼一座，大门一扇，共计银 170 两，限期两年竣
工。胡其琰建祠的举动看似不负众望，大有光耀门楣之势，但
他急于修祠的真正目的乃是借此调用公产，从中渔利。一方
面，他借修祠为名开博弈花厅，将祠堂变成赌博场地来谋取利
益。另一方面，他"假修祠名色，欺众当田"，以致建祠费用不
足，建祠速度缓慢。原本预计祠堂两年竣工，结果从雍正十三
年（1735）开始动工，至乾隆二年（1737）二月才请神主入祠，而
且只粗略完成三架尚未雕花的龛子，排楼、大门皆未修毕。至
乾隆三年（1738），祠堂因经费短缺被迫停工。乾隆四年
（1739），胡其琰表面上以"银两不继，竣工实难"为借口向族人
推卸责任，背地里却又私卖公田一石。这一举动引起其他族人
的不满，胡今仪、胡今倬心有不甘，遂各自卖出公田一石。三人
彼此不服，纠众入祠剖断，最后各被罚银 16 两入公修祠，计得
48 两；其余族人当中因财产等问题彼此争闹者也被罚银不等，
充公修祠，总共得银 110 余两，交给胡其琰完成祠堂修建。但
直到乾隆十二年（1747），修祠仍无进展。后经族人调查得知，

---

① 乾隆《胡氏宗谱·胡氏家谱直书源流志》，清乾隆年间手抄本，冕
宁县胡家堡藏。

原来胡其琰并没有用这笔钱修理祠堂。

> 访知祠功不竣,非工惰也。马木匠止得工匠银九十七
> 两,其排楼、大门不做,龛子不暴花也固宜,然则省功必省
> 费,省些银钱何所去路? 祠堂包封去银十二两,围墙去银
> 五两,砌阶等去银五两,请主入祠,春祭三次,每次费银不
> 满三十金,即以租用之,犹有余也。况又存公银百十两有
> 余乎? 何不足之与有?①

修祠拖延经年,此事最后也不了了之。修祠同时,胡其琰
在乾隆六年(1741)创修《胡氏族谱》并将之保存在祠堂内,其
内容为他所撰的一篇谱序和一张简略的世系图,简单介绍了自
胡贵入卫后子孙在四川分派定居的情况。②

(三) 清理公产与编修宗谱

对修祠渔利之事,胡其琰不但没有进行反省,反而变本
加厉。乾隆六年(1741),胡其琰与长子胡今轼私卖公田一石
给阿施咱,当一石给周德富,当二石给余天相。七年(1742),
"假公济私不一而足,琰公又卖公田二石与余小保,当一石与
余天伟,又当一石与撒家,当一石、卖一石与周文凤,借写众
人名字立约,银入一己私囊。一时人莫知其所假,更莫测其

---

① 乾隆《胡氏宗谱·胡氏家谱直书源流志》,清乾隆年间手抄本,冕
宁县胡家堡藏。
② 参见同治《胡氏宗谱·宗谱原序》,清同治十年(1871)修、民国增
补,手抄本,冕宁县胡家堡藏。

所济"①。不但如此，就连家族上坟祭扫时使用的一处棚厂也被他卖给了当地涂家，得银 30 两，尽归其所有，族人未得分毫。胡其琰一系列的倒行逆施，终于引起众人的愤慨。乾隆八年（1743），其他族人联合起来与胡其琰清算公产：

> 屡请琰公清算银田，接管复业。修祠虽有功，败田宁无过，败一公而成一功，功能敌过耶？况又成功少，而败公之多乎。败公田以修祠，入数见多，出数见少，正宜挺身清算，以卸乃责。是时倘肯清算交代，族中人宁无接管支持以复业者乎？无如其不知足也。②

可见，此次清算银田没有取得成功。胡氏公产自胡其英管理义学以来就开始遭到侵吞，至胡其琰时情况更糟。他身为族长，不能以身作则，反而带头侵吞；不但不思悔改，还变本加厉。这些不能不让胡氏族人感到失望。因此，乾隆九年（1744），"族众离心，瓜分其所吞不逮之公田"。同年八月初一日，族人胡其瓒、胡其璟、胡其璨、胡今俊、胡今达、胡坦等十余人来到胡今儒教学的观音寺商议如何瓜分公产：

> 族内公田，前入英公之手，吞去大半，今在琰公之手，又吞了一半，权操一己，任其作便，其流尚堪长乎？夫以祖宗大业，人人有分，独令二比鲸吞，肯甘心耶？儒曰："鸣

①　乾隆《胡氏宗谱·胡氏家谱直书源流志》，清乾隆年间手抄本，冕宁县胡家堡藏。
②　乾隆《胡氏宗谱·胡氏家谱直书源流志》，清乾隆年间手抄本，冕宁县胡家堡藏。

鼓而攻之，或可救也。"皆曰："不能。"然则如之何？踌躇
再三，乃议之曰："英公教学，日久生弊。琰公修祠，假公
济私，先则公田，今则虎口肉矣！与其既食而难探吐，何若
乘食而先瓜分，况英、琰、仪、倬硬卖公田两三次，为首中之
首，我等从而从之，为从中之从，奚罪焉？"①

于是数月间，胡氏公产遭到族人的疯狂瓜分：胡今俊卖一
石给邓枝桐，胡坦卖一石给邓其华，胡其瓒卖一石五斗给王遂，
胡其璨卖一石四斗给撒家，胡其璟卖一石给傅荣，胡今仪卖一
石给刘三鼎，胡今儒卖一石给邓其馨，胡今达卖一石给余天伟、
周德富，胡今诏、今倚合卖一石给撒家，胡今奏、今诏、今儒合卖
二石给余天相。

瓜分公产不但瓦解了胡氏一族的经济基础，而且还引发了
族人互控。乾隆十年（1745），胡其琰第三子胡今輗、胡其英二
房长孙胡昂，以偷卖祭田为名将瓜分公产的族人告上公堂。众
人不服，将二人反控：

明知祖、父之失，而强欲掩祖、父之非，不曰"义田"，
而曰"祭田"，不曰族人见机，而曰族人偷卖，捏词兴讼，讼
时直视族人可鱼肉，而族人谁甘鱼肉者乎？独可异者，倡
首吞公，其祖其父。颠倒起讼，其子其孙。輗、昂若真公道
心，何不将伊祖、父所先吞者尽行吐出，以倡吐退之源，即
不能全吐，而或吐一半，或吐一少半，交明族众何人掌管，

---

① 乾隆《胡氏宗谱·胡氏家谱直书源流志》，清乾隆年间手抄本，冕
宁县胡家堡藏。

然后服于众曰："此先吞者吐矣！彼后卖者，必要退出。"
正己而后正人，人有不服正者，乃以罪咎之，奚辞焉？且
輓、昂不应为讼人，輓之父其琰公有族长权，昂之父今俨有
祠长任，就该挺身出头，自攻其恶，并攻其人之恶，则人未
有不服者。父在，子不得专之，谓（为）何而竟己不出头，
推言老迈，今又十年无恙，胡不老也。一任其子，明于责
人，昧于自责，抑独何欤？历年来，田称四十八石，丘墩俱
存。即谓英公父子所吞焉者，身占师范，年已荒远，不能尽
究，而自雍正七年退出之二十二石，确有明证。算来族人
瓜分，止是十石，尚有乙（一）十二石在琰公手内，就该和
盘托出，交于族，曰祠堂应费若干，指出实际，将十二石之
数清算明白，然后法正众人，众又奚辞焉？何于到手当卖
之十二石，卒不清算，独欲告出众人瓜分之十石，仍归己
掌，抑又何心？明明朦胧混吞十二石，尚不满意，又欲将此
十石邀官断给，以便肥己，众人其（岂）肯含羞下气，默默
退出，止富英、琰二公家，族众俱不沾一祖宗实惠乎？况明
明义田也，而独指其名曰祭田，架题捏空，益见欺心。若论
祭田，则大崇银、小崇银所当之田才是祭田。大崇银一十
八两被其琰、其蓁、其琇、今倬、今佐、今俨写田认租而鲸
吞，现有六人之文约炳据。小崇银七两被琰公之次子今辙
久假不归而噬嚼，亦凭保长陈来仪经手。祭田被吞，祖茔
成了荒丘冷墓，人人过墓生悲。[1]

---

[1]　乾隆《胡氏宗谱·胡氏家谱直书源流志》，清乾隆年间手抄本，冕
宁县胡家堡藏。

细读上文可知,胡氏众人反控胡今輗、胡昂二人的理由主要包括四点:第一,二人包庇祖、父,颠倒起讼。胡其英、胡其琰侵吞公产在先,众人瓜分在后。如要定罪,应先追究前者,再追究众人,如此才能服众。第二,二人祖、父尚在且有族职,不亲自出面对质,反由二人控告的原因是为了躲避其先前的罪责。第三,二人状告众人的真实目的在于其祖、父不但不满足先前侵吞的公产,就连族众迫不得已瓜分的公产也欲通过控告占为己有。第四,二人混淆名目,捏造事实,把族人见机瓜分义田,说成偷卖祭田,而祭田恰恰是胡其琰及其子等人侵吞,却诬告是众人所为。由上可知,不光是胡氏培养人才的义田被瓜分,就连拜祖先的祭田也被侵吞殆尽,以致胡氏扫拜乏钱,墓祭冷淡。时人感叹:"缘何没有礼坟钱,致令狐来冢上眠。每到清明寒食节,阴风绕墓卷飞烟。"次年,冕宁知县张延福以"不忍参商族谊"为由,将此案转冕宁县儒学调解。此时瓜分公产的族众意见发生分歧,胡其儒、胡今翰坚持要剖断清白,拒不结案;而胡今佐却连同另外两位有功名的族人同意调息。最后,胡今佐代表众人与胡今輗、胡昂结案,约定有力者量力退田,无力者量力退银。结果,事后双方不但无人退田退银,而且胡今佐又将公田五斗卖给涂玉如,胡昂亦将小园基一块卖给王遂。

经过历次倒卖,胡氏公产田地几近消亡,但仍有一块比较大的园地(内有树木百株)位于江西堡,由胡家的"夷人"佃户住座看守。胡氏每年前往扫墓,佃户则为其提供劳役。乾隆十四年(1749),胡其琰又将此园地连同树木一并卖予该佃户。这次卖地的原因据说是该园地距离胡家堡太远,但其实原因并非如此简单。在以上历次公产买卖中,胡氏有相当部分田土卖给了"夷人",表明乾隆初年冕宁县汉夷交产情况普遍,同时也产生了不少纠纷。因此乾隆十四年,朝廷下令禁止"番夷"典买内地民人田地。

> 一件为夷民典买内地田地,查清归赎以分疆域事。乾隆十四年五月内,奉军机处议覆,督部院策会同提督岳条奏,嗣后内地民人不得将田地私售番民,违者照律治罪,其前已经售卖地亩无庸办理等因,遵奉在案。①

这一政策的推行意味着今后"夷人"典买汉人土地变得不再合法。由此可见,园地距离太远不过是卖地的借口罢了,应对朝廷禁令才是卖地的真正原因。十八年(1753),胡其琰用卖地所得在胡家堡前置办水田一石八斗作为公田,田租由胡昂管理,族人皆不知账目出入。二十五年(1760),胡其琰又将城北城墙拐角公田一石私卖给陆士显,得银 37 两。至此,胡氏一族公产只剩下公田一石八斗,外加胡若愚遗田八斗,共计公田二石六斗。

乾隆二十八年(1763)十月,年近八十的胡其琰在掌族二十九载后退让族长一职。公产问题再次成为族内争论的焦点。胡今儒等先后多次请胡其琰入祠清算公产,但他一推再推,最后竟然拒绝清算,还把公产缩水的责任归咎为众人瓜分,"卒不允请清算,登簿交代,但欲朦胧终身,止以偷卖公田之捏控一案罪坐族人"②。胡今儒为免背上不白之冤,遂作《胡氏家谱直

---

① 《乾隆十五年四月初一日冕宁县奏报清查夷民典买内地田地事》,清代冕宁县衙门档案,档案号:69-48,冕宁县档案馆藏。

② 乾隆《胡氏宗谱·家谱直书源流志》,清乾隆年间手抄本,冕宁县胡家堡藏。

书源流志》，以厘清公产消亡的前因后果。

> 畏儒等失足，传及后世，实为不白之冤。英、琰二公之
> 子孙反逞自是，众或隐忍，儒终不任咎也。爰备举其源流，
> 以志不朽。①

是《志》与胡今儒所写的一篇《谱序》一起，就构成了胡氏乾隆二十八年所修《胡氏宗谱》。乾隆三十年（1765），胡今儒当上族长，此后《胡氏宗谱》在内容上递年增补至乾隆四十三年（1778）止，包括公产盛衰经过，剩余公产的数量及分布，胡今儒接手掌族后每年公产的收支、订立的各种族约、迁祠经过等。可见，乾隆年间编修《胡氏宗谱》主要是围绕公产的记录和管理这一问题而进行的，其目的在于以公产兴衰作为前车之鉴。

（四）族坏与迁祠

胡氏七、八两世人才辈出，"卒无目不识丁者"。但雍正以来，胡氏公产日益消耗，义学不继，以致乾隆年间"多有丁不明目者"。乾隆十年（1745）族人互控后，胡氏一族更是家法大坏，"族谊寝衰，少凌长，小加大，耕读偏废"②。自乾隆三十年以来，胡氏族人入学读书者日少，喜好赌博者日多，"家法未严，多陷于博弈。而耕读偏废，遂至衣食欠缺者，礼义寝废，具

---

① 乾隆《胡氏宗谱·家谱直书源流志》，清乾隆年间手抄本，冕宁县胡家堡藏。

② 乾隆《胡氏宗谱·家谱直书源流志》，清乾隆年间手抄本，冕宁县胡家堡藏。

有玷于先人多矣"①。在不良风气的影响下，胡氏族人作奸犯
科之事屡有发生。例如，胡其璟曾孙胡士保、二哇因父死母嫁
沦为孤儿，胡氏叔祖辈想抚养二人，但被其胞叔胡斌强行霸养。
由于照顾不周，胡士保于乾隆三十四年（1769）十一月被胡今
辰次子胡宁拐卖给二神保，接着又被二神保卖进大凉山。次年
（1770）二月，拐卖一事经族长胡今儒查证后报官，胡宁先后被
拘三次，但每次都未及定罪便被设法保出，最后他投靠嘉顺营
出征金川，此事最终不了了之。②

此前，胡氏在乾隆十四年也有子孙被拐卖，但拐卖胡氏者
乃族外之人③，而此次却祸起萧墙、族坏已极，使胡氏族人震惊
不已。胡今儒认为其根源在于祠堂风水不佳，"当日祠宇，字
僻向空，不荫贤良，而荫奸盗，一明验也"④；"是祠也，逼处山
田，未清地理，字僻向空，乃尔剥□风水，儒初不信，及念世系，
向若彼，今若此，三十年来未见光前裕后之事，渐减承先启后之
遗。是又不得不信之"⑤。因此，他主张迁祠补救，"有此枭恶
奸[人]谋漏国法，急宜迁祠正向挽家风，盖亦救失之微权也"。

----

① 乾隆《胡氏宗谱·家谱直书源流志》，清乾隆年间手抄本，冕宁县
胡家堡藏。

② 参见乾隆《胡氏宗谱·家谱直书源流志》，清乾隆年间手抄本，冕
宁县胡家堡藏。

③ 乾隆十四年，同堡格勒磨、觉背将胡氏子孙拐至会理州，出卖给长
磨咱，被胡今仪状告。参见《乾隆十四年冕宁县贡生胡今仪控状》，清代冕
宁县衙门档案，档案号：67-18，冕宁县档案馆藏。

④ 乾隆《胡氏宗谱·家谱直书源流志》，清乾隆年间手抄本，冕宁县
胡家堡藏。

⑤ 乾隆《胡氏宗谱·家谱直书源流志》，清乾隆年间手抄本，冕宁县
胡家堡藏。

于是,乾隆三十八年(1773)冬,胡今儒率族人费银百余两卜买地基,重建祠堂。新祠堂的选址:

> 座列东南,巽顺离明光世业;拱环西北,乾盈坎润盛箕裘。①

新祠风水寓意子孙事业光大、衣食无忧,颇令人满意。祠堂修建一年,主体完工。三十九年(1774)腊月,胡氏请主入祠。次年(1775)三月,行春祭礼。四十一年(1776),胡氏用公产两年积蓄加以装修,使得迁建后的祠堂焕然一新。

五、扬善隐恶:同治年间的修谱 与宗族形象重塑

乾隆年间的迁祠并没有给胡氏带来好运,此后第11至15世子孙当中人才平平,不复有先前一族之中"人半衣衿,个个文墨"的局面。例如,谱载第11世共有94人,但只有胡以诗为廪生,胡以靖为庠生。第12世的68人当中,有胡世珍、胡宽怀分别为文武生。第13世共34人,仅有胡兴弟一人为庠生。第14世共53人,只有胡嘉应一人为恩进士(后补直隶州正堂)。第15世有18人,仅有胡国祯一人为监生。②

---

① 乾隆《胡氏宗谱·家谱直书源流志》,清乾隆年间手抄本,冕宁县胡家堡藏。

② 参见同治《胡氏宗谱·历代祖宗分派排行房分列序》,清同治十年(1871)修、民国增补,手抄本,冕宁县胡家堡藏。

不过，人才的凋零并没有阻碍胡氏谱牒的修撰。嘉庆二十二年（1817），第11世胡以川"至胡家湾清派，回程毕述彼处风景人杰地灵，妙不可言"，于是长期并无交往的两地胡氏得以联宗。道光二十八年（1848），第13世胡兴恬、第15世胡国祯撰修第1世至第11世的谱系，包括冕宁谱系和通过联宗得到的胡家湾谱系。此后，胡国玺又找到了所谓的《邛州宗谱》。同治十年（1871），第13世胡兴泽、第15世胡国玺根据以上资料编修《胡氏宗谱》。是谱主要内容按照先后顺序依次为：

第一，《原序》和清朝诰命。这部分内容乃胡国玺抄录《邛州宗谱》而来。《原序》为"邛州七世祖"胡方开于乾隆三十七年（1772）所撰。诰命八道，为嘉道年间"邛州"胡述哲（成都县训导）、胡述恭（南部县教谕）、胡述敬（安岳县训导）为褒扬其父母所请之诰命。

第二，乾隆六年（1741）胡其琰所作《宗谱原序》一篇。

第三，胡兴泽、胡国玺抄录和编纂的宗族礼仪规范，包括《家庙荐祭略》《庭训序》（《世祖章皇帝圣谕六训》《圣祖仁皇帝圣谕十六条》）《继志训》《守业训》《宗谱十例》《家训十法》《家训十戒》《家训十二则》《律身十二则》。

第四，胡兴泽、胡国玺撰《胡氏姓系源流》《历代宗谱序（续纂）》。

第五，道光二十八年（1848）胡兴恬、胡国祯所撰谱系，即《历代祖宗分派排行房分列序》。

第六，胡兴泽、胡国玺续撰谱系。

在同治《胡氏宗谱》中，除能见到胡其琰率先建祠修谱这一简单信息外，康熙年间的义学建设、雍乾时期族内历次公产

纠纷及建祠修谱等活动完全被抹去,代之而起的是对宗族礼
仪、孝道传统的强调。为起示范作用,该谱还特意将"邛州"一
派的八道诰命置于谱首,大有光宗耀祖之意。但有意思的是,
所谓"邛州"胡方开等人根本不是邛州人,与胡家堡胡氏也没
有直接关系。据《名山县志》记载,胡方开等为名山县人。胡
氏是当地望族,自康熙以来就出了不少人才。例如,胡方开的
上一辈胡深为恩贡,康熙十年(1671)任遂水县教谕;胡方开为
岁贡,同辈胡方闰为胡深之子,恩贡,乾隆年间任屏山县训导;
胡方开之子胡定宣为恩贡。胡定宣之子胡述琬、侄胡述琳为恩
贡;胡述哲、胡述敬为岁贡,分别任成都县、安岳县训导。[①] 由
此可知,胡方开等并不是邛州人。此外,两地胡氏祖籍也不
相同:

> 胡方开,字文起,宋安定先生瑗之裔。自泰安徙蜀,以
> 明经铨授州佐,辞不赴任。[②]

胡方开等自称来自山东泰安,而胡贵则来自江苏如皋,两
者本无关联。但为何会联宗呢?如前所述,乾隆年间胡其琰和
胡今儒所撰《谱序》皆称始迁祖胡贵为"文定公"后裔,至于文
定公是谁,不得而知。[③] 但同治年间,胡氏子孙则改称胡贵是
胡瑗后裔,"至宋仁宗朝,江南扬州府泰州人胡瑗,为湖州教

---

① 参见光绪《名山县志》卷一三《选举》,清光绪二十二年(1896)
刻本。
② 光绪《名山县志》卷一三《列传一》,清光绪二十二年(1896)刻本。
③ 南宋时期有著名学者胡安国,建宁崇安人,世称"胡文定公"。不
知胡氏所言"文定公"是否就是胡安国,抑或另指他人,暂且存疑。

授，训人有法，载在国史，至今犹赫赫然，昭人耳目，如我始祖贵公，即后裔也"①。胡氏之所以这样做的原因主要有二：第一，胡瑗是北宋时期著名思想家、教育家，世称"安定先生"，生于泰州如皋县胡家庄。② 而胡贵恰恰来自如皋，这一点为胡氏子孙攀附胡瑗创造了条件。第二，只有把胡贵说成胡瑗后裔，才能与胡方开等建立起联系，为联宗通谱奠定基础。

由上可知，名山胡氏与冕宁胡氏其实没有关系，只因冕宁胡氏将胡贵附会为胡瑗后裔，才使两者得以联宗。因此，同治年间修的《胡氏宗谱》又称《安定宗谱》，祠堂也被称为"安定祠"。这种强加的关系在谱牒中亦呈现出难以调和的张力。最明显的就是，虽然名山胡氏的《原序》和褒奖诰命被置于《胡氏宗谱》之首，但胡方开以及诰命所涉及的人物却没有一人出现在后边的谱系当中。显然，表面上攀附一个久远的共同祖先比较容易，但要把两份不相干的谱系合理地整合在一起却并非易事。就此而言，胡贵子孙将胡方开等人写入谱牒之首不过是借其装点门面而已，并无意通过烦琐的谱系整合建立起更为紧密的关系。尽管如此，通过以上"扬善隐恶"的处理，同治《胡氏宗谱》与大多数中国谱牒一样呈现出对礼仪、孝道的追求与实践，一个更符合中国传统社会所期待和认同的宗族形象跃然纸上。

---

① 同治《胡氏宗谱·胡氏姓系源流》，清同治十年（1871）修、民国增补，手抄本，冕宁县胡家堡藏。

② 参见嘉靖《重修如皋县志》卷二《建置·宅墓》，《天一阁藏明代方志选刊续编》第 10 册，上海书店 1990 年版，第 67 页。

六、结语

　　传统中国几乎各地都有宗族的身影,但各地宗族形成的时间、过程和原因却并非一致。本文显示,即便同在四川,清代移民宗族与土著宗族的形成就明显不同。按照山田贤对云阳涂氏的研究,清代四川移民宗族经过几代人的开发和积累而形成,于清中后期崛起并在晚清时期成为地方权势。[①] 相比之下,四川土著宗族的形成却另有轨迹。以冕宁胡氏为例,其祖自明初入川,起初不过是一普通军人。直至明中后期胡堂迁居白鹿冲防守和屯种才使得胡氏发展渐有起色。一方面,万历年间胡堂之子胡全礼成功入仕,开创了诗书传统;另一方面,屯种使得胡氏积累起不少的田土资源。胡氏的经历在一定程度上反映出明中后期四川行都司部分卫所军户发展的一般轨迹。不过,这一过程中所滋生的问题,诸如官军及其子弟占屯、包军、借债等不断引起地方军民冲突,又反过来限制了军户在明后期的发展。尽管如此,明代胡氏所开创的经济、文化条件,为其在清初迅速发展打下了重要的基础。入清后,胡全礼之子胡若鲁继承了诗书传统,并利用与建昌道张元凯的关系为胡氏培养了不少人才。紧接着,胡氏又利用既有的土地资源开始设族长、义学,进行初步的宗族建设,并通过联姻结成的权力网络维系对公产的占有。经过努力,胡氏一族在康雍年间已出现"人

---

　　① 　参见[日]山田贤:《移民的秩序——清代四川地域社会史研究》,曲建文译,中央编译出版社 2011 年版。

半衣衿,个个文墨"的局面。可见,与清初移民不同,胡氏原有
的文化传统、社会关系网络和既有土地资源的存在,使得其在
入清以后能够较为快速地进行人才培养和宗族建设,以至于他
们在清前期已经发展成地方权势。可惜的是,清初延续下来的
田土隐匿和产权不清问题给胡氏公产的运作带来不小的麻烦,
尤其是在雍乾时期改卫设县、田土清丈、禁止汉夷交产等推行
后,胡氏族内矛盾重重,几乎将公产瓜分殆尽,导致宗族运作的
基础瓦解,宗族活动如义学、祭扫等被迫停办,胡氏所剩不过祠
堂、谱牒等一系列的宗族符号。嘉庆以后,胡氏虽然仍有修谱
等活动,并重塑了宗族形象,看似承前启后,但实际上人才平
平,与普通家族已无多大区别。

　　胡氏个案不仅显示出明清四川土著宗族发展和形成的特
殊轨迹,而且也为我们深入认识清初四川社会以及思考明清四
川社会发展的连续性问题提供了新的视角。关于清初的四川,
通常我们的印象是明末清初战乱导致其残破不堪,人口稀少,
田地荒芜,赋役难以征收。而且就官方文献记载来看,这一点
对于清初四川建昌、宁番等卫也不例外。康熙六年(1667),四
川巡抚张德地在描述建昌五卫时便提道:"建昌设在天末,深
山穷谷,荒残之状不能殚述。"[①]后又经过"三藩之乱"的影响,
建昌等卫变得更加荒残:

　　　　建昌处万山蛮彝之中,两省边远不接之地,承平无事
　　之时,尚须强兵良将方可控制,况孤城久为逆贼蹂躏,临行

---

　　①　鲁子健:《清代四川财政史料》(上),四川省社会科学院出版社
1984年版,第53页。

又复抢掠,苗蛮附合作乱,不独拉扯子女烧拷,有家即粮
米、牲畜搜刮殆尽,而田地荒芜,十无一二成熟,即一二成
熟中,又值天灾生虫,秋成无望。臣见老幼扶病、鹑衣菜
色,实不堪命。①

　　由此足见其残破之状。此后经过近十年的发展,局面仍
无大的改变:"二十八年,以四川松、建等卫所地处极边,屯丁
无几,建、叙二厅所辖山多土瘠,旧例银米并征,人丁载在银
米之内,与云南等省卫所不同,俱免其编审。"②甚至到康熙六
十一年(1722),建昌五卫只陆续清查出2838户,人丁一项全
无。③ 在官方看来,清初宁番等卫田地荒芜,赋税难收,人口
稀少,故免其人丁编审。这也符合学界对清初四川社会的一
般性认识。然而,地方的实际情形却并不完全如此。以胡氏
为例,其至少从康熙三十年(1691)起就隐占有百余亩公产田
地,不向政府登记纳税。从康熙六年至雍正三年,宁番卫陆
续清丈出开垦成熟田地近4000亩④,而胡氏一族隐占公项田
地就达144亩。此外,胡氏一族在康雍年间七、八两世男丁
近60人,人口也不算少。宁番卫又何难以编审人丁呢! 一
方面,固然是因为屯丁大量逃亡;另一方面,从胡、陈二姓的

---

①　(清)赵良栋:《奏疏存稿》卷五《题报身到建昌遭发官兵疏》,清
康熙刻本。

②　鲁子健:《清代四川财政史料》(上),四川省社会科学院出版社
1984年版,第5页。

③　参见鲁子健:《清代四川财政史料》(上),四川省社会科学院出版
社1984年版,第9页。

④　参见《雍正三年四川宁番卫守御所奏销钱粮册》,清代冕宁县衙
门档案,档案号:16-22,冕宁县档案馆藏。

例子可知,宁番卫的大家族出了不少读书人,有免役特权,实际上又进一步降低了为官府提供劳役的人数,而且他们占有大量土地,又充当头人负责拨派差役,使得地少、没有特权之家反而多提供劳役,造成赋役不均。这一点也是清初许多地方的通病。所以,康熙晚期推行"滋生人丁永不加赋",为下一步丁银摊入地亩做准备。"丁从地出"有利于解决赋役不均问题,但危及地多的大家族利益,因此家族中的读书人多有带头抵抗:

> 如有前项,衿棍拦阻粮户挟制有司与抗粮不完者,一经本部院访问,或被地方官详报,立将劣衿咨革,同地棍严拿重究,断不姑贷,自以后自首丁银应否免征,俟奉旨后部咨至日另行示知,毋得观望,自取罪戾。须至告示者。右谕通知。①

可见,田地荒芜、人口稀少导致清初宁番卫赋役难征,这在一定程度上是官府的一面之词。实际上,诸如土著胡氏、陈氏这样在清初出了很多读书人的大家族对田地的隐占和赋役征派的抵抗,亦是赋役难征的重要原因。胡氏个案提醒我们,残破不堪的确是清初四川的一个总体性特征,但这样一个时期却恰好为某些土著的发展带来了契机。可以说,造成这个与我们以前经验不太一样的"奇异"现象的重要原因,正是这些家族在明代发展所奠定的基础。在此意义上而言,

---

① 《康熙五十二年八月初八日宁番卫告示》,清代冕宁县衙门档案,档案号:1-44,冕宁县档案馆藏。

明清四川社会发展的连续性及其影响如何,是需要重新检讨的问题。或许,关注点的转变会对我们理解清初四川社会历史的发展提供一些新看法。这是笔者今后将继续深入探讨的问题。

明清"水田彝"的国家化进程及其族群性的生成[*]

——以四川冕宁白鹿营彝族为例

一、引言

（一）问题及相关研究回顾

边疆族群是如何被整合进国家的？这一问题，是理解"大一统"中国形成的重要途径。长期以来，学界习惯于用国家政治、经济、军事和教育制度从中心向边缘的推移来描述其过程。这种"自上而下"的视角，事实上仍然延续着中国传统的以中原为中心"一点四方"的思维模式，将边疆族群进入国家视为被动的接受过程，而未能充分考虑其能动性。①

上述不足促使后来以科大卫、刘志伟、陈春声、萧凤霞等为

---

* 本文原载于《社会》2017 年第 1 期，转载于中国人民大学《复印报刊资料（明清史）》2017 年第 5 期，系教育部人文社会科学研究青年基金项目"明清屯堡社会变迁研究——以四川冕宁为中心"（13YJC770035）、山东大学基本科研业务费资助项目（人文社会科学青年团队项目）"民间宗教中的女性角色研究"（IFYT15015）的系列成果之一。

① 参见蓝勇：《历史时期西南经济开发与生态变迁》，云南教育出版社 1992 年版，第 5—6 页。

代表的"华南学派"尝试以"自下而上"的视角，来理解华南及其族群与国家的关系。围绕地方如何整合进国家这一问题，他们从礼仪传统、传说故事、神明崇拜等角度进行了深入探讨。例如，科大卫认为，礼仪改革构成了国家与社会关系最重要的部分，而且可能是边陲地区整合到国家过程中最重要的元素。[①] 他指出，学校祭孔和朱子《家礼》早在宋代的广州已经出现，由此开启了珠江三角洲国家化的序幕，但这一地区真正被吸纳进国家主要还是在明代。随着明初以来里甲编设、科举恢复，由地方人士推动的正统礼仪在 16 世纪遍及珠江三角洲乡村，宗族借助礼仪将自己"士绅化"，地方由此被整合进国家的"礼教"秩序当中。[②]

刘志伟等人的研究发现，为开发和控制沙田，明初在珠江三角洲定居的老居民利用种种国家制度和文化象征——如建构符合国家礼仪以及具有士大夫传统的宗族[③]，祭祀象征正统性的北帝[④]——把自身在地方上的权力与王朝正统性

①　参见科大卫:《现代中国的国家与礼仪:评"民间社会"论争》,《明清社会和礼仪》,北京师范大学出版社 2016 年版,第 298—311 页。

②　参见科大卫:《国家与礼仪:宋至清中叶珠江三角洲地方社会的国家认同》,《中山大学学报》(社会科学版)1999 年第 5 期;科大卫、刘志伟:《宗族与地方社会的国家认同——明清华南地区宗族发展的意识形态基础》,《历史研究》2000 年第 3 期。

③　参见刘志伟:《地域空间中的国家秩序:珠江三角洲沙田-民田格局的形成》,《清史研究》1999 年第 2 期;刘志伟:《从乡豪历史到士人记忆——由黄佐〈自叙先世行状〉看明代地方势力的转变》,《历史研究》2006 年第 6 期。

④　参见刘志伟:《神明的正统性与地方化:关于珠江三角洲北帝崇拜的一个解释》,中山大学历史系编:《中山大学史学集刊》第 2 辑,广东人民出版社 1994 年版,第 107—125 页。

相联系①。

　　华南研究显示，随着明初以来户籍、土地、税收及科举等制度的推行，地方群体为获得资源控制的优势，往往有意识地利用制度、礼仪、文字、信仰、传说等象征正统的手段建构起地方社会对国家的认同，从而使国家秩序得以在边疆确立和巩固。边疆族群由此被整合进"大一统"国家当中。概言之，"华南学派"在探讨边疆族群的国家化进程时，强调当地人的能动性，将"大一统"国家的形成理解为地方积极利用国家话语进行社会建构的过程。②

　　与华南的经验不同，詹姆斯·斯科特（James C. Scott）注意到，我国西南边疆的部分高地族群在国家化进程上有其特殊性。他指出，居住在泰国、老挝、缅甸、柬埔寨、越南以及中国西南四省区（川、黔、云、桂）部分地区海拔300米以上的高地族群，长期采取刀耕火种、不用文字等手段逃离国家统治。直到晚近，国家力量绝对强大，这些高地族群才最终结束无政府的状态。③ 在斯科特的描述中，我们看到高地就像一个吸纳人口的容器，不断有平地上的人迁入其中，逃离国家，却看不到高地上的人迁向平地，融入国家，因此高地族群的国家化进程显得相当晚近、被迫和单一。那么，高地族群的国家化是否还存在其他的方式？其过程对族群性（族群性质和文化特征）的生成

───────────

　　① 参见萧凤霞、刘志伟：《宗族、市场、盗寇与蜑民——明以后珠江三角洲的族群与社会》，《中国社会经济史研究》2004年第3期。

　　② 参见刘志伟：《地域社会与文化的结构过程——珠江三角洲的历史学与人类学对话》，《历史研究》2003年第1期。

　　③ James C. Scott, *The Art of Not Being Governed: An Anarchist History of Upland Southeast Asia*, New Haven: Yale University Press, 2009.

有着怎样的影响？本文将以四川冕宁白鹿营"水田彝"的个案
对这些问题作进一步的探讨。

（二）个案背景

本文的"水田彝"，是指位于四川安宁河及其支流沿岸的
河谷平坝上的彝族，在冕宁、西昌、德昌等县市境内多有分布。
这部分彝族自称"咪西苏"（意为"平坝人"），因善于开垦水
田、种植水稻，故又被称为"水田彝"。根据调查，"水田彝"原
本也是居住在高山上的彝族，后因各种原因迁徙到平地上生
活。① 由于长期生活在平坝并受汉族的影响，他们在生产、生
活、经济、文化等方面都与居住在大凉山的高山彝族有着显著
的不同。据 20 世纪 60 年代的调查显示，中华人民共和国成立
前"水田彝"在生产上以农业为主，兼以捕鱼、卖柴等为副业；
在经济上已进入地主经济阶段，有不同程度的土地租佃关系，
但仍保持有少量的奴隶；在生活上与汉族杂居，处于汉族四面
包围之中；在文化上兼说汉语、兼用汉姓、兼着汉装，已达到相
当高的汉化程度。② 正是这些特点，凸显出"水田彝"与高山彝
族在族群性上的差异。

"水田彝"的研究成果大致可分为三类。第一类是有关
"水田彝"的调查报告。例如，陈宗祥在民国时期就已经对德

---

① 参见吴恒：《安宁河流域自称为"咪西苏"的彝族》，《民族问题五
种丛书》云南省编辑组编：《四川贵州彝族社会历史调查》，云南民族出版
社 1987 年版，第 34 页。

② 参见吴恒：《安宁河流域自称为"咪西苏"的彝族》，《民族问题五
种丛书》云南省编辑组编：《四川贵州彝族社会历史调查》，云南民族出版
社 1987 年版，第 33—37 页。

昌"水田彝"的分布、婚姻、神话、宗教等情况进行了调查和记录。① 中华人民共和国成立初期为进行民族识别，我国进一步展开了对西南彝族社会历史的调查。其中部分内容涉及"水田彝"的历史及社会状况。② 第二类是彝族通史论著，通常将"水田彝"作为彝族的一个分支加以论述。③ 第三类是专题性的研究，涉及"水田彝"社会文化的诸多方面，成果颇为丰富。例如，斯蒂文·郝瑞以冕宁漫水湾彝族为例，探讨了"水田彝"的族群认同问题，指出实行民族内婚是其坚持自我认同的主要原因④；朱文旭、张静从词汇和语法两方面对冕宁漫水湾和喜德冕山镇的彝族"水田话"做了分析⑤；肖雪考察了喜德大石头和冕宁漫水湾彝族的丧葬文化，认为"水田彝"通过宗教信仰的传承强化了族群记忆⑥；邓明英则对冕宁回龙乡"舒诺村"彝

①　参见陈宗祥：《西康倮倮、水田民族之图腾制度》《边政公论》1947年第 4 期，第 54—58 页。陈宗祥：《西康倮倮、水田民族之图腾制度（续完）》《边政公论》1948 年第 1 期，第 1—4 页。

②　参见中国科学院民族研究所、四川少数民族社会历史调查组编：《西昌专区彝族地区社会调查（初稿）》，内部出版，1963 年；吴恒：《安宁河流域自称为"咪西苏"的彝族》，《民族问题五种丛书》云南省编辑组编：《四川贵州彝族社会历史调查》，云南民族出版社 1987 年版，第 33—37 页。

③　参见中国科学院民族研究所、云南少数民族社会历史调查组：《彝族简史（初稿）》，内部出版，1963 年；方国瑜：《彝族史稿》，四川民族出版社 1984 年版。

④　参见［美］斯蒂文·郝瑞：《田野中的族群关系与民族认同：中国西南彝族社区考察研究》，巴莫阿依、曲木铁西译，广西人民出版社 2000 年版。

⑤　参见朱文旭、张静：《彝语水田话概况》，《民族语文》2005 年第4 期。

⑥　参见肖雪：《凉山平坝彝族丧葬文化变迁的斜向性结构研究——以喜德大石头和冕宁漫水湾为个案》，《西昌学院学报》（社会科学版）2007年第 3 期。

族哭嫁歌进行了调研,指出"水田彝"口头传统的传承呈现"完整的""过渡中的""逐渐消失的"三种状态①。

　　综上,学界对"水田彝"已有不少研究,然而既有成果并没有对其国家化进程给予充分的关注,更遑论探讨国家化进程对其族群性的影响。换言之,"水田彝"是如何从高地来到平地,其族群性又是怎样形成的? 这一过程至今没有得到清晰的指认。本文认为,这样一个过程恰恰是我们检验和反思高地族群国家化进程及其族群性生成的绝好案例。诚然,要讨论这些问题实属不易,因为与此相关的史料极为稀少。而本文之所以能展开这项研究,主要得益于笔者在四川冕宁调查期间搜集到的"水田彝"资料②和清代冕宁县衙门档案③。前者对明清时期冕宁白鹿营"水田彝"的形成过程有较为详细的记录,而后者则为我们提供了其所处社会环境的历史资料。利用这些资料,本文将对"水田彝"的国家化进程及其族群性的生成进行细致梳理,并就高地族群国家化的一些既有观点作出回应。

---

　　① 　参见邓明英:《活态的口头传统——安宁河流域平坝彝族哭嫁歌调查》,《西昌学院学报》(社会科学版)2011 年第 4 期。

　　② 　该资料原件由冕宁县河边镇鲁洪友(彝族)收藏,在类型上包括明清时期的契约、委任状、诉状、告示、碑文、图纸等。由于资料尚未整理出版,无编号和题名,故本文在引用时根据其具体内容拟定标题,并在其后标注"鲁洪友藏",以区别于其他参考文献。

　　③ 　清代冕宁县衙门档案原件现存于四川省冕宁县档案馆,计有清代档案 4 万余件,时间上起康熙,下迄宣统。其中有少量档案已整理并收入1987 出版的《四川彝族历史调查资料、档案资料选编》一书当中。其余大部分档案皆未出版。本文在引用未出版部分的档案时,在其后标注清代冕宁县衙门档案和档案号。

二、从高山到平地：明万历年间
白鹿营彝族聚落的形成

白鹿营,是四川省冕宁县河边镇新安行政村下的一个地名。在当地,汉、彝杂居,已连成一片,难分彼此。据笔者调查得知,白鹿营彝族正是当地所称的"水田彝"。而从现存文献来看,其聚落的形成可追溯到明朝万历年间,与宁番卫招募高山彝人充当营兵、抵御地方叛乱有关。

（一）万历三十六年宁番等卫的叛乱

白鹿营所在的冕宁县位于大渡河南岸。发源于该县北部的安宁河向南流经今西昌、德昌、会理、盐源等县市,最后注入金沙江。历史上,安宁河一线东有大凉山罗罗(彝族),西有雅砻江番部(藏族),是沟通川滇、控扼番罗的战略要地。[1] 因此,明朝初年沿着安宁河流域自北向南设有越嶲(今越西县)、宁番(今冕宁县)、建昌(今西昌市)、建昌前(今西昌市)、会川(今会理县)、盐井(今盐源县)六卫及八守御千户所,屯军五万八千名,以保障川滇要道的畅通。[2] 此外,明朝又在卫所之下

---

① 参见(元)刘应李原编,(元)詹有谅改编,郭声波整理:《大元混一方舆胜览》,四川大学出版社 2003 年版,第 461 页。

② 参见雍正《四川通志》卷一八下《边防·建昌道属》,《景印文渊阁四库全书》第 560 册,台湾商务印书馆 1986 年版,第 61 页。

设建昌、德昌、威龙、普济等土官辅助统治。①

　　起初，宁番、建昌等卫兵多粮足，军力强盛。但至明万历年间，由于环境恶劣、粮饷拖欠、卫官剥削等，卫军大量逃亡，只剩五千余名，不足明初兵力的十分之一。这使得宁番等卫势力衰退，难以有效控制周边部落。② 此外，自明朝中期以来，该地区最大的土官建昌卫土指挥使安氏接连缺乏子嗣，其族人为争袭土职而屡次教唆周边部落反叛，祸及当地卫所。③ 因此，明后期宁番、建昌等卫周边部落的反叛变得日益频繁。

　　万历三十六年（1608）十月二十二日，因争袭之故，建昌卫土官安世隆被部下刺杀身亡，随后引起一系列严重的地方叛乱。时任四川巡抚的钱桓对此有详细的记载。是年十月二十七日，宁番卫梅子村西番白衣呷与数十名罗罗烧抢刘家屯，砍伤汉人刘仲礼。次日，大凉山沈喳、桐槽（今属喜德县）等罗罗与打冲河（雅砻江上游支流）两岸山区的洗租、坝险、瓦都等寨西番、罗罗在泸沽（今冕宁县泸沽镇）、高山堡会合，劫掠宁番卫中所屯。二十九日，宁番卫军人杨勋一家八口遇害，数十人被掳，余众纷纷逃散。十一月初二至初六日，各部再度焚掠宁番卫屯堡，抢劫军人王庆二、秀才周化新等家，掳去步于启等十二人及牛马财物，杀死一人，打伤三人。初七日，宁番卫天王屯、李百户屯、大堡子遭到劫掠，四十余人遇难。初八初九两

---

　　① 参见《明一统志》卷七三《四川行都指挥使司》，《景印文渊阁四库全书》第 473 册，台湾商务印书馆 1986 年版，第 556 页。
　　② 参见雍正《四川通志》卷一八下《边防·建昌道属》，《景印文渊阁四库全书》第 560 册，台湾商务印书馆 1986 年版，第 61 页。
　　③ 参见（清）顾炎武：《天下郡国利病书》，《四库全书存目丛书·史部》第 172 册，齐鲁书社 1996 年版，第 118 页。

日,各部又联合攻打宁番卫吴海屯、文庄屯、天王屯、李百户屯、景百户屯、高山屯、郑百户屯等,掳去杨植三全家,并声言围攻宁番卫城。十二月初七日,坝险、雪坡、桐槽、沈喳等寨数百人兵分两路向宁番卫城进发,沿路烧抢屯堡,掳去陈奇策、周熙、陈嘉福等人,杀死一人,抢去各屯牛马等财物。同月二十五日,阿都等寨千余人又分四路围攻宁番卫城,在遭到守城官兵阻击后才开始陆续退去。①

(二)招募营兵与白鹿营等彝族聚落的形成

由上可知,由于卫所势力衰退,万历三十六年叛乱爆发后,宁番卫已无力抵御,以致屯堡屡屡遭难,人员和财产损失严重。为避免形势继续恶化,宁番卫不得不采取招募武装力量的方式来应对叛乱。

> 据报情形,则宁番一带涂炭已甚,该卫署印千户李应春、操捕镇抚欧应时招能捍御,而夷且戕官梗道,羽书不通,径行阻绝,似兹狂悖,盖神人之所共愤,王法之所必诛者也。②

"招能捍御",说明宁番卫在军力不足的情况下招募了一批武装力量来应对叛乱。尽管如此,官员被杀、道路不畅、音讯不通的情况仍不时发生,足见叛乱之严重。那么,当时宁番卫到底招募了哪些人来抵御叛乱呢? 对地方社会有何影响? 康

---

① 参见(明)钱桓:《按蜀疏草》卷九,清抄本。
② (明)钱桓:《按蜀疏草》卷九,清抄本。

熙五十二年(1713)的一份档案对此有比较详细的记载:

> 　　本年八月十五日,据南山营夷民普车、脚呼、沈喳、别咱一十二家等诉前事,词称情因万历三十六年夷人大反,烧杀屯堡,地方空虚,无人掌渡,公文稽迟,往来阻隔,有宁番卫绅衿头人于冕山赵操司台前公呈招蚁等赵四一十二家于南山营摆渡,拨给中前二所绝业荒田四十八石,承粮四石八斗,令蚁祖等开垦抵纳,上而应渡公文粮草,下而看守河西路道。①

　　仔细阅读以上材料,我们可以发现当时宁番卫招募武装的一些重要信息。第一,在当地汉族官兵逃亡严重、无人可募的情况下,宁番卫从附近少数民族当中招募了一批营兵来应对叛乱。第二,营兵帮助宁番卫看守道路、传递公文、撑船应渡等,这与明代文献记载当时"戍官梗道,羽书不通,径行阻绝"的情形相吻合。第三,就族别而言,所招营兵为彝族,而且是居住在高山地区的彝族。如上文提到的沈喳、别咱都是明代大凉山有名的黑罗罗,即拥有较多家奴、势力强盛的"黑彝"。而上文"冕山赵操司",即指冕山桥守御千户所赵姓官员。该千户所隶属于宁番卫,位置逼近大凉山腹地,与越嶲卫相近。② 宁番卫正是通过该千户所招来高山地区的彝族。由此可知,所谓"招能捍御",即招募势力强盛且愿意为卫所效力的高山彝族

---

　　①　清代冕宁县衙门档案,档案号:400-49,冕宁县档案馆藏。
　　②　参见《明一统志》卷七三《四川行都指挥使司》,《景印文渊阁四库全书》第 473 册,台湾商务印书馆 1986 年版,第 556 页。

来应对叛乱。第四，作为回报，宁番卫拨给彝族营兵位于河谷地带的卫所荒芜田土耕种。因此，彝族营兵得以从高山迁到平坝定居，从而形成彝族聚落南山营。

事实上，万历三十六年宁番卫招募的营兵不止南山营一处。康熙五十二年（1713）的另一份档案记载："□□……□□，反乱，设立赵操司，招夷立为八营，以为护身之符。"①由此可知，当时宁番卫一共招募了八个营的兵力，以帮助抵御叛乱。八营当中，除南山营外，白鹿营也是其中之一。白鹿营鲁姓彝族收藏的一份明代契约对此记载：

> 计开白鹿沟白鹿营夷民自□□坐落白鹿营一十四里，其地方四至，东至齐菩萨，南至齐朱家坟，西至水沟，北至齐烧人厂。四至分明，不曾贪占汉人地土在内。文香水沟四至，上齐白塔沟，下齐沙帽石，两边齐山脚旱地，中共齐水沟，四至坐落明白，并无汉人田地，开明是实。留此遗约，子孙永远为照。其有水田、旱地交与戥之、阿思、刻牛、哈拉、脚糯、落牛，此夷人六兄弟耕种开垦栽种，其俞宅子孙不得后来争论。
>
> 万历三十六年冬月初一日 立字人俞洪②

如前所述，土官安世隆于万历三十六年十月二十二日身故，二十七日叛乱即起。上述契约立契时间在万历三十六年冬月初一日，即叛乱发生的第四天，可知白鹿营鲁姓祖先在叛乱

---

①　清代冕宁县衙门档案，档案号：1-31，冕宁县档案馆藏。

②　《万历三十六年俞洪立契》，冕宁县鲁洪友藏。

发生后不久即被宁番卫招为营兵。关于这一点，鲁姓乾隆五年（1740）的一份资料有更为明确的记载："情因夷民先年住居巴姑，因万历三十六年番夷大叛，无人看守地方。蒙余守爷拨夷看守白鹿沟，世代守法。"①可见，白鹿、南山二营都是万历三十六年形成的。而且，它与南山营具有相似的特点。

第一，二者皆为冲要之地，是宁番卫"招能捍御"的重要据点。南山营位于安宁河与白鹿河的交汇处，是重要的交通枢纽，因此设该营负责传递文书、撑船应渡等。而白鹿营（所在之地名叫"白鹿冲"，亦称"白鹿沟"）位于南山营以西，是打冲河东岸山区向安宁河平坝延伸的缓冲地带，也是附近山区部民进入宁番卫的必经之地（见图1）。据明代文献记载，附近山民常常通过白鹿冲进入平坝地区，骚扰宁番卫屯堡："各番贼朝

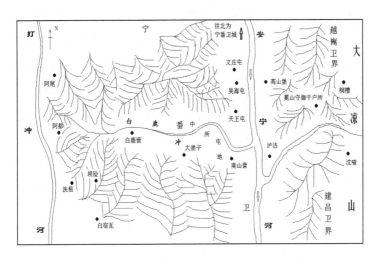

图1　明代后期宁番卫白鹿营及其周边形势示意

①　《乾隆五年厄易诉状》，冕宁县鲁洪友藏。

夕出没,东西抢掠,势甚猖獗,恐稍迟缓,益难收拾。又查前贼俱系白宿瓦、阿都、阿尾、坝险等寨番夷,屡年劫害,巢穴在于麻科等一十六村寨,路通宁番卫,地名白鹿冲。"①由前可知,阿都、坝险等寨都是万历三十六年叛乱的主要参与者。叛乱爆发后,宁番卫随即招募鲁姓祖先等人众在白鹿冲开设白鹿营,以抵御上述各寨对卫所屯堡的侵扰。而鲁姓祖先之所以被招为营兵,一个重要的原因就在于他们有兄弟六人,人多势众,符合宁番卫"招能捍御"的要求。

第二,与南山营彝族一样,白鹿营鲁姓祖先原本也是高山彝族。上文提到鲁姓祖先原本居住在巴姑,后来才迁到白鹿营。据明代文献记载,巴姑是越嶲卫高山地区的一个罗罗寨落,与卫所官兵交往密切。万历三十二年(1604)二月十九日,越嶲卫徐世忠家遭脚白、那古等人烧抢。二十二日,巴姑罗罗就帮助官兵将脚白擒获。②由此可知,巴姑罗罗是越嶲卫附近的高山彝族,平时与卫所关系较好。这是宁番卫能在叛乱发生后迅速招来鲁姓祖先充当营兵的一个重要因素。此外,在田野调查过程中,鲁姓亦称其祖先来自位于大凉山腹地的越西、昭觉,印证了明代文献关于巴姑位置的记载。综合文献与调查可知,白鹿营鲁姓祖先原本也是高山彝族,后因被宁番卫招募为营兵,才由高山地区迁往安宁河平坝定居,从而形成白鹿营这一彝族聚落。

第三,除南山营以外,白鹿营彝族也获得了大片的土地资源。根据上述契约记载和笔者的实地考察可知,白鹿营鲁姓祖

---

① (明)钱桓:《按蜀疏草》卷九,清抄本。
② 参见(明)钱桓:《按蜀疏草》卷九,清抄本。

先获得的土地主要包括山地和水田两部分。山地位于今冕宁县河边镇河边场以南不远处,当地人称之为"鲁家山"。该山坐南朝北,有三条山脊向平坝方向延伸,分别叫作"菩萨山""灵牌山""祖坟山"。水田则位于鲁家山下的平坝上,以河边场后的一条大水沟(即前文万历三十六年契约记载的"文香沟")为界,延伸到鲁家山脚下的水田皆属鲁姓彝族所有。土地资源的获得具有重大意义,它一方面为白鹿营、南山营等彝族聚落的形成奠定了基础;另一方面也改变了这些彝族的生产方式,使其从高山上的放牧渔猎经济向平坝上的农耕经济转变。"水田彝"也因此逐渐与高山彝族区别开来。

三、清初至乾隆晚期的白鹿营及其彝族特征

经过明清更替,白鹿营彝人在清初康熙年间随着土司的招立再次被纳入国家体制,但直到乾隆晚期,其聚落形态、权力格局和风俗文化等方面仍保持着较强的独立性,与后来所观察到的"水田彝"有着显著的区别。以下将通过具体的材料,对此加以分析。

(一)"夷多汉少"的聚落形态

如前所述,明后期白鹿营附近汉族屯堡稀少,其所在的白鹿沟甚至一度被视为"贼巢"。这一"夷多汉少"的局面在入清后很长一段时期仍得以延续。

清初,宁番等卫势力进一步衰退,先是遭到附近山区部落的入侵。"顺治十八年,总镇王明德调征川东后,凉山各寨番

猓啸聚,大众盘踞冕山、相岭,劫杀桐槽站屯堡,商旅不行,塘拨不通。"①后又受到吴三桂叛乱(康熙十二年至二十年)的影响,卫所沿边各部也纷纷反叛,"苗蛮俱叛为贼,处处把截,道路不通"②。因此,清初宁番等卫实际所能控制的区域与明代相比大为缩水,许多原本属于卫所管辖的地方纷纷脱离控制,处于山区与平坝交接处的白鹿营就是其中之一。直到康熙四十九年(1710),它才随同附近的几个寨落向清朝投诚。由于它们都是彝族村寨,故清朝在白鹿沟设立白路土百户(亦写作"白露土百户")一名,下辖饿巴堡、大湾子、洗租、马石甲、五里牌五大寨落。③ 而白鹿营正是饿巴堡寨落下的一个小聚落。可见,清初至康熙四十九年,白鹿营一度游离于卫所之外,汉人罕至,更不用说有汉人聚落了。

土司设立后,上述局面才逐渐有了变化。据档案资料记载,康熙晚期以来,白鹿营附近开始陆续有零星的汉人迁入。例如,叶显青原为建昌卫礼州人,在康熙末年移居白鹿。④ 又如,陕西西安府鄠县人王昇元于康熙四十七年(1708)至宁番卫做买卖,于雍正二年(1724)搬往白鹿居住。⑤ 雍正六年(1728)宁番卫改冕宁县后,为钳制土司,清朝在白鹿沟设立白路汛(隶属怀远营),逐渐形成以该汛为中心的汉人村庄——

① 雍正《四川通志》卷一八下《边防·建昌道属》,《景印文渊阁四库全书》第560册,台湾商务印书馆1986年版,第56页。
② (清)赵良栋:《奏疏存稿》卷五,清康熙刻本。
③ 参见《民族问题五种丛书》四川省编辑组编:《四川彝族历史调查资料、档案资料选编》,四川省社会科学院出版社1987年版,第248页。
④ 参见清代冕宁县衙门档案,档案号:1-1,冕宁县档案馆藏。
⑤ 参见清代冕宁县衙门档案,档案号:42-29,冕宁县档案馆藏。

河边堡。尽管如此,该村庄的汉人数量直至乾隆晚期都十分有限。乾隆五十九年(1794),冕宁知县阳丽中便指出,该县有泸沽、冕山、河边堡等镇店村庄共计24处,其中"惟泸沽、冕山为最胜之地,居民、铺户约有百十余家,其余仅有数十余家,参差不齐,人民稀疏"①。可见,迟至乾隆晚期,白鹿营附近虽已逐步形成了汉人村落,但因汉人数量稀少,并未能改变当地"夷多汉少"的聚落形态。

(二)以耆宿为主导的权力格局

至少从清初以来,宁番等卫的非汉民族聚落都自立有"耆宿",负责管理地方各种事务。康熙四十九年(1710)的一份档案对此记载:"本朝定鼎六十余年,番蛮率皆畏威怀德,无敢横肆,但土司民人旧有宣抚司、宣慰司、千户、百户管辖,部落亦有自立耆宿头人聚处山谷者。"②一般而言,每一聚落设耆宿一名,某些较大的聚落还设有多名耆宿,而多个聚落又可联合选出一名总耆宿。例如,宁番卫儿斯寨落由秃别爵右堡、喇嘛堡、阿自尔堡、七儿堡、哑喳堡、那乌堡、坡那堡七个聚落构成。秃别爵右堡较大,设有董不呷额鲁、案不阿布两名耆宿;其余六堡较小,各设一名耆宿;此外,董不呷额鲁又被推举为儿斯七堡的总耆宿。③ 耆宿是村落领袖,具有较高的权威和地位,有权处

---

① (清)阳丽中:《冕宁县志清册》,故宫博物院编:《故宫珍本丛刊》第17册,海南出版社2001年版,第93页。

② 中国第一历史档案馆编:《康熙朝汉文朱批奏折汇编》第3册,档案出版社1984年版,第90—91页。

③ 参见清代冕宁县衙门档案,档案号:15-26、15-27、15-28,冕宁县档案馆藏。

理地方发生的大小事务。关于这一点,儿斯百姓曾明确表示:
"我们蛮子但遇地方上有事,都要报之耆宿,听他的话。"①

康熙四十九年(1710)设立土司后,宁番卫各土司虽然都
统辖有为数不等的寨落,但具体的聚落管理仍由各自的耆宿负
责。与此同时,耆宿开始受到官方的干预,主要表现在:耆宿任
职需经官方备案和发给委牌。尽管如此,耆宿的权威并未因此
动摇,反而得到了官方的认可。这一点可从雍正五年(1727)
官方发给白鹿营耆宿必车的委牌看出。

> ……为此牌给该耆宿等遵照,嗣后务宜约束村寨夷人
> 保固地方,各安住牧,上纳大粮,不得拖欠抗□,共享太平
> 之乐。其有偷牛盗马,拉绑人口,招匪类勾引滋事以及私
> 行认纳卡账,查出一并重究……右给白鹿营耆宿必车,
> 准此。②

由上可知,白鹿营虽属白路土百户管辖,但耆宿必车才是
具体的管理者,有约束部落、维持治安、派催赋役等职能,成为
沟通官府和地方的重要人物。在必车之后,其子厄意(亦作
"厄易""厄义")继承了白鹿营耆宿一职,"照得白鹿营耆宿必
车业经年老,难以拨派差役。其子厄意,今看得年力健壮,堪以
替补,合行委知……右牌给白鹿营耆宿厄意,准此"③。据资料
记载,厄意从雍正五年起任白鹿营耆宿,雍正十一年(1733)再

---

① 清代冕宁县衙门档案,档案号:15-28,冕宁县档案馆藏。
② 《雍正五年二月委白鹿营耆宿必车牌文》,冕宁县鲁洪友藏。
③ 《雍正五年又三月委白鹿营耆宿厄意牌文》,冕宁县鲁洪友藏。

度获得官方委牌而连任,直至乾隆初年。此后,厄意之弟恩易(亦作"恩义")接任白鹿营耆宿之职。乾隆七年(1742),恩易在官府扶持下,获得了更高的权力和地位。

> 照得本营所属白鹿沟地方为番猓杂居之地,其中各堡夷寨俱有耆宿管理夷务,若不委总耆宿一名管束办理夷情事务,必至互相推委卸事,无以专其责成。今本府查得耆宿一名恩易,为人勤慎办事,甚属急公,堪以委用总耆宿事务……右照给白鹿沟总耆宿恩易。①

从委牌可知,白鹿营耆宿恩易当上了白鹿沟的总耆宿,其权势已超出白鹿营的范围,具有了跨村落的权威。这表明,白鹿营耆宿获得了官方的高度认可,同时也显示出官方希望通过扶持基层精英,削弱土司势力,以深入控制基层社会的目的。这一点在乾隆十四年(1749)官方发给恩易的委牌中有进一步的体现。

> 照得白鹿地方设有百户一名,然夷多众繁,管理不周,安分畏法者固有,而为匪作歹者甚多……而百户一人不能独理,今认得众夷内惟有恩易□□……□□壮,堪以委用耆宿头目之职,诸事合同百户办理……右牌仰白鹿营总管耆宿恩易,准此。②

---

① 《乾隆七年委白鹿沟总耆宿恩易牌文》,冕宁县鲁洪友藏。
② 《乾隆十四年委白鹿沟总耆宿恩易牌文》,冕宁县鲁洪友藏。

对比前后两张委牌可知，虽然两者在内容上都是委以恩易总耆宿之职，但后者将委任的原因归咎为土司"管理不周""一人不能独理"，并进一步明确了总耆宿的职责是"诸事合同百户办理"。这既有提高总耆宿地位和赋予其跨村落权力的意味，也隐约流露出官府希望通过扶持总耆宿来分散土司权威的目的。而此次继任总耆宿后，恩易在地方上的权势也的确有所增长，就连土司也得让其三分。例如，乾隆二十一年（1756），冕宁县安姓土司与白鹿营恩易等人发生山地纠纷，结果土司屈服，不得不向恩易等人写立字据。

> 立判文约石古鲁安土司同男二人，今判到白鹿营菩萨山上下梁子三架，比日当面言定，交与恩易、鲁必成护养山场菩萨山，永远掌管，不许砍伐……今恐人心不一，立判约存据。
> 凭中：菊花、杀答、吴加、阿保、普铁、必租、普滋、日歪、录木呷
> 乾隆二十一年十月廿日立判约石古鲁安土司同男代笔安代书①

仅从字面上看，上文对纠纷双方的记载比较模糊，给人感觉并不是安土司与恩易、鲁必成之间发生纠纷，更像是恩易、鲁必成与第三方发生纠纷后找土司判案，土司判恩易、鲁必成胜诉，故立此字据。但若果真如此，该字据为何不叫作"判词"，却叫作"判约"呢？而且字据中也未出现第三方的姓名。这似

---

① 《乾隆二十一年安土司判约》，冕宁县洪友藏。

乎又表明纠纷的双方就是安土司与恩易、鲁必成。孰是孰非？道光二十四年（1844）的一份资料能给出明确的判断，"情民祖籍原系白鹿地界，居住数十载，遗留菩萨山、灵牌山、祖茔山共三架，累代看守禁习，迄今二十余辈，毫非不染，春耕度食，不卜乾隆二十年突遭安土司争占无据，出约与民，并无祸由"①。由此得知，纠纷一方为安土司，另一方为恩易、鲁必成；安土司争山失败，向恩易、鲁必成出具一份字据，承认该山属二人所有。但为挽回争山失败的颜面，安土司的字据是以"判给"二人山地的口吻写就的，以试图强调自己的威严。这说明总耆宿恩易在地方上已相当有权势，以至于土司都不得不向其屈服并采用遮遮掩掩的手段来维护自身的权威。

乾隆二十八年（1763），恩易病故，耆宿一职仍由其子龙神保继承，"查白鹿营恩义病故，所遗耆宿一缺未便乏人。今看验得伊子龙神保年力精壮、语殊诚实、办事勤虺，堪以委用，拟合行委……右给耆宿龙神保，准此"②。龙神保任白鹿营耆宿始于乾隆二十八年，截止时间不明，但一份乾隆五十五年（1790）的契约上仍记载有"耆宿龙神保"③字样，由此可知，直至乾隆晚期，白鹿营耆宿仍旧掌握着村落事务的管理权。

（三）彝族文化的延续

自定居平坝后，白鹿营等彝族虽不可避免地要与周边卫所汉族官兵有所接触，但直到乾隆后期他们受汉文化的影响并不

---

① 《道光二十四年正月夷民为汉霸夷业报存免患事》，冕宁县鲁洪友藏。
② 《乾隆二十八年委白鹿营耆宿龙神保牌文》，冕宁县鲁洪友藏。
③ 《乾隆五十五年邓姓立约》，冕宁县鲁洪友藏。

十分明显，反而是延续了较多的本民族文化。据乾隆中后期编修的《皇清职贡图》记载：

> 冕宁县虚朗、白露土司多西番种，亦有猓猡，服食与右所等处略同，性顽狡，喜斗，出必操弓弩，颇以耕种为业，妇女多不事纺织，常沿河捕鱼以食。①

上文"右所"指的是隶属于盐源县会盐营的右所土千户，《皇清职贡图》对其管辖的彝族亦有描述："盐源县右所土千户居喜得寨，所管猓猡椎髻、短衣，佩刀跣足，常系竹筒于腰，妇女挽髻束布帕，衣裙亦同近边民妇，性顽黠，颇知耕牧织作，岁输庄麦为赋。"②结合两段材料以及前文出现的一些信息，我们可以对乾隆中后期白路土司所管白鹿营等彝族社会文化状况进行简略的总结：

（1）生产方面。白鹿营等彝人以"耕种为业"，这与其定居平坝后获得土地资源进行耕种是分不开的。此外，女子不善纺织，以捕鱼为副业，则说明其在发展农业经济的同时，仍带有少量渔猎经济的残余。

（2）服饰方面。白鹿营等彝族男子椎髻、短衣、赤足，常带武器出入，与清朝汉族男子装束差异较大。彝族女子挽髻束帕，衣裙则与沿边地区汉族女子相似。值得一提的是，女性往往被人们视为文化保守的代表，但定居平坝的彝族男子

---

①　（清）傅恒：《皇清职贡图》，《景印文渊阁四库全书》第 594 册，台湾商务印书馆 1986 年版，第 609 页。

②　（清）傅恒：《皇清职贡图》，《景印文渊阁四库全书》第 594 册，台湾商务印书馆 1986 年版，第 609 页。

却在服饰上比女子保持较多的民族特色。这一现象或许与彝族男子服饰上的宗教性有关。比如椎髻,由彝族男子在额前留的一缕头发编盘而成,也称为"天菩萨",象征着天神,神圣不可侵犯。[①]

（3）姓名方面。白路土司百姓大多使用彝名,极少使用汉名。例如,前述白鹿营耆宿家族从雍正五年到乾隆晚期共有四位耆宿,即必车、厄意、恩易、龙神保,皆使用彝名,仅有极个别例外（如耆宿家族中的鲁必成）。由此可见,白鹿营等彝族直到乾隆晚期依然延续了较多的本民族文化,与其后来高度汉化的情形不同。

综上所述,清初至乾隆晚期的白鹿营在聚落形态上是"夷多汉少",在权力格局方面以耆宿为主导,在文化上延续了较多的彝族文化。这些都与晚近"水田彝"的特征相差较远。

四、乾隆晚期以来白鹿营"水田彝"的形成

随着乾嘉之际移民的大量到来,白鹿营与移民一同被编入保甲体系。在与同甲汉人的互动过程中,白鹿营彝族的聚落及经济形态、权力格局和风俗文化与此前相比都有了极大的转变,国家认同感日益增强,最终形成有别于高山彝族的"水田彝"。以下将对这些变化展开详细的分析。

---

① 参见叶大兵、叶丽娅:《头发与发饰民俗——中国的发文化》,辽宁人民出版社2000年版,第111页。

（一）聚落与经济形态的演变

随着清前期四川移民开发的不断深入,至乾隆中期,以成都平原为中心的四川腹地可供开发的资源已十分有限。因而乾隆晚期以来,许多人迫于生存压力纷纷转向开发较晚的川边土司地区谋求生计。而冕宁县偏居川南,又管辖有二十余家土司,因此成为流民前往开发的主要地区之一。乾隆五十五年,冕宁知县汤兆祥就提到有流民潜入本县土司地区垦种土地:"惟怀远夷疆隙地最为辽阔,向来流民藏匿其中开垦火山。"①此处的"怀远夷疆"指冕宁县西南部怀远营附近的白路、河西、墟郎、耳挖沟等土司地区,其中多有流民在山间焚林开垦,当地称之为"开垦火山"。位于白路土司界内的白鹿营的情况也是如此,乾隆后期已有流民在其后山开垦种地:

> 立写承恁文约人邓成富、邓成述因先年混单开山地二段,有众姓人等公议,自来后山原系牧牛之地,因此耕种并无草场放看,今三屯公议放牛践踏,有富、述情愿写出恁约,来年永不耕种。若有言不复初,仍蹈前辙,恁从三屯人等执约复公,自干领罪。今恐人心不古,立写永不耕种文约与众姓人等为平(凭)为据。
>
> （中略）
>
> 乾隆五十五年七月初四日立承恁文约邓成富、邓成述②

---

① 清代冕宁县衙门档案,档案号:158-4,冕宁县档案馆藏。
② 《乾隆五十五年邓姓立约》,冕宁县鲁洪友藏。

以上契约显示，有邓成富、邓成述二人在白鹿营等聚落后山开垦种地，破坏了山上的草场，对放牧造成不利影响，于是众人放牛践踏邓姓所开山地，并要求二人写立字据，保证今后不再耕种。

综上可知，随着乾隆晚期开垦火山的流民的逐步到来，冕宁土司地区的汉人数量呈现增长的趋势。嘉庆年间，因川陕白莲教起义的影响，这一增长趋势进一步扩大，"宁远府属夷地，多募汉人充佃。自教匪之乱，川民避入者增至数十万人，争端渐起"①。此处的"宁远府"设于清雍正六年，下辖冕宁、西昌等州县。"夷地"即指宁远府所属州县的土司地区。可知，继乾隆晚期之后的嘉庆年间，又有大量移民进入冕宁等州县土司地区。这进一步引起了当地聚落形态的演变，"有汉、夷共居一处者，有汉、夷间杂零星散处者，有汉民自成村落者"②。可见，土司地区先前"夷多汉少"的局面被打破，新形成的汉族聚落、汉彝杂居聚落对土司村寨形成包围之势，汉彝间的界限亦因此变得日益模糊。白鹿营所属的白路土司地区的情况也是如此，道光年间的一份残缺户口册对这一变化有所体现，详情如表1所示。③

①　《清史稿》卷三五八《常明传》，中华书局1977年版，第11347页。
②　中国第一历史档案馆编：《清代皇帝御批彝事珍档》，四川民族出版社2000年版，第828页。
③　参见《民族问题五种丛书》四川省编辑组编：《四川彝族历史调查资料、档案资料选编》，四川省社会科学院出版社1987年版，第325—328页。

表 1 道光年间白路土司汉彝户口统计

族属	身份	户数（户）	人数（个）	
彝	地主	45	151	
汉	佃户	35	98	
	买户	20	74	221
	当户	15	45	
	不详	2	4	
汉彝人等		117	372	

通过表 1，再辅以其他材料，我们可以看出白路土司地区聚落及经济形态的变化。

首先，在聚落形态方面，至道光年间，白路土司地区的汉彝人口比例变化巨大。在表 1 记载的 117 户当中，汉人 72 户 221 人，彝人 45 户 151 人，汉人在数量上已经超过彝人。日益增多的汉人聚落逐渐对白鹿营等土司聚落形成四面包围之势，这使得白鹿营及其附近地区先前"夷多汉少"的聚落形态发生了逆转性的改变。

其次，在经济形态方面，表 1 显示汉人主要是通过佃种、购买、押当土地三种方式在白路土司地区落脚。白鹿营鲁姓彝族文书对这三种土地流转方式均有所记载。例如，道光二十四年（1844），就有汉人黄凤高向白鹿营彝人鲁贵元租种山地，佃户黄凤高每年向地主鲁贵元缴纳地租三硕二斗。① 除租佃外，白鹿营彝人也有将土地卖给或当给汉人的情形。例如，嘉庆二十

---

① 参见《道光二十四年二月初八日黄凤高立租种山地文约》，冕宁县鲁洪友藏。

三年（1818），白鹿营彝人铁租、牡牛以十两银子的价格将山地一段卖与汉人宋国才。① 道光十年（1830），白鹿营彝人寿长将旱地一段当与汉人康了云，收取当钱一千文。② 道光十八年（1838），又有白鹿营彝人鲁鸡祖将旱地一段当与汉人陈志凤、陈志敖，收取当钱四千文。③ 通过表 1 可知，在三种土地流转方式中，租佃形式最多，这使得"水田彝"的地主经济得以形成和发展。

（二）耆宿及其权威的消失

随着乾隆晚期以来土司地区汉人的剧增，保甲制亦扩展到土司地区。保甲组织成为地方权力中心并主导地方事务，将耆宿权威边缘化，导致耆宿最终走向末路。土司社会原有的权力格局因此得以转变。道光六年（1826）白鹿营等聚落所立"禁山碑"便透露出这一变化趋势。兹将碑文摘引如下：

> 本年六月初四日，据民人宋钦、邢奠安、杨国荣、潘君凤、吽咱、克丫等禀称清乡六甲新白三屯后山，原系汉夷共采薪之处，历年公同议禁，不许外来流民在山解板伐木，免致惊山降雪，有害粮田，今被肖成元统领数十人逐日在山解伐，雪雹猛雨，节次涨水，冲坏粮田无数，合沟遭毒，为此

---

① 参见《嘉庆二十三年三月二十六日铁租等立杜卖旱地文约》，冕宁县鲁洪友藏。

② 参见《道光十年十月二十二日寿长立出当旱地文约》，冕宁县鲁洪友藏。

③ 参见《道光十八年腊月初八日鲁鸡祖立出当旱地文约》，冕宁县鲁洪友藏。

禀请驱逐,万民沾感等情。①

从碑文可知,道光年间有流民肖姓人等在白鹿营等聚落后山伐木解板,导致水土流失,冲坏山下粮田。因此,众人联合起来向官府控告,并于获胜后立碑禁山。然而,领导此次地方事务的并不是白鹿营的耆宿,而是与其同甲的宋钦、邢奠安、杨国荣、潘君凤等汉人。据鲁姓资料记载,这些汉人正是晚近才搬来的移民。例如,宋姓来自冕宁前所,邢姓来自建昌,潘姓来自大春口。此外,下文即将出现的一些汉人亦是新移民,如谢姓来自西昌河东,邓姓来自冕宁菩萨渡,赵姓来自冕山,等等。②可见,道光年间,与白鹿营一起编入保甲的新移民已开始主导地方事务,促使白鹿营耆宿从地方权力的中心走向边缘。

造成汉人开始主导地方事务的原因主要有二。第一个原因与土地登记有关。由于土司地区汉人剧增,清朝在嘉庆十八年(1813)进行了大清查,"凡汉种夷地,无论佃当顶买俱令呈验纸约、木刻,划清界址,载入册内,并散给门牌,编联填写,俾得互相稽核。一载有余,始将夷界户口、地土编查清楚"③。此次清查对汉人在土司地区的土地进行登记和征税,表明官府承认了其在土司地区居住的合法性,为其势力的发展奠定了基础。第二个原因与官府在土司地区推行保甲制有关。在上述清查过程中,官府趁机在土司地区广泛编设保甲④,白鹿营与

---

① 《道光六年新白三屯禁山碑》,冕宁县鲁洪友藏。

② 参见《白鹿营外来汉人姓氏清单》,冕宁县鲁洪友藏。

③ 中国第一历史档案馆编:《清代皇帝御批彝事珍档》,四川民族出版社2000年版,第829页。

④ 参见清代冕宁县衙门档案,档案号:70-4-16,冕宁县档案馆藏。

其他汉族聚落同被编入"清乡六甲"。在保甲制下,地方事务多由保甲组织主导,耆宿的影响力日渐减小。这一点在道光晚期同甲汉人与白鹿营耆宿家族的争山一案中体现得尤为明显。

道光二十三年(1843)末,白鹿营等聚落在汉人主导下贴出一张告示,其内容如下:

> 立出帖人刑玉魁、谢芝华、罗应富、邓元洪、鲁学礼、邓世晖、鲁桂、宋德荣、潘廷发、谢之□因先年白鹿营、菩萨山二屯所昔山场数年有余,开木成林,被人私砍,目今二屯议论,公昔公砍,勿得争论,余等出帖奉告是实。①

如前所述,白鹿营后山是耆宿家族的祖遗山场,并非同甲汉人所有,但告示却以"公昔公砍"为由,将其强说成公共山场。而且该帖还将当时的白鹿营耆宿"鲁学礼"之名列入其中,似乎意在表明耆宿家族也赞同此事。但稍后贴出的一张告示却又删掉了鲁学礼、鲁桂二人的名字:

> 立出帖人刑玉魁、谢芝华、罗应富、潘廷发、邓士晖、宋德荣、邓元洪等,因先年白鹿营、菩萨山二屯所昔山场数年有余,开木成林,被人私砍,目今二屯议论,公昔公砍,勿得争论,余等出帖奉告是实。道光二十三年十二月吉日立帖。
>
> 新白汉夷三屯人等知悉于正月初十日齐集贞祥寺公同商议开山进山,倘有一二人不到者,具罚钱一千二百文,

---

① 《道光二十三年禁山告示》,冕宁县鲁洪友藏。

不得见怪，勿谓言之不先也。①

对比两张告示，有两点值得注意。首先，第一张告示中的鲁学礼、鲁桂极有可能是汉人擅自加上去的，目的在于混淆视听，制造白鹿营耆宿家族认同山场为公山的假象。但事实上，耆宿家族根本不认同，不久即将此事告到营汛和土司衙门等处："不意今春，陡然白鹿营间出贫棍之人，两次三番出帖晓谕，齐集开砍菩萨山三架等语……被伊砍伐开垦，水尽山穷。"②据此可以推测，第一张告示发布后因遭到耆宿家族反对，汉民才在第二张告示上将鲁姓二人名字删去。

其次，第二张告示提到的贞祥寺，应是清乡六甲白鹿营等村的"甲庙"，而甲庙正是保甲制度下的组织。清代冕宁县约在雍正六年前后开始大规模编设保甲，其原则如其他州县一样以一百户为一甲，由于冕宁各村人户较少，通常是几个村合起来编为一甲，如后山、王二堡等村合编为一甲；羊棬沟、黄泥坡、河边堡等村合编为一甲；中屯、詹家冲等村合编为一甲；沙坝、羊房子等村合编为一甲；等等。③ 在甲之上为乡，一乡由数个甲组成，全县共计四乡。具体是福宁乡六甲、阜宁乡五甲、长宁乡五甲、清宁乡八甲。④ 乾隆后期开始，冕宁各乡多去掉中间

---

① 《道光二十三年禁山及开山告示》，冕宁县鲁洪友藏。

② 《道光二十四年白鹿营鲁姓诉状》，冕宁县鲁洪友藏。

③ 参见清代冕宁县衙门档案，档案号：111－21、149－57、149－63、131－12、55－36、55－37、157－76、146－67、60－51、58－5、58－6、150－46，冕宁县档案馆藏。

④ 参见（清）阳丽中：《冕宁县志清册》，故宫博物院编：《故宫珍本丛刊》第17册，海南出版社2001年版，第93页。

的"宁"字,简称福乡、阜乡、长乡、清乡。在上述保甲体系下,每甲包括数个村落,立一座或数座庙宇,形成一甲一庙,或一甲多庙的格局。比如,清宁乡八甲三郎庙、清乡七甲观音寺、清乡六甲文昌宫、阜乡五甲土地庙、福乡又三甲三官庙,都是各甲的甲庙。[①] 甲庙设有会首若干,在地方上扮演多种角色,如调处甲内纠纷、案件,举办庙会,管理各甲所属山场等。[②] 尤其在山场方面,各甲都有其对应的一片山场,其封禁、砍伐等活动都由甲庙出面组织。例如,冕宁县文家屯、吴海屯、蜡拉白等村先前均属清乡四甲,后因人口增长,遂分作两甲。文家屯为清乡正四甲,吴海屯、蜡拉白等为清乡又四甲。但分甲后,正四甲的大庙一直控制着原四甲的山场,不让分出去的又四甲砍柴,后经官府剖段,原四甲山场被分割为两部分:一部分归正四甲,由其大庙管理;另一部分归又四甲,由其关帝庙管理。两甲分别在各自甲庙内立碑示众。[③] 按照保甲制度下甲庙管理甲内山场的传统,白鹿营鲁姓被编入清乡六甲后,在汉人看来其山场就应该归其甲庙贞祥寺统一管理,所以才有了争山一事。由此可见,白鹿营被编入保甲系统之后,作为保甲组织的甲庙成为地方权力的中心,主导起地方事务,耆宿的权威因此被边缘化,逐渐走向没落。

由于发现及状告及时,此次争山案最终以白鹿营耆宿家族

---

① 参见清代冕宁县衙门档案,档案号:63-66、222-31、166-85、168-31、230-34,冕宁县档案馆藏。

② 参见清代冕宁县衙门档案,档案号:222-31、168-31、230-34,冕宁县档案馆藏。

③ 参见凉山彝族自治州博物馆、凉山彝族自治州文物管理所编著:《凉山历史碑刻注评》,文物出版社2011年版,第228页。

胜利、汉人失败收场。"至道光廿四年，汉民等出帖要霸砍夷山，夷兄约撒、受长等赴白鹿汛、申百户并乡保各处具有存报。后有汉民叠入夷山砍树，经夷拿获，均出字据。"①由此事件可以看到，虽然争山失败，但汉人的势力日益壮大，已公然挑战耆宿家族，而耆宿在整个事件中并无作为，其族人采用"报官"的方式才击败汉人对其山场的觊觎，可见白鹿营耆宿在地方上的权威已极大衰退。

道光三十年，不甘失败的汉人又卷土重来，再度争山。"殊邓士辉、赵绪广等串武生邓元麟、陶得明欺夷良弱，本月初三日，恶着陈忠英叫夷去观音寺向说，伊等劝留夷山入公砍伐。夷未应允，恶等肆凶，要将夷捆送白鹿汛，畏（惧）跑逃。"②可见，此次争山仍然是由保甲组织观音寺所发起。面对此次争山，白鹿营耆宿家族显得十分谨慎，他们联合了冕宁县沙沟营、洗密窝等地共五房族人一同向冕宁县衙门控诉。经判决，耆宿家族胜诉：

> 情夷堂弟鲁受长等报邓士辉等汉霸夷茔一案，沐准差提。殊邓元麟等恃衿勾串，得霸夷山，潜来朦恳封禁。恩镜高悬，照被奸思，批饬勘拿。本月廿四日，恩书奉票扰境，同地保周具来、申百户查勘，邓士辉指称朦恳封禁即夷菩萨山、祖茔山、灵牌山三驾，邓士辉谋占情实，无言质对。③

---

① 《道光三十年白鹿营鲁姓诉状》，冕宁县鲁洪友藏。
② 《道光三十年白鹿营鲁姓诉状》，冕宁县鲁洪友藏。
③ 《道光三十年鲁姓合族诉状》，冕宁县鲁洪友藏。

与前次一样,此次争山案仍以耆宿家族胜诉告终,但情境却很不相同。一方面,同甲汉人此次争山以武生为后盾,势力更为强盛,所以耆宿家族更加谨慎,不再去营汛等武官衙门告状,而是去县衙门找文官告状。另一方面,道光二十四年以后的白鹿营鲁姓文书中再也没有出现"耆宿"字样和鲁姓领导地方事务的记载。可见,白鹿营耆宿已完全退出了对地方事务的管理,耆宿之设已无必要。失去耆宿职务的鲁姓彝人不敢掉以轻心,所以才举全族之力加以控诉。

综上可知,随着白鹿营被纳入保甲体制,保甲组织逐渐主导起地方事务,取代了白鹿营耆宿在地方上的权威。至晚清时期,作为村落领袖的白鹿营耆宿最终彻底退出了地方历史的舞台。

（三）风俗文化的转变

如前所示,乾隆后期的白鹿营仍延续了不少本民族文化,然而随着乾隆晚期以来土司地区汉人数量的增多、汉彝交往的日益频繁以及文教的传播,白鹿营等彝族在风俗文化上亦有了较大的改变。

1. 服饰方面

乾隆中后期的白鹿营等彝族男子依然束发、短衣、赤足,与汉族男子装扮相去甚远。然而,晚清时期两者在服饰上越来越接近,咸丰《冕宁县志》记载彝族男子原本的形象为:"罗罗椎髻,竹簪挽于额上,内裹蓝衫,外披黑灰毡衣,蓝白裤,赤足。"[1]

---

[1]　咸丰《冕宁县志》卷九《风俗志·夷俗》,《中国地方志集成·四川府县志辑》第 70 册,巴蜀书社 1992 年版,第 1006 页。

但该段文字中又有一行小字解释道:"近日,熟夷亦有剃发,服汉服者。"可见,随着汉彝民族交往的日益深入,晚清时期白鹿营等土司管辖下的彝族男子在服饰上已越来越多地受到汉族的影响。

2. 姓名方面

清初至乾隆晚期,白鹿营耆宿家族大都使用彝名,极少使用汉名。至晚清时期,他们使用汉姓、汉名的情况已相当普遍。在此不妨以道光三十年(1850)白鹿营耆宿家族所立碑刻为例加以证明。

> 特授四川宁远府冕宁县正堂加三级纪录五次沈为恳赏示禁以免复行越占事。窃照猓夷鲁先、鲁受长等之祖山一所,因有汉民贪业霸占,戕伐树木争角,该夷等呈控在案……汉民人等不得恃众沾碍,当堂具结在案,嗣后不得以强越占……为此饬仰鲁姓五房人等,鲁先、鲁受长、鲁鸡祖、鲁祖、鲁维芣花并看山之杨吸呷等,遵照牌谕事理,照尔等界址经管,各自安分,不得越界。(中略)
>
> 凭中:百户。
>
> 三官:鲁学元;西密窝:鲁维秀、鲁维有;沙沟营:鲁维兴;重孙鲁哄铁、鲁吉宁保、鲁文志。
>
> 同堡:文志、杨铁保、杨铁咱。
>
> 大清道光三十年岁次庚戌瓜月下浣五房合族立①

---

① 凉山彝族自治州博物馆、凉山彝族自治州文物管理所编著:《凉山历史碑刻注评》,文物出版社 2011 年版,第 146 页。

从碑文可以看出,白鹿营耆宿家族以"鲁"为汉姓,并广泛使用汉名,如鲁先、鲁寿长、鲁鸡祖、鲁祖、鲁维茱花、鲁齐元、鲁维秀、鲁维有、鲁维兴、鲁吆铁、鲁古宁保、鲁文志。而且,同堡其他彝人也多使用汉姓汉名,如文志、杨吸呷、杨铁保、杨铁咱。以上名称,除鲁维茱花、鲁吉宁保比较特殊外,其余名称从字面上看与一般的汉族名称无异,已难以分辨其彝人身份。

3. 语言文字方面

据白鹿营鲁姓资料显示,光绪年间其家族当中至少就有鲁文治、鲁德治、鲁平海、鲁瓶海四位族人能够通过汉文书写契约。例如,光绪二十八年(1902),鲁平海就曾代其族人写有借契一张,原文如下:

> 立出借银文约人鲁德大、鲁德兴二人,今因手事不便,要银使用,情愿凭中正借到董仕亮名下白银二十两整。比即三面言明,自借之后,每年行利米九斗,其银借至来年十月内,利本如数一并相还,不得少欠分厘,倘若本利不清,情愿将自己水田五斗坐落乱石窖押当,凭随银主耕种拨当,借主不得异言,恐口无凭,立约为据。凭中王大才,代字鲁平海。
> 光绪二十八年腊月廿日立约 前名①

以上为光绪二十八年彝人鲁德大、鲁德兴二人与汉人董仕亮借银时所立契据,由王大才作证,鲁平海代为书写。可以看出,晚清时期白鹿营部分彝人已能熟练地运用汉文。究其原

---

① 《光绪二十八年鲁德大、鲁德兴借约》,冕宁县鲁洪友藏。

因，一方面是因为汉彝经济交往越发频繁，文字变得日益重要，促使彝人学习和使用汉文。这一点在冕宁藏族土司地区也不例外。咸丰《冕宁县志》对此记载，"间有读书、习武、游庠序者，惟三大枝为盛，白路次之"，"冕邑之西番、猓猡、獏猿，性虽鄙野，近来沐浴圣化，不少读书识字之人"。① 另一方面，汉文的传播也与移居土司地区的汉族知识分子有关。例如，重庆府长寿县副榜向道华，为躲避嘉庆五年（1800）的白莲教起义来到冕宁白鹿沟，开设学馆，培养了不少人才。② 可见，寓居土司地区的汉族知识分子对文教的传播，亦促进了当地文化风貌的转变。

此外，晚清时期白路等土司地区使用汉语的情况也变得日益普遍，与嘉庆以前形成鲜明对照。据乾隆四年（1739）的档案记载，当时白路彝族土司尚不通汉语，为县官做事需代书办理，又因代书耳聋，办事常常出错："因土职汉话不晓，兼之不明，故以代书耳聋错听，误写衙门使费。"③土司不通汉语，其百姓也不例外。例如，彝人噜租先前居住在白鹿营，乾隆三十八年（1773）搬往坝险（属冕宁瓦都土目管辖），直到乾隆四十年（1775），他依然对"汉语不熟"④。随着晚清以来汉彝交往的日益密切及文教的传播，上述情况发生了较大的变化。例如，

---

① 咸丰《冕宁县志》卷末《夷歌志》，《中国地方志集成·四川府县志辑》第 70 册，巴蜀书社 1992 年版，第 1066 页。

② 参见咸丰《冕宁县志》卷七《人物志·流寓》，《中国地方志集成·四川府县志辑》第 70 册，巴蜀书社 1992 年版，第 988 页。

③ 清代冕宁县衙门档案，档案号：37-15，冕宁县档案馆藏。

④ 《民族问题五种丛书》四川省编辑组编：《四川彝族历史调查资料、档案资料选编》，四川省社会科学院出版社 1987 年版，第 305 页。

嘉庆《重修大清一统志》记载,"惟猓猡赋性刁顽,不通汉语",而咸丰《冕宁县志》则纠正说"近来亦有能汉语者"①。可见,晚清时期包括白鹿营在内的彝族土司、百姓会说汉语者日多。

(四)国家认同的增强

随着道光年间社会环境的改变,白鹿营鲁姓彝人与国家的关系变得更为紧密,其对国家的认同进一步增强。这一点在争山案中有较为清晰的反映。面对道光二十三年的第一次争山,鲁姓彝人的应对办法是向直属的土司和附近的营汛申诉。但在道光三十年争山案中,由于对方势力更为强盛,他们调整了策略,选择更能代表国家权威的县衙门加以控告。而且为了获得支持,他们采取向国家登记土地和纳税的方式来保护自己的财产。

> 蒙县主业已断明,其夷之菩萨山、灵牌山、祖坟山,原系夷等祖遗山场,每年上纳地丁条银一钱二分一厘五毫,乃旧断归于夷五房合族经管,汉民人等不得恃众沾碍,当堂具结在案,嗣后不得以强越占。②

选择向国家纳税来强化自身对土地的控制权,说明白鹿营鲁姓彝人已经认识到,在日益变化的社会环境当中,国家所扮演的角色并非可有可无,而是非常重要。由此可见,在激烈的

---

① 咸丰《冕宁县志》卷九《风俗志·夷俗》,《中国地方志集成·四川府县志辑》第 70 册,巴蜀书社 1992 年版,第 1011 页。

② 凉山彝族自治州博物馆、凉山彝族自治州文物管理所编著:《凉山历史碑刻注评》,文物出版社 2011 年版,第 146 页。

资源竞争的促动下,白鹿营鲁姓彝人对国家的认同进一步增强。除此以外,白鹿营彝人于道光三十年争山案胜诉后编撰了一个关于其山地历史的故事,并将之刻在石碑上,用来禁止汉人进山砍伐。这个故事也透露出他们对国家的强烈认同。其内容如下:

> 从来水有源而木有根,况予等之菩萨山岂无由乎?夫菩萨山原自始祖恩易同祖鲁必成洪武二年勤劳王事,安扎于此山之下。至万历三十六年,子孙源流一十四代,汉夷人等并未有越界争占之弊,殊乾隆二十年,有土司贪心顿起,与予祖相争此山。予祖凭众叙说昔年情由,土司自知有亏,甘愿退吐,凭众立判约与祖,子孙永远执照,至今数十余年,世守勿替。伊等何得恃强争占,即争占呈控,又蒙恩断,□璧归旧,枝叶不许戕伐,发荣滋长,以培风水。远近汉民若有私行偷砍,予等见实□官,勿怪言之未预。协同护惜,不畏辛苦。迄今之后,行见欣欣向荣之象,山青水秀之貌。①

以上故事主要讲述了白鹿营鲁姓山地的历史渊源。关于山地的由来,上文强调鲁姓因洪武二年(1369)祖先恩易和鲁必成为国家效力而获得这片山地。然而洪武二年位于四川大渡河以南的冕宁等地仍在元朝势力控制之下,尚未进入明朝的

---

① 凉山彝族自治州博物馆、凉山彝族自治州文物管理所编著:《凉山历史碑刻注评》,文物出版社 2011 年版,第 146 页。个别字词、标点据拓片有所改动。

版图。① 此外,恩易、鲁必成在前文已提到,他们是清代人,在乾隆年间曾代表鲁姓彝人与安土司打过官司。而且,从洪武二年到万历三十六年(1608)不过240年,若以一般20—25年为一代推算,最多也就是12代人,也不可能有14代之多。以上短短两行文字,漏洞竟达3处。可以推测,鲁姓祖先二人在明初为国效力而获得山地只是一个虚构的说法。尽管如此,这个虚构的说法却有其重要的意义:一方面,它将鲁姓定居白鹿营的时间从明后期提前到明初,有利于鲁姓向外宣示其对山地的所有权;另一方面,它强调鲁姓山地来自国家的赐予,鲁姓彝人对山地的所有权具有正统性。这种通过虚构故事获取国家权威支持的做法,事实上拉近了鲁姓彝人与国家之间的关系,反映出他们对国家的强烈认同。

在上述争山案中,白鹿营鲁姓彝人通过土地登记、纳税,虚构故事等方式借助国家权威来战胜竞争对手,既促进了国家权力对基层社会的控制,同时也使其自身进一步确立起对国家的认同感。这两个过程相携而行。边远社会由此进一步被整合到"大一统"国家之中,从而变得更为稳固。

综上,随着乾嘉之际移民的大量到来,白鹿营与移民一同被编入保甲体系。在与同甲汉人的互动过程中,白鹿营彝族有了巨大的改变:在聚落形态上,白鹿营所在土司地区从"夷多汉少"变成"汉多夷少",大量汉人聚落的形成使得白鹿营等土司聚落日益陷入汉人的四面包围之中;在经济形态上,土地流转频繁,租佃制得到发展,地主经济形成;在权力格局上,汉人

---

① 参见《明一统志》卷七三《四川行都指挥使司》,《景印文渊阁四库全书》第473册,台湾商务印书馆1986年版,第555—556页。

的保甲组织在地方上的势力逐步增长,白鹿营耆宿的影响力则逐渐减小,乃至最终退出了地方历史的舞台,白鹿营彝族在地方族群关系中被边缘化的情形日益显著;在风俗文化上,由于汉彝交往越发频繁以及文教的传播,晚清时期白鹿营等彝族穿汉服、用汉姓、取汉名、写汉文、说汉话,呈现高度汉化的特征。与此同时,激烈的资源竞争亦促使白鹿营鲁姓彝人援引国家权威,在此过程中国家认同得以彰显。至此,近代以来学者们所观察到的"水田彝"业已形成。

五、总结与讨论

明清白鹿营"水田彝"的国家化进程有着不同的阶段,而每一阶段都有新的族群性生成。明晚期是"水田彝"国家化进程的开端。这一时期以卫所招募营兵为契机,部分大凉山彝人从高山进入平地。在身份上,他们从不受国家约束的化外之民变成卫所直接领导的营兵,开启了其国家化的进程。与此同时,由于环境的改变、土地资源的获得,白鹿营等彝族聚落慢慢形成,其生产方式逐渐从先前的高山游牧和渔猎向平地农耕转变,其族群特征由此与高山彝族逐渐区别开来。清初至乾隆晚期,进入"水田彝"国家化进程的重塑阶段。受明清之际战乱的影响,白鹿营彝族在入清之初一度游离于国家之外。自康熙晚期四川招抚土司开始,他们又再次进入国家体制之内。但在相对封闭的土司制度制约下,直到乾隆晚期白鹿营彝族在聚落形态、基层权力格局和风俗文化上虽有所改变,但仍旧保持着较强的独特性,这与晚近人们所观察到的"水田彝"不同。乾隆晚期至清末是"水田彝"国家化进程的巩固期。这一时期，白鹿营虽仍为土司管束下的一个彝族聚落，但同来到土司地区的汉人一起被编入保甲系统。在与同甲汉人的互动过程中，白鹿营彝族发生了剧烈的变化：在聚落形态上被汉人四面包围，在经济上地主经济形成，在地方族群关系中处于边缘化的位置，在文化上兼穿汉服、用汉姓、取汉名、写汉文、说汉话，在观念上国家认同进一步增强。这些新的特点使晚清以来"水田彝"的族群性得以彰显。概言之，"水田彝"的族群性是在国家化进程中一步步生成的。脱离了国家化这一脉络，便不能深刻地理解其族群性生成的机制及过程。

　　值得注意的是，虽然在国家化进程中白鹿营彝族接受了汉族的部分文化习俗，形成了新的族群性，但他们并没有完全放弃原有的彝族文化和自我认同，从而成为一个既不同于平坝汉族又不同于高山彝族的"水田彝"群体。这体现出白鹿营彝族在面临社会变迁时具有的自主性和文化适应能力。"水田彝"的自主性何以存在？郝瑞指出，坚持民族内婚是一个重要的原因[①]，而肖雪则将其原因归为宗教信仰的传承[②]。本文认为，清中叶以来汉彝在地方上激烈的资源竞争，亦在客观上强化了"水田彝"的自我认同。这是其虽身处汉人包围之中，却不被汉人所同化的另一重要因素。

---

　　①　参见［美］斯蒂文·郝瑞：《田野中的族群关系与民族认同：中国西南彝族社区考察研究》，巴莫阿依、曲木铁西译，广西人民出版社 2000年版，第 127 页。

　　②　参见肖雪：《凉山平坝彝族丧葬文化变迁的斜向性结构研究——以喜德大石头和冕宁漫水湾为个案》，《西昌学院学报》（社会科学版）2007年第 3 期。

　　针对边疆族群如何整合进国家这一问题，"华南学派"以珠江三角洲为中心的研究显示，积极对国家制度加以创造性的解释和利用是明清时期边疆族群国家化进程的重要特征。这对于认识传统中国政治统一性与地方文化多样性并存的格局具有重要的启发意义。不过，"华南学派"的学术实践主要针对平地上的族群而言，对高地族群的国家化进程及其特点并没有给予充分的关注。而斯科特对东南亚及中国西南省份的研究则集中讨论了地理高度这一因素对边疆族群国家化进程的影响。他指出，高地族群利用地理上的优势，采取长期逃避国家统治的生存策略，直到晚近，国家权力绝对强大，才将高地族群完全纳入统治。这一论断在大凉山高山彝族身上可以得到部分验证。大凉山的高山彝族直到中华人民共和国成立前仍以放牧和渔猎为主要生产方式，维系着等级森严的奴隶制社会结构，延续着传统的彝族风俗文化，并依靠山区在地理上的优势与国家保持着距离。他们以大凉山为基地，控制从西昌到大渡河以北山区的道路，并经常对道路沿线的商旅、村落甚至是安宁河谷地的村庄加以侵扰。尽管晚清、民国年间，国家曾试图将自己的权力深入山区，但收效甚微。这一局面直到1949年后才得以彻底结束。由此观之，大凉山彝族进入国家的过程，与斯科特所描述的高地族群国家化进程颇为相符。

　　然而，以上只是高地族群历史的一个面相，并不能代表高地族群国家化进程的全部。本文认为，斯科特在认识高地族群与国家的关系方面，过于强调两者的对立，而低估了二者之间合作的可能性。例如，斯科特认为，在差不多两千年的时间里，中原王朝扩张的压力造就了一个将人口不断推向山地的单一历史过程。尽管这一压力时有时无,但总是朝着一个方向。①
由此可见,在斯科特看来,国家总是单一地迫使低地人群向高
地迁徙,而难以见到相反的运动轨迹,即高地族群选择融入国
家所控制的低地。在谈到高地族群内部竞争时,斯科特亦强调
后来进入高地的族群若军事实力较强,则会迫使原来的族群向
更高的地方迁徙;若后来者实力有限,则往往只能占据那些位
于高处的小块地带。② 总而言之,不管实力如何,高地的族群
之间若发生竞争,他们毫无例外地都是继续在高地寻求自己的
资源,而不是选择迁往平地。结合"水田彝"的案例来看,上述
认识过于绝对。吴恒、郝瑞在四川安宁河谷地区的调查均显
示,"水田彝"原本也是居住在大凉山的高山彝族,后来才迁徙
到平坝生活。③ 本文利用明清时期的文献证实了这一点,对
其由高地融入平地国家的过程及特点做了细致的梳理和总
结。高地族群为何愿意选择迁往平地国家?吴恒归纳有四
种原因:一是随土司迁来;二是黑彝触犯习惯法后被迫逃来;
三是因反抗斗争失败而逃来;四是祖先为黑彝私生子,因受

① James C. Scott, *The Art of Not Being Governed: An Anarchist History of Upland Southeast Asia*, New Haven: Yale University Press, 2009, p. 142.

② James C. Scott, *The Art of Not Being Governed: An Anarchist History of Upland Southeast Asia*, New Haven: Yale University Press, 2009, pp. 140-141.

③ 参见吴恒:《安宁河流域自称为"咪西苏"的彝族》,《民族问题五种丛书》云南省编辑组编:《四川贵州彝族社会历史调查》,云南民族出版社1987年版,第33—34页;[美]斯蒂文·郝瑞:《田野中的族群关系与民族认同:中国西南彝族社区考察研究》,巴莫阿依、曲木铁西译,广西人民出版社2000年版,第112—113页。

到歧视而迁来。① 本文认为,国家的招抚以及赐予其土地资源也是高山彝族选择迁往平坝的重要原因。前四种原因和后一种原因并不矛盾,可以是互为表里的关系,因为前四种可视为内因,而后一种可视为外因。例如,高山彝族之间也存在分化和竞争,战败的一方被迫离开可视为其迁徙的内因,而此时国家招抚这些族群,并为其提供可供生存的土地资源则是促其迁徙的外因。由此观之,高地族群之间若发生竞争,他们也可能向平地国家寻求生存的空间和资源,而并非依旧远离国家。这也决定了高地族群并非一味地逃离,最后被迫整合进国家。正如本文所揭示的,高地族群还有另一种国家化的进程,即随着明清时期营兵制、土司制、保甲制的推行,高山彝族从高地进入平地,一步步被整合进国家秩序之中。这一过程不但造就了他们与高山彝族不同的族群性,导致"水田彝"的形成,而且拉近了他们与国家之间的距离,培养出具有高度国家认同感的边民。这一变化,极大地促进了明清川南边地社会的稳固。

---

① 参见吴恒:《安宁河流域自称为"咪西苏"的彝族》,《民族问题五种丛书》云南省编辑组编:《四川贵州彝族社会历史调查》,云南民族出版社 1987 年版,第 34 页。

明代五开卫"华款"初探*

——兼论明代汉侗民族关系与文化交流

　　历史上,侗族村寨间通过歃血盟誓结成的互助组织及盟约,总称"侗款"。① 侗款长期存在于侗族社会当中,影响重大,因此侗款文化日益受到学界的关注和重视。首先,关于侗款的历史及社会功能等问题,早在中华人民共和国成立初期的《广西侗族社会历史调查》②、《侗族简史简志合编(初稿)》③等著作中已有简略的梳理和分析。20 世纪 80 年代以后,随着相关调查和资料搜集、整理的进行,侗款研究取得突破性进展,出现了一批重要的研究成果,如《侗族款组织及其变迁研究》《没有国王的王国:侗款研究》《侗族传统社会过程与社会生活》《侗

　　* 本文原载于《吉首大学学报》(社会科学版)2018 年第 6 期,系教育部人文社会科学研究青年基金项目"明清屯堡社会变迁研究——以四川冕宁为中心"(13YJC770035)、山东大学基本科研业务费资助项目(人文社会科学青年团队项目)"民间宗教中的女性角色研究"(IFYT15015)的系列成果之一。

　　① 参见张世珊:《侗款文化》,《求索》1991 年第 2 期。

　　② 参见《民族问题五种丛书》广西壮族自治区编辑组:《广西侗族社会历史调查》,广西民族出版社 1987 年版。

　　③ 参见中国科学院民族研究所贵州少数民族社会历史调查组:《侗族简史简志合编(初稿)》,中国科学院民族研究所,1963 年。

族习惯法研究》《款约法：黔东南侗族习惯法的历史人类学考察》等①，从历史学、社会学、法学、人类学等学科出发，对侗款的定义、内容、起源、发展、社会功能及现实意义等问题进行了全面、系统的探讨。然而，前人在研究侗款时大多将其局限于侗族社会内部，强调其独特性，因此较少去关注侗款对其他民族的影响，如江明生认为："侗款影响下的侗族传统社会形成了独有的款文化，对侗族传统社会的社会和谐发挥过重要的作用。"②那么，作为侗族社会重要文化现象的侗款，对周边其他民族是否存在影响？有何体现？本文拟以明代五开卫的华款为例，通过分析华款的形成、活动特征和发展等问题，探讨侗款文化的跨族影响，以及明代汉侗民族间的关系和文化交流情况，希望能对相关研究有所补益。

一、侗款：五开卫华款形成的地域文化基础

五开卫，是明朝初年在贵州东南部设置的卫所，在行政上隶属于湖广都司管辖，其东与湖南靖州、城步接壤。这些地区介于湘黔之间，自古以来便是侗族分布最为集中的区

---

　　①　具体参见石开忠：《侗族款组织及其变迁研究》，民族出版社 2009年版；邓敏文、吴浩：《没有国王的王国：侗款研究》，中国社会科学出版社 1995 年版；廖君湘：《侗族传统社会过程与社会生活》，民族出版社 2005 年版；吴大华等：《侗族习惯法研究》，北京大学出版社 2012 年版；徐晓光：《款约法：黔东南侗族习惯法的历史人类学考察》，厦门大学出版社 2012年版。

　　②　参见江明生：《侗款研究综述》，《贵州民族研究》2014 年第 2 期。

域,因此,当地侗族的文化习俗多见于史书记载。其中,有关侗族歃血结款的习俗最引人注目。如南宋朱辅所著《溪蛮丛笑》书提道:"门款,彼此歃血,誓约缓急相援,名门款。"①又如,南宋李诵所撰《平蛮碑》记载:"蛮猙悍狡而贪,以盟诅讯为重,团连洞结,牢不可破……五溪之俗皆然,而靖为尤重。"②可见,歃血结款在宋代湘黔交界的侗族社会已是普遍现象,其俗尤盛行于靖州一带。南宋洪迈的《容斋随笔》对此亦有记述:"靖州之地……大率无十家之聚,遇仇杀则立栅布棘以受之,各有门款。门款者,犹言伍籍也。"③另外,南宋周必大为靖州知州吴顺之撰写的墓志铭当中也有类似的记载:"州本夷境,一语不酬辄白刃相向,谓之'仇杀',甚则合党群起,谓之'结门款'"④。从以上资料不难看出,通过歃血盟誓、相互应援而结成的侗款,早在宋代就已经盛行于以靖州为中心的湘黔侗族社会当中。

此外,侗款不仅普遍存在于上述侗族社会之中,而且至南宋时期已发展到相当大的规模,是当时侗族结寨自保的重要组织形式。南宋以前,湘黔交界地区的侗族社会长期处于"有田不输租,有力不受役"的状态。基于扩充赋税和人口的考虑,

---

① （宋）朱辅:《溪蛮丛笑》,《景印文渊阁四库全书》第 594 册,台湾商务印书馆 1986 年版,第 48 页。

② 嘉靖《湖广图经志书》卷一九《靖州》,书目文献出版社 1991 年版,第 1588 页。

③ （宋）洪迈著,周洪武、夏祖尧点校:《容斋随笔》,岳麓书社 2006 年版,第 626 页。

④ （宋）周必大:《文忠集》,《景印文渊阁四库全书》第 1174 册,台湾商务印书馆 1986 年版,第 349 页。

南宋时期试图通过武力将这一地区纳入统治。①　为求自保，当地侗民虽屡次抗争，但均招致朝廷的残酷镇压，"再叛再伐，必服而后已"②。淳熙三年（1176），为扩大反抗斗争，靖州侗民姚民敫等组织了更大规模的侗款："靖州中洞姚民敫等皆叛，攻烧来威、零溪两寨，环地百里合为一款，抗敌官军，侵攘境土。"③从"环地百里合为一款"来看，当时的侗款已达到相当大的规模，以至于侗民在较短时间内能快速集聚武力，从而应对朝廷的征伐。

综上可知，湘黔交界地区的侗款早在宋代就有明确记载，是侗族社会生活当中普遍存在的一种文化现象，尤其是在军事方面扮演了重要的角色。从整体上来看，宋朝对湘黔交界地区的开发十分有限，虽然南宋时期有扩大开发的趋势，但因遭到侗民的强烈抵抗，效果并不明显。在这种紧张而封闭的历史环境下，侗款主要局限于侗族社会内部，所以当时的文献一致记载它是一种"夷俗"。然而，自明朝初年以来，随着湘黔交界地区移民开发和民族交往的日益深入，侗款不仅盛行于侗族社会内部，而且也传播到附近汉族社会当中。最显著的例子，即是湘黔交界处的五开、铜鼓等卫所汉族移民纷纷效仿侗款歃血盟誓、相互应援之俗，形成了汉族民间武装组织——华款。下文将对此做进一步的探讨。

---

①　参见［日］冈田宏二：《中国华南民族社会史研究》，赵令志、李德龙译，民族出版社 2002 年版。

②　嘉靖《湖广图经志书》卷一九《靖州》，书目文献出版社 1991 年版，第 1588 页。

③　嘉靖《湖广图经志书》卷一九《靖州》，书目文献出版社 1991 年版，第 1585 页。

二、明代湘黔边境的开辟与五开卫华款的形成

随着明朝一统中国进程的推进,洪武三年(1370),朝廷陆续招抚位于湘黔边境的湖耳、潭溪、新化、欧阳、古州、亮寨,并设六处蛮夷军民长官司,隶辰州卫,同年改隶靖州卫。① 由于治理不当,从十一年起,这一带侗民就不断反抗明朝的统治。② 至十八年,当地爆发了以五开侗民为首的大规模起义,明朝调集汉族军队镇压,并趁机设立了五开卫。③ 此后,明朝陆续调来军队,在附近增置卫所。十九年设平茶守御千户所,隶五开卫。④ 二十一年于五开、靖州二卫之间设十二驿及四守御千户所。⑤ 三十年又在附近设铜鼓卫。⑥ 五开、铜鼓二卫,隶湖广都司,屯驻官兵六万八千名⑦,屯田一

① 参见《明太祖实录》卷四八,洪武三年正月庚戌条;卷五〇,洪武三年三月丙辰条,"中研院"历史语言研究所,1962年,第958、984页。

② 《明太祖实录》卷一一九,洪武十一年六月丁卯条,"中研院"历史语言研究所,1962年,第1937页。

③ 参见《明太祖实录》卷一七二,洪武十八年三月丙辰条,"中研院"历史语言研究所,1962年,第2634页。

④ 参见《明太祖实录》卷一七九,洪武十九年八月己卯条,"中研院"历史语言研究所,1962年,第2713—2714页。

⑤ 参见《明太祖实录》卷一九〇,洪武二十一年五月丁巳条;卷一九三,洪武二十一年八月庚子条,"中研院"历史语言研究所,1962年,第2867、2908页。

⑥ 参见(清)许鸣磐:《方舆考证》,1933年济宁潘氏华鉴阁本。

⑦ 参见(明)秦金:《安楚录》,《四库全书存目丛书·史部》第46册,齐鲁书社1996年版,第408页。

千六百多顷①，其所属的屯堡、驿站遍布湘黔边境，形成一套严密的军事防控体系。在此基础上，永乐十年（1412），明朝于湘黔边境开设黎平、新化二府，隶贵州布政司，统领当地蛮夷长官司，并在其地方编设里甲，征派赋役。至宣德十年（1435），新化府并入黎平府。黎平府治与五开卫同城，下领潭溪等十四蛮夷长官司。正统七年（1442），其中的永从蛮夷长官司改为永从县，仍属黎平府管辖。②

置卫开府，使湘黔边境地区直接纳入王朝统治当中，打破了这一地区长期封闭的状态，为五开、铜鼓等卫所汉族移民与黎平府土司百姓之间的往来互动奠定了基础，洞款也由此传播到汉族社会当中。据载：

> 五开，楚属也。其心未尝一日有黎平。当国初时，苗夷常内侵，四郊多垒，犹与府戮力御苗。孝庙以后，边境渐无事，军夷皆富……居常合众为款，借号曰"御苗诲"，其属陵轹府僚，亦不有监司矣。③

可以看出，自明初置卫开府后，五开卫与黎平府便多有合作，领导所属汉民、侗民人等共同抵御周边族类的侵扰。弘治（1488—1505，庙号"孝宗"）以后，五开卫汉民与黎平府侗民又

---

① 参见（明）张学颜：《万历会计录》，《续修四库全书》第833册，上海古籍出版社2002年版，第57页。

② 参见《明一统志》卷八八《贵州布政司》，《景印文渊阁四库全书》第473册，台湾商务印书馆1986年版，第861页。

③ 万历《贵州通志》卷一五《黎平军民府》，书目文献出版社1992年版，第345页。

经常以防御苗民为名,结款互助,共同打击黎平府官僚。因此,五开卫汉民也习得了侗民歃血结款的习俗,并效仿侗款在汉族社会内部建立起武装组织——华款。关于华款,明人朱国祯在《涌幢小品》一书中有详细记载:"五开、铜鼓等处,俗犷悍,其不逞,群而歃血立盟,推其豪为之魁,号曰'华款'。有犯者,家立碎,人畏之甚于盗贼。"①由此可见,卫所汉民与当地侗民的互动往来是普遍存在的,不仅五开卫如此,附近铜鼓等卫也一样,所以湘黔边境与侗族毗邻的卫所都不同程度地受到侗款的影响,建有华款。

华款有其首领,称"款首"或"款头";入款者概称"款人""款民""款众"等。此外,因华款通过歃血盟誓结成,有较强的武装实力,同时入款者又多出自卫所,故民间也称华款为"款兵""款军"。事实上,华款不同于卫所军队,而主要是由卫所中部分不承担军事职能的汉民所结成。以五开卫为例,万历年间其华款有首领刘应、胡国瑞等人,史载:"刘应、胡国瑞,皆五开舍余也。"②由此可知,他们均为卫所武官户下的余丁,而非军队中的武官,如"刘应者,指挥刘璋户丁也"③。其他入款者,则主要是卫所军户的余丁,而非旗军。④ 按照明制,卫所军队由武官和旗军组成,承担防御、作战等职能,是卫所军事力量

① (明)朱国祯:《涌幢小品》,《续修四库全书》第1173册,上海古籍出版社2002年版,第420页。

② (明)瞿九思:《万历武功录》,《续修四库全书》第436册,上海古籍出版社2002年版,第191页。

③ 万历《贵州通志》卷一五《黎平军民府》,书目文献出版社1992年版,第345页。

④ 参见(明)瞿九思:《万历武功录》,《续修四库全书》第436册,上海古籍出版社2002年版,第191页。

的体现。但为保障卫所的运转,武官和旗军都有一定数量的人丁在卫佐助,称"余丁"。余丁跟随官军在卫居住生理,并非卫所作战人员。此外,当五开卫华款壮大后,也有部分黎平府官员和生员人等被迫参与其中①,但不构成其主体。由此可见,五开卫华款虽出自卫所,但并非卫所军队,而是以卫所官军余丁为主,效仿侗款歃血盟誓而结成的民间武装组织。

三、明中叶五开卫华款的活动及其特点

前文已述,五开卫华款的形成受到侗族歃血结款之俗的影响。事实上,侗款对汉民的影响不仅仅表现在华款的形成方面,明中叶华款在地方上的活动也受到侗款的直接影响,呈现出"在地化"的特点。

(一)杀毙人命按照侗款款约处理

杀毙人命按照侗款款约处理,是明中叶五开卫华款活动的特点之一。比如,万历九年(1581),五开卫右所军余与中所军余因摘豆叶发生矛盾,中所款首胡国瑞等率领中所款军与右所款军在卫城中械斗,致使右所军余彭玉、彭大父子被杀,中所生员杨春华等家财物被抢。次日,双方再起冲突,右所款军伤五人,中所款军伤一人,在卫指挥使钟鸣晨的调解下,双方才停止

---

① 参见(明)瞿九思:《万历武功录》,《续修四库全书》第436册,上海古籍出版社2002年版,第191页。

械斗。事后,靖州守备李澜罚胡国瑞等出钱和解,"窃迹苗夷故约,杀人者赎,赎一人当罚金三百三十两"①。众所周知,侗款有其款约,以约束侗民。此处,杀人者出钱三百三十两赎命的"苗夷故约",即侗款款约之一,主要是从明初发展而来。据万历《贵州通志》记载:"当国初时,苗始平,征蛮将军李某谓夷性吝而嗜杀,别为议困之,曰:'杀人者免死,其一头抵金三十有三两而休。'苗民著为令……不愿理于官数,抵以百数。"②可知,明初为减轻侗民仇杀现象,官府约定杀人者以银三十三两赎命,但侗民在实践中并不照此数执行,而以"百数"即三百三十两赎命,相约成俗,成了侗款款约之一。五开卫华款遇杀人命案,同样运用这一民间习惯法解决,而非按"国法"处理,可见华款活动深受侗款文化之影响。此次械斗,中所款军杀死右所款军两人,计出偿命钱六百六十两,其中一百六十五两给死者家属作为丧葬费,三百三十两给被抢的杨春华,剩余的一百六十五两给右所其余款军,作为双方的和解费。③

"杀人赎命"之法不仅适用于华款内部,同样也适用于华款与款外人员之间。如万历八年,五开卫指挥刘璋派人暗中将款首刘应刺杀身亡,款首胡国瑞等获悉后,先是烧抢刘璋家,再令其出钱赎命。"胡国瑞等知之,噪起,焚掠刘璋家,欲杀之,

---

① (明)瞿九思:《万历武功录》,《续修四库全书》第436册,上海古籍出版社2002年版,第191页。

② 万历《贵州通志》卷一五《黎平军民府》,书目文献出版社1992年版,第346页。

③ 参见(明)瞿九思:《万历武功录》,《续修四库全书》第436册,上海古籍出版社2002年版,第191页。

逼出银三百三十两偿刘应命。"①又如万历九年，侗民尚万在五开卫城进行贸易时与款民发生争执，用刀将款民杨本成杀死，款首胡国瑞等将尚万捉获，并向其"索金三百三十两"②。

（二）与侗款联合打击卫所官员的腐败统治

五开卫华款活动的另一特点是与侗款联合，共同打击卫所官员的腐败统治。明中叶，五开卫官员多有勒索、剥削款民的现象。例如，隆庆六年（1572），新化所款民与潭溪长官司百姓争婚，五开卫款民王成、潘应星等聚集款众援助新化所款民与之械斗，引起地方骚乱。③ 事后，五开卫官员审理此案，将王成、潘应星等六人调往边卫充军；同时以"追赃"为名，要求华款出银二百余两。在遭到华款拒绝后，官方又要求各款民分摊银两。不但如此，卫司捕还趁机从中渔利，引起款民的不满。"于是成、应星各案问赃至二百余两，阅数年不肯出，则愬诸军分坐之。卫司捕辄乘间受口理，而啖其利，军忿不堪，复鼓噪起。"④除五开卫款民外，黎平府侗民也经常受到卫所官员的勒索、盘剥。"黎平獠民窜伏溪峒间，顽犷不可羁绁，而府治寓湖广五开卫城。诸獠人办税钱，卫捕率为攫取，不敢入，以是多逋

---

① 万历《贵州通志》卷一五《黎平军民府》，书目文献出版社 1992 年版，第 345 页。

② （明）瞿九思：《万历武功录》，《续修四库全书》第 436 册，上海古籍出版社 2002 年版，第 191 页。

③ 参见万历《贵州通志》卷一五《黎平军民府》，书目文献出版社 1992 年版，第 345 页。

④ 万历《贵州通志》卷一五《黎平军民府》，书目文献出版社 1992 年版，第 345 页。

课。又旧设抚苗官，苞苴黩货，大为苗害。"①可见，不论是五开卫款民，抑或是黎平府侗民，均遭到五开卫官员的欺压、迫害，这促使二者团结起来，共同打击卫所官员的腐败统治。"（万历）八年，六所军刘应、胡国瑞、卢国卿、周官、姚朝贵、刘高各率其党，号'六哗'，又传木刻纠天甫、银赖诸苗贼为应援者，凡五司，号曰'五哗'。"②从文献和民族调查可知，与五开卫华款结款互助的天甫、银赖二处都是侗族聚居的地区③，势力颇为强盛，据《明神宗实录》记载，仅天甫一地就有四十八寨。④ 因此，这两个地区侗民的参与，极大增强了华款的实力，壮大了斗争的声势。在这次事件中，五开卫主要官员都遭到了严厉打击。守备林维乔公馆被毁，被迫躲入城内百姓家中避难；卫指挥史刘璋家被焚掠；平时借机渔利的卫司捕家亦遭焚抢；卫百户恕学仁先被削发断指，后自尽而死。⑤ 事后，经湖广巡抚王之垣派人招抚，斗争才暂告结束。

　　为反对卫所官员克扣正军粮饷，减轻款民（余丁）帮补负担，第二年（万历九年），五开卫华款又在款首胡国瑞等人的领导下，发起了挟官索粮的斗争。"国瑞益贵倨，横行郡城中，旁

---

　　① （明）过庭训：《本朝分省人物考》，《续修四库全书》第533册，上海古籍出版社2002年版，第565页。

　　② 万历《贵州通志》卷一五《黎平军民府》，书目文献出版社1992年版，第345页。

　　③ 参见中国人民政治协商会议贵州省黎平县委员会编：《黎平文史资料选辑》第3辑，1986年，第68—73页。

　　④ 参见《明神宗实录》卷三六六，万历二十九年十二月丁卯条，"中研院"历史语言研究所，1962年，第6846页。

　　⑤ 参见万历《贵州通志》卷一五《黎平军民府》，书目文献出版社1992年版，第345—346页。

若无人,常榷牛合铜鼓、新化诸款人,与鸣晨索月用粮,鸣晨借屯粮予之,不足,使百户赵良楚借州帑金,必欲如其数而去,不然者,吾等皆激而为变,变则树旗志,并以数十百人驰乃境上也。"①此处"常榷牛合铜鼓、新化诸款人",并非指两地的华款,而是指两地的侗款,史称国瑞"遂诱苗夷与共反"②,"于是铜鼓、靖州诸峒夷皆响应为乱"③。此外,贵州天甫侗族收藏的清代文献《天甫六洞合款》亦记载:"万历九年混乱,五开卫兴起,四官各有升立,俱用长枪、大弩,与天甫结为兄弟,倒牛合款,立碑在罕坡。"④综合这些材料可知,五开卫华款的这次斗争活动仍然采取与侗民歃血合款的方式进行。事发后,明朝一面"檄告诸峒夷解散其党",解除华款外援,一面调兵四千前往五开卫城镇压。经五昼夜激战,明军最终攻入城内,擒获款首卢国卿、周官等人,斩首数十人。款首胡国瑞从西门逃出,后在武冈被捕。其余款民见大势已去,纷纷缴械投降。⑤ 据明朝处理的最终结果显示:胡国瑞等为首的二十五人被正法,杨启仁等二十九人被发配戍边,卫指挥钟鸣晨被降级并调往边卫任职。⑥

① 参见(明)瞿九思:《万历武功录》,《续修四库全书》第 436 册,上海古籍出版社 2002 年版,第 191—192 页。

② (明)叶向高:《苍霞续草》,《四库禁毁书丛刊·集部》第 125 册,北京出版社 1997 年版,第 131 页。

③ (明)罗大纮:《紫原文集》,《四库禁毁书丛刊·集部》第 140 册,北京出版社 1997 年版,第 130 页。

④ 中国人民政治协商会议贵州省黎平县委员会编:《黎平文史资料选辑》第 3 辑,1986 年,第 71—72 页。

⑤ 参见(明)瞿九思:《万历武功录》,《续修四库全书》第 436 册,上海古籍出版社 2002 年版,第 346 页。

⑥ 参见《明神宗实录》卷一二四,万历十年五月丙寅条,"中研院"历史语言研究所,1962 年,第 2312 页。

其余款民则被勒令改过自新,免于追究。①

四、明末湘黔边境的叛乱与华款的复兴

在万历九年的斗争过程中,款首及其家属或被枭首示众,或被遣发戍边,使五开卫华款遭到前所未有的重创,但因为大部分的款民获得了赦免,故华款得以幸存。此后,随着湘黔边境反叛的日益增多和自卫需求的增长,五开卫华款又逐渐恢复起来,并且发展成为地方所倚重的武装力量。例如,万历二十八年,黎平府永从县皮林等寨反叛,明朝便主要依靠五开卫华款作为军事力量加以征讨。

先是五开卫铜鼓守御千户所舍余马臣等人在皮林擒鬼坡遇难,此后五开卫左所军余董应魁又在岑沟坡遭害,于是黎平知府、参将、五开卫千百户等员会同永从县前往查勘,结果遭到皮林等寨的抵抗,"不期各苗仍前纠众据险,操戈截路拒敌,当将军兵王邦等杀死八九名。官兵见苗势众,掣回到县"②。与此同时,皮林等寨合款,扬言攻打永从县城。紧接着,五开卫三冉屯遭到焚劫,有八家被烧毁,军余杨大付家被抢。事后,明朝一边暗中调兵,一边派人前往劝喻,企图瓦解合款的村寨,但收

---

① 参见《明神宗实录》卷一一六,万历九年九月庚辰条,"中研院"历史语言研究所,1962年,第2194页。

② (明)李化龙:《平播全书》,《四库全书存目丛书·史部》第50册,齐鲁书社1996年版,第140—141页。

效甚微，各村"声言不服，任从进征"①。于是，明朝调五靖哨兵五百七十名，五开卫款兵一千五百名，镇远兵六百名，征播哨兵三百名，合其他各兵共计三千名征讨。在上述各支队伍当中，作为明朝军事主力的卫所军队因军备废弛、粮饷克扣等，战斗力已严重衰退。相反，五开卫华款通过歃血盟誓结成，有很强的组织性和战斗力，因此跃升为明末湘黔边境地区抗击叛乱所倚赖的重要军事力量。"迩来卫所兵疲敝脆弱，各省皆然。今所恃者，乃该卫款兵千五百与其余之零星乌合者。"②可见，五开卫华款虽在万历九年遭到重创，但不久就因为明末地方动乱而获得恢复，并受到官方的重视。

不仅如此，明朝官员还将五开卫华款仿效侗族而来的合款之法推广到湘黔边境地区。据载，万历末年，湘黔边境反叛蜂起："即今上四十三年，黔仲大叛，两江肆横，镇箪红苗诸逆及六龙、三山等寨所在蜂起，无日无警，煨尽我村庐，剽掠我财畜，虔刘我人民，沅与黔属惨毒同之也，而上下通衢，半为梗塞，吁可畏哉！"③对此，早已失去战斗力的卫所军队束手无策，"边警时闻，而四卫视镇箪更剧，且堡稀兵寡，声援不接，故苗得乘虚阑入，莫可谁何"④。在此情形下，合款之法被地方官员加以推广，用来组织武装力量，以抵抗频发的叛乱。其具体举措如下。

首先，当地汉族以村落为单位进行乡兵合款。"其民寨在

---

① （明）李化龙：《平播全书》，《四库全书存目丛书·史部》第50册，齐鲁书社1996年版，第141页。

② （明）李化龙：《平播全书》，《四库全书存目丛书·史部》第50册，齐鲁书社1996年版，第144页。

③ （明）吴国仕：《楚边图说》，清抄本。

④ （明）吴国仕：《楚边图说》，清抄本。

三五里内者,或十寨,或七八寨歃盟团款,如一寨铳饷,各寨齐集,互相应援,乡兵能捕斩有功,准与官兵获功事例一体奖赏。"①乡兵以村落为单位,挑选丁壮组成,为增强其组织性和战斗力,规定相邻的七至十个村落合为一款,以相互应援。由此,在乡兵中形成三五里范围的"小款"。

其次,在"小款"基础上进行更大范围的合款,形成"大款"。"若乃乡屯旷僻,间设有哨,孤悬难恃,亦惟是饬各屯寨与近哨合款团练,乡兵择其中,谋永兼瞻。为众所推服者,立为款长,务使家自为守,人自为战,草木皆兵,贼胆自破,则黔军民不宜畛分势涣,以示苗隙耳。"②可见,除乡兵民寨间合小款外,在卫屯、哨所、乡兵民寨这一更大范围内合为大款,并推选款长加以领导。

综上可知,华款因为明末湘黔边境日增的反叛而恢复并引起明朝地方官员的重视,从而得以大力推广,成为整合这一地区各种武装势力的重要组织形式。而华款的推行,正是按照侗款分大款、小款两种形式加以实施的。

五、总结与讨论

长期以来,学界对侗款文化的研究大都局限于侗族社会内部,较少注意它的跨族影响。本文以明代五开卫华款为例,对此进行了初步的探讨。这一个案表明,侗款不仅是湘黔交界地

① (明)吴国仕:《楚边条约》,明万历刻本。
② (明)吴国仕:《楚边条约》,明万历刻本。

区侗族社会内部的重要文化现象，而且也深刻影响到周边诸如五开卫、铜鼓卫等汉族社会。这主要体现在以下三个方面：第一，华款是明代五开卫等汉族移民效仿侗款歃血结款而形成的民间武装组织。概言之，华款源于侗款，侗款为华款的形成奠定了社会文化基础。第二，五开卫华款在地方上的活动受到侗款的直接影响。一方面，华款杀人按照侗款款约处理；另一方面，华款联合侗款共同展开军事活动。第三，官方在湘黔边境推行的华款，是比照侗款施行的。侗款依据歃血结款的村寨数量和范围，有小款和大款之分，而华款亦照此施行，先将三五里范围内的七至十个村落结成小款，再将更大范围的卫屯、哨所、乡兵等合为大款。侗款所具有的大款、小款形式，在华款上亦有明显的体现。以上三点，充分展现出侗款文化的跨族影响。

此外，五开卫华款这一个案对于我们反思明代汉侗民族关系与文化交流具有重要的启发意义。学界以往在论及明代贵州卫所移民（"屯堡人"）与侗、苗等民族的关系时，多认为两者处于一种对立冲突、彼此隔绝的状态。① 诚然，后来亦有学者注意到，在长期的历史发展过程中，二者也存在着互动和交流，但认为这一情形至少要到清朝以后才发生。② 而在明代，两者依然处于封闭和对立的状态：

> 总的来讲，明朝"屯堡人"把他们先进的江南文化深深地移植到了黔中大地，使苗、布依、侗等古朴的土著少数

---

① 参见朱伟华等：《建构与生成：屯堡文化及地戏形态研究》，广西师范大学出版社 2008 年版，第 6 页。
② 参见李昌礼、颜建华：《从屯堡家谱看屯堡乡民社会的历史变迁——兼论屯堡人与少数民族之关系》，《贵州民族研究》2014 年第 4 期。

民族感受到了先进的中原文明,渐染华风。然而,明朝"屯堡人"的高傲封闭了他们的视野,弱化了屯堡人向土著少数民族学习的热情,使二者之间隔膜始终没能消除,从明朝建立到明朝灭亡,"屯堡人"与周边土著少数民族总体上处于对抗关系。①

概言之,有论者认为:在民族关系上,明代贵州"屯堡人"与土著总体上处于对抗状态。在文化上,从江南移植而来的屯堡文化影响着土著,而土著的文化却影响不了"屯堡人"。就本文所见而言,以上两种观点似可商榷。

第一,就民族关系而言,五开卫款民与当地侗民常来常往,多有合作,两者之关系并非总体上处于对立状态。首先,在明朝势力深入黔东南的过程中,五开卫汉民和黎平府土司百姓曾共同抵御周边族类的侵扰,体现出两者团结互助的友好关系。其次,经过长期的杂居相处,五开卫汉民与附近侗民多次联合,一同打击明朝官员的反动统治,说明两者关系非常紧密。诚然,文献中也不乏提到卫所官兵子弟与土著之间的矛盾冲突,但这并不能掩盖和抹杀两者友好互动的一面。事实上,两者的关系较为复杂,难以作"一刀切"式的论断。对于明代卫所移民与土著的关系,只有从具体情境出发,多层次、动态性地进行考察②,或

----

① 刘亚:《贵州屯堡人与周边少数民族的关系初探》,《长江师范学院学报》2008 年第 3 期。

② 参见龙圣:《明清"水田彝"的国家化进程及其族群性的生成——以四川冕宁白鹿营彝族为例》,《社会》2017 年第 1 期。

许才能全面、客观地理解二者的关系。①

　　第二，在文化上，五开卫汉族移民并非不受侗族文化的影响。恰恰相反，侗族文化在很多方面对他们影响深刻。如上文已提到的歃血结款、杀人赎命、合小款、合大款等。这说明五开卫汉族移民并不总是秉持着一种天然的文化优越感，他们在贵州"落地生根"的过程中也会审时度势，主动去学习和吸纳当地其他民族的文化习俗。前人业已指出，贵州屯堡文化并不是封闭的、静止的②，它也存在一个为适应当地环境而"本土化"的过程。③ 而本文进一步认为，这样一个"本土化"的过程其实早在明代便已开始，是汉侗民族交流互动的重要体现。

---

　　① 参见［美］卢百可：《屯堡人：起源、记忆、生存在中国的边疆》，民族出版社 2014 年版。

　　② 参见龙圣：《地方历史脉络中的屯堡叙事及其演变——以四川冕宁菩萨渡为例》，《民俗研究》2014 年第 5 期。

　　③ 参见蒋立松：《屯堡人研究的回顾与反思》，《安顺学院学报》2009 年第 4 期。

山东大学儒学高等研究院教授自选集

◎王绍曾 《文献学与学术史》

◎吉常宏 《古汉语研究丛稿》

◎龚克昌 《中国辞赋学论集》

◎董治安 《先秦两汉文献与文学论集》

◎孟祥才 《学史集》

◎张忠纲 《耘斋古典文学论丛》

◎徐传武 《古代文学、文化与文献》

◎马来平 《追问科学究竟是什么》

◎郑杰文 《墨家与纵横家论丛》

◎冯春田 《〈文心雕龙〉研究》

◎孙剑艺 《里仁居语言论丛》

◎王学典 《史料、史观与史学》

◎黄玉顺 《生活儒学与现象学》

◎张其成 《国学之心与国医之魂》

◎杨朝明 《洙泗文献征信》

◎戚良德 《〈文心雕龙〉与中国文论话语》

◎李平生 《中国近现代史研习录》

◎赵睿才 《唐诗纵横》

◎杜泽逊 《文献探微》

◎叶　涛 《民俗文化与民间信仰》

◎张士闪 《民俗之学:有温度的田野》

◎宋开玉 《语文丛考》

◎徐庆文　《儒学的现代化路径》

◎王承略　《古典文献与学术史论丛》

◎刘　培　《历史、思想与文学》

◎聂济冬　《汉唐文史论集》

◎周纪文　《和谐美散论》

◎赵卫东　《道教历史与文献研究》

◎何朝晖　《书与史》

◎孙　微　《杜诗的阐释与接受》

◎陈　峰　《重访中国现代史学》

◎王加华　《农耕文明与中国乡村社会》

◎龙　圣　《山河之间：明清社会史论集》